Wirtschaftspolitik

von

Univ.-Prof. Dr. Reinhard Neck
Alpen-Adria-Universität Klagenfurt

Univ.-Prof. Dr. Dr. h. c. mult. Friedrich Schneider
Johannes Kepler Universität Linz

Oldenbourg Verlag München

Bibliografische Information der Deutschen Nationalbibliothek

Die Deutsche Nationalbibliothek verzeichnet diese Publikation in der Deutschen Nationalbibliografie; detaillierte bibliografische Daten sind im Internet über http://dnb.d-nb.de abrufbar.

© 2013 Oldenbourg Wissenschaftsverlag GmbH
Rosenheimer Straße 145, D-81671 München
Telefon: (089) 45051-0
www.oldenbourg-verlag.de

Lektorat: Dr. Stefan Giesen
Herstellung: Constanze Müller
Titelbild: thinkstockphotos.de
Einbandgestaltung: hauser lacour
Gesamtherstellung: Grafik & Druck GmbH, München

Dieses Papier ist alterungsbeständig nach DIN/ISO 9706.

ISBN   978-3-486-59205-4
eISBN   978-3-486-71916-1

Vorwort

Die Volkswirtschaftslehre ist in den letzten Jahren an den Hochschulen zunehmend unter Druck geraten. Einerseits steigt die Nachfrage nach Bildungsinhalten, die direkt für eine sofortige Beschäftigung der Absolventen brauchbar, „praxisrelevant" und anwendbar sind. Diesbezüglich hat die Betriebswirtschaftslehre zweifellos einen Wettbewerbsvorteil, schon aufgrund der Tatsache, dass viel weniger Stellen für künftige Finanzminister, Notenbankchefs oder Wissenschafter und Sachbearbeiter in Stabsstellen mit volkswirtschaftlichem Aufgabenbereich verfügbar sind als für Mitarbeiter in Betrieben. Andererseits führt der verschärfte internationale Wettbewerb in der Wissenschaft dazu, dass die Anforderungen an die Qualität von Forschern steigen, und diese wird vor allem durch hochrangige Publikationen gemessen, die wieder primär durch methodische Strenge und Originalität ausgezeichnet sein müssen. Dies hat zu einem Spannungszustand zwischen der akademischen Forschung und der wirtschaftspolitisch interessierten Öffentlichkeit geführt, der den Eindruck erweckt, dass die beiden Seiten nicht einmal eine gemeinsame Sprache sprechen. Sehr schnell ist dann vom „Versagen" der Ökonomen und ihrer Flucht in den Elfenbeinturm die Rede, während auf der anderen Seite an aktuellen Fragen Interessierte mit Verachtung gestraft werden.

Deutlich wurde diese Spannung nicht zuletzt in der Auseinandersetzung um das Teilgebiet Wirtschaftspolitik im deutschen Sprachraum, die bereits (etwas übertrieben) als neuer „Methodenstreit" qualifiziert wurde. Dem Vorwurf der Vernachlässigung anwendungsbezogener Lehrinhalte in der Ausbildung der Wirtschaftswissenschafter durch die Umwidmung von Lehrstühlen der Wirtschaftspolitik in solche der Mikro- oder Makroökonomik, den zahlreiche deutsche Professoren der Volkswirtschaftspolitik in einem Aufruf erhoben, entgegneten andere – auch in einem Aufruf –, dass die Konzentration der universitären Wirtschaftspolitiker auf Institutionen und Ordnungspolitik zu einer wissenschaftlichen Stagnation der deutschsprachigen Volkswirtschaftslehre führe und dass gerade gehaltvolle empirische Aussagen eine gute Theorie und ein voll ausgebautes methodisches Rüstzeug unbedingt erforderten. Auch wenn dieser Streit mittlerweile abgeflaut ist und die aktuellen wirtschaftspolitischen Probleme der Eurozone die Gemüter viel stärker erregen, ist doch das Unbehagen an der sich vergrößernden Kluft zwischen anspruchsvoller Theorie und Methodik einerseits und Anwendungsbezug andererseits nach wie vor virulent.

Unseres Erachtens ist das Teilgebiet der Wirtschaftspolitik oder Volkswirtschaftspolitik speziell herausgefordert, einen Beitrag zur Schließung dieser Kluft zu leisten. Es ist das Ziel des vorliegenden Lehrbuchs, dabei mitzuhelfen. Bei der Abfassung waren wir bestrebt, einerseits die traditionellen Inhalte des Fachs Wirtschaftspolitik zu vermitteln, weil wir nicht glauben, dass nur die Veröffentlichungen der jeweils letzten paar Jahre Wichtiges und Nützliches beinhalten. Vielmehr sind die Nationalökonomie im Allgemeinen und die Wirtschaftspolitik im Besonderen im Gegensatz zu den meisten anderen Sozialwissenschaften durch eine lange und reiche Tradition ausgezeichnet, die in der universitären Lehre auch vermittelt werden

sollte. Andererseits sind die stärkere theoretische Durchdringung der Analyse wirtschaftspolitischer Probleme und ihre Mathematisierung Ausdruck einer Professionalisierung und Ver-
wissenschaftlichung, die gerade angesichts des traditionell hoch gehaltenen Ziels einer Rationalisierung wirtschaftspolitischer Entscheidungen durchaus zu begrüßen sind. Daher sollten
die Studierenden möglichst früh in ihrer Ausbildung beide Aspekte des Fachs Wirtschaftspolitik kennen und insbesondere die Zusammenhänge zwischen Wirtschaftstheorie, Methodik
der empirischen Analyse und Anwendung auf wirtschaftspolitische Probleme verstehen.

Dementsprechend finden sich hier neben den herkömmlichen Themen der Theorie der Wirtschaftspolitik ein Abriss der Geschichte der Volkswirtschaftslehre mit Betonung auf Grund-
lagenproblemen der Wirtschaftspolitik sowie relativ ausführliche Darlegungen zu den mikroökonomischen und makroökonomischen Grundlagen wirtschaftspolitisch relevanter Sachverhalte. In den Kapiteln 3 und 4 werden zwei Bereiche der Wissenschaft von der Wirtschaftspolitik vorgestellt, die in den meisten Lehrbüchern nur am Rande behandelt werden,
die quantitative Wirtschaftspolitik und die Ökonomische Theorie der Politik (Neue Politische
Ökonomie). Beide Gebiete eignen sich gut dazu, den angesprochenen Zusammenhang zwischen theoretischen Hypothesen und Modellen, ökonometrischer und anderer Methodik
empirischer Wirtschaftsforschung und konkreten Problemen der Wirtschaftspolitik zu illustrieren. Dabei wurden in der Darstellung auch eigene Forschungsbeiträge der Verfasser ange-
sprochen – nicht zuletzt, um dem Anspruch der Einheit von Wissenschaft und Forschung
Rechnung zu tragen, den wir auch in Zeiten des Bologna-Prozesses nicht für überholt halten.
Als Leserinnen und Leser stellen wir uns Studierende der Sozial- und Wirtschaftswissenschaften (meist wohl im Bachelor-Studium) vor, die bereits je einen Kurs aus Mikro- und
Makroökonomik absolviert haben; weitere Vorkenntnisse werden nicht vorausgesetzt. Wir
werden für diese unsere „Kunden" einen Bereich auf der Homepage des Oldenbourg Verlags
einrichten, auf dem zusätzliche Materialien bereitgestellt werden. Sie ist erreichbar unter
http://www.oldenbourg-verlag.de/wissenschaftsverlag/kontributor/reinhard-neck. Dort wird
auch die Möglichkeit bestehen, Kritik und Verbesserungsvorschläge vorzutragen, die wir bei
einer möglichen Neuauflage berücksichtigen werden.

Die Fertigstellung dieses Buchs hat ungewöhnlich lange gedauert, wofür wir die Studierenden unserer Lehrveranstaltungen, die ohne schriftlichen Lehrtext auskommen mussten, um
Nachsicht ersuchen, ebenso auch unseren Verlag. Wir hoffen, dass diese lange Produktions-
periode künftigen Studierendengenerationen dadurch zugutekommen wird, dass sie ein besser ausgearbeitetes Buch erhalten. Im Zuge der Ausarbeitung sind uns nicht nur die Erfahrungen früherer Studierender an den Universitäten nützlich gewesen, an denen wir gelehrt
haben, sondern auch viele Anregungen von Kolleginnen und Kollegen, für die wir uns jetzt
nur mehr pauschal bedanken können. Besonders zu danken ist Frau Christina Kopetzky, die
für die hochprofessionelle Gestaltung des Manuskripts zuständig war. Wenn trotz dieser
zusätzlichen Kompetenz das Endprodukt noch Fehler enthält, sind für diese die beiden Autoren in solidarischer Haftung verantwortlich. Die ersten Fassungen der Kapitel 2 und 3 wurden von Reinhard Neck verfasst, jene von Kapitel 4 von Friedrich Schneider; die Gesamt-
konzeption verantworten wir gemeinsam.

Klagenfurt/Linz, im September 2012   Reinhard Neck/Friedrich Schneider

Inhalt

1   Einleitung

Seit dem Ausbruch der „Großen Rezession", der Finanz-, Wirtschafts- und Staatsschuldenkrise, sind Fragen der Wirtschaftspolitik in aller Munde. Der schwerste Einbruch der Weltwirtschaft nach dem Zweiten Weltkrieg, der in fast allen Ländern der Welt zu Rückgängen der Produktion und zu steigender Arbeitslosigkeit geführt hat, vielfach gefolgt von hohen Defiziten in den Staatshaushalten, hat in der Öffentlichkeit die Bedeutung staatlichen Handelns bei Störungen des Wirtschaftslebens bewusst werden lassen. Allerdings ist gerade die öffentliche Diskussion über diese Probleme durch große Unsicherheit bezüglich der Ursachen dieser Phänomene und besonders bezüglich adäquater politischer Reaktionen darauf gekennzeichnet. Dies zeigt sich insbesondere in der speziellen Situation der Länder der Eurozone, jener Mitglieder der Europäischen Union, in denen der Euro gesetzliches Zahlungsmittel ist. Die gesamte Konstruktion dieser Europäischen Wirtschafts- und Währungsunion erscheint bedroht, und die Ratschläge wirtschaftlicher und politischer Kommentatoren reichen von Verstärkung des Zusammenhalts in einem europäischen Zentralstaat bis zur Auflösung der Eurozone. Es verwundert nicht, dass angesichts dieser Situation die „Konsumenten" der Medien, in denen sich diese Auseinandersetzungen vollziehen, verunsichert sind und manchmal Scharlatanen und Extremisten folgen, vor denen selbst qualitätsvolle Zeitungen und Talkshows manchmal nicht gefeit sind.

Nicht selten wird angesichts dieser Verunsicherung den Wirtschaftswissenschaftern der Vorwurf gemacht, sie würden die Öffentlichkeit nicht ausreichend über die „wahren" Ursachen der Wirtschaftskrise und den „richtigen" Weg zu ihrer Bekämpfung aufklären. Manchmal gehen die Vorwürfe auch dahin, die Ökonomen hätten überhaupt keine Antworten auf diese Herausforderungen, weil sie sich in ihren „Elfenbeintürmen" mit abstrakten und oft unverständlichen – weil mathematischen – Theorien beschäftigten, die mit der Realität des Wirtschaftslebens nichts zu tun hätten. Und wenn Ökonomen sich in der Öffentlichkeit äußern, ist ihr Rat auch nicht immer beliebt. Dem US-amerikanischen Präsidenten Harry S. Truman (manchmal auch anderen) wird der Ausspruch zugeschrieben, er wünsche sich einen einarmigen Ökonomen, weil seine Berater immer sagten „on the one hand ... on the other" („einerseits ... andererseits"). Der Abwägung unterschiedlicher Argumente wird dann oft die schnelle und eindeutige, wenn auch meist nicht sachkundige (weil von Ideologie und Vorurteil geleitete) „Radikallösung" vorgezogen. Nur allzu oft wird dabei vergessen, dass sich solche radikale Antworten auf wirtschaftliche Krisen in der Vergangenheit oft als verhängnisvoll erwiesen haben – man denke etwa an die „erfolgreiche" Beschäftigungspolitik des Nationalsozialismus oder an die „klassenlose Gesellschaft" des Kommunismus sowjetischer Prägung.

In Deutschland kam es – gerade auf dem Höhepunkt der Krise 2009 – zu einem Streit innerhalb der akademischen Disziplin Volkswirtschaftslehre, die vordergründig die Frage der Besetzung von Lehrstühlen, vor allem aber die Stellung des Teilgebiets Wirtschaftspolitik innerhalb des Fachs und die Frage der Relevanz verschiedener wissenschaftlicher Zugänge für aktuelle wirtschaftspolitische Fragen zum Gegenstand hatte. Kann und soll die Volkswirtschaftslehre sich zum Ziel setzen, auf aktuelle wirtschaftspolitische Probleme Antworten zu versuchen und für diese Lösungsvorschläge auszuarbeiten? Wenn ja, auf welcher theoretischen Grundlage und mit welchen Methoden der empirischen Forschung soll sie das tun? Und welche Sicht des Verhältnisses von Wirtschaft und Politik soll dabei zugrunde gelegt werden? Sind Krisenphänomene Ausdruck von „Marktversagen" oder von „Staatsversagen"? Brauchen wir eine neue Wissenschaft von der Wirtschaft und insbesondere der Wissenschaft von der Wirtschaftspolitik?

All jene, die glauben, mit schnellen und eingängigen Antworten die komplexen Probleme moderner Industriegesellschaften und ihrer Volkswirtschaften schnell und dauerhaft lösen zu können, müssen wir enttäuschen. Die Volkswirtschaftslehre ist eine Wissenschaft, die sich durch mehrere Jahrhunderte entwickelte, umfangreiche theoretische und methodologische Kontroversen austrug und ihr Instrumentarium und ihre „Paradigmata" (im Sinne von Thomas Kuhn[1]; etwa: Leitideen) in Reaktion auf politische und wirtschaftliche Probleme und im innerwissenschaftlichen Diskurs entwickelte. Dies gilt auch und insbesondere für das Grundproblem der Wissenschaft von der Wirtschaftspolitik, das Verhältnis von Politik oder Staat einerseits und Wirtschaft andererseits. Es kann daher nicht erwartet werden, dass man durch einen „Schnupperkurs" in dieser Disziplin zu einem Experten oder gar zu einem „Guru" werden kann, der die Probleme unserer Zeit voll durchschaut und löst.

Das Ziel des vorliegenden Lehrbuchs besteht daher nicht darin, einen Schnellkurs in einigen flotten Regeln für einen angehenden Wirtschaftsexperten oder Staatsmann bereitzustellen, wie es manche (schlechte) Exemplare der Managementliteratur für die Ebene der Unternehmensführung tun, die glauben machen, dass man mit der Anwendung von ein paar einfachen Regeln den Schlüssel für eine erfolgreiche Tätigkeit als Unternehmer in Händen hält. Mindestens ebenso wie auf der Unternehmensebene hat man es auf der Ebene der Wirtschaftspolitik mit komplexen Sachverhalten zu tun, die einer sorgfältigen Analyse bedürfen. Dafür benötigt man Kenntnisse über Zusammenhänge zwischen wirtschaftlichen Sachverhalten, die nur durch ein Studium der Volkswirtschaftstheorie erworben werden können. Auf diesen aufbauend kann und sollte man sich dem Studium der wissenschaftlichen Behandlung der Wirtschaftspolitik widmen, um die schwierigen Fragen des Verhältnisses von Staat und Wirtschaft zu verstehen. Diese Kenntnisse, zusammen mit Informationen über die konkreten Verhältnisse der Volkswirtschaft des jeweiligen Landes, ihre Empirie und ihre Institutionen, bilden notwendige Voraussetzungen für die Erarbeitung einer fundierten eigenen Position zu Problemen der aktuellen Wirtschaftspolitik.

Dementsprechend werden in diesem Buch Kenntnisse der wichtigsten mikro- und makroökonomischen Theorien vorausgesetzt, wie sie im deutschen Sprachraum (wie faktisch in der ganzen Welt) in Bachelor-Studiengängen der Wirtschaftswissenschaften und verwandter Fächer vermittelt werden. Darauf aufbauend wollen wir die Spezialkenntnisse vermitteln, die für das Fach Volkswirtschaftspolitik im deutschen Sprachraum charakteristisch sind. Dabei soll aber nicht, wie das in manchen älteren Lehrbüchern der Fall ist, ausschließlich von den Positionen einer „Schule" der Wirtschaftstheorie und -politik ausgegangen werden, sondern

---

[1]   Kuhn (1996).

es wird versucht, die wichtigsten Lehrmeinungen darzustellen und kritisch zu würdigen. Eine solche Darstellung zeigt, dass es wesentlich mehr gemeinsames Wissen und fachlichen Konsens in der Volkswirtschaftslehre gibt, als oft vermutet wird. Es wird auch versucht, den Fehler zu vermeiden, sich nur an der deutschsprachigen Fachliteratur zu orientieren – ein Fehler, der manchen älteren Lehrbüchern des Fachs zu Recht vorgeworfen werden kann. Gerade die Internationalität der wissenschaftlichen Forschung hat einen wesentlichen Beitrag zur Abklärung unterschiedlicher Positionen und zur Herausarbeitung jener Gebiete geführt, in denen wissenschaftlicher Konsens möglich ist, und jener, in denen weiterhin Dissens besteht.

Ein Gebiet, über das Dissens in der Literatur zur Wissenschaft von der Wirtschaftspolitik besteht, ist die Frage nach ihrem Gegenstand. Insbesondere geht es dabei darum, ob diese Wissenschaft in erster Linie Empfehlungen für wirtschaftspolitische Entscheidungsträger erarbeiten oder auch das tatsächliche Verhalten dieser Entscheidungsträger analysieren soll. Wir behandeln in diesem Buch beide Fragestellungen: Die erste ist Gegenstand von Kapitel 2 über die so genannte Allgemeine Wirtschaftspolitik und von Kapitel 3 über eine Variante dieses Zugangs zur Wirtschaftspolitik, der sich quantitativer Verfahren bedient. Die Frage, wie sich aktuelle Politiker in einer Demokratie verhalten und welche Konsequenzen daraus für die Wirtschaftspolitik resultieren, wird in Kapitel 4 untersucht, in dem die Ökonomische Theorie der Politik (auch Neue Politische Ökonomie oder Public Choice-Theorie genannt) präsentiert wird. Unseres Erachtens sind beide Bereiche nützlich und notwendig, um zu einem fundierten Verständnis wirtschaftspolitischer Probleme zu gelangen. Die beiden Teile des Buchs (Kapitel 2–3 und Kapitel 4) können unabhängig voneinander gelesen werden; für das Verständnis von Kapitel 3 ist allerdings die vorherige Lektüre von Kapitel 2 erforderlich.

2   Allgemeine Wirtschaftspolitik

In diesem ersten Hauptteil (Kapitel 2) des Lehrbuchs wird die **Allgemeine Wirtschaftspolitik** behandelt, die oft auch als „Theorie der Wirtschaftspolitik" bezeichnet wird. Sie versteht sich als Grundlagenwissenschaft, die einen allgemeinen Rahmen für die Behandlung wirtschaftspolitischer Probleme zur Verfügung stellt. Wir verstehen darunter jene Theorie, die auch als „traditionelle Theorie der Wirtschaftspolitik" bezeichnet werden kann.[2] Diese Theorie versteht sich auch als „angewandte Wirtschaftstheorie". Daher ist es erforderlich, sich Kenntnisse der Wirtschaftstheorie anzueignen, um die Probleme der Allgemeinen Wirtschaftspolitik zu verstehen.

In den Einführungslehrbüchern der Volkswirtschaftslehre (Mikroökonomik und Makroökonomik) werden die dafür benötigten Grundkenntnisse vermittelt. Dies erfolgt im Allgemeinen in systematischer Weise und berücksichtigt nicht die Entwicklung der einzelnen Wirtschaftstheorien. Da diese aber für das Verständnis wirtschaftspolitischer Auseinandersetzungen von großer Bedeutung ist, beginnen wir unsere Einführung in die Allgemeine Wirtschaftspolitik mit einem Überblick über die Geschichte der Wirtschaftstheorie unter besonderer Berücksichtigung ihrer wirtschaftspolitischen Konsequenzen (Abschnitt 2.1). Anschließend versuchen wir zu klären, was der Gegenstand der (Allgemeinen) Wirtschaftspolitik ist, womit sich diese Wissenschaft also beschäftigt. Dabei müssen auch einige wissenschaftstheoretische Probleme besprochen werden (Abschnitt 2.2). Abschnitt 2.3 hat drei zentrale Begriffe der Allgemeinen Wirtschaftspolitik zum Gegenstand: die Träger, Ziele und Instrumente der Wirtschaftspolitik. Speziell auf der Grundlage mikroökonomischer (Abschnitt 2.4) und makroökonomischer (Abschnitt 2.5) Theorien beruhende Aussagen der Allgemeinen Wirtschaftspolitik werden anschließend behandelt. In Abschnitt 2.6 werden schließlich die Probleme der Wirtschaftsordnungen und der Wirtschaftssysteme dargestellt.

---

[2] Lehrbücher und Einführungen in die Theorie der Wirtschaftspolitik aus der Sicht der traditionellen Theorie der Wirtschaftspolitik sind unter anderem Pütz (1979), Dobias (1980), Glastetter (1992), Woll (1992), von Arnim (1998), Petersen und Müller (1999), Luckenbach (2000), Teichmann (2001), Donges und Freytag (2004), Streit (2005), Altmann (2007), Grüner (2007), Berg et al. (2007), Weimann (2009), Welfens (2009), Breyer und Kolmar (2010), Klump (2011), Mussel und Pätzold (2012). Sehr empfehlenswert ist die Lektüre von Johansen (1977-78). Eine Darstellung auf hohem Niveau zu dem Gesamtgebiet der Theorie der Wirtschaftspolitik findet man bei Acocella (1998).

2.1   Wirtschaftstheorie und Wirtschaftspolitik: eine historische Einführung

Wirtschaftspolitik hat die Zusammenhänge zwischen Staat und Politik einerseits und Wirtschaft andererseits zum Gegenstand, insbesondere die Beeinflussung der Wirtschaft durch den Staat. Um zu verstehen, aus welchem geistigen Gedankengut heute diskutierte Probleme der Wirtschaftspolitik und ihre theoretischen Grundlagen stammen, ist es nützlich, sich die geschichtliche Entwicklung der Wissenschaften zu vergegenwärtigen, die sich mit Wirtschaft und mit Politik beschäftigten.[3] Wir müssen zu diesem Zweck relativ weit in der Geschichte zurückgehen, bis in die europäische Antike.

2.1.1   Vorläufer: Antike und Mittelalter

Wenn wir die europäische Geistesgeschichte betrachten, so sind die ersten schriftlichen Zeugnisse wissenschaftlichen Denkens in der **Antike** in Griechenland zu finden. In Griechenland wurde die Wissenschaft als **Philosophie** betrieben. Philosophie (griechisch φιλοσοφία = philosophia) heißt wörtlich „Liebe zum Wissen" oder „Liebe zur Weisheit". Die griechischen Philosophen waren die ersten europäischen Wissenschafter. Dazu muss man sagen, dass die Philosophie damals alle Wissenschaften umfasste. Dazu gehörte also auch das, was heute im Bereich der Wirtschaftswissenschaften und im Bereich der Staatswissenschaften oder Politikwissenschaften angesiedelt ist.

Die ersten Begriffe zu Wirtschaft und Staat finden sich bei griechischen Philosophen ab etwa 400 vor unserer Zeitrechnung. Die Begriffe Ökonomie und Ökonomik stammen aus dem Griechischen (οἶκος = oikos = Haus, νόμος = nomos = Gesetz) und beziehen sich eigentlich auf die Gesetze der „Hauswirtschaft". Wir finden diesen Begriff beim griechischen Philosophen **Aristoteles** (384–322 v. Chr.), dem Lehrer Alexanders des Großen. Er beschäftigte sich mit der praktischen Gestaltung der Hauswirtschaft und machte auch über den Tausch und die Produktion bereits einige Anmerkungen. Diese sind zwar noch nicht sehr systematisch, können aber als erster Ansatz einer wissenschaftlichen Behandlung wirtschaftlicher Zusammenhänge gesehen werden. Wir werden in diesem Buch zwischen Ökonomie (englisch „economy") = (wirkliche) Wirtschaft und Ökonomik (englisch „economics") = Wissenschaft von der Wirtschaft begrifflich unterscheiden.

Noch früher als die Wirtschaft wurde der Staat Gegenstand der Philosophie. Der Lehrer von Aristoteles, **Platon** (428/427–348/347 v. Chr.), war wahrscheinlich der bedeutendste Philosoph der griechischen Antike. Er schrieb um etwa 370 v. Chr. ein Werk mit dem Titel πολιτεία = politeia = der Staat. Gemeint waren damit die griechischen Stadtstaaten dieser Zeit. Griechenland war damals nicht eine politische Einheit, sondern es bestanden mehrere kleinere Stadtstaaten wie Athen, Sparta, Korinth, usw. Platon entwarf in diesem Buch über den Staat ein Idealbild eines Staates nach seinen Vorstellungen. In diesem idealen Staat soll-

---

[3]   Hier kann nur ein sehr kurzer Überblick über die Geschichte der Wirtschaftstheorien gegeben werden. Ausführliche Darstellungen findet man unter anderem bei den „klassischen" Werken der ökonomischen Theoriegeschichte von Schumpeter (1954) und Blaug (1997).

ten die weisesten und klügsten Leute, die Philosophen, als Könige regieren.[4] Dieses „ideale" Staatswesen dürfte nach unseren modernen Begriffen jedoch eher ungemütlich sein: Es ist ein sehr strikt hierarchisch gegliedertes staatliches Gebilde. Die Philosophen-Könige wurden von Platon als Leute gesehen, die das Beste des Volkes als Zielsetzung hatten. Die anderen Mitglieder der Gesellschaft waren jedoch nach Platon in einer ziemlich untergeordneten Position. Platon sah auch Zwangsmaßnahmen vor für jene, die sich den Anweisungen der Philosophen-Könige nicht fügen würden. Platon propagierte also gewissermaßen eine totalitäre Diktatur. Allerdings hatte er eben die Vorstellung, dass die Philosophen-Könige als weise und wohlwollende Herrscher in dieser Diktatur die richtigen Maßnahmen treffen würden, sodass das Leben für die Menschen nicht allzu unangenehm sein würde. Diese Vorstellungen Platons finden sich bis in die Gegenwart in vielen politischen (und daher auch wirtschaftspolitischen) Vorschlägen und Systemen wieder. Die inzwischen gemachten Erfahrungen von mehr als 2000 Jahren mit diversen Diktaturen zeigen jedoch, dass Platons Vorstellungen und sein ganzer Ansatz einer Staatslehre nicht ohne weiteres aufrechterhalten werden können. Eine umfassende Kritik dieser Ideen Platons stammt vom Philosophen Karl R. Popper (1902–1994)[5].

Die Philosophie der griechischen Antike wurde im Wesentlichen von den Römern übernommen, die ab dem ersten Jahrhundert v. Chr. begannen, den gesamten Mittelmeerraum und einen Großteil Europas zu beherrschen. Die Römer machten zwar zahlreiche praktische Erfindungen und leiteten Entwicklungen auf zahlreichen Gebieten in die Wege; sie hatten auch eine sehr ausgefeilte Staatslehre und Rechtslehre. Eine eigentliche Wirtschaftswissenschaft ist aber in der römischen Antike nicht zu finden; weitgehend erfolgte hier der Rekurs auf die griechische Philosophie. Das Römische Reich ging im Zuge der Völkerwanderung im 4. und 5. Jahrhundert n. Chr. unter. Die Völkerwanderung und die Wirren des frühen Mittelalters ließen viel von der griechischen und auch der römischen Philosophie vergessen. Die griechische Philosophie wurde aber über die Araber, die ab dem 7. Jahrhundert n. Chr. unter dem Einfluss des frühen Islam höher entwickelt waren als das frühe christliche Mittelalter, bewahrt, übersetzt und weiter gepflegt. Sie kam dann, teilweise im Zusammenhang mit den Kreuzzügen im Hochmittelalter, wieder nach Europa zurück.

Die Philosophie des Hoch- und Spätmittelalters (ab dem 13. Jahrhundert), die so genannte **Scholastik** (lateinisch scholasticus, von schola = Schule), nahm die griechische Philosophie, insbesondere jene von Aristoteles wieder auf und verband sie mit dem theologischen Denken. Die Theologie, in der Gott im christlichen Sinne im Mittelpunkt stand, verband das theologische Denken in der Bibel und vor allem im Neuen Testament mit dem Gedankengut der antiken Griechen. Der wichtigste Vertreter dieser Hochscholastik war ein Dominikanermönch aus der Grafschaft Aquino, **Thomas von Aquin** (um 1225–1274), der eine große Anzahl von Büchern schrieb. Seine Lehren werden auch heute noch von katholischen Philosophen – man spricht hier von der Neuscholastik – für sehr wichtig gehalten und studiert. Thomas von Aquin und die Scholastiker entwickelten einige wichtige Ideen, die auch in der heutigen Diskussion wirtschaftspolitischer Fragen eine Rolle spielen.

---

[4] Es ist naheliegend für einen Philosophen, dass er die gesamte politische Macht in die Hände der Philosophen legen wollte.

[5] Popper (1945).

Eine Fragestellung, die Thomas von Aquin aufwarf, war die Frage nach dem gerechten Preis (lateinisch iustum pretium): Wann ist der Preis eines Gutes gerecht? Das ist eine Fragestellung, die offensichtlich eine normative Komponente hat: Gerecht ist etwas, das gut ist, das so sein soll. Das ist eine normative Überlegung, und Thomas von Aquin hatte eine ausgefeilte Theorie der Gerechtigkeit. Er unterschied zwischen verschiedenen Arten von Gerechtigkeit. Dabei spielt besonders der Begriff der Verteilungsgerechtigkeit (lateinisch iustitia distributiva) eine wichtige Rolle, den er auch im Anschluss an Aristoteles entwickelte. Er versuchte, eine Antwort auf die Frage zu geben, was ein gerechter Preis sei. Zum Beispiel vertrat er die Meinung, die im kirchlichen Mittelalter weit verbreitet war, dass das Zinsnehmen, also Zinszahlungen für Kredite, (mit gewissen Ausnahmen) ungerecht sei. Das kirchliche Zinsverbot wurde dabei mit Rückgriff auf Aristoteles und auf bestimmte Aussagen in der Bibel begründet.

Allgemein entwickelte Thomas von Aquin eine sehr umfassende Theorie der Gerechtigkeit, die auf dem so genannten Naturrecht beruhte. Mit Naturrecht ist die Annahme der scholastischen Philosophen gemeint, dass man aus dem Sein der Welt, also wie die Welt gestaltet ist, entnehmen kann, was gut und was schlecht ist, da die Welt ja von Gott erschaffen und geordnet ist. Man könnte demnach sehen, dass Gott die Schöpfung in einer ganz bestimmten Weise gestaltet hat, und könnte daraus die „natürliche" Ordnung des menschlichen Zusammenlebens ableiten. Dies gelte auch für die Politik und das Staatswesen, das im Mittelalter sehr hierarchisch geordnet war. Ein Kaiser oder König stand an der Spitze dieser Hierarchie, darüber höchstens noch der Papst, darunter dann Fürsten und andere Adelige und Ritter, und ganz unten die Bauern. Diese hierarchische Gesellschaftsordnung wurde von der Hochscholastik als gottgewollt und gottgegeben gerechtfertigt.

Auch in Hinblick auf die Frage der Gerechtigkeit wurde von den Scholastikern versucht, aus dem Sein der Dinge (aus dem Wesen der Dinge, aus der Natur der Dinge), da sie eben Schöpfung Gottes sind, das Richtige und auch das Gerechte abzuleiten. In moderner Sicht würde man diesen Versuch, aus dem Sein (aus dem, wie etwas ist) ein Sollen abzuleiten, im Anschluss an David Hume (1711–1776), einen schottischen Philosophen des 18. Jahrhunderts, als **naturalistischen Fehlschluss** (naturalistischen Trugschluss) bezeichnen (englisch naturalistic fallacy). Dabei geht es darum, aus einer positiven Aussage – einer Aussage, die etwas darüber aussagt, wie die Welt tatsächlich ist – eine normative Folgerung zu ziehen, also zu folgern, wie etwas sein soll. Das ist deswegen ein Trugschluss, weil aus Aussagen, welche die tatsächliche Welt betreffen, nicht ohne zusätzliche Information gefolgert werden kann, wie etwas sein soll. Man braucht dazu zusätzliche Einsichten, Erkenntnisse, zusätzliches Wissen oder Entscheidungen. Der naturrechtliche Versuch, aus dem Sein, aus dem Wesen der Dinge abzuleiten, wie etwas sein soll, ist logisch unzulässig. Es gibt allerdings auch heute noch Leute, die im Anschluss an die Metaphysik der Scholastik die Meinung vertreten, man könnte aus dem Naturrecht direkt begründen, was im gesellschaftlichen Zusammenleben gut und was schlecht ist.

2.1.2 Frühe Ökonomik der Neuzeit

Das Mittelalter ging im 14. und 15. Jahrhundert zu Ende mit der Entdeckung der Seewege und Amerikas und mit zahlreichen Erfindungen. Dieser Erfindungen und Entdeckungen fanden in der Kulturepoche der **Renaissance** (Wiederentdeckung der Antike; französisch: renaissance = Wiedergeburt) und des **Humanismus** (der Vorstellung, dass der Mensch im Mittelpunkt des Denkens steht) statt. Im Zuge dieser Entwicklung, die zuerst in Italien und dann auch in anderen Ländern Europas Platz gegriffen hat, wurde das theologische Denken allmählich zurückgedrängt und durch den Glauben an die Vernunft und an die Fähigkeit des Menschen ersetzt, aufgrund von vernünftigen Überlegungen und aufgrund von Erfahrungseinsichten die Welt verstehen zu können. Der Glaube an die Vernunft, den man auch als Rationalismus bezeichnet (lateinisch ratio = die Vernunft), wurde später, im 17. und 18. Jahrhundert, in der so genannten **Aufklärung** weiter entwickelt, einer Geistesströmung, die die Vernunft in den Mittelpunkt stellte. Am besten kann man die Grundidee der Aufklärung mit einem Satz umschreiben, den ursprünglich Horaz, ein antiker Dichter, geprägt hatte und den dann Immanuel Kant (1724–1804) in die deutsche Philosophie einbrachte: (lateinisch) „sapere aude" (Kant: „Habe Mut, dich deines eigenen Verstandes zu bedienen!").

Nach diesen Vorstellungen sollte man nicht mehr auf das geschriebene Wort der Bibel und auf die Offenbarung zurückgehen, und auch nicht auf die Vorstellung, dass es eine hierarchische Ordnung gibt, sondern es wurde sehr stark an die Vernunft, an die Einsicht des Menschen appelliert. In diesem Zusammenhang wandelte sich auch das Naturrecht von dem theologischen scholastischen philosophischen Konzept des Mittelalters zu einem rationalistischen Konzept. Man nahm also an, dass man aus vernünftigen Überlegungen heraus erkennen könnte, was richtig sei und was falsch sei. Allerdings verblieb man damit wieder ganz ähnlich wie in der Scholastik im Rahmen des naturalistischen Trugschlusses.

Als weitere Quelle für Informationen über die richtige und gute Gesellschaftsordnung wurde neben der Vernunft die Empirie, die Erfahrung angesehen. Empirisches Denken war im Mittelalter kaum von Bedeutung. Man verließ sich vielmehr auf biblische Texte und auf die Texte der Antike, insbesondere auf Aristoteles, den man als „den Philosophen" schlechthin bezeichnete. Seine Aussagen wurden in der Scholastik manchmal fast wie göttliche Offenbarungen geglaubt. Im Humanismus und in der Aufklärung wurden solche Texte nicht mehr unbesehen hingenommen. Es wurden Experimente (Versuche) gemacht, es wurde die Erfahrung herangezogen, um die Welt zu erklären. Dadurch kamen die neuzeitlichen Wissenschafter zu wesentlichen Erkenntnisfortschritten, zum Beispiel zur Einsicht von Kopernikus, dass sich die Erde um die Sonne bewegt und nicht die Sonne um die Erde, wie man im Mittelalter geglaubt hatte. Dieser Wandel vom theologischen Denken zum erfahrungswissenschaftlichen und vernunftbetonten Denken war natürlich starken Widerständen ausgesetzt, setzte sich aber im Zuge der Entwicklung in der Neuzeit vom 15. bis ins 18. Jahrhundert immer mehr durch.

In der frühen Neuzeit entstanden auch die ersten Neuentwicklungen der Wirtschaftstheorie. So entwickelte der Staatsrechtslehrer Jean Bodin (ca. 1529–1596) die so genannte **Quantitätstheorie des Geldes** und erklärte damit die Inflation. Dass diese Entdeckung im 16. Jahrhundert erfolgte, war kein Zufall, weil im 16. Jahrhundert nach der Entdeckung Amerikas die Herrscher von Spanien (insbesondere Kaiser Karl V., 1500–1558) und Portugal die Neue Welt (Amerika) primär als Quelle für Gold sahen. Die Goldschätze der Azteken und der

Inkas wurden nach Europa gebracht, dort zu Münzen eingeschmolzen und dann dazu verwendet, die Kriege des Kaisers und spanischen Königs zu finanzieren. Diese Entwicklung bedeutete, ökonomisch gesehen, dass mit Gold zusätzliches Geld geschaffen und in Umlauf gebracht wurde, also eine Vermehrung der Geldmenge erfolgte. Diese Vermehrung der Geldmenge war nicht gleichzeitig mit einer Vermehrung der produzierten Güter verbunden, weil ja nicht mehr produziert, sondern nur Kriege damit geführt wurden. Das führte dazu, dass das Preisniveau stieg. Daher trat im 16. Jahrhundert zum ersten Mal in der Geschichte eine Weltinflation ein. „Welt" bezieht sich hier nicht auf Süd- und Ostasien (etwa China und Indien), die weitgehend vom Abendland isoliert waren. Als **Inflation** bezeichnet man ein Steigen des allgemeinen Preisniveaus.

In der damals bekannten abendländischen Welt explodierten also die Preise, und dieses Phänomen kann man sehr gut mit der Quantitätstheorie des Geldes erklären. Die Quantitätstheorie des Geldes beruht auf der Formel $M \times V = P \times Q$. Dabei ist M die Geldmenge, V ist die Geldumlaufsgeschwindigkeit des Geldes, P ist das allgemeine Preisniveau, und Q ist das Transaktionsvolumen, das man auch durch den Output, die gesamtwirtschaftliche Produktion (das Bruttoinlandsprodukt, BIP) annähern kann. Wenn man annimmt, wie das der damaligen stationären Gesellschaft (einer Wirtschaft ohne Wirtschaftswachstum, in der also in jeder Periode etwa gleich viel produziert wird) entspricht, dass der Output konstant ist; wenn man ferner annimmt, dass die Geldumlaufsgeschwindigkeit konstant ist (sie hängt von den Zahlungssitten und der Durchführung des Zahlungsverkehrs ab), dann muss jede Veränderung der Geldmenge zu einer proportionalen Veränderung des Preisniveaus führen: Das ist der wesentliche Inhalt der Quantitätstheorie des Geldes. Genau das ist damals passiert, und so wurde aufgrund von empirischen Beobachtungen und von einfachen rationalen, vernünftigen Überlegungen die Quantitätstheorie des Geldes entwickelt. Diese Idee Bodins ist also ein erster Ansatz einer Wirtschaftstheorie. Der bereits erwähnte David Hume hat dann später diese Quantitätstheorie des Geldes ausformuliert und verfeinert.

Die moderne Gesellschaft, die Gesellschaft der frühen Neuzeit entwickelte sich dann im 17. und im 18. Jahrhundert in den meisten europäischen Staaten in eine absolutistische Gesellschaft, besonders ausgeprägt in Frankreich. **Absolutismus** ist eine Staatsform, in der ein Herrscher, ein König oder Kaiser oder Fürst, absolute Gewalt hat, so dass die Schicht des Adels und noch mehr die anderen Bevölkerungsschichten, die ja auch im Mittelalter schon wenig zu sagen hatten, wenig oder überhaupt keinen Einfluss haben. In einer absoluten Monarchie hat der Herrscher die gesamte zentralisierte Macht im Staat inne. Am besten wird das durch den dem französischen König Ludwig XIV. (1638–1715), dem so genannten Sonnenkönig, zugeschriebenen Spruch „L'état, c'est moi" (ich bin der Staat) ausgedrückt: die Gleichsetzung von Staat und Herrscher. Dieses absolutistische System war am stärksten in Frankreich unter Ludwig XIV. und seinem Nachfolger und Urenkel Ludwig XV. (1710–1777) ausgeprägt. Es brachte auch ein entsprechendes wirtschaftspolitisches Konzept und eine rudimentäre Wirtschaftstheorie mit sich, die man als **Merkantilismus** bezeichnet.

Das französische Wort mercantile heißt kaufmännisch. Der Merkantilismus ist kein einheitliches wirtschaftspolitisches Programm oder theoretisches System; er wurde in verschiedenen Ausprägungen von Kaufleuten und Regierungsangestellten entwickelt. Es geht dabei darum, dass der Staat das Gewerbe, die Kaufleute und den Handel im Lande fördern soll, aber immer mit der Zielsetzung, dass das den Interessen des absoluten Herrschers dient. Ein wichtiger Vertreter in Frankreich war der langjährige Finanzminister Ludwigs XIV., Jean-Baptiste Colbert (1619–1683). Colbert entwickelte das merkantilistische System, indem er die Wirtschaft durch viele Verordnungen regulierte. Insbesondere wurde der Handel mit anderen Ländern weitgehend politisch bestimmt. Um eine aktive Außenhandelsbilanz zu erreichen, wurden Einfuhrverbote und -zölle eingeführt. Arbeitskräfte aus anderen Ländern wurden ins Land geholt, während französischen Untertanen die Auswanderung verboten wurde. Colbert wollte die Erträge der landwirtschaftlichen und gewerblichen Produktion des Landes vor allem für die Zwecke des Herrschers nutzen. Dementsprechend gab es hohe Steuern und Abgaben, die für die Zielsetzungen des Herrschers verwendet wurden: für die Kriege Ludwigs XIV., für die sehr aufwändige Hofhaltung, für die Versorgung seiner Günstlinge und Ähnliches. Der Merkantilismus war im Wesentlichen ein System, in dem der Staat eine sehr starke Stellung innehatte. Der absolute Herrscher wurde mit dem Staat identifiziert und dessen Zielen hatte sich alles andere unterzuordnen. Dies gilt auch im Verhältnis zu anderen Ländern; man spricht hier von einer Wirtschaftspolitik des **Protektionismus**. Diese schützt (protegieren = schützen) die eigene Wirtschaft vor der ausländischen Konkurrenz. Im Merkantilismus geschah dies nicht, weil man die eigenen Wirtschaftreibenden fördern oder den Konsum der Leute befriedigen wollte, sondern weil man die Zwecke und Ziele des Herrschers bestmöglich erfüllen wollte.

Dem Merkantilismus in Frankreich entspricht in den deutschen Staaten eine ganz ähnliche Richtung, die man als **Kameralismus** bezeichnet (camera = das Zimmer, die Kanzlei). Hier standen noch stärker die Bürokratie und die Herrscher, weniger die Persönlichkeit als die Gruppe derjenigen, die in dem Land herrschen, im Mittelpunkt. Einer der wichtigsten Bestandteile dieser kameralistischen Wissenschaft war die Polizeiwissenschaft, einer ihrer Vertreter Johann Heinrich Gottlob von Justi (1717–1771). Man nannte die Kameralistik auch die „Fürstenwohlfahrtslehre"; das zeigt, dass es nicht um den Wohlstand oder das Wohlbefinden der Bevölkerung ging, sondern um dasjenige des Fürsten, des Herrschers und damit des Staates, denn der Herrscher war identisch mit dem Staat und seine Interessen waren diejenigen des Staates. Auch die Erziehung hatte diesen Zielen zu dienen, was etwa in einer Denkschrift mit dem Titel „Vom Einfluß der Erziehung auf die Glückseligkeit des Staates" zum Ausdruck kommt.

In manchen deutschen Ländern, zum Beispiel in Preußen, aber auch in Österreich nahm der Absolutismus eine etwas angenehmere Form an als in Frankreich. In Frankreich spricht man vom „Höfischen Absolutismus", weil der Hof des Herrschers im Mittelpunkt stand. In Österreich unter Maria Theresia (1717–1780) und Josef II. (1741–1790) und in Preußen unter Friedrich II. (Friedrich dem Großen, 1712–1786) spricht man von „Aufgeklärtem Absolutismus". Die oberste Maxime war hier nach Friedrich II.: „Ein Fürst ist der erste Diener seines Staates". Er war aber eben doch ein absoluter Herrscher, er legte allein fest, was die Staatsziele sind, in den Kriegen und auch im Frieden, und das musste durch die Wirtschaft entsprechend gestützt werden. Die dazu betriebene Wirtschaftspolitik bestand in der Förderung von landwirtschaftlichen und vorindustriellen Betrieben (Manufakturen) sowie in der Herstellung einer rechtlichen und administrativen Infrastruktur mit großer Regulierungsdichte, also sehr detaillierten Vorschriften für alle Bereiche des Wirtschaftens.

Etwas später finden wir dann im 18. Jahrhundert im Übergang zur Klassik die Wirtschaftsrichtung der so genannten **Physiokraten**. Der wichtigste der Physiokraten war François

Quesnay (oder Quesnet, 1694–1774). Dieser Quesnay war Leibarzt der Madame de Pompadour, der Mätresse (Geliebte) des Königs Ludwig XV. von Frankreich, und ausgebildeter Chirurg. Etwa 100 Jahre vorher hatte in England der Arzt William Harvey (1578–1657) den Blutkreislauf entdeckt. Quesnay übertrug die Kreislaufidee vom menschlichen Blutkreislauf auf die wirtschaftlichen Zusammenhänge, auf den **Geld- und Güterkreislauf**. Bei Quesnay finden wir zum ersten Mal diese Idee des Geldkreislaufs und des Güterkreislaufs, das Kreislaufdenken, das in der ökonomischen Betrachtungsweise auch heute noch eine ganz zentrale Rolle spielt. Zwischen Haushalten, Unternehmungen, Staat und Ausland fließen Güter- und Geldströme, die durch die Transaktionen zwischen diesen Akteuren verursacht sind. Quesnay stellte in seinem „Tableau économique" eine Tabelle auf, eine Tafel, in der er die verschiedenen Sektoren der Wirtschaft als durch Kreislaufströme miteinander verbunden darstellte. Die Physiokraten und insbesondere Quesnay zeichnen sich dadurch aus, dass sie nur die Landwirtschaft als produktiv ansahen, während die anderen Wirtschaftszweige wie Gewerbe und Handel im Wesentlichen nur zur Verstärkung dessen, was die Landwirtschaft produzierte, dienen sollten. Diese Betrachtungsweise der Wirtschaft in Form von Kreislaufzusammenhängen ist auch eine wichtige Grundlage der modernen Wirtschaftstheorie geworden. Sie findet sich vor allem in der modernen Makroökonomik und in der sektoralen Verflechtungsanalyse, der so genannten **Input-Output-Analyse**.

2.1.3   Klassik und Liberalismus

Die bisher genannten Namen stammen zu einem beträchtlichen Teil aus Frankreich. In der zweiten Hälfte des 18. Jahrhunderts verlor Frankreich politisch und wirtschaftlich an Bedeutung und England rückte stärker in den Mittelpunkt, sowohl in der Politik wie auch in der wissenschaftlichen Behandlung politischer und wirtschaftlicher Zusammenhänge. Diese Epoche, die insbesondere im heutigen Großbritannien, in England und Schottland, ihre wichtigsten Vertreter fand, bezeichnet man in der Wirtschaftstheorie als die Epoche der **Klassik**. Die Klassiker werden vielfach als die ersten „echten" ökonomischen Theoretiker angesehen. Sie schrieben zum ersten Mal wirklich ökonomische theoretische Bücher, in denen sie sich explizit und ausführlich mit Erklärungen wirtschaftlicher Zusammenhänge beschäftigten.

Erster und wichtigster Vertreter der Klassik ist **Adam Smith** (1723–1790). Adam Smith war unter anderem Professor für Moralphilosophie in Schottland an der Universität Glasgow. Er war mit dem Philosophen David Hume, dem amerikanischen Politiker, Verleger und Erfinder Benjamin Franklin (1706–1790) und (aufgrund einer Frankreich-Reise) mit mehreren Physiokraten befreundet. Als Moralphilosoph schrieb er ein Buch mit dem Titel „The Theory of Moral Sentiments", die Theorie der moralischen Gefühle. In diesem Buch versuchte er, ganz im Gegensatz zu den naturrechtlichen Denkern, moralische Begriffe und moralische Anweisungen, wie etwas sein soll, nicht aus naturrechtlichen Überlegungen abzuleiten, sondern aus Gefühlen des Menschen. Er legte also darin eine neue Grundlage für eine Betrachtung normativer Zusammenhänge, die moralische Werte nicht in Gott oder in der Natur, sondern im Menschen begründete. Dieses Buch war bereits zu Smiths Zeit sehr erfolgreich und wird auch heute noch von Philosophen und auch Ökonomen gelesen und wissenschaftlich erörtert.

Bekannter wurde Adam Smith allerdings durch sein zweites großes Werk, durch sein Buch „An Inquiry into the Nature and Causes of the Wealth of Nations", also Reichtum oder

„Wohlstand der Nationen". Dieses erschien 1776 und gilt heute vielfach als das erste wirklich wichtige ökonomische Werk. In diesem Buch entwickelte er eine Fülle von Ideen und Gedanken, die teilweise wieder auf Vorläufern beruhen und in den über 200 Jahren seither vielfach weiterentwickelt wurden, Hier seien nur einige wenige herausgegriffen, die besonders wichtig sind.

Adam Smith entwickelte in diesem Buch eine besonders wesentliche Idee. Sie ist im Grunde zwar älter – sie stammt von den Dominikanern der Schule von Salamanca im 16. Jahrhundert –, aber Adam Smith führte sie zum ersten Mal explizit aus. Er vertrat in Bezug auf das Wirtschaftssystem die These, dass eine Marktwirtschaft, insbesondere die freie Marktwirtschaft, in der jeder Einzelne seine eigenen Interessen verfolgen und ohne starke staatliche Einschränkungen handeln kann, eine gute Lösung für gesellschaftliche Probleme liefert. Adam Smith spricht in diesem Zusammenhang von einer „invisible hand", einer „unsichtbaren Hand". Damit ist folgendes gemeint: Nach Smith führt das Preissystem, die Bildung der Preise der Güter und ihr Zusammenspiel, zu einer Koordination der einzelnen Pläne der Wirtschaftssubjekte. Die einzelnen Wirtschaftssubjekte folgen ihren eigenen Interessen und erzielen dadurch unbeabsichtigt ein gesellschaftlich gutes Resultat.

Smith erläutert das mit einem Beispiel: Wenn man etwa einem Bäcker sagen würde, er solle das Brot backen, damit die Armen etwas zu essen haben, dann hätte dieser zwar eine moralische Motivation. Seine Motivation wird aber nicht so groß sein, als wenn man ihm sagen würde oder als wenn er weiß, er muss Brot backen, damit er selbst viel Geld verdient. Die Zielsetzung des Bäckers ist nicht in erster Linie, anderen zu helfen, sondern seine Zielsetzung ist egoistisch. Nach Smith ist es auch eine realistische Annahme, dass die meisten Menschen ihre eigenen Interessen verfolgen. Der Bäcker will also möglichst viel Geld verdienen, und gerade deshalb wird er gutes Brot backen, denn in einer Marktwirtschaft gibt es andere Bäcker, die mit ihm im Wettbewerb stehen und zu denen die Kunden wechseln können, wenn er kein gutes Brot backt. Daher wird er sich anstrengen, etwas zu produzieren, was seine Kundschaft möchte. So, sagt Smith, kann aus diesem individuellen Egoismus für die gesamte Wirtschaft etwas Gutes herauskommen, wenn man die Wirtschaft als freie Marktwirtschaft organisiert, so dass jeder Einzelne seine Interessen verfolgen kann. Man muss natürlich darauf achten, dass das Eigentum geschützt ist und dass Leib und Leben geschützt sind. Dafür braucht man dann den Staat, damit Raub und Mord und Ähnliches verhindert werden, aber ansonsten soll sich der Staat möglichst wenig in das wirtschaftliche Geschehen einmischen. Diese wirtschaftspolitische Maxime wurde bereits von französischen Vertretern (Physiokraten) dieser Lehre als „Laissez faire et laissez passer" (geschehen lassen, sein lassen) bezeichnet. Man spricht daher auch vom Laissez-faire-Prinzip.

Diese Rechtfertigung der freien Marktwirtschaft als Koordinationsmechanismus individueller Pläne durch das Preissystem gilt als ein Charakteristikum der Lehre von Adam Smith (obwohl in der Literatur umstritten ist, wieweit Smith selbst die politischen Folgerungen aus dieser Idee teilte) und des englischen Liberalismus. Dieser wurde nach der britischen Stadt Manchester auch als Manchester-Liberalismus bezeichnet und fand im 19. Jahrhundert viele Anhänger im Bürgertum. Das ist aus der Interessenlage der herrschenden Schicht in Großbritannien in jener Zeit zu erklären. Einerseits war Großbritannien damals die führende Seemachtnation geworden und hatte diesbezüglich die Spanier und die Niederländer abgelöst, und für eine Seemacht ist freier Warenhandel (Freihandel) günstig. Es können in einem solchen Handelssystem Güter von überall importiert und irgendwo anders hin exportiert und gehandelt werden.

Andererseits wurden zuerst in Großbritannien jene Erfindungen gemacht, die die Industrielle Revolution einleiteten, also die Industrialisierung. Die Dampfmaschine und die Spinnmaschine wurden in Großbritannien erfunden, und in diesem Land erfolgte auch zuerst die Industrialisierung. Die Schicht der Leute, die als Unternehmer, als Industrieherren tätig und erfolgreich waren, hatte dann auch politische Macht inne. Die Interessen dieser Leute waren sehr stark darauf ausgerichtet, möglichst wenige Auflagen vom Staat zu bekommen, so dass sie möglichst kostengünstig produzieren konnten. Sie wollten natürlich auch keine Arbeiterschutzgesetze und Ähnliches, sondern „freie Bahn dem Tüchtigen", wie es in diesem Zusammenhang oft genannt wird. Insofern ist der politische Erfolg dieser Vorstellung von Adam Smith, eine wirklich freie Marktwirtschaft zu haben, durchaus verständlich. Die Idee Smiths ist aber tiefer gehend, weil sie zum ersten Mal den Gedanken mit sich bringt, dass in einer Wirtschaftsordnung, in der die einzelnen Teilnehmer primär ihre eigenen Interessen verfolgen, eine Art Gemeinwohl oder ein allgemeines Bestes verwirklicht werden kann.

Eine weitere Frage, die sich Smith stellt, ist die Frage nach der Preisbildung: Wie kommen Preise zustande? Im Mittelalter war die zentrale Frage jene nach dem gerechten Preis: Wie hoch soll der Preis eines Gutes sein, wie viel soll ein Gut kosten? Bei Adam Smith ist das anders; er fragt: Was bestimmt eigentlich den Preis? Warum sind manche Dinge teurer als andere? Er erläutert das unter anderem anhand des später noch vielfach diskutierten so genannten **Wasser-Diamanten-Paradoxons**, das auch als Klassisches Wertparadoxon bezeichnet wird. Wenn man die Güter Wasser und Diamanten betrachtet, sieht man: Wasser ist etwas, was absolut notwendig ist, jeder braucht es, und es ist trotzdem sehr billig. Wasser hat, wie Smith sagte, einen hohen Gebrauchswert, weil das jeder benötigt und verwenden kann. Es hat aber einen geringen Tauschwert, man kann Wasser nahezu kostenlos überall (zumindest in den entwickelten Ländern) bekommen. Andererseits sind Diamanten eigentlich wenig nützlich, man kann sie als Schmuck verwenden, eventuell auch in bestimmten Industrieproduktionen, aber das hat nicht sehr viel Bedeutung. Diamanten haben also eigentlich geringen Gebrauchswert, aber ihr Tauschwert ist sehr hoch: Der Preis, den man für einen Diamanten zahlen muss, ist enorm hoch. Wieso kommt es, dass Tauschwert und Gebrauchswert eines Gutes nicht übereinstimmen, nicht direkt miteinander in Beziehung stehen? Adam Smith hat darauf folgende Antwort zu geben versucht: Der Preis eines Gutes wird bestimmt durch die Kosten seiner Produktion, und der wichtigste Bestandteil der Kosten der Produktion eines Gutes ist die Arbeit. Daher meinte Smith, dass die Menge an Arbeit, die man aufwenden muss, um ein bestimmtes Gut zu produzieren, der entscheidende Einflussfaktor für den Preis ist. Den hohen Preis der Diamanten versuchte er damit zu begründen, dass diese „Seltenheitsgüter" sind. Diese Sicht wurde dann später noch weiter ausgebaut, stimmt aber mit der modernen Preistheorie durchaus nicht überein.

Adam Smith hatte mehrere Nachfolger. Der wichtigste von ihnen war **David Ricardo** (1772–1823), der ebenfalls in Großbritannien tätig war. Er erwarb schon früh aufgrund seiner Kenntnisse wirtschaftlicher Zusammenhänge ein ziemlich großes Vermögen und konnte sich daher in seinen späteren Lebensjahren voll der Wissenschaft widmen. Ricardo veröffentlichte 1817 sein Hauptwerk „Principles of Political Economy and Taxation". Die Volkswirtschaftstheorie wurde damals als Politische Ökonomie bezeichnet. Ricardo beschäftigte sich in erster

Linie mit der Verteilung der Einkommen und entwickelte dazu eine Theorie der Bodenrente. Andererseits führte er die Preistheorie von Smith weiter. Seine Überlegung war etwa folgende: Wenn wir annehmen, dass die Preise von den Kosten bestimmt werden, so müssen wir die Kosten doch auf einen bestimmten Faktor zurückführen. Die Wissenschaft versucht immer, durch möglichst wenige Faktoren die Dinge zu erklären, die sie erklären möchte. Bereits Smith hatte darauf hingewiesen, dass Arbeit der wichtigste Produktionsfaktor sei, und Ricardo führte das noch weiter. Er stellte eine Arbeitstheorie des Wertes (Arbeitswertlehre) auf. Danach sind andere Produktionsfaktoren (Inputs) als Arbeit, wie Boden und Kapital, also Maschinen, Bauten und Zwischenprodukte, die auch in die Produktion eingehen und deren Preise die Kosten mitbestimmen, letztlich auch wieder Produkte. Deren Preise bestimmen sich wieder aus den Inputs in diese Produktionen und so weiter. Man kann aber letztlich die gesamte Produktion auf Arbeit als einzigen ursprünglichen Produktionsfaktor zurückführen. Daher kann letztlich der Preis eines Gutes durch die Arbeit ausgedrückt werden, die direkt oder indirekt in der Produktion dieses Gutes eingesetzt wurde.

Ricardo setzte sich auch mit den Theorien des Bevölkerungsökonomen Thomas Robert Malthus (1766–1834) auseinander, kam aber teilweise zu ähnlichen Ergebnissen wie dieser. Malthus versuchte zu zeigen, dass die Bevölkerung immer am Existenzminimum bleiben muss, weil sie sich sonst zu stark vermehrt. Daraus folgt, dass der Lohn des Arbeiters immer nur gerade das Existenzminimum oder knapp darüber sein wird. Ein späterer deutscher Sozialist, Ferdinand Lassalle (1825–1864), nannte das einmal das „Eherne Lohngesetz". Der Lohn ist nach dieser Theorie und auch nach jener Ricardos letztlich sehr gering, und das war in der Industrialisierungsepoche des 19. Jahrhunderts tatsächlich der Fall: Überbevölkerung und daher viele Arbeitssuchende und viele Arbeitslose, die eine große so genannte industrielle Reservearmee bildeten, führten dazu, dass die Löhne sehr gering waren. Andererseits konnte seither der Lebensstandard der Arbeiter beträchtlich gesteigert werden, so dass das „Eherne Lohngesetz" sich langfristig als nicht gültig herausstellte. Eigentlich ist insgesamt die Preistheorie von Smith und von Ricardo unbefriedigend und unzutreffend. Wir wissen heute, dass es auch andere Produktionsfaktoren gibt und dass die Rückführung aller Produktionsfaktoren auf die Arbeit keine sehr glückliche Idee war. Man denke nur daran, dass heute Produktionsfaktoren wie Technologie und Bildung (Humankapital) wesentlich wichtiger sind als körperliche Arbeit.

Berühmt wurde Ricardo in der Wirtschaftstheorie vor allem durch seine Außenhandelstheorie, seine Theorie des internationalen Handels. Ricardo hat hier das so genannte Theorem der **komparativen Kostenvorteile** entwickelt. Er stellte diese Theorie unter sehr klar formulierten (und daher einschränkenden) Annahmen auf, die hier nicht im Detail behandelt werden können. Einen Vorläufer dieser Idee kann man schon bei Smith in dessen Theorie der absoluten Kostenvorteile finden. Smith vertrat die Meinung, zwei Länder sollten dann miteinander Handel betreiben, wenn ein Land bei der Produktion eines Gutes einen Vorteil hat, also dieses Gut besser oder billiger erzeugen kann als das andere Land. Wenn also zum Beispiel England Tuch (Stoffe) billiger erzeugen kann als Holland, Holland aber Käse billiger erzeugen kann als England, dann soll Holland Käse nach England exportieren und England Tuch nach Holland exportieren. Jedes Land soll sich auf die Produktion und den Export jener Güter spezialisieren, bei denen es absolute Kostenvorteile hat.

Ricardo zeigte aber, dass es nicht nur die absoluten Kostenvorteile sind, sondern dass es um die komparativen, vergleichsweise Kostenvorteile geht. Selbst wenn ein Land in der Produktion aller Güter dem anderen unterlegen ist, also absolute Kostennachteile in allen Produktionen hat, kann es für dieses Land günstiger sein, sich auf die Produktion eines Gutes zu spezialisieren und dieses Gut dann zu exportieren. Portugal und England werden hier immer als Beispiele herangezogen; man nimmt an, dass England sowohl Tuch wie Wein kostenungünstiger, also teurer produzieren muss als Portugal, dass Portugal also absolute Kostenvorteile bei beiden Gütern, Tuch und Wein, hat, dass aber der Kostenvorteil Portugals bei Tuch größer ist als bei Wein. Dann, sagt Ricardo, soll England sich auf die Produktion von Tuch spezialisieren und das nach Portugal exportieren, und Portugal, obwohl es einen Kostenvorteil hat (aber einen geringeren bei Tuch), soll sich auf die Produktion von Wein spezialisieren und Wein nach England exportieren. Damit wird über das Argument von Adam Smith hinaus ein weiteres Argument für Exporte, für internationalen Handel und im Zusammenhang mit diesem für Freihandel geliefert.

Auch an der Theorie Ricardos erkennt man den grundsätzlichen Unterschied zwischen der Klassik und den merkantilistischen Ideen. Die Merkantilisten stellten sehr stark den Staat in den Mittelpunkt, sie befürworteten sehr stark den Protektionismus, eine Abschottung der eigenen Wirtschaft; der Staat, der König, der Herrscher stand für sie im Mittelpunkt, alles war zentriert auf den Staat, in moderner Sprechweise: auf den öffentlichen Sektor. Die Klassiker Smith und Ricardo und die daraus folgende Wirtschaftstheorie stellten ganz im Gegenteil auf das Wohlbefinden der Konsumenten ab. Smith stellte fest, dass der Konsum das letzte Ziel des Wirtschaftens sei, und zwar nicht der Konsum des Fürsten, sondern jener der gesamten Bevölkerung, jedes Einzelnen. Aufgrund dieser Überlegung empfahlen Smith und Ricardo die freie Marktwirtschaft und im internationalen Verkehr den Freihandel. Man spricht hier vom wirtschaftspolitischen und allgemein vom politischen System des **Liberalismus**. Liberal heißt frei, Liberalismus bedeutet also, dass man möglichst frei und uneingeschränkt handeln und seine eigenen Interessen verfolgen kann. Im Bereich der Wirtschaftspolitik bedeutet das Freihandel und die Freiheit, national in den jeweiligen Ländern und international ohne starke Einschränkungen produzieren, handeln und tauschen zu können, kurz: eine „freie Wirtschaft".

2.1.4   Sozialismus und Kommunismus

Allerdings hatte die Industrialisierung unter den Bedingungen des Liberalismus in Großbritannien und auch in anderen Ländern auch sehr nachteilige Folgen, die ganz offensichtlich wurden. Ähnliches sieht man auch heute in manchen Entwicklungsländern, die jetzt erst diese Industrialisierungsepoche hinter sich bringen. In der Phase der Industrialisierung waren die Löhne zunächst sehr gering. Das war kein Zufall, denn es kam zu einer Bevölkerungsexplosion. Die Lebenserwartung der Bevölkerung stieg zum Teil aufgrund von Fortschritten in der Medizin und von anderen technischen Fortschritten, es überlebten mehr Kinder, und die überschüssige Bevölkerung zog vom Land in die Stadt und versuchte dort, in den Fabriken, in der Industrie Arbeit und ein Auskommen zu finden. Die hygienischen und die gesundheitlichen Bedingungen und auch die Arbeitsbedingungen der Menschen in der Industrie waren damals sehr schlecht, es gab keinen Arbeiterschutz und sehr lange Arbeitstage. In den Städten herrschten sehr schlechte Wohnverhältnisse, und es bildete sich eine große Schicht von Leuten heraus, die gerade das Existenzminimum (oder noch weniger) hatten. Diese wurden als das **Proletariat** bezeichnet. Proletariat ist ein Begriff, der aus dem Lateinischen kommt (proles = die Nachkommenschaft): Im antiken Rom und ebenso in der Industrialisierungsphase des Kapitalismus waren die Proletarier die rechtlosen Menschen in den Städten, die nichts hatten als ihre Arbeitskraft.

Diese nachteiligen Folgen der Industrialisierung wurden von etlichen Autoren auf die uneingeschränkte liberale Marktwirtschaft zurückgeführt. Sie meinten, man müsste die Marktwirtschaft zähmen und vielleicht sogar abschaffen und ein anderes, besseres und gerechteres Wirtschaftssystem einführen. Es gab und gibt eine Vielzahl solcher Sozialreformer mit sehr unterschiedlichen politischen und auch grundsätzlichen Ausrichtungen. Zu nennen sind insbesondere auch Sozialpolitiker im Bereich der christlichen Kirchen, welche die Katholische und die Evangelische Soziallehre entwickelten, und in anderen Organisationen. Eine sehr wichtige Gruppe von Leuten sah die Abhilfe in einem gänzlich anderen Wirtschafts-, Gesellschafts- und politischen System: die Gruppe der Sozialisten.

Der **Sozialismus** war ursprünglich eine Vorstellung, die von Utopisten, von so genannten utopischen Sozialisten gepflegt wurde. Der Begriff **Utopie** stammt von Thomas Morus (engl. Thomas More, 1478–1535), einem englischen Politiker und Gelehrten. Morus war Kanzler des Königs Heinrich VIII. von England und wurde von diesem hingerichtet, weil er Heinrich VIII. nicht als Oberhaupt der Kirche von England anerkennen wollte. Er war also ein Märtyrer der katholischen Kirche und wurde von dieser auch heiliggesprochen. Thomas Morus verfasste ein Buch mit dem Titel „Utopia" (meist mit „Nirgendwo" übersetzt). Darin wird erörtert, wie eine ideale Gesellschaft auf einer Insel aussehen müsste. Eine der Antworten war, sie müsste eine sozialistische Gesellschaft sein, das heißt, dass Alles Allen gehören sollte. In der idealen Gesellschaft würde also das Privateigentum weitgehend abgeschafft, zumindest das Privateigentum an den Produktionsfaktoren. Ob Morus selbst sich mit diesen Forderungen identifizierte, ist allerdings umstritten.

Unter dem Begriff Sozialismus versteht man meist eine Gesellschaft ohne Privateigentum oder (häufiger) ohne Privateigentum an den Produktionsfaktoren, manchmal auch ohne Privateigentum an Konsumgütern, manchmal nur ohne Privateigentum an Großbetrieben. Nach Thomas Morus traten immer wieder utopische Sozialisten in verschiedenen Ländern auf. Sie stellten sich eine Gesellschaftsordnung vor, in der ein wesentliches Merkmal der kapitalistischen Marktwirtschaft, dass die Produktionsmittel (die Fabriken, die Gebäude, Grund und Boden) im Besitz von einigen wenigen Personen sind, abgeschafft wird. Stattdessen sollte eine sozialistische Gesellschaft errichtet werden, in der in irgendeiner Form alle oder zumindest die wichtigsten Produktionsfaktoren im Besitz der gesamten Gesellschaft sind. Es gibt verschiedene Richtungen dieses Sozialismus. Die Staatssozialisten etwa meinten, der Staat sollte die Betriebe führen (Verstaatlichung); die Selbstverwaltungssozialisten meinten, dass die Arbeiter selbst in den Fabriken die Entscheidungen treffen sollten, was dann nach dem Zweiten Weltkrieg eine Zeit lang in Jugoslawien versucht wurde; Genossenschaftssozialisten plädierten für die Bildung von Produktions- oder Konsumgenossenschaften, usw. Entscheidend ist jedenfalls, dass sich die wichtigsten oder alle Produktionsmittel nicht im Privateigentum, sondern in irgendeiner Form in „gesellschaftlichem Eigentum" befinden sollten.

Die Grundidee des Sozialismus war also, dass es kein Privateigentum an den Produktionsmitteln geben sollte. Die Vorstellungen, wie eine solche Gesellschaft herbeigeführt werden könnte, waren allerdings nur sehr wenig entwickelt. In dieser Situation trat einer der einflussreichsten Schriftsteller des 19. Jahrhunderts auf den Plan, **Karl Marx** (1818–1883). Zusammen mit seinem Freund Friedrich Engels (1820–1895) und auch allein schrieb er eine Reihe von wissenschaftlichen Arbeiten und war auch als Revolutionär, Verfasser von Zeitungsartikeln und Organisator der Arbeiterbewegung tätig. Das wichtigste Werk von Marx ist „Das Kapital", von dem Marx den ersten Band unter seinem eigenen Namen 1867 publizierte. Zwei weitere Bände sind von Engels nach dem Tod von Marx veröffentlicht worden; Karl Kautsky (1854–1938), ein Sozialist der nächsten Generation, veröffentlichte noch einen vierten Band, Marx' „Theorien vom Mehrwert". Marx war selbst auch aktiv in die Revolutionsbestrebungen des 19. Jahrhunderts eingebunden. Er war in Deutschland gebürtig, in Trier, war als Redakteur bei einer liberalen Zeitung tätig und musste nach der missglückten Revolution 1848 ins Exil nach Großbritannien gehen, wo er sich wissenschaftlich mit dem Kapitalismus beschäftigte.

Marx kann als der Vater des so genannten „wissenschaftlichen Sozialismus" angesehen werden. Dieser Wissenschaftliche Sozialismus grenzt sich gegen die utopischen Sozialisten dadurch ab, dass seine Vertreter behaupten, sie könnten die gesetzmäßige Entwicklung der Gesellschaft wissenschaftlich analysieren. Diese Lehre bezeichnet man als den **Historischen Materialismus**, der im Wesentlichen von Marx entwickelt wurde. Der Historische Materialismus behauptet, dass die gesellschaftliche Entwicklung, einschließlich der Entwicklung des Geisteslebens, im Wesentlichen auf „Widersprüche" (gemeint: Gegensätze) zwischen einerseits den Produktivkräften, das heißt der Technologie, der Art und Weise, wie produziert wird, im Kapitalismus etwa mit Maschinen, mit Kapital, und andererseits den Produktionsverhältnissen, das heißt der gesellschaftliche Organisation der Produktion, zurückzuführen ist. Nach Marx gibt es im Kapitalismus einen starken „Widerspruch" (Gegensatz) zwischen den Produktivkräften, die darauf drängen, dass Massenproduktion herrscht, dass der wissenschaftliche Fortschritt die Arbeitswelt bestimmt, und andererseits dem immer stärker anachronistisch (überholt) werdenden kapitalistischen Prinzip des Privateigentums an Produktionsmitteln in den Händen von wenigen reichen Leuten. Und das führt, sagt Karl Marx, dann irgendwann einmal dazu, dass es zu einem sich verschärfenden Klassenkampf kommt: Die Arbeiter verelenden immer mehr, sie erhalten nur mehr das Existenzminimum, und schließlich kommt es zum Zusammenbruch des Kapitalismus, die Arbeiter werden die Macht ergreifen, eine Revolution wird stattfinden, und dann kommt der Sprung „vom Reich der Notwendigkeit in das Reich der Freiheit". Die sozialistische Gesellschaftsordnung wird die kapitalistische ablösen; in der sozialistischen Gesellschaft gibt es kein Privateigentum an den Produktionsmitteln mehr, sondern die Produktionsmittel gehören Allen. Wenn sich dann der wissenschaftliche und technische Fortschritt weiter entwickelt, wird die sozialistische Gesellschaft schließlich im Kommunismus münden. Der Kommunismus wird von den Vertretern des Historischen Materialismus als eine Gesellschaftsordnung gesehen, in der jeder einfach das bekommt, was seinen Bedürfnissen entspricht; es gibt also keine Knappheitsbeschränkungen mehr.

Es ist umstritten, wie weit Marx selbst hier einen Determinismus behauptet, also wie weit er diese Entwicklung selbst als eine absolute Notwendigkeit angesehen hat, aber es gibt Äußerungen von ihm, die das ziemlich deutlich belegen. Die Vorstellung eines Überganges vom Kapitalismus in den Sozialismus durch Revolution findet sich vielfach in seinen Schriften; nur in seltenen Ausnahmefällen würde dieser Übergang vielleicht auch friedlich vor sich gehen. In jedem Fall ist der Zusammenbruch des kapitalistischen Systems und die Errichtung des Sozialismus eine Vision, die Marx den sozialistischen Parteien auf den Weg mitgegeben hat. Die Arbeiterparteien, die sich in der zweiten Hälfte des 19. Jahrhunderts vorwiegend als sozialistischen Parteien gebildet haben, nahmen den Marxismus freudig als ihre Theorie auf, weil diese Theorie ihnen suggerierte, dass sie mit ihren Vorstellungen wissenschaftlich auf dem richtigen Weg seien.

Marx knüpfte in seiner ökonomischen Theorie vor allem an Ricardo an; wir können daher Marx als einen der letzten großen Vertreter der Klassik ansehen. Marx entwickelte insbesondere die Arbeitswertlehre von Ricardo weiter. Ricardo meinte, man müsste letztlich die Preise aller Güter auf die Arbeit zurückführen, die in diesen Gütern enthalten sei. Wenn man das ernst nimmt, kommt man nach Marx zu der Frage, wie es sein könne, dass Leute, die eigentlich nicht viel arbeiten, sondern nur die Produktionsfaktoren Kapital und Grund und Boden zur Verfügung stellen, also die Kapitalisten und die Grundeigentümer, auch etwas erhalten, und zwar nicht wenig. Die Frage ist also, woher kommen der Profit (Gewinn) und die Bodenrente. Marx sagt, das ist in Wirklichkeit „Mehrwert", den die Arbeiter schaffen, also eigentlich etwas, das den Arbeitern zustehen würde. Die Arbeiter aber werden von den Kapitalisten ausgebeutet, der Kapitalist eignet sich den Mehrwert an. Der Kapitalist versucht, möglichst viel Mehrwert aus den Arbeitern herauszupressen. Dieser Gegensatz von Kapitalisten und Arbeitern ist der wichtigste Grund des Klassenkampfs, der für den Kapitalismus charakteristisch ist. Marx fordert, die Arbeiter müssten die Kapitalisten bekämpfen und letztlich als Klasse abschaffen durch die Schaffung einer sozialistischen Gesellschaft.

Die sozialistischen Parteien übernehmen und verbreiteten diese Theorie. Gegen Ende des 19. Jahrhunderts wurden die sozialistischen Parteien in vielen Ländern Massenparteien und einflussreich, auch in Deutschland und in Österreich. Allerdings konnte man dann feststellen, dass einige der Prognosen von Marx nicht in der Form, wie er sie formulierte, eintrafen. Man sah zum Beispiel, dass es nicht zu einer absoluten Verelendung der Arbeiter kam, sondern dass der Wohlstand langsam, aber doch zunahm. Nicht zuletzt durch Sozialgesetzgebung, die auch von den sozialistischen Parteien durchgesetzt wurde, setzte eine Entwicklung ein, die die Arbeiter allmählich „entproletarisierte", und es kam nicht zu einer Verschärfung der Klassenkämpfe, wie von Marx behauptet worden war. Da sich die Prognosen von Marx nicht bewahrheiteten, kam es in vielen Ländern zu einer Spaltung der sozialistischen Parteien in einen demokratischen Flügel (sozialdemokratische Parteien) und einen radikalen Flügel, die kommunistischen Parteien. Die Sozialdemokraten betrieben unter dem Einfluss insbesondere des deutschen Sozialisten Eduard Bernstein (1850–1932) einen „Revisionismus", das heißt, sie sagten, Marx sei zwar ein bedeutender Denker gewesen, aber er habe nicht immer recht gehabt und man müsse seine Lehren in einzelnen Punkten revidieren, neu sehen und entsprechend an die Realitäten der geschichtlichen Entwicklung anpassen.

Während die Sozialdemokraten zunehmend Anhänger gewannen und an der Willensbildung in demokratischen Ländern durch Wahlen teilnahmen, strebten die Kommunisten weiterhin eine revolutionäre Änderung der Gesellschaftsordnung an. Die kommunistischen Parteien waren in den meisten Ländern die schwächeren Parteien. Das war auch der Fall in Russland, wo die Spaltung der Arbeiterpartei bereits 1903 erfolgte. Russland hatte am Ende des 19. und zu Anfang des 20. Jahrhunderts eine Gesellschaft, die noch sehr wenig entwickelt war: Die Industrialisierung war noch nicht fortgeschritten, Russland war im Wesentlichen ein agrarischer, ein landwirtschaftlich geprägter Staat. In diesem Staat war daher die sozialistische Arbeiterpartei nicht sehr stark. Trotzdem spaltete sie sich, und die kleinere Gruppe, die allerdings bei einer Abstimmung die Mehrheit der Delegierten erhielt und sich daher Mehrheitsgruppe (Bolschewiki) nannte im Gegensatz zur Minderheitsgruppe (Menschewiki), war die Keimzelle der kommunistischen Partei. Sie stand unter der Führung eines begabten Theoretikers und insbesondere Praktikers der Revolution, Wladimir Iljitsch **Lenin** (1870–1924), der eigentlich Uljanow hieß. Lenin entwickelte den Marxismus theoretisch weiter, sodass man vom Marxismus-Leninismus sprach. Er charakterisierte insbesondere die internationalen Verflechtungen des Kapitalismus als Imperialismus und entwickelte daraus eine Theorie, und er stellte auch eine radikale Theorie für die Revolution auf, die er dann während des Ersten Weltkriegs im Jahr 1917 in Russland verwirklichen konnte.

In Russland kam es also zur ersten sozialistischen oder kommunistischen Revolution, die allerdings eher ein Staatsstreich der sehr kleinen, aber gut organisierten Gruppe der Bolschewiki war. Das Ziel war die Abschaffung des Kapitalismus in Russland und die Errichtung einer sozialistischen Gesellschaftsordnung unter der Führung von Lenin. Man muss dazu sagen, dass dies eine absolute Minderheitsposition in Russland war, die sich durch geschickte Taktik und Gewalt in einem Bürgerkrieg durchsetzte. Darüber hinaus fand die Revolution in Russland in einem Land statt, das nicht, wie Marx es vorhergesehen hatte, ein hoch entwickeltes Industrieland war, sondern ein absolut unterentwickeltes Land. Diesbezüglich ist die russische Revolution gewissermaßen eine Widerlegung der marxistischen Theorie, weil sie in einem Land erfolgte, in dem sie aufgrund der marxistischen „Gesetze" des Historischen Materialismus eigentlich nicht zustande hätte kommen können. Die kommunistische Partei baute in Russland durch den Einsatz von Polizei und Geheimdiensten und die Aufrüstung der so genannten Roten Armee ihre Macht aus und schaltete alle ihre Konkurrenten gewaltsam aus. Bereits Lenin vertrat die Idee, dass zunächst eine „Diktatur des Proletariats" errichtet werden müsste. Lenins Nachfolger, Josef **Stalin** (1878–1953), ein georgischer Kommunist, der eigentlich Dschughaschwili hieß, führte die kommunistische Partei, die er noch stärker zentralisierte, autoritär und stellte sukzessive in den folgenden Jahrzehnten seine politischen Gegner kalt und errichtete ein Terrorregime, von dem viele Millionen Menschen ermordet oder in Gefängnissen und Arbeitslagern eingesperrt wurden. Eine solche Gesellschaft, in der Terror und Unterdrückung vorherrschen, wird als totalitäres Regime (**Totalitarismus**) bezeichnet. Marx hatte ursprünglich die Idee gehabt, dass mit dem Sozialismus ein Reich der Freiheit anbrechen werde – tatsächlich war der „real existierende Sozialismus" in den von den kommunistischen Parteien regierten Ländern eine Diktatur einer kleinen Schicht der Bevölkerung, die hauptsächlich aus Funktionären der kommunistischen Partei und aus Leuten im Militär- und Polizeiapparat bestand, über die gesamte Bevölkerung.

Russland und einige andere Länder schlossen sich unter der Herrschaft von Lenin und Stalin zur Sowjetunion zusammen. Das kommunistische System wurde nach dem Zweiten Weltkrieg, in dem die Sowjetunion gemeinsam mit den alliierten Westmächten Deutschland, Italien und Japan besiegte, in andere Länder übertragen. Osteuropa kam unter kommunistische Herrschaft, und ähnliche Verfolgungen und Unterdrückungen wie in der Sowjetunion wurden in Ländern wie Polen, Ungarn, Ostdeutschland (der so genannten DDR) und anderen osteuropäischen Ländern durchgeführt, um das Machtsystem des Kommunismus abzusichern. Man sollte auch nicht vergessen, dass unter Mao Zedong (1893–1976) in China, das seit 1949 unter der Herrschaft der Kommunisten steht, ebenfalls Millionen Menschen zu Tode kamen, die zum Teil auch verhungerten, weil die Versorgung nicht entsprechend gesichert werden konnte.

Die marxistische Theorie wurde nicht nur durch die Gewaltherrschaft der Kommunisten widerlegt und diskreditiert, sondern auch durch das Ende der Gesellschaften, die sich selbst sozialistisch nannten. In den 1970er und 1980er Jahren stellte sich zunehmend heraus, dass diese von den Kommunisten beherrschten Gesellschaften nicht, wie Marx, Engels und Lenin das vorhergesagt hatten, einen größeren Reichtum entwickelten und die Bevölkerung besser mit Gütern versorgen konnten, als das in den kapitalistischen Gesellschaften der Fall wäre. Ganz im Gegenteil zeigte sich, dass in den Gesellschaften unter der Herrschaft der kommunistischen Partei die Güterversorgung wesentlich schlechter war als im Kapitalismus. Mit den zunehmenden Informationen über den kapitalistischen Westen, die auch die Bevölkerung in diesen Ländern durch Fernsehen und durch die wenigen Reisen, die ihnen erlaubt waren, erhielten, wurde die ideologische Basis dieser kommunistischen Systeme immer mehr ausgehöhlt, bis im Jahr 1989 in Osteuropa und zwei Jahre später auch in der Sowjetunion die Herrschaft der Kommunisten zusammenbrach. Es kam dann zu einem Übergang von diesen so genannten sozialistischen Gesellschaften zu marktwirtschaftlich-kapitalistischen Gesellschaften.

Eine derartige Entwicklung darf es nach Marx, nach dem Historischen Materialismus aber nicht geben, weil ihm zufolge die Entwicklung vom Kapitalismus zum Sozialismus und dann zum Kommunismus verlaufen muss. Sie verlief in Wirklichkeit aber wieder zur Marktwirtschaft zurück, und zwar gerade wegen der Unfähigkeit der unter der kommunistischen Herrschaft stehenden so genannten sozialistischen Systeme, eine vernünftige Wirtschaftspolitik zu betreiben und die Wirtschaft zu organisieren und voranzubringen. Wir haben hier gewissermaßen ein mit Marx in der zweiten Hälfte des 19. Jahrhunderts beginnendes und etwa 100 Jahre später zu Ende gehendes gescheitertes natürliches Experiment eines Wirtschaftssystems vor uns, in dem der Staat als Bestimmungsfaktor der Wirtschaft eine ganz zentrale Rolle spielt. Marx selbst hat nie klar geäußert, welche Form von Sozialismus er sich vorgestellte, und sogar Lenin prognostizierte, der Staat werde absterben, weil im „Reich der Freiheit" im Sozialismus kein Staat mehr benötigt werde. Tatsächlich waren die Herrschaftssysteme der kommunistischen Parteien extrem totalitäre, also fast absolutistische Staaten, wobei im Mittelpunkt nicht mehr ein König oder ein Kaiser stand, sondern der jeweilige Generalsekretär der kommunistischen Partei und die mit ihm in einem engen Verbund stehenden Führungszirkel dieser Organisation. Eine extreme Staatswirtschaft konnte offensichtlich nicht die Bedürfnisse der Bevölkerung entsprechend befriedigen, und das ist eine Lehre, die man nicht vergessen sollte. Insofern war dieses Experiment mit dem „real existierenden Sozialismus", so grausig es sich dann auch abspielte mit den Millionen Toten in der Sowjetunion und in China, lehrreich: Man muss den Staat in die Schranken weisen, die ihm gebühren, eine Staatswirtschaft bringt nicht ideale Verhältnisse hervor, und eine Diktatur ist nicht nur politisch, sondern auch wirtschaftlich zum Scheitern verurteilt.

2.1.5   Die Neoklassik

Karl Marx kann in gewissem Sinn als der letzte Vertreter der Klassik bezeichnet werden. Marx hat die Arbeitswertlehre konsequent durchgedacht und daraus politische Folgerungen gezogen, die ganz im Gegensatz zu den liberalen Vorstellungen der Klassik, etwa von Smith und Ricardo, standen. Dadurch standen seine Theorien in sehr starkem Gegensatz zu dem, was im 19. Jahrhundert die herrschende wirtschaftspolitische Lehre war, nämlich die Freihandelslehre und die freie Marktwirtschaft. Für die Freihandelsbefürworter und die Befürworter einer freien Marktwirtschaft ergab sich daraus das Bedürfnis nach anderen intellektuellen Grundlagen zur Erklärung volkswirtschaftlicher Zusammenhänge. Ein weiterer Grund, wahrscheinlich sogar der wichtigste Grund für die Neuorientierung der Volkswirtschaftslehre war die Tatsache, dass man mit der Preistheorie von Smith und Ricardo, der klassischen Preistheorie, bestimmte Phänomene nicht erklären konnte, zum Beispiel das Wasser-Diamanten-Paradoxon oder das generelle Auseinanderklaffen von Tauschwert und Gebrauchswert. Etwa um 1870 entstand eine neue Richtung der Wirtschaftstheorie, die das Denken der Volkswirtschaftslehre bis heute wesentlich bestimmt und die man als die **Neoklassik** bezeichnet.

Die Neoklassik knüpfte in vielen Punkten an die Klassik an, brachte aber einige neue Ideen und insbesondere eine neue Preistheorie. Sie hat zwar mehrere Vorläufer, die zu ihrer Zeit allerdings nahezu völlig übersehen und bald vergessen wurden, wie insbesondere in Deutschland Hermann Heinrich Gossen (1810–1858), der die heute berühmten Gossenschen Gesetze formulierte. Schulen bildend entstand die Neoklassik aber ziemlich unabhängig voneinander an drei Stellen, sodass man von drei Schulen der Neoklassik sprechen kann. Der erste Vertreter der **Englischen Schule** oder Cambridge Schule war **William Stanley Jevons** (1835–1882); sein Hauptwerk „Theory of Political Economy" wurde 1871 veröffentlicht. Spätere Vertreter waren **Alfred Marshall** (1842–1924), der Professor in Cambridge war, und dessen Nachfolger auf dem Lehrstuhl **Arthur Cecil Pigou** (1877–1959) in der ersten Hälfte des 20. Jahrhunderts. Marshall schrieb ein Buch „Principles of Economics", das die Englische Variante der Neoklassik im Detail ausarbeitete und auch heute durchaus noch lesenswert ist, weil es die moderne Mikroökonomik gewissermaßen lehrbuchartig kodifizierte.

Die zweite Schule war in **Lausanne** in der Schweiz beheimatet und im wesentlich mit zwei Namen verbunden: der aus Frankreich stammende Ökonom **Léon Walras** (1834–1910), Professor an der Universität von Lausanne, der 1874 ein Buch veröffentlichte mit dem Titel „Eléments d'économie politique pure", und sein Nachfolger auf dem Lehrstuhl, **Vilfredo Pareto** (1848–1923), der auch wichtige soziologische Arbeiten verfasste. Sowohl Walras wie Pareto übten besonders starken Einfluss auf die moderne Wirtschaftstheorie und insbesondere die moderne Preistheorie aus.

Als dritte Schule ist hier die **Österreichische Schule** oder Wiener Schule der Neoklassik zu nennen. Deren erster Vertreter war **Carl Menger** (1840–1921), der wie Jevons im Jahr 1871 sein Hauptwerk veröffentlichte, „Grundsätze der Volkswirthschaftslehre"[6]. Carl Menger war nicht nur als Wirtschaftstheoretiker bedeutend, sondern auch als Wissenschaftstheoretiker der Volkswirtschaftslehre. Er focht einen methodologischen Streit mit der damals in Deutschland

---

[6]   Er nannte es „erster Band"; ein zweiter Band ist aber nie erschienen, obwohl Menger noch bis 1921 lebte.

herrschenden **Historischen Schule** der Nationalökonomie aus, insbesondere mit der jüngeren Historischen Schule unter **Gustav Schmoller** (1838–1917). Menger war auch in gewissem Sinn Politiker: Er war Erzieher des österreichischen Kronprinzen Rudolf und gab dem Kronprinzen wirtschaftspolitische Ratschläge, und er verfasste auch im Zusammenhang mit der österreichischen Währungsreform Beiträge. Seine Nachfolger als Vertreter der Österreichischen Schule waren **Friedrich von Wieser** (1851–1926) und **Eugen von Böhm-Bawerk** (1851–1914), wobei Böhm-Bawerk auch als Wirtschaftspolitiker sehr aktiv war (er war dreimal Finanzminister). Die dritte Generation der Österreichischen Schule wirkte schon vorwiegend in der Zwischenkriegszeit, wobei unter anderem **Ludwig von Mises** (1881–1973), **Friedrich August von Hayek** (1899–1992) und **Oskar Morgenstern** (1902–1977) zu nennen sind.

Mit dem Zusammenbruch der Ersten Republik und der Okkupation Österreichs durch das nationalsozialistische Deutschland 1938 wurde die Österreichische Schule in Österreich im Wesentlichen beendet. Sie lebt aber in den Vereinigten Staaten weiter, wo sie von Mises und einigen seiner Anhänger, insbesondere auch von Hayek, der 1974 den Wirtschaftsnobelpreis verliehen erhielt, am Leben erhalten wurde. Es gibt in den USA eine Schule der „Austrian Economics", die dort die Fahne der Österreichischen Schule hochhalten und auch einen gewissen politischen Einfluss haben. Diese Vertreter der „amerikanischen Österreicher" sind ebenso wie Mises und Hayek ziemlich radikale „Marktfundamentalisten", also Vertreter einer reinen freien Marktwirtschaft.

Die Neoklassik beruht im Wesentlichen auf zwei Grundpfeilern, der Optimierung und dem Gleichgewicht. Die eine Grundidee ist die Idee der **Optimierung**. Man nimmt an, dass die Wirtschaftssubjekte, das sind die einzelnen Haushalte und Unternehmungen, also die Teilnehmer am Wirtschaftsleben, Ziele haben, die sie bestmöglich, also optimal, erfüllen wollen. Der Haushalt hat eine Nutzenfunktion, das heißt, er hat Vorstellungen über den Nutzen, den er erhält, wenn er Güter und Dienstleistungen konsumiert, und er möchte einen möglichst großen, einen maximalen Nutzen erreichen, er will Nutzenmaximierung betreiben. Die Unternehmungen wollen beispielsweise Gewinnmaximierung betreiben. Die einzelnen Akteure des Wirtschaftsgeschehens versuchen also zu optimieren, wobei sie gewissen Beschränkungen unterliegen. Wenn der Haushalt seinen Nutzen maximiert und dabei seine Budgetbeschränkung beachtet, wird er das nachfragen und kaufen, was seinen Nutzen möglichst groß macht, und so kommt man zu einer Theorie der **Nachfrage**. Diese Konzeption der Nachfrage im modernen Sinn stand bei den Klassikern noch nicht so im Mittelpunkt, wie es dann in der Neoklassik der Fall war. Die Nachfrage spielt in der Neoklassik eine sehr wichtige Rolle und bestimmt dann mit über den Preis. Speziell bei der Österreichischen Schule ist das besonders deutlich, indem betont wird, dass der Wert eines Gutes durch die Wertschätzung, die Nutzenabwägung der Konsumenten bestimmt wird und nicht durch die Produktionskosten. Man nennt die Preistheorie der Neoklassik auch die subjektive Wertlehre im Gegensatz zur objektiven Wertlehre bei Marx und den Klassikern. Nach dieser Theorie bestimmen also nicht die Produktionsfaktoren in erster Linie den Wert eines Gutes, sondern die Einschätzungen der Konsumenten und ihre Nutzenbewertungen.

Ein wichtiger Aspekt in Zusammenhang mit der Optimierung ist die Überlegung, dass die Nutzenmaximierung jeweils mit einer Abwägung verschiedener Möglichkeiten verbunden ist. Es handelt sich um eine Entscheidungssituation. Wenn man eine Entscheidung trifft, etwas zu kaufen, überlegt man sich immer, auf was man dabei verzichtet, und so kommt man zum Begriff der **Opportunitätskosten**. Dieser Begriff wurde von dem Österreicher Friedrich von Wieser in die Diskussion eingeführt; mit Opportunitätskosten ist der Verzicht auf die nächstbeste Möglichkeit gemeint, den man tätigen muss, wenn man eine Entscheidung für die beste Möglichkeit trifft. Das gilt nicht nur für die Entscheidung des Haushalts, sondern auch für jene einer Unternehmung. So kann man auch die Kosten der Unternehmung als Opportunitätskosten und daher in einem gewissen Sinn als subjektiv ansehen. Insbesondere im Österreichischen Zweig der Neoklassik wird sehr betont, dass die Unternehmung auf etwas anderes verzichtet, das man hätte machen können. Wenn man zum Beispiel in einem Unternehmen Kapital einsetzt, wenn man eine Maschine kauft, verzichtet man darauf, das Geld, das man dafür aufwendet, für etwas anderes zu verwenden. Die Idee der Opportunitätskosten hängt also sehr stark mit dem subjektiven Nutzenbegriff zusammen.

Als weiterer Aspekt des Optimierungs- und Entscheidungskalküls kommt die Überlegung zum Tragen, die bereits bei Gossen zum Ausdruck kam, dass es nicht der gesamte Nutzen eines Gutes oder einer Dienstleistung, die man kauft, ist, der für den Preis maßgeblich ist, sondern nur der zusätzliche Nutzen, den jeweils eine weitere (die letzte) Einheit dieses Gutes zusätzlich stiftet, die man erwirbt. Man spricht daher auch vom **Grenznutzen**. Der Grenznutzen oder marginale Nutzen ist der zusätzliche Nutzen, den eine weitere Einheit des Gutes verschafft, und dieser ist entscheidend für die Preisbildung. Die marginalistische Betrachtung oder Grenzbetrachtung kommt mathematisch gesehen daher, dass im späten 19. Jahrhundert die Differentialrechnung in verschiedenen Gebieten (wie der Physik, aber auch der Psychologie) erfolgreich angewendet wurde. In dieser spielen Grenzüberlegungen wie Grenzwerte und Ableitungen eine wesentliche Rolle, und die Übertragung von Überlegungen dieser Grenzbetrachtung und der Differentialrechnung auf die wirtschaftliche Entscheidung im Zuge eines Optimierungskalküls hat sich als sehr fruchtbar erwiesen. Bei einer Optimierung geht man so vor, dass man die erste Ableitung gleich Null setzt, also die (marginale) Änderung des Funktionswertes gleich Null setzt, und das entspricht in der Grenznutzentheorie der notwendigen Bedingung für ein Maximum der Nutzenfunktion.

Neben dieser Vorstellung der Optimierung bei der Entscheidung ist als zweites zentrales Konzept in der Neoklassik die Idee des **Gleichgewichts** zu nennen. Auch das ist ein Begriff, der aus den Naturwissenschaften, insbesondere der Physik, übernommen wurde. Es geht darum, dass man einen Zustand des wirtschaftlichen Systems betrachtet, in dem dieses System aus sich heraus keine Tendenzen entwickelt, seine Position zu ändern. Es handelt sich also um einen Zustand, der perpetuiert, fortgesetzt wird, wenn nicht von außen Kräfte auf das System wirken, die zu einer Änderung führen. Gleichgewicht in der Physik bezeichnet den Zustand eines Körpers, in dem dieser verharrt, wenn er nicht einen Anstoß von außen bekommt. In der Wirtschaft ist mit Gleichgewicht ebenfalls ein Zustand gemeint, in dem die Wirtschaft (oder ein Teilsystem, etwa ein Markt) verharrt, wenn nicht von außen Kräfte darauf einwirken.

Bei ökonomischen Untersuchungen wird insbesondere ein **Marktgleichgewicht** betrachtet. Ein Marktgleichgewicht ist ein Zustand, in dem die Pläne der Haushalte und die Pläne der Unternehmungen miteinander vereinbar sind. Der Begriff des Gleichgewichts entspricht der Idee der Koordination der Pläne, die wir schon bei Adam Smith kennen gelernt haben. Sie wurde in der Neoklassik folgerichtig weiter ausgebaut, indem man nicht nur die Angebotsseite bei der Güterproduktion gesehen hat, sondern auch die Nachfrageseite. Insbesondere Alfred Marshall betonte diese zentrale Idee der Neoklassik. Marshall wählte den Vergleich mit einer Schere: Man braucht beide Scherenblätter, um etwas zu schneiden. Mit einer halben Schere kann man nichts anfangen; nur mit einem Paar von Scherenblättern kann man schneiden. In Analogie in der Wirtschaft: Allein mit dem Angebot oder allein mit der Nachfrage kann man noch nicht erklären, wie ein Preis zustande kommt, sondern für die Erklärung der Preisbildung und für die Erklärung anderer ökonomischer Phänomene braucht man beides: Angebot und Nachfrage. Die Angebotspläne und die Nachfragepläne müssen übereinstimmen, sonst ist das System nicht im Gleichgewicht. Man spezialisiert also hier den Begriff des Gleichgewichts auf die Gleichheit der Angebots- und der Nachfragepläne.

Marshall und die Englische Schule betonten besonders das **partielle Gleichgewicht**, die so genannte Partialanalyse. Diese Autoren hoben die so genannte **Ceteris-paribus**-Klausel hervor. Ceteris paribus, ein lateinischer Ablativ, heißt „alles Übrige bleibt gleich". Unter der Annahme, dass alles Übrige gleich bleibt, sieht man sich nur bestimmte Einflussfaktoren auf das Angebot bzw. auf die Nachfrage an. Insbesondere werden die Märkte für andere Güter nicht in die Analyse direkt einbezogen, sondern man untersucht nur das Gleichgewicht auf einem Markt, also das Marktgleichgewicht für ein bestimmtes Gut unter Vernachlässigung von Rückwirkungen auf andere Märkte. Partielles Gleichgewicht heißt, dass auf einem Markt Gleichgewicht herrscht, dass (geplantes) Angebot und (geplante) Nachfrage übereinstimmen. Man kann das in dem bekannten Diagramm aufzeichnen, in dem auf der waagrechten Achse die Menge des Gutes und auf der vertikalen Achse der Preis des Gutes aufgetragen wird. Die Nachfragefunktion ist eine negativ geneigte Funktion, die Angebotsfunktion ist eine positiv geneigte Funktion ist, und die beiden Kurven schneiden einander in einem Punkt; dieser bestimmt den Gleichgewichtpreis und die Gleichgewichtsmenge bei partiellem Gleichgewicht auf diesem Markt.

In der Abbildung 1.1 ist dieses Diagramm dargestellt. x bezeichnet die Menge des Gutes, p seinen Preis; unter „Gut" ist hier ein Gut im weiteren Sinn zu verstehen, also ein Sachgut (eine Ware) oder eine Dienstleistung. Natürlich kann das Diagramm auch für einen Produktionsfaktor (Arbeit, Boden, Kapital u.a.) verwendet werden. D (englisch: demand) ist die Nachfragekurve, S die Angebotskurve (englisch: supply). Der Schnittpunkt der beiden Kurven stellt das partielle Gleichgewicht auf dem betrachteten Markt dar. In diesem (und nur in diesem) Punkt, also bei dieser Kombination von Marktpreis und umgesetzter (nachgefragter und zugleich angebotener) Menge stimmen Angebot und Nachfrage überein (der Markt wird geräumt), und es besteht keine Tendenz, sich von diesem Zustand zu entfernen, außer wenn von außen Kräfte auf den Markt einwirken. Das ist eine so einfache Vorstellung, dass sie heute jedem, der das irgendwann einmal gesehen hat, einleuchtet und die auch jeder reproduzieren kann. Zur Zeit von Marshall, also gegen Ende des 19. Jahrhunderts, war es aber eine neue und wichtige Einsicht, dass es diese zwei Einflussfaktoren auf den Preis gibt und dass diese irgendwie ausgeglichen sein müssen.

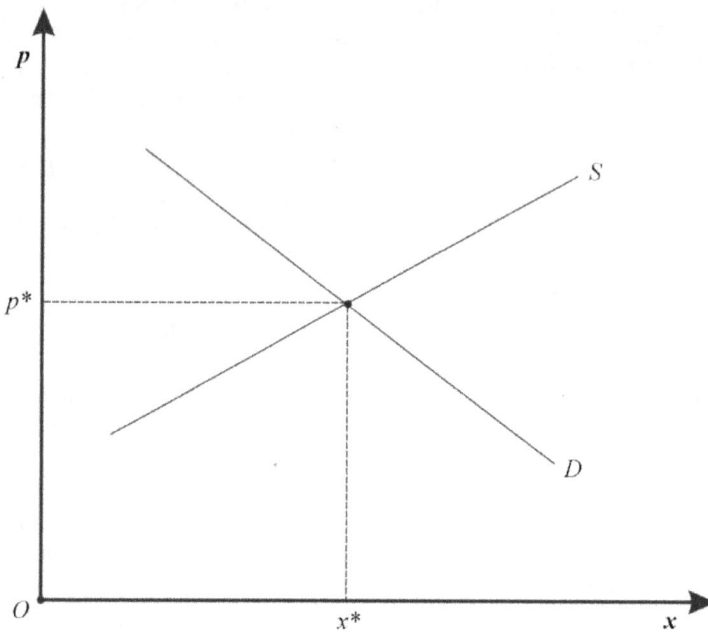

Abbildung 1.1: Angebot, Nachfrage, Marktgleichgewicht

Im Gegensatz zum partiellen Gleichgewicht, das die Englische Schule betont hat, steht das **allgemeine Gleichgewicht**. Für die Analyse des allgemeinen Gleichgewichts werden alle Märkte einer Volkswirtschaft betrachtet und man stellt die Frage, unter welchen Bedingungen alle diese Märkte gleichzeitig (simultan) im Gleichgewicht sind. Man fragt also, wann auf all diesen Märkten gleichzeitig das Angebot des jeweiligen Gutes gleich der Nachfrage nach diesem Gut ist. Diese Fragestellung wurde besonders von Walras betont; er gab Bedingungen für das Bestehen eines allgemeinen Gleichgewichts an. Wir wissen heute, dass diese Bedingungen noch unvollständig waren; erst in den 1940er und 1950er Jahren wurden die genauen Bedingungen für die Existenz eines solchen allgemeinen Gleichgewichts gefunden und mathematisch herausgearbeitet, aber Walras gebührt das Verdienst, diese Fragestellung zum ersten Mal aufgeworfen und auch mathematisch formuliert zu haben. Die walrasianische Theorie (die Theorie von Walras und seinen Nachfolgern) war im Gegensatz zu den Theorien der Österreichischen Schule stark mathematisch geprägt. Insbesondere diese allgemeine Gleichgewichtstheorie ist heute die Grundlage von sehr vielen Entwicklungen in der Wirtschaftstheorie. Sie ist vor allem unter der Annahme ausgearbeitet worden, dass auf allen Märkten die Marktform der **vollkommenen** (vollständigen) **Konkurrenz** (des vollkommenen Wettbewerbs) realisiert ist, also auf diesen Märkten sehr viele Anbieter und sehr viele Nachfrager existieren und keiner von diesen die Preise individuell bestimmen kann.

Walras Nachfolger, Vilfredo Pareto, begründete dann insbesondere auch die Wohlfahrtsökonomik mit. Er stellte sich nicht nur die Frage, wann so ein allgemeines Gleichgewicht existiert, sondern auch die Frage, ob so ein Gleichgewicht etwas Gutes (Erwünschtes) ist, und er führte den Begriff der **Pareto-Optimalität** oder **allokativen Effizienz** ein. Ein Zustand ist

Pareto-optimal oder allokativ effizient genau dann, wenn man niemanden mehr besser stellen kann, ohne zugleich jemanden anderen schlechter stellen zu müssen. Pareto und Walras sprachen bereits die Vermutung aus, dass das allgemeine Gleichgewicht einer Volkswirtschaft, wenn es existiert, diese Eigenschaft der Pareto-Optimalität hat. Damit wird wieder auf die Fragestellung von Adam Smith zurückgegriffen: Unter welchen Bedingungen führt ein Wirtschaftssystem, in dem jeder seine eigene Interessen verwirklichen will, also jeder nach Nutzenmaximierung oder Gewinnmaximierung strebt und damit egoistische Ziel verfolgt, zu einem wünschenswerten Zustand der Volkswirtschaft? Wann und unter welchen Bedingungen ist ein solches System, das man vielleicht auch mit einer freien Marktwirtschaft identifizieren könnte, auch normativ günstig, liefert für das Gemeinwohl, für die gesamte Wirtschaft ein gutes Ergebnis? Das ist die Fragestellung der Wohlfahrtsökonomik, die Pareto als erster ausformulierte und die dann später im 20. Jahrhundert intensiv diskutiert wurde. Die Frage nach der Rechtfertigung eines marktwirtschaftlichen Systems, die auch unter der Herausforderung des Marxismus zu sehen ist, ist hier ein ganz wesentlicher wirtschaftspolitischer Aspekt. Die Marxisten vertraten ja die Meinung, die freie Marktwirtschaft sei etwas ganz Übles und führe zu schrecklichen Entartungen; man müsste dagegen eine Wirtschaft ohne Privateigentum an den Produktionsmitteln und ohne das „Diktat der Märkte" aufbauen. In gewissem Sinn kann die neoklassische Wohlfahrtsökonomik auch als eine Antwort auf diese Herausforderung durch den Marxismus interpretiert werden.

Man muss allerdings hinzufügen, dass die Neoklassik längere Zeit brauchte, um sich durchzusetzen. Beispielsweise war im deutschen Sprachraum noch bis in die Zwischenkriegszeit die Historische Schule wichtig. Die Vertreter der Historischen Schule äußerten sich eher kritisch gegenüber der Theoriebildung und sahen wirtschaftsgeschichtliche Studien als einzige oder überwiegende Erkenntnismöglichkeit an. Menger und Schmoller fochten darüber einen Streit miteinander aus, den so genannten Ersten **Methodenstreit**. Es gab noch einen zweiten Methodenstreit, den so genannten **Werturteilsstreit**, in dem ebenfalls Schmoller sich mit **Max Weber** (1864–1920), einem deutschen Soziologen und Nationalökonomen, über die Frage der Zulässigkeit und Möglichkeit wissenschaftlich begründeter Werturteile auseinandersetzte. Wenn man so will, kann man den in den 1960er und 1970er Jahren in der deutschen Soziologie die Gemüter bewegenden so genannten **Positivismusstreit** zwischen Vertretern des Kritischen Rationalismus und der Kritischen Theorie als dritten Methodenstreit um Methoden der Wirtschafts- und allgemein der Sozialwissenschaften ansehen.

Die internationale Entwicklung ging allerdings stärker in die Richtung einer Vertiefung und Ausformulierung und dann später auch Mathematisierung des Paradigmas (der Forschungsrichtung) der Neoklassik. Man versuchte mit immer diffizileren mathematischen Methoden zu zeigen, unter welchen Bedingungen in bestimmten Typen von Modellen ein Gleichgewicht existiert und wann das Gleichgewicht eine gute (allokativ effiziente) Situation ist, also ein im Sinn der Pareto-Optimalität günstiger Zustand der jeweiligen Modellwirtschaft. Aus der Sicht der Wirtschaftspolitik ist diese Wohlfahrtsökonomik von einer gewissen Bedeutung, weil sie einerseits versucht, Antworten auf die Frage zu geben, welches Wirtschaftssystem, welche Wirtschaftsordnung besser ist: eine stärker dezentralisierte marktwirtschaftliche Ordnung mit Privateigentum an den Produktionsmitteln oder eine stärker zentralisierte staatlich geplante Wirtschaft mit Kollektiveigentum bzw. Staatseigentum an den Produktionsmitteln. In Bezug auf Fragen, die in der Theorie der Ordnungspolitik auftreten, und für Wirtschaftssystemvergleiche hatte diese neoklassische Wohlfahrtsökonomik großen Einfluss.

2.1.6   Der Keynesianismus

Die Neoklassik brachte für die Wirtschaftstheorie große Erkenntnisgewinne; das erste Drittel des 20. Jahrhunderts lieferte im Rahmen dieses Paradigmas der Neoklassik eine Fülle an neuen Einsichten. Allerdings brach im Jahr 1929 in den Vereinigten Staaten von Amerika eine Krise aus; sie breitete sich auf andere Länder aus und entwickelte sich zur schwersten Krise der kapitalistischen Volkswirtschaften. Sie wird als **Weltwirtschaftskrise** oder Große Depression bezeichnet. Sie begann mit einem Börsenkrach in New York und führte dann durch eine Folge von Bankenzusammenbrüchen und deren Auswirkungen auf die Realwirtschaft zu massiven Einbrüchen in der Produktion, die in den meisten Industrieländern stark schrumpfte. Auf dem Höhepunkt der Weltwirtschaftskrise in den Jahren 1932/33 betrug die Arbeitslosenquote in vielen Ländern über 25 Prozent; das heißt, mehr als ein Viertel derjenigen, die arbeiten wollten (der Erwerbspersonen, d.h. der Summer der Beschäftigten und der Arbeitsuchenden), fand keinen Arbeitsplatz. Die Folgen dieser Arbeitslosigkeit waren äußerst gravierend. Die Menschen erlitten schwere persönliche Nachteile, sie fühlten sich überflüssig, sie litten an Depressionen, die Anzahl der Selbstmorde stieg. Die Krise führte aber auch zu politischen Verwerfungen, da die Menschen, die arbeitslos waren und dann auch nach einiger Zeit keine Arbeitslosenunterstützung mehr erhielten, politisch extremistischen Parteien folgten: einerseits den Kommunisten, andererseits den Nationalsozialisten und Faschisten. So kam es, dass 1933 in Deutschland Adolf Hitler als Führer einer rechtsextremistischen Partei, der Nationalsozialistischen Deutschen Arbeiterpartei (NSDAP), Reichskanzler wurde und in dem Land eine Diktatur errichten konnte. Diese Diktatur führte dann direkt in den Zweiten Weltkrieg; man kann mit Fug und Recht sagen, dass die Weltwirtschaftskrise eine wesentliche Ursache für die Schrecken des Zweiten Weltkriegs und die vielen Toten dieses Krieges und der NS-Diktatur war. Festzuhalten ist also, dass es wirtschaftliche Ursachen für eine solche humanitäre und politische Katastrophe gibt.

Die neoklassische Wirtschaftstheorie war nicht in der Lage, befriedigende Antworten auf die Herausforderung durch die Weltwirtschaftskrise zu geben. Pigou, der damals der führende Vertreter der Neoklassik und einer der angesehensten Ökonomen war, hatte angesichts der Weltwirtschaftskrise kein besseres Rezept als zu sagen, man müsse einfach warten, bis die Krise vorübergeht, das sei ein vorübergehendes kurzfristiges Phänomen und die Marktwirtschaft werde damit schon fertig werden. Nun zeigte es sich aber, dass das Marktsystem zwar tatsächlich mit der Krise fertig wurde, aber erst nach längerer Zeit und nur mit beträchtlichen wirtschaftlichen und politischen Kosten. Daher ließ die Weltwirtschaftskrise Zweifel an den neoklassischen Ideen aufkommen, wonach etwa eine Marktwirtschaft aus sich heraus immer von selbst zu einem allgemeinen Gleichgewicht führt. Einer der bedeutendsten Ökonomen des 20. Jahrhunderts, **John Maynard Keynes** (1883–1946), nahm dies zum Anlass, eine neue Theorie zu entwickeln. Man kann das Erscheinen des Hauptwerks von Keynes als die Geburtsstunde der makroökonomischen Theorie bezeichnen, einer Theorie, die sich mit gesamtwirtschaftlichen Größen, mit Aggregaten beschäftigt. Wichtige Ideen von Keynes, die er in der 1936 erschienenen „General Theory of Employment, Interest and Money" („Allgemeinen Theorie der Beschäftigung, des Zinses und des Geldes") entwickelte, sind insbesondere die Konsumfunktion, der Multiplikator, die Liquiditätspräferenz und andere zentrale Konzepte der Makroökonomik.

Für wirtschaftspolitische Fragen von besonderer Bedeutung ist Keynes' Aussage, dass die Möglichkeit eines stabilen **Unterbeschäftigungsgleichgewichts** besteht. Das heißt, dass eine Situation ein Gleichgewichtszustand sein kann, in der zwar verschiedene Märkte geräumt werde, in der aber der Arbeitsmarkt nicht geräumt wird, d.h. wo auf dem Arbeitsmarkt das Angebot größer ist als die Nachfrage und damit Arbeitsanbieter (Arbeitswillige) keinen Arbeitsplatz finden, obwohl sie bereit wären, beim herrschenden oder sogar bei einem etwas geringeren Lohn zu arbeiten. Das ist eine zentrale Idee von Keynes: Es gibt **unfreiwillige Arbeitslosigkeit,** und diese ist ein Phänomen, mit dem sich die Wirtschaftswissenschaft beschäftigen muss, für das sie eine Antwort haben muss und für das sie auch eine wirtschaftspolitische Therapie, also eine Kur für dieses Übel entwickeln muss. Keynes und die späteren Keynesianer, die Anhänger der Keynesschen oder keynesianischen Wirtschaftspolitik, betonten diesen Gedanken sehr stark. Die wirtschaftspolitische Grundidee ist, dass der Staat die fehlende Nachfrage der privaten Wirtschaftssubjekte ersetzen soll. Wenn es zum Beispiel dazu kommt, dass die Unternehmer zu wenig investieren, weil sie die Zukunftsaussichten als schlecht ansehen, dann soll der Staat das übernehmen, Investitionen tätigen und damit die Volkswirtschaft ankurbeln, beleben und aus einer Krise oder Rezession herausführen. Das ist der wesentliche Inhalt des Konzepts der so genannten **antizyklischen Konjunkturpolitik,** die nach den Keynesianern in erster Linie die Finanzpolitik (Fiskalpolitik, Budgetpolitik) und in zweiter Linie die Geldpolitik umfasst: Der Staat soll in Situationen der Krise, der Rezession die Staatsausgaben erhöhen, die Steuern senken, fiskalpolitisch also ein Budgetdefizit in Kauf nehmen, und die Zinssätze senken, geldpolitisch also lockeres Geld freimachen, weil dadurch die Wirtschaftssubjekte zu mehr Investitionen und zu mehr Konsum angeregt werden und dadurch die Krise schneller und besser überwunden werden kann. Antizyklische Fiskalpolitik wurde dann insbesondere nach dem Zweiten Weltkrieg ein Bestandteil des Repertoires der Wirtschaftspolitiker in verschiedenen westlichen Industrieländern und erzielte in einigen Fällen auch spektakuläre Erfolge.

Für die Entwicklung der Wirtschaftspolitik als einer Wissenschaft ist neben der makroökonomische Betrachtungsweise, die mit Keynes begann und die zur Entwicklung einer Theorie der Stabilisierungspolitik führte, ein weiterer Entwicklungsstrang von großer Bedeutung, den man die **quantitative Wirtschaftspolitik** nennt. Dieser begann ebenfalls im Jahr 1936 mit einer Publikation des holländischen Ökonomen **Jan Tinbergen** (1903–1994; erster Nobelpreisträger der Wirtschaftswissenschaften 1969), der in diesem Jahr das erste ökonometrisches Modell veröffentlichte.[7] Ein **ökonometrisches Modell** ist ein ökonomisches Modell, also eine Abbildung der Wirtschaft in vereinfachter Form, in dem die Parameter, also die Größen des Modells, die als unveränderlich betrachtet werden, Zahlen sind, die statistisch geschätzt werden. Das heißt, man verwendet statistische Verfahren (Methoden der so genannten **Ökonometrie**) und schätzt die Modellparameter aus Daten der Vergangenheit. Wenn man beispielsweise die marginale Konsumneigung schätzen will, nimmt man Daten für den Konsum, Daten für das Volkseinkommen oder das disponible Einkommen und nimmt eine

---

[7]   Vgl. Tinbergen (1937).

Regressionsanalyse vor. Das ist eine Analyse, in der der Einfluss des Einkommens auf den Konsum dargestellt wird. Wenn bei einer solchen Regression beispielsweise ein Koeffizient von 0,8 geschätzt wird, dann heißt das, dass bei einem zusätzlichen Einkommen von einer Geldeinheit, also einem Euro, im Durchschnitt in der Volkswirtschaft 80 Cent oder 0,8 Euro davon (d.h. zusätzlich) konsumiert werden. Der geschätzte Parameter von 0,8 kann dann in das ökonometrische Modell, das aus mehreren Gleichungen (neben der Konsumfunktion etwa einer Investitionsfunktion, einer Geldnachfragefunktion usw.) besteht, (als geschätzte so genannte marginale Konsumneigung) eingesetzt werden.

In der quantitativen Wirtschaftspolitik werden also die Parameter der ökonomischen Funktionen geschätzt und dadurch die ökonomischen Zusammenhänge quantifiziert, d.h. zahlenmäßig abgeschätzt. Man bildet dann eine Volkswirtschaft durch ein System von Gleichungen (manchmal auch Ungleichungen) ab, nicht nur in einem ökonomischen Modell, in dem keine zahlenmäßigen Angaben möglich sind, sondern in einem quantifizierten Modell. Man kann dann beispielsweise Aussagen treffen wie: um wie viel steigt der Konsum, wenn das Einkommen steigt, oder wie groß ist der (Investitions- oder der Staatsausgaben-)Multiplikator. Im einfachsten Modell ist der Multiplikator $1 / (1 - \text{marginale Konsumneigung})$, das wäre in unserem Zahlenbeispiel $1 / (1 - 0,8) = 1 / 0,2 = 5$. Damit hätte man dann einen Schätzwert, mit dem man dann auch abschätzen könnte, was passieren würde, wenn der Staat öffentliche Aufträge vergibt, wenn er – wie Keynes das gesagt hat – schlimmstenfalls Löcher aufgraben und wieder zuschütten lässt, um Beschäftigung zu schaffen[8]. Die quantitative Wirtschaftspolitik ist generell damit beschäftigt, quantitative, zahlenmäßige Abschätzungen der Auswirkungen wirtschaftspolitischer Maßnahmen vorzunehmen, um dem Wirtschaftspolitiker Entscheidungshilfen an die Hand zu geben, wie er seine Maßnahmen gestalten soll, um bestimmte Ziele zu erreichen.[9] Die quantitative Wirtschaftspolitik hängt eng mit der Makroökonomik von Keynes zusammen, obwohl Keynes selbst die Quantifizierung makroökonomischer Theorien durch Tinbergen nicht besonders schätzte.

Die keynesianische Wirtschaftstheorie und die aus ihr folgende **keynesianische Wirtschaftspolitik**, die sich in erster Linie am Ziel der Vollbeschäftigung – angesichts der Erfahrungen der Weltwirtschaftskrise verständlich – orientierte, fand nach dem Zweiten Weltkrieg sukzessive in vielen Ländern zahlreiche Anhänger und war lange Zeit hindurch die vorherrschende gesamtwirtschaftliche (makroökonomische) Betrachtungsweise. Die Anwendung dieser Theorie führte in vielen Ländern auch dazu, dass über längere Zeit hinweg tatsächlich Vollbeschäftigung erzielt werden konnte. Eine Ausnahme stellte dabei Deutschland dar. An Deutschland ging die internationale Entwicklung der Volkswirtschaftslehre eine Zeit lang ziemlich vorüber, da nach der Machtergreifung der Nationalsozialisten in Deutschland 1933 die deutsche Wissenschaft, speziell in politisch so relevanten Gebieten wie der Volkswirtschaftslehre, wenig Kontakt mit der internationalen Wissenschaftsszene hatte. Während der Zeit der Diktatur von 1933 bis 1945 mussten zahlreiche originelle und gescheite Wissenschafter emigrieren, einige kamen in dem nationalsozialistischen Terror um, und andere zogen sich zurück und dachten als „innere Emigranten" im stillen Kämmerlein zwar nach, konnten aber ihre Erkenntnisse nicht veröffentlichen.

---

[8]   Der Staat könnte natürlich auch etwas Sinnvolleres machen.

[9]   Vgl. dazu Kapitel 3 dieses Buchs.

Eine dieser Gruppen, die auch mit Widerstandsgruppen im nationalsozialistischen Deutschland in Verbindung stand, war eine Gruppe von Nationalökonomen um den Freiburger Professor **Walter Eucken** (1891–1950), die nach dem Krieg die **Freiburger Schule** bildete. Diese Freiburger Schule ist eine deutsche Eigenentwicklung in der Theorie der Wirtschaftspolitik, die die so genannte **Ordnungsidee** in den Mittelpunkt stellte. Eucken vertrat die These, dass die Koordination der Pläne idealtypisch in einer Volkswirtschaft nur auf zweierlei Weise erfolgen könne: einerseits dezentral in einer **Marktwirtschaft** (Freien Verkehrswirtschaft), in der ein System von Märkten und die freie Preisbildung auf diesen Märkten dazu führen, dass die einzelnen Pläne koordiniert werden, wie das schon der klassische Liberalismus gesehen hat; andererseits in der Form einer **Zentralverwaltungswirtschaft** (zentralen Planwirtschaft, Kommandowirtschaft), in der alle wirtschaftlichen Entscheidungen letztlich von einer Zentrale, von einem zentralen Planungsbüro getroffen werden, wie das ansatzweise in Volkswirtschaften totalitärer Staaten (in den politischen Systemen des Nationalsozialismus und des Kommunismus) der Fall war.

Eucken und seine Anhänger vertraten die Meinung, dass die dezentrale Marktwirtschaft wesentlich leistungsfähiger sei als die Zentralverwaltungswirtschaft, dass es aber Rahmenbedingungen geben müsse, die es der Marktwirtschaft ermöglichen, günstige Ergebnisse hervorzubringen. Dazu gehört insbesondere eine Wettbewerbspolitik, etwa Kartellgesetze, die verhindern, dass Unternehmungen sich zusammenschließen und dann die Konsumenten ausbeuten. Schüler und Kollegen von Eucken wie **Alfred Müller-Armack** (1901–1978) fügten den Gedanken hinzu, der Staat müsse auch Sozialpolitik betreiben, damit es nicht zu Exzessen komme wie in der Industrialisierung, als es den Arbeitern extrem schlecht ging. Müller-Armack prägte für ein Wirtschaftssystem, in dem Marktwirtschaft vorherrscht, die aber durch Wettbewerbspolitik und Sozialpolitik abgefedert wird, den Begriff der **Sozialen Marktwirtschaft**[10]. Er konnte dann als Staatssekretär unter dem Wirtschaftsminister **Ludwig Erhard** (1897–1977), der als Theoretiker der Wirtschaftspolitik ebenfalls der Freiburger Schule zuzurechnen war, diese Konzeption der Sozialen Marktwirtschaft in der Bundesrepublik Deutschland, die nach der Besetzung Deutschlands durch die Alliierten aus der Vereinigung der drei Westzonen geschaffen wurde, verwirklichen. Diese Soziale Marktwirtschaft war die Grundlage des so genannten deutschen Wirtschaftswunders, des großen Aufholprozesses der deutschen Volkswirtschaft nach dem Zweiten Weltkrieg, der nach den Zerstörungen des Krieges von den Nachkriegsjahren bis in die 1960er Jahre hinein starkes Wirtschaftswachstum bei hoher Beschäftigung und stabilem Preisniveau brachte. Die Idee der Wirtschaftsordnung und der Ordnungspolitik, zu der die Wettbewerbspolitik gehört, ist eine genuin deutschsprachige Entwicklung, vor allem in Deutschland selbst. In der Schweiz und in Österreich wurde sie zwar auch rezipiert, aber hier wurde versucht, die Wirtschaftsordnung nicht primär aufgrund von theoretischen Konzepten zu gestalten, sondern stärker pragmatisch aufgrund von Überlegungen zum Interessenausgleich zwischen den gesellschaftlichen Gruppen.

International gesehen dominierte aber in den Nachkriegsjahren der **Keynesianismus**. Dieser drang in Deutschland erst mit der ersten größeren Rezession 1967 in die offizielle Rhetorik

---

[10] In jüngerer Zeit wurde diese wirtschaftspolitische Konzeption durch explizite Einbeziehung umweltpolitischer Ziele zur Öko-sozialen Marktwirtschaft erweitert.

und in die offiziellen Konzeptionen der praktischen Wirtschaftspolitik ein, als der damalige Wirtschaftsminister **Karl Schiller** (1911–1994), ebenfalls ein Professor der Nationalökonomie, davon sprach, dass man den „Freiburger Imperativ" (die Betonung der Marktwirtschaft und einer marktwirtschaftlichen Ordnungspolitik) mit der „keynesianischen Botschaft" (der Idee der makroökonomischen Stabilisierungspolitik) versöhnen müsse. Demnach seien nicht nur soziale Modifikationen marktwirtschaftlicher Resultate und die Wettbewerbspolitik Aufgaben der Wirtschaftspolitik, sondern auch die Stabilisierungspolitik müsste die Marktwirtschaft in einem gewissen Sinn steuern und eingrenzen. Aufgabe der staatlichen Politik sei es auch, als gesamtwirtschaftliche Wirtschaftspolitik etwa mit dem Ziel der Erhaltung der Vollbeschäftigung, aber auch mit dem Ziel der Preisstabilität, also mit gesamtwirtschaftlichen Zielsetzungen, in den Wirtschaftsablauf einzugreifen. In diesem Sinn wurde Keynes in Deutschland erst relativ spät rezipiert. Auch in Österreich wurde erst etwa in dieser Zeit versucht, die keynesianischen Ideen in die politische Praxis umzusetzen. In Österreich ging insbesondere die Periode der 1970er Jahre unter der sozialdemokratischen Alleinregierung mit dem Bundeskanzler Bruno Kreisky (1911–1990) als die Periode des Austrokeynesianismus in die Wirtschaftsgeschichte ein. Der Austrokeynesianismus setzte insbesondere die Fiskalpolitik sehr stark zur Beschäftigungssicherung und -erhaltung ein, integrierte aber auch andere (nichtkeynesianische) Konzepte wie eine Politik des festen Wechselkurses („Hartwährungspolitik").

International dagegen waren die späten 1970er und vor allem 1980er Jahre charakterisiert durch Gegenströmungen gegen den Keynesianismus. Unter diesen ist insbesondere der **Monetarismus** zu nennen, als dessen wichtigster Vertreter **Milton Friedman** (1912–2006) anzusehen ist, ein Ökonom der Universität Chicago (Nobelpreis 1976). Milton Friedman argumentierte gegen Keynes, dass die keynesianische Beschäftigungspolitik letztlich in die Irre führe und mittel- und langfristig unwirksam sei. Er betonte die Bedeutung der Geldpolitik und meinte, dass die Geldpolitik wesentlich stärker wirksam sei als die Fiskalpolitik, dass sie aber regelgebunden betrieben werden sollte. Wir werden auf diese makroökonomischen Kontroversen in Abschnitt 2.5 zu sprechen kommen; hier soll nur darauf hingewiesen werden, dass die Positionen von Friedman, der Monetarismus, und eine etwas radikalere Form des Monetarismus, die so genannte Neue Klassische Makroökonomik, in den 1970er und den 1980er Jahren auch praktisch wirtschaftspolitisch wirksam wurden. Sie gewannen in den USA unter Präsident Ronald Reagan (1911–2004) und im Vereinigten Königreich von Großbritannien und Nordirland unter der Premierministerin Margaret Thatcher (geb. 1925) großen Einfluss und führten dazu, dass der Staatseinfluss wieder stark zurückgedrängt wurde. Die generelle Tendenz der monetaristischen Wirtschaftspolitik war, die Marktkräfte wirken zu lassen. Der Staat sollte sich darauf beschränken, durch eine stabile Geldpolitik Preisstabilität zu garantieren, und sonst nicht viel in den Wirtschaftsablauf eingreifen. Unter Thatcher und Reagan wurde eine Politik der **Deregulierungen** betrieben, d.h. es wurden staatliche Regulierungen (Vorschriften) zurückgenommen oder abgeschafft. **Privatisierungen** wurden vorgenommen, das heißt, Unternehmungen, die in Staatsbesitz waren, wurden an Private verkauft, weil man der Meinung war, dass Private besser wirtschaften können als der Staat. Diese Tendenzen wurden auch in Deutschland nach dem Regierungswechsel 1982/83 und in Österreich zunehmend von Bedeutung, wobei Deutschland stärker als Österreich den Kurs einer so genannten angebotsorientierten und monetaristisch beeinflussten Wirtschaftspolitik eingeschlagen hat.

Die Keynesianer entwickelten ebenfalls ihre Theorien weiter; in den letzten Jahren haben sich die verschiedenen Schulen der makroökonomischen Theorie und Wirtschaftspolitik einander eher angenähert, sodass über bestimmte wirtschaftspolitische Eingriffe und insbesondere über die theoretischen Grundpositionen heute stärker Konsens besteht als im letzten Viertel des 20. Jahrhunderts. Die Finanz-, Wirtschafts- und Staatsschuldenkrise seit 2007 führte allerdings zu einer neuerlichen Grundsatzdebatte in den Wirtschaftswissenschaften und zu vermehrtem Interesse an so genannter **heterodoxer Ökonomik**, an Wirtschaftstheorien, die die üblichen Annahmen der Neoklassik (und teilweise auch des Keynesianismus) ablehnen und alternative Vorstellungen von den Wirkungszusammenhängen von Volkswirtschaften und entsprechende wirtschaftspolitische Konzeptionen zu entwickeln suchen.

Eine weitere Begründung für die Betonung der Nachteile staatlicher Interventionen in die Wirtschaft und für ein Plädoyer zugunsten marktwirtschaftlicher Koordinationsmechanismen stammt von der **Neuen Politischen Ökonomie (Public-Choice-Theorie, Ökonomische Theorie der Politik)**. Dieser theoretische Ansatz fand ebenfalls seit den 1970er Jahren zunehmend Anhänger. Ihr wichtigster Vertreter ist **James M. Buchanan** (geb. 1919; Nobelpreis 1986). Im Gegensatz zur „traditionellen Theorie der Wirtschaftspolitik" sieht es die Neue Politische Ökonomie nicht als Aufgabe der Wirtschaftswissenschaft an, dem Wirtschaftspolitiker Handlungsanweisungen oder Vorschläge zu geben, wie er sich verhalten soll, sondern sie versucht, positiv zu erklären, warum Wirtschaftspolitiker sich in einem bestimmten Sinn und nicht anders verhalten. Die Ökonomische Theorie der Politik unternimmt den Versuch einer Übertragung von Konzepten der Wirtschaftstheorie (insbesondere neoklassischer Konzepte wie Optimierung und Gleichgewicht) vom wirtschaftlichen auf das politische System und insbesondere auf das Verhalten von Wirtschaftspolitikern, aber auch von Wählern und anderen Akteuren im politisch-ökonomischen Zusammenhang. Aufgrund dieser Überlegungen kommt die Neue Politische Ökonomie zu dem Schluss, dass die Wirtschaftspolitiker gar keine Anreize haben, sich so zu verhalten, wie ihnen die „traditionelle Theorie der Wirtschaftspolitik" nahe legen würde. Vielmehr verfolgen sie auch ihre eigensüchtigen egoistischen Interessen. Es macht daher durchaus nicht ohne weiteres Sinn, den Wirtschaftspolitikern irgendwelche Ratschläge zu geben, weil diese unter Umständen nicht mit den Interessen der Politiker übereinstimmen. Aus dieser Tatsache leiten die Neuen Politischen Ökonomen großteils ebenfalls staatskritische Tendenzen ab. Sie kommen zu dem Schluss, dass der Staat nicht durch einen wohlwollenden Herrscher oder einen wohlwollenden Diktator regiert wird, sondern dass ganz im Gegenteil die Organe des Staates, die Wirtschaftspolitiker, ebenfalls eigennützige wirtschaftspolitische und wirtschaftliche Ziele verfolgen. Es kann also zum Beispiel durchaus ein Ziel eines Politikers sein, wiedergewählt zu werden und als Politiker auch ein hohes Einkommen zu haben; er wird dann etwas machen, das nicht unbedingt dem Allgemeinwohl dient und nicht zum allgemeinen Besten ist.

Wir sehen, in der historischen Entwicklung haben sich sehr verschiedene Positionen zur Frage herausgebildet, wie die Wirtschaftspolitik gestaltet werden soll. Man kann sich auch die Frage stellen, wie sie tatsächlich gestaltet wird, und damit kommt man auf Überlegungen, was eigentlich die Wissenschaft von der Wirtschaftspolitik soll und will und was ihre Grundlagen sind. Dies führt wieder auf ihre methodischen Grundlagen, und mit diesen wollen wir uns in Kapitel 2.2 beschäftigen.

2.1.7   Geschichte der Theorie der Wirtschaftspolitik

In den bisherigen Ausführungen wurde nicht nur die Entwicklung der Wirtschaftstheorie grob skizziert, sondern es wurden vor allem die wirtschaftspolitischen Konsequenzen der verschiedenen Theorien und damit einige Elemente einer Wissenschaft von der Wirtschaftspolitik besprochen. Wir wollen uns nun in diesem Unterabschnitt auch dem Gegenstand der Theorie der Wirtschaftspolitik aus historischer Sicht annähern und zu diesem Zweck einen Abriss der geschichtlichen Entwicklung der **Theorie der Wirtschaftspolitik** im engeren Sinn geben.[11]

Im Gegensatz zur Volkswirtschaftstheorie, deren Wurzeln in die antike Philosophie und in die mittelalterliche Scholastik zurückreichen, ist die Theorie der Wirtschaftspolitik eine relativ junge Wissenschaft. Einzelne Wirkungsanalysen finden sich erst bei den Merkantilisten des 16. und 17. Jahrhunderts. Diese Autoren hatten entsprechend der Zielsetzungen der Politik des höfischen Absolutismus die Förderung der nationalen Handelskraft mit staatlichen Mitteln zum Gegenstand; sie hatten jedoch noch kein ausgebautes theoretisches Fundament. Gleiches gilt für die deutsche Variante des Merkantilismus, den Kameralismus. Ebenso wenig wie die Merkantilisten hatten die Schulen des Physiokratismus und der Klassik eine eigene Konzeption von der Theorie der Wirtschaftspolitik. Die Physiokraten und die Klassiker sahen vielmehr Theorie und Politik im Rahmen einer „Politischen Ökonomie" als Einheit. Grundlage dafür war vielfach die Idee der „natürlichen Ordnung", die aus der Naturrechtsphilosophie dieser Zeit übernommen wurde. Dabei wurde angenommen, dass unabhängige und objektiv gegebene Normen existieren, die die Gestaltung einer „natürlichen", „gerechten" und „richtigen" Gesellschaftsordnung anleiten. Im Gegensatz zu den Naturrechtsvorstellungen der Scholastik trat dabei die Vernunft als letzte Autorität für die Verwirklichung der „natürlichen Ordnung" an die Stelle Gottes.

Erst im 19. Jahrhundert erfolgte eine Trennung zwischen der Volkswirtschaftstheorie und ihrer wirtschaftspolitischen Anwendung, im deutschen Sprachraum durch Karl Heinrich Rau (1792–1870) und im englischen Sprachraum durch John Stuart Mill (1806–1873). Diese erstmals entwickelte Lehre von der Wirtschaftspolitik kann jedoch nur in geringem Ausmaß als wirkliche Anwendung der Volkswirtschaftstheorie gesehen werden. Vielmehr stellte sie als „spezielle Volkswirtschaftslehre" im Gegensatz zur allgemeinen oder theoretischen Volkswirtschaftslehre eher Beschreibungen von wirtschaftlichen Sachverhalten und von Interventionen des Staates zu deren Beeinflussung dar. Diese Position, die später als „Interventionismus" bezeichnet wurde, kann nicht als ein eigenes System angesehen werden. Bei dieser Volkswirtschaftspolitik des 19. Jahrhunderts handelte es sich vielmehr weitgehend nur um Sammlungen praxisrelevanter Handlungsanleitungen.

Generell wurde aber gegen Ende des 19. Jahrhunderts und dann im 20. Jahrhundert immer mehr gefragt, ob man nicht aus der Volkswirtschaftslehre (Nationalökonomie), der Wissenschaft, die sich mit ökonomischen Zusammenhängen beschäftigt, auch eine weitere Wissenschaft entwickeln könnte, die dann die Frage zu beantworten sucht, was man wirtschaftspolitisch tun könne, wie also der Staat bestimmte Zielsetzungen in der Wirtschaftspolitik errei-

---

[11]   Einen umfassenderen Überblick über die Entwicklung der Theorie der Wirtschaftspolitik bis zum Ende der 1950er Jahre liefert Tuchtfeldt (1983).

chen könne. Wir finden hier den Beginn der Wirtschaftspolitik als einer Wissenschaft. Einer der ersten, die das ausformuliert haben, war im deutschen Sprachraum der Rau. Er unterschied zwischen der **Volkswirtschaftstheorie**, die die Zusammenhänge zwischen verschiedenen wirtschaftlichen Phänomenen kausal zu erklären versucht, der **Volkswirtschaftspolitik**, wo es um die Beeinflussung der wirtschaftlichen Größen geht, und der **Finanzwissenschaft**, in der die wirtschaftlichen Zusammenhänge des öffentlichen Sektors analysiert werden. Diese Einteilung der Nationalökonomie in Wirtschaftstheorie, Wirtschaftspolitik und Finanzwissenschaft ist bis in die jüngste Vergangenheit an den deutschsprachigen Universitäten auch in Form von Lehrstühlen und Instituten wirksam geworden.

Im angelsächsischen Bereich wurde diese Unterscheidung in dieser Form nicht vorgenommen, aber es gibt eine ähnliche Unterscheidung, die John Neville Keynes (1852–1949), ein Logiker und Wirtschaftswissenschafter (und Vater von John Maynard Keynes), in seinem Buch „The Scope and Method of Political Economy", das 1890 erschien, zum ersten Mal formulierte. In einer systematisch anspruchsvolleren Gliederung der Volkswirtschaftslehre unterschied er drei Bereiche der Volkswirtschaftslehre:

1. Die **Politische Ökonomie** oder Wirtschaftstheorie: Sie beschäftigt sich als positive Ökonomik mit Beschreibungen (deskriptiv) und vor allem mit Erklärungen und Vorhersagen ökonomischer Sachverhalte und Zusammenhänge.

2. Die **normative Ökonomik**: Sie hat Fragen der Wirtschaftsethik zum Gegenstand, also Fragen des „guten" und „gerechten" Handelns in der Wirtschaft und der Wirtschaftspolitik, und liefert Handlungsanleitungen und Bewertungen für wirtschaftliche Zustände und Prozesse.

3. Die „Kunstlehre" von der **Wirtschaftspolitik**: Sie befasst sich mit teleologischen Urteilen, bei denen die Ziele aus der normativen Ökonomik vorgegeben werden und mithilfe der Erkenntnisse der positiven Ökonomik untersucht wird, wie diese Ziele bestmöglich erreicht werden können. Die Kunstlehre der Wirtschaftspolitik stellt in diesem Schema eine Brücke zwischen der positiven und der normativen Ökonomik dar.

Diese Unterscheidung von John Neville Keynes wurde später vielfach übernommen und bildete eine Grundlage für die Theorie der Wirtschaftspolitik in der ersten Hälfte des 20. Jahrhunderts. Andere Grundlagen dafür waren die Wohlfahrtsökonomik und allgemeiner die neoklassische Wirtschaftstheorie.

Ab 1870 wurde die Volkswirtschaftstheorie zunehmend vom sich in dieser Zeit entwickelnden Gedankengebäude der **Neoklassik** geprägt. Die Aussagen der Neoklassik waren jedoch zunächst weitgehend abstrakter Natur und schienen daher wenig geeignet für wirtschaftspolitische Anwendungen, abgesehen von der Frage nach den Funktionsmechanismen unterschiedlicher Wirtschaftssysteme.

Erst in der Arbeit von Martha Stephanie Braun[12] (1898–1990) wurde der Versuch unternommen, ein volkswirtschaftliches Theoriegebäude der Neoklassik für wirtschaftspolitische Fragen im Sinne einer angewandten Wirtschaftstheorie nutzbar zu machen. Dabei wurde von der Österreichischen Variante der Neoklassik ausgegangen. Braun begründete auf dieser Grund-

---

[12]   Braun (1929).

lage nicht nur wirtschaftspolitische Eingriffe, sondern versuchte auch, ein allgemeines System einer Theorie der Wirtschaftspolitik zu entwickeln. Spätere Versuche einer Anwendung der neoklassischen ökonomischen Theorie gingen dagegen meist von Aussagen der Paretianischen Wohlfahrtsökonomik und der walrasianischen Gleichgewichtstheorie als theoretischen Grundlagen aus. Diese erschienen geeignet, die normativen Grundlagen, die Zielbegriffe und die zieladäquaten Instrumente der Wirtschaftspolitik zu erfassen und die wirtschaftlichen Auswirkungen staatlichen Handelns umfassend zu analysieren.

Ein weiterer Aufschwung der Theorie der Wirtschaftspolitik erfolgte im Zusammenhang mit der Entwicklung der gesamtwirtschaftlichen Theorie. Erst in dieser Theorie wurde systematisch versucht, wirtschaftspolitische Phänomene wie Konjunktur, Arbeitslosigkeit und Inflation zu erklären. Unter dem Einfluss von John Maynard Keynes und des **Keynesianismus** wurde die Theorie der Wirtschaftspolitik in zunehmendem Maße mit der Beeinflussung makroökonomischer Zusammenhänge befasst. Die Entwicklung einer gesamtwirtschaftlichen Theorie der Wirtschaftspolitik hatte neben der makroökonomischen Theorie auch die Begründung ökonometrischer Schätzmethoden und die Erstellung ökonometrischer Modelle zur Voraussetzung. Aus der Kombination von Keynesianismus und makroökonomischer Theorie einerseits und Ökonometrie andererseits entwickelte sich die Theorie der **quantitativen Wirtschaftspolitik**.[13] Insbesondere in der grundlegenden Arbeit von Tinbergen[14] wurde erstmals der Versuch unternommen, eine formale und allgemeine Formulierung des wirtschaftspolitischen Problems auf einer entscheidungstheoretischen Grundlage zu liefern. Im angelsächsischen Raum ist diese Theorie der quantitativen Wirtschaftspolitik bis heute der einzige Ansatz einer eigenständigen Wissenschaft von der Wirtschaftspolitik; sonst werden dort wirtschaftspolitische Probleme von der „Applied Economics" behandelt, die eher als pragmatische Verbindung zwischen Theorie und Politik zu sehen ist.

Im deutschen Sprachraum war die Theorie der Wirtschaftspolitik nach dem Zweiten Weltkrieg weitgehend charakterisiert durch die Arbeiten der **Freiburger Schule**, die den Begriff der Wirtschaftsordnung in den Mittelpunkt ihrer Untersuchungen stellte. Dieser ordnungspolitische Ansatz hatte vor allem in den Jahren des Wiederaufbaus einigen Einfluß auf die Gestaltung der praktischen Wirtschaftspolitik in der BRD. Bis heute spielt die Betrachtungsweise der Ordnungspolitik, die stärker morphologisch als quantitativ orientiert ist, in der deutschen Literatur zur Wirtschaftspolitik eine Rolle.

Im Zuge dieser Entwicklungen bildete sich die „**traditionelle Theorie der Wirtschaftspolitik**" weiter heraus. Sie ist im Gegensatz zu ihren Vorläufern durch folgende Aspekte zu charakterisieren:

1.　Angewandte Wirtschaftstheorie: Die Theorie der Wirtschaftspolitik wendet systematisch Erkenntnisse der Volkswirtschaftstheorie auf wirtschaftspolitische Probleme an.

2.　Generalisierende Betrachtung: Es wird der Versuch unternommen, sich aus der partialpolitischen Sicht zu lösen und eine allgemeine Theorie wirtschaftspolitischen Handelns zu entwickeln.

---

[13]　Keynes selbst stand allerdings den ökonometrischen Methoden skeptisch gegenüber. Vgl. dazu die Methodenkontroverse zwischen Keynes und Tinbergen: Keynes (1939, 1940), Tinbergen (1940).

[14]　Tinbergen (1952).

3. Teleologische Betrachtungsweise: Es erfolgt eine Trennung zwischen Zielen und Instrumenten, deren Systematisierung sowie der Versuch, den adäquaten Einsatz wirtschaftspolitischer Instrumente zur Erreichung wirtschaftspolitischer Ziele zu bestimmen.

Die „traditionelle Theorie der Wirtschaftspolitik" wird in den meisten Lehrbüchern der Wirtschaftspolitik umfassend dargestellt. Sie beschränkt sich weitgehend auf Publikationen des deutschen Sprachraums.

Neben diesem „traditionellen" Ansatz der Theorie der Wirtschaftspolitik hat sich seit dem Beginn der 1970er Jahre in der **Neuen Politischen Ökonomie** eine neue Sichtweise der theoretischen Behandlung wirtschaftspolitischer Probleme entwickelt. Sie ist durch folgende Aspekte charakterisiert:

1. Kombinierte Betrachtung von Wirtschaft und Politik: Ebenso wie in der Klassik (und im Gegensatz zur Neoklassik) werden die Zusammenhänge von Wirtschaft und Politik gemeinsam betrachtet.
2. Anwendung neoklassischer Denkmuster auch in der Politik: Die Ideen der Optimierung und des Gleichgewichts werden auch zur Analyse des politischen Systems verwendet.
3. Ausgang vom Eigeninteresse der Akteure: Es wird davon ausgegangen, dass die Wirtschaftssubjekte, aber auch die Politiker primär ihre eigenen Ziele und Interessen verfolgen.

Die auf dem neoklassischen Gedankengut beruhende Neue Politische Ökonomie wird auch als Ökonomische Theorie der Politik (Public Choice) bezeichnet. Eine ihrer wichtigsten Herausforderungen an die „traditionelle Theorie der Wirtschaftspolitik" besteht in dem Versuch, wirtschaftspolitisches Handeln im Rahmen einer speziellen Theorie demokratischer Entscheidungen zu erklären.

Neben der Neuen Politischen Ökonomie haben sich auch andere Varianten einer „Politischen Ökonomie" entwickelt, die im Allgemeinen keine Theorie der Wirtschaftspolitik vorsehen. Zu nennen sind hier unter anderem die Politische Ökonomie der Neuen Linken (Radical Economics), des Marxismus, des Institutionalismus und der Cambridge (UK)-Schule. In diesen und einigen weiteren heterodoxen Richtungen ökonomischer Theoriebildung wird das Verhältnis von Theorie, Politik und wirtschaftspolitischer Praxis teilweise völlig anders konzipiert als in der vorherrschenden Volkswirtschaftstheorie und den darauf beruhenden Ansätzen der Theorie der Wirtschaftspolitik. Man kann daher sagen, dass die Theorie der Wirtschaftspolitik als eine „multiparadigmatische" Wissenschaft anzusehen ist. Damit ist gemeint, dass zwischen den Vertretern dieses Fachs keine Übereinstimmung über die grundsätzliche Ausrichtung und die Zielsetzungen dieser Disziplin vorhanden ist. Im Folgenden gehen wir im Kapitel über die Allgemeine Wirtschaftspolitik (Kapitel 2) primär von der Sichtweise der „traditionellen Theorie der Wirtschaftspolitik" aus. Der Ansatz der Neuen Politischen Ökonomie wird im Kapitel 4 behandelt.

2.2   Gegenstand, Methoden und einige wissenschaftstheoretische Probleme

2.2.1   Gegenstand (Erkenntnisobjekt) der Theorie der Wirtschaftspolitik

Angesichts der verschiedenen Zugänge zur Theorie der Wirtschaftspolitik in ihrer historischen Entwicklung stellt sich die Frage, welchen **Gegenstand** diese Theorie hat, das heißt, mit welchen Problemen sie sich beschäftigt oder beschäftigen soll. Man spricht hier vom **Erkenntnisobjekt** dieser Theorie. Dabei ist zu fragen, ob es spezifische Probleme gibt, die die Existenz einer eigenen Wissenschaft und Theorie der Wirtschaftspolitik rechtfertigen. Insbesondere ist die Frage zu stellen, ob eine eigene Theorie der Wirtschaftspolitik neben der ökonomischen Theorie überhaupt notwendig ist. Manche Autoren argumentieren sogar, dass keine eigenständige Theorie der Wirtschaftspolitik vorliegt, da sich die Wissenschaft von der Wirtschaftspolitik nur mit der Anwendung der Wirtschaftstheorie auf praktische Probleme beschäftigt. Dagegen spricht allerdings die Tatsache, dass die Theorie der Wirtschaftspolitik zumindest im deutschen Sprachraum in der Lehre und zum Teil auch in der Forschung als wohl etabliertes Fach angesehen werden kann.

Zunächst könnte man versuchen, den Gegenstand der Theorie der Wirtschaftspolitik durch die **Themen** zu umschreiben, die in dieser Theorie behandelt werden. In den entsprechenden Lehrbüchern findet man unter anderem philosophische und methodische Erörterungen der Grundlagen dieser Wissenschaft, Systematisierungen von Mitteln und Zielen der Wirtschaftspolitik, Analysen von institutionellen Rahmenbedingungen der Wirtschaftspolitik (z. B. Gesetzen) sowie Klassifikationen der Träger der Wirtschaftspolitik und der erforderlichen Aktionen zur Nutzbarmachung der wirtschaftspolitischen Instrumente für die Verwirklichung bestimmter wirtschaftspolitischer Ziele. Daneben werden morphologische Probleme (Wirtschaftsordnungen und Wirtschaftssysteme) intensiv behandelt. Weniger häufig findet man systematische Erörterungen der Konsequenzen der Ergebnisse der Volkswirtschaftstheorie für die Wirtschaftspolitik. Systematisierungen und Wirkungs- und Aktionsanalysen stehen im Mittelpunkt der Lehrbuchliteratur.

Versucht man, aus den verschiedenen Lehrbüchern gewisse **gemeinsame Elemente** des Erkenntnisobjekts der Theorie der Wirtschaftspolitik herauszuarbeiten, so wird der Gegenstand dieser Disziplin in den meisten Fällen durch folgende Aspekte charakterisiert:

1. Die Theorie der Wirtschaftspolitik beschäftigt sich mit dem Verhalten staatlicher, das heißt hoheitlicher Entscheidungsträger, die im Gegensatz zu privaten Wirtschaftssubjekten legitimiert Macht ausüben, die sie mit Zwangsmitteln durchsetzen können.
2. Die Theorie der Wirtschaftspolitik beschäftigt sich mit dem Einfluss dieser als Träger der Wirtschaftspolitik bezeichneten Personen und Institutionen auf die Wirtschaftsordnung und den Wirtschaftsablauf.
3. Die „traditionelle Theorie der Wirtschaftspolitik" ist durch ihre teleologische Betrachtungsweise charakterisiert. Das heißt, sie stellt sich die Aufgabe, für gegebene wirtschaftspolitische Ziele den Einsatz der wirtschaftspolitischen Instrumente zu bestimmen.
4. In der Neuen Politischen Ökonomie werden auch die Erklärung und die Prognose des tatsächlichen Verhaltens der wirtschaftspolitischen Entscheidungsträger thematisiert.

In diesem Zusammenhang stellen sich einige theoretische Probleme bezüglich des Erkenntnisgegenstandes der Theorie der Wirtschaftspolitik. Zunächst einmal stellt sich die Frage, ob diese Theorie eine positive oder eine normative Theorie ist. **Positive Theorien** beinhalten nur Seinsaussagen und dienen der Erklärung tatsächlicher und der Prognose zukünftiger Ereignisse und Zustände. **Normative Theorien** treffen Sollensaussagen, stellen wünschenswerte Zustände dar und weisen Wege zu deren Verwirklichung auf. Als positive Theorie müsste die Theorie der Wirtschaftspolitik das tatsächliche Verhalten der wirtschaftspolitischen Entscheidungsträger und den wirtschaftspolitischen Entscheidungsprozess erklären. Diesen Anspruch vertritt die Neue Politische Ökonomie. Als normative Theorie müsste dagegen die Theorie der Wirtschaftspolitik Normen rationalen Verhaltens entwickeln, erwünschte Zustände beschreiben und deren Erreichung durch wirtschaftspolitische Maßnahmen analysieren. Von vielen Autoren werden beide Fragenkomplexe im Rahmen der Theorie der Wirtschaftspolitik erörtert. Positive theoretische Aussagen stehen in der Neuen Politischen Ökonomie im Mittelpunkt; normative Aussagen überwiegen in den meisten Darstellungen der „traditionellen Theorie der Wirtschaftspolitik".

Eine mögliche Lösung der Frage nach dem Erkenntnisobjekt besteht darin, die Theorie der Wirtschaftspolitik als eine auf die praktische Wirtschaftspolitik angewandte Entscheidungstheorie zu sehen. Obwohl nur wenige Untersuchungen im Rahmen der Theorie der Wirtschaftspolitik explizit ein formales entscheidungstheoretisches Schema zugrunde legen, können in den meisten Veröffentlichungen entscheidungstheoretische Grundlagen der „traditionellen Theorie der Wirtschaftspolitik", aber auch teilweise (in ihren stärker formalisierten Varianten) der Neuen Politischen Ökonomie festgestellt werden. Unter diesem Aspekt kann die Theorie der Wirtschaftspolitik als **angewandte Entscheidungstheorie** prinzipiell sowohl positive wie normative Fragestellungen erörtern. Normativ heißt dann bedingt-normativ im Sinne eines teleologischen Ansatzes, das heißt, dass nur Aussagen über Wertungen vorgenommen werden, die von vorgegebenen Zielsetzungen ausgehen.

Ein weiteres in diesem Zusammenhang wichtiges theoretisches Problem ist jenes der **Abgrenzung** zwischen **Politik** einerseits und **Wirtschaft** andererseits. Hier sind verschiedene Abgrenzungsmöglichkeiten denkbar:

1. Abgrenzung nach den Zielen: Man könnte argumentieren, dass die Handlungsmaxime des zweckorientierten Handelns charakteristisch für die Politik ist. Dass dies jedoch kein adäquates Abgrenzungskriterium zur Wirtschaft ist, ergibt sich schon dadurch, dass auch wirtschaftliche Entscheidungen dem ökonomischen Prinzip, einem Rationalprinzip, unterliegen.

2. Abgrenzung nach den Koordinationsmechanismen: Hier könnte man argumentieren, dass die Wirtschaft über Märkte, die Politik aber über Verhandlungen und Wahlen koordiniert wird. Dagegen spricht einerseits, dass in den Wirtschaftssystemen moderner Industrieländer ein beträchtlicher Teil der wirtschaftlichen Aktivitäten nicht nur über Märkte, sondern auch über Verhandlungen zwischen marktbeherrschenden Wirtschaftseinheiten und Gruppen kontrolliert wird. Andererseits haben sich Marktmodelle im Rahmen der Neuen Politischen Ökonomie als durchaus geeignet erwiesen, auch politische Vorgänge darzustellen.

3. Abgrenzung über die Mittel: Demnach wird in der Wirtschaft über Konsum und Produktion entschieden. In der Politik stehen den Entscheidungsträgern zusätzliche Mittel, ins-

besondere Zwangsmittel, zur Verfügung. Problematisch an diesem Abgrenzungsversuch ist die Tatsache, dass auch der Staat in vielen Bereichen wie ein privater Entscheidungsträger auf Märkten Angebots- und Nachfrageentscheidungen trifft (Staatskonsum, Staatsproduktion).

4. Abgrenzung nach den Trägern: Dabei könnte die Politik dem Staat und den mit hoheitlichen Aufgaben betrauten Organen zugeordnet werden. In diesem Fall würden private Verbände und auch Großunternehmungen nicht der Politik zuzurechnen sein. Diese Abgrenzung erscheint als die sinnvollste und wird im Folgenden zugrundegelegt.

Eng mit der Frage nach der Abgrenzung von Wirtschaft und Politik hängt jene nach der Abgrenzung des Gegenstands der Theorie der **Wirtschaftspolitik** von jenem der **Volkswirtschaftstheorie** zusammen. Man kann davon ausgehen, dass die Volkswirtschaftstheorie die Erklärung der Wirtschaft, die Theorie der Wirtschaftspolitik die Erklärung der (Wirtschafts-) Politik zum Gegenstand hat. In der „traditionellen" Theorie der Wirtschaftspolitik wird dabei die Theorie der Wirtschaftspolitik als angewandte Wirtschaftstheorie gesehen. Dies kann unter anderem dahingehend interpretiert werden, dass die Volkswirtschaftstheorie positive Aussagen zum Gegenstand hat, die Theorie der Wirtschaftspolitik auf diesen positiven Zusammenhängen beruhende normative Aussagen. In der Wirtschaftstheorie würden demnach Ursache-Wirkungs-Beziehungen, in der Theorie der Wirtschaftspolitik Ziel-Mittel-Beziehungen untersucht.

Die Probleme der Abgrenzung von Wirtschaft und Politik und von Volkswirtschaftstheorie und Theorie der Wirtschaftspolitik sind also nur schwer lösbar. Wir schlagen hier als ersten Ansatz einen systemtheoretischen Abgrenzungsversuch vor. Demnach sind zwei Subsysteme der Gesellschaft zu unterscheiden, das wirtschaftliche und das politische System. Bei einer funktionalen (strukturellen) Abgrenzung werden dem wirtschaftlichen System wirtschaftliche Variablen und Aktivitäten zugeordnet, also Größen und Tätigkeiten, die der Produktion und dem Tausch und damit letztlich dem Konsum von Gütern und Dienstleistungen dienen. In institutioneller Abgrenzung ist das wirtschaftliche System durch Entscheidungseinheiten des „privaten Sektors" charakterisiert. Im politischen System werden dagegen politische Entscheidungen von Akteuren des „öffentlichen Sektors" getroffen, also von Entscheidungsträgern mit legitimierter Zwangsgewalt. Gegenstand der Volkswirtschaftstheorie ist dann das wirtschaftliche System, Gegenstand der Theorie der Politik das politische System. Die Wirtschaftspolitik ist dabei jenes Teilgebiet der Politik, das die Beeinflussung der Wirtschaft zum Gegenstand hat. Dabei werden die Ergebnisse des wirtschaftlichen Systems durch die Wirtschaftspolitik beeinflusst. Wirtschaftliche Variablen fungieren für die Wirtschaftspolitik als Ziele (Outputs des wirtschaftlichen Systems) und als Instrumente (Inputs in das wirtschaftliche System).

Die Theorie der Wirtschaftspolitik ist in diesem Sinn eher als Teilbereich der Politikwissenschaft denn als Teilbereich der Wirtschaftswissenschaften zu sehen. Sie stellt aber auch eine Brücke zwischen beiden Gebieten dar. In der Theorie der Wirtschaftspolitik wird dabei von nichtwirtschaftlichen Subsystemen der Gesellschaft, wie etwa der Kultur, abstrahiert, obwohl diese auch von der Politik beeinflusst werden. In dieser Abgrenzung wird das wirtschaftliche System als ein „passives" System betrachtet. Seine Outputs, die Ziele der Wirtschaftspolitik werden können, sind Ergebnisse des Verhaltens der Akteure in der Wirtschaft.

In dieser Sicht kann die Volkswirtschaftstheorie als Hilfswissenschaft der Theorie der Wirtschaftspolitik dienen, während umgekehrt die Theorie der Wirtschaftspolitik als angewandte Volkswirtschaftstheorie bezeichnet werden kann. Die Ergebnisse der Volkswirtschaftstheorie werden von der Theorie der Wirtschaftspolitik in Form von Modellen des wirtschaftlichen Systems übernommen. Die Theorie der Wirtschaftspolitik untersucht dann die Beeinflussung dieses ökonomischen Systems durch politische Entscheidungsträger, die in der Volkswirtschaftstheorie als exogen betrachtet werden, deren Verhalten (unter positiven oder unter normativen Aspekten) aber in der Theorie der Wirtschaftspolitik zum Gegenstand gemacht wird. Bei der in der Theorie der Wirtschaftspolitik vorgenommenen Wirkungsanalyse wirtschaftspolitischer Maßnahmen stellt die Kenntnis ökonomischer Zusammenhänge aus der Volkswirtschaftstheorie eine notwendige, aber keine hinreichende Voraussetzung dar. Ergebnisse der Volkswirtschaftstheorie werden von der Theorie der Wirtschaftspolitik übernommen und bilden zusammen mit Informationen über Werturteile und andere Sachverhalte, etwa institutioneller Natur, die Grundlagen der Analysen der Theorie der Wirtschaftspolitik. Wenn auch Wirkungen auf den außerökonomischen Bereich berücksichtigt werden sollen, sind weitere Informationen aus den Nachbardisziplinen, wie etwa der Wirtschaftssoziologie, der Ethnologie, der Sozialpsychologie und der Rechtswissenschaft, erforderlich.

Eine weitere Abgrenzungsfrage stellt sich bezüglich des Verhältnisses zwischen der **theoretischen** (Theorie der) Wirtschaftspolitik und der **praktischen Wirtschaftspolitik**, also dem tatsächlichen wirtschaftspolitischen Geschehen. Zunächst ist die praktische Wirtschaftspolitik das Erkenntnisobjekt der Theorie der Wirtschaftspolitik. Darüber hinaus soll jedoch auch die Theorie der Wirtschaftspolitik Auswirkungen auf die praktische Wirtschaftspolitik haben. Die Überleitung der Ergebnisse der Theorie der Wirtschaftspolitik in die wirtschaftspolitische Praxis stellt eine weitere Stufe der Konkretisierung wirtschaftswissenschaftlicher Erkenntnisse dar. Die wissenschaftliche Wirtschaftspolitik liefert dabei der praktischen Wirtschaftspolitik Entscheidungsgrundlagen für ihre Tätigkeit. Als Ziel wird dabei eine „Rationalisierung" der praktischen Wirtschaftspolitik angesehen, das heißt, die praktische Wirtschaftspolitik soll „rationaler" (etwa: vernünftiger) werden. Dies kann einerseits heißen, dass ihr geholfen wird, ihre eigenen Ziele besser zu verwirklichen; andererseits kann damit gemeint sein, dass die praktische Wirtschaftspolitik aufgrund der Erkenntnisse der Theorie der Wirtschaftspolitik bestimmte „objektive" Zielsetzungen besser verwirklichen kann. Dazu ist es jedoch in jedem Fall erforderlich, dass der Theoretiker der Wirtschaftspolitik (der wissenschaftliche Wirtschaftspolitiker) eine – wenn auch begrenzte – politische Funktion übernimmt und als **wirtschaftspolitischer Berater** tätig wird.

Bezüglich des Verhältnisses von wirtschaftspolitischem Berater und wirtschaftspolitischem Entscheidungsträger sind in der Literatur verschiedene Modelle vorgeschlagen worden:

1. Das **technokratische** Modell der Politikberatung: Hier wird davon ausgegangen, dass wissenschaftlich Sachgesetzlichkeiten die Politik weitgehend verdrängen. „Sachzwänge" erfordern zunehmend bestimmte, genau umschriebene politische Entscheidungen. Politik und Politikberatung werden dabei nahezu entbehrlich, da politische Entscheidungen durch den wissenschaftlichen Fortschritt überflüssig werden. Dieses Modell erscheint demokratiepolitisch bedenklich und unterschätzt die Spielräume wirtschaftspolitischer Gestaltungsmöglichkeiten.

2. Das **dezisionistische** Modell der Politikberatung: Hier findet eine strikte Trennung zwischen den Aufgaben des Politikers und jenen des Politikberaters statt. Die Entscheidungen werden durch die Politik getroffen; die Berater stellen nur die dafür notwendigen Informationen bereit. Die praktischen Wirtschaftspolitiker bestimmen demnach die Ziele, die wirtschaftspolitischen Berater die zur Verfolgung dieser Ziele zweckmäßigen Mittel. Dieses Modell beschränkt die Funktion des wirtschaftspolitischen Beraters also auf eine rein instrumentale. Bei Zugrundelegung des Wertfreiheitspostulats (siehe Abschnitt 2.2.2) ist dieses Beratungsmodell wohl das passendste.

3. Das **interaktiv-pragmatistische** Modell der Politikberatung: Hier erfolgt nach dem Philosophen und Soziologen Jürgen Habermas[15] (geb. 1929) ein kritisches Wechselverhältnis zwischen Politik und Wissenschaft. Zwar obliegt die Vorgabe der wirtschaftspolitischen Ziele nach dieser Auffassung den wirtschaftspolitischen Entscheidungsträgern, doch erfolgen Rückkopplungen über auch wertorientierte Stellungnahmen des wirtschaftspolitischen Beraters. Problematisch an dieser Auffassung ist die Zuweisung einer Wertungsaufgabe an den wirtschaftspolitischen Berater, der dafür demokratiepolitisch nicht legitimiert erscheint. Andererseits wirkt dieses Beratungsmodell eventuell der Gefahr entgegen, dass der wirtschaftspolitische Berater nur die Funktion der Legitimation politischer Entscheidungen übernimmt.

Zusammenfassend kann man sagen, dass das Erkenntnisobjekt der Theorie der Wirtschaftspolitik im Sinne eines teleologischen Ansatzes als eine angewandte Entscheidungstheorie für die Entscheidungen des Wirtschaftspolitikers betreffend die Ergebnisse des wirtschaftlichen Systems umschrieben werden kann. Dabei soll in dieser Theorie die Frage beantwortet werden, welche Mittel geeignet sind, bestimmte wirtschaftspolitische Ziele und Zielsysteme in optimaler Weise („rational") zu verwirklichen. Die Ziele werden dabei von der Theorie der Wirtschaftspolitik als vorgegeben betrachtet, wobei sie in einer bedingt-normativen Betrachtungsweise aufgrund von Festsetzungen oder als Ergebnis wirtschaftsethischer Überlegungen oder in einer positiven Betrachtungsweise aufgrund einer Analyse der Ziele der tatsächlichen Wirtschaftspolitiker bestimmt werden. Die Theorie der Wirtschaftspolitik beurteilt dann die Auswirkungen möglicher staatlicher Maßnahmen auf die Erreichung dieser Ziele, wobei die Volkswirtschaftstheorie Erkenntnisse über die Zusammenhänge zwischen Zielen und Maßnahmen liefert.

2.2.2   Werturteile in der Theorie der Wirtschaftspolitik

Eines der insbesondere in der deutschsprachigen Literatur intensiv diskutierten Probleme der Wissenschaftstheorie ist die Frage, ob und inwieweit **Werturteile** zulässige Gegenstände wissenschaftlicher Aussagen sein können. Als Vorfrage ist dazu zunächst der Unterschied zwischen normativen und positiven Aussagen zu klären. Normative Aussagen beinhalten Beurteilungen und Empfehlungen; sie stellen Werturteile und Sollenssätze dar. Dagegen sind positive Aussagen als Seinsaussagen solche, die Sachurteile implizieren; sie beziehen sich auf Tatsachen und liefern Erkenntnisse, die aus Kausalbeziehungen resultieren. Die Frage,

---

[15]   Habermas (1964).

wie man normative und positive Aussagen voneinander unterscheidet, ist jedoch schwieriger, als es auf den ersten Blick zu sein scheint.

Man kann in verschiedener Weise versuchen, **normative und positive Aussagen** voneinander abzugrenzen:

1. Sprachlich beziehen sich normative Aussagen auf Sollen, positive Aussagen auf Sein. Diese Unterscheidung ist jedoch unzureichend, da es auch versteckte Sollensaussagen gibt. Beispielsweise ist die Aussage „Eine bestimmte wirtschaftspolitische Maßnahme führt zu unerwünschten Konsequenzen" eine normative Aussage, obwohl sie das Wort „sollen" nicht enthält.

2. Unterscheidung nach dem Grad der Zustimmung: Es wird oft behauptet, dass Seinssätze mehr Zustimmung erhalten als Sollenssätze, da erstere für jedermann empirisch nachprüfbar sind, letztere nicht. Dies kann jedoch sowohl durch einzelne Gegenbeispiele als auch grundsätzlich bestritten werden. Beispielsweise war Milton Friedman[16] der Meinung, dass sich die wesentlichen Auffassungsunterschiede bei wirtschaftspolitischen Problemen nicht auf die zu verfolgenden Ziele (Sollensüberlegungen), sondern auf die Zusammenhänge in der Wirtschaft (Seinsaussagen) beziehen.

3. Interpersonelle Überprüfbarkeit: Nach diesem Kriterium können Seinssätze als Aussagen über den Zustand der Welt wahr oder falsch sein. Zumindest gibt es interpersonell vermittelbare Testmethoden, um festzustellen, ob diese Sätze wahr oder falsch sind, was bei Sollenssätzen nicht der Fall ist. Dagegen kann jedoch eingewendet werden, dass auch jede Verifikation oder Falsifikation einer positiven Aussage auf der Anerkennung bestimmter wissenschaftlicher Regeln beruht. Die Akzeptanz einer positiven Aussage wird ebenfalls aufgrund von Entscheidungen und Konventionen getroffen, die beispielsweise in der statistischen Methodenlehre explizit gemacht werden.

Die Unterscheidung zwischen positiven und normativen Aussagen ist deswegen besonders wichtig, weil seit langem in der Philosophie die Kritik am „naturalistischen Fehlschluss" geübt wird. Dabei handelt es sich um den Versuch, normative Aussagen allein aus positiven Aussagen abzuleiten. Schon der Philosoph David Hume hat dazu festgestellt: „One cannot deduce ought from is". Die dabei vorausgesetzte grundsätzliche Unterscheidung zwischen Sein und Sollen ist jedoch in der neueren Moralphilosophie und Sprachphilosophie nicht unumstritten. Einzelne Moralphilosophen sehen Sollenssätze als spezielle Formen positiver Aussagen. Aus sprachphilosophischen Überlegungen heraus wird die Frage gestellt, ob nicht eine enge Beziehung zwischen Seins- und Sollenssätzen besteht.[17] Aus logischen wie aus pragmatischen Überlegungen scheint jedoch eine Unterscheidung von positiven und normativen Aussagen zweckmäßig zu sein[18].

Die Frage, ob **Werturteile wissenschaftlich begründet** werden können, wird von verschiedenen Wissenschaftstheoretikern unterschiedlich beantwortet. Einige philosophische Richtungen sehen Werturteile grundsätzlich als wissenschaftlich begründbar an:

---

[16] Friedman (1967).
[17] Searle (1964). Dagegen z. B. von Kutschera (1973, S. 71f.).
[18] Zur logischen Analyse des Seins-Sollens-Problems vgl. grundlegend Schurz (1997).

1. Der ethische **Intuitionismus** vertritt die Meinung, dass allgemein „empfundene" („ge-
    fühlte") Werturteile auch gültig seien.
2. Einzelne Autoren[19] halten „**kulturphilosophisch**" begründete Werturteile für gültig.
    Dabei handelt es sich um Werturteile, die in einer bestimmten Kultur allgemein akzep-
    tiert werden.
3. Der ethische **Kognitivismus** behauptet, gültige Werte könnten wissenschaftlich erkannt
    werden. So wird etwa versucht, Wertungen aus der Erkenntnis des „Wesens" der Wirk-
    lichkeit abzuleiten. Dieser Versuch, von der Beobachtung der gesellschaftlichen Wirk-
    lichkeit zur Erkenntnis ihres „Wesens" und damit zu Wertungen zu gelangen, ist beson-
    ders in den christlichen Naturrechtslehren verbreitet. Dabei wird davon ausgegangen,
    dass das Sein verpflichte, da Gottes Werke in der Natur erkennbar und für die Menschen
    verpflichtend niedergelegt seien. Aus dieser generellen Wertprämisse und gewissen
    Sachaussagen werden dann wertende Schlussfolgerungen abzuleiten gesucht.

Gegen alle genannten Richtungen kann eingewendet werden, dass die wissenschaftliche
Überprüfbarkeit der als gültig behaupteten Werturteile nicht gegeben ist, da es dafür keine
wissenschaftlich einwandfreien Tests gibt. Auch können die philosophischen Grundlagen
dieser verschiedenen Richtungen nicht als allgemein akzeptiert angesehen werden.

Man kann verschiedene **Arten von Werturteilen** unterscheiden:

1. **Ontologische** Werturteile: Diese leiten sich aus dem „Wesen" der zugrundeliegenden
    Erscheinungen ab. Beispielsweise wird versucht, aus dem „Wesen der Wirtschaft" das
    Wesensziel der maximalen Bedürfnisbefriedigung abzuleiten („Ökonomismus"). Auch
    die erwähnten Naturrechtslehren (Naturalismus) beziehen sich auf ontologische Wertur-
    teile.
2. **Ideologische** Werturteile: Diese beruhen auf subjektiven unreflektierten Meinungen.
    Dabei werden Sachaussagen mit (zum Teil versteckten) Wertungen kombiniert, um dar-
    aus politische Empfehlungen abzuleiten. Ideologien spielen in der tatsächlichen Wirt-
    schaftspolitik eine große Rolle; ihre wissenschaftliche Haltbarkeit ist jedoch eindeutig
    nicht gegeben.
3. **Ethische** Werturteile: Diese beruhen auf ethisch-weltanschaulichen Systemen. Es ist
    umstritten, ob es wissenschaftliche Methoden gibt, aufgrund derer man aus einem sol-
    chen weltanschaulichen System wirtschaftspolitische Werturteile eindeutig ableiten
    kann. Noch problematischer ist die Frage, welchen Gültigkeitsgrad diese Werturteile be-
    anspruchen können.
4. **Teleologische** Werturteile: Hier geht es um die bereits angesprochenen Mittel-Ziel-
    Beziehungen. Teleologische Werturteile haben die Nützlichkeit bestimmter Instrumente
    zur Realisierung gegebener Ziele zum Gegenstand. Eine solche teleologische Betrach-
    tungsweise bedeutet eine Umkehrung einer kausal- oder funktionaltheoretischen Be-
    trachtung, wobei die Zielsetzungen nicht unbedingt in einem objektiven Sinn als „bes-
    ser" oder „schlechter" gewertet werden müssen. Solche teleologischen Werturteile sind
    unbestritten zulässig und spielen in der Theorie der Wirtschaftspolitik eine wichtige Rol-
    le.

---

[19]   Z. B. Seraphim (1963).

Zur Behandlung des Werturteilsproblems erweist sich die Unterscheidung des deutschen Philosophen **Hans Albert**[20] (geb. 1921) als nützlich. Er teilte Werturteile danach ein, ob sie sich auf die Wertbasis, den Objektbereich oder den Aussagenbereich der Wissenschaft beziehen:

1. **Wertbasis**: Sie betrifft die Auswahl des Forschungsgegenstandes und der Methoden der Wissenschaft. Es handelt sich hier also um methodologische Werturteile, die die Wahl des Forschungsgegenstandes und der Forschungsmethode sowie die Kriterien zur Beurteilung der Gültigkeit der Ergebnisse von Forschungen betreffen.

2. **Objektbereich**: Hier werden Aussagen über Wertungen getroffen, das heißt, Werte werden zum Gegenstand der jeweiligen Untersuchung. In der Theorie der Wirtschaftspolitik sind etwa die faktischen Wertungen der Wirtschaftspolitiker Gegenstand der Untersuchung.

3. **Aussagenbereich**: Dabei handelt es sich um wertende Aussagen über individuelles Verhalten sowie über die sozialen Ergebnisse menschlichen Verhaltens. Das eigentliche Werturteilsproblem bezieht sich auf diese Werturteile im Aussagenbereich der Wissenschaft und betrifft die Frage, ob die Sozialwissenschaften im allgemeinen und die Theorie der Wirtschaftspolitik im Besonderen in der Lage sind, allgemeingültige Werturteile über soziale und ökonomische Sachverhalte zu fällen.

Auch bei jenen Wissenschaftstheoretikern, die das Postulat der **Wertfreiheit (Werturteilsfreiheit)** vertreten, sind bestimmte Werturteile unbestritten **zulässig**:

1. Bestimmte **Basisbewertungen** des Wissenschaftlers sind erforderlich, etwa bei der Auswahl eines Problems (der Fragestellung), bei der Auswahl der zu behandelnden Aspekte und der zu verwendenden Begriffe sowie bei gewissen Entscheidungen im Vollzug der Wissenschaft. Die Beantwortung der Frage, wann etwa eine Theorie als (vorläufig) „bestätigt" gelten kann, erfordert bestimmte Wertentscheidungen. Als problematisch kann die Frage gesehen werden, woher die vom Wissenschafter zu untersuchenden Problemstellungen kommen. Bestimmte Werthaltungen eines Wissenschaftlers können einseitig gewisse Forschungsrichtungen begünstigen und dazu führen, dass der Wissenschafter in seiner Rolle als wirtschaftspolitischer Berater unter Umständen einseitige Informationen weitergibt. Manchmal wird sogar das Argument vertreten, wonach die Wissenschafter generell interessengebunden sind und die Auswahl ihrer Fragestellungen durch ihre „Klassenzugehörigkeit" bestimmt wird. Dagegen ist zu sagen, dass die Motive wissenschaftlicher Aussagen für deren Richtigkeit nicht notwendigerweise relevant sind. Interessengeleitete Wahrnehmungen können sogar auch wahrheitsfördernd sein, wenn das Eigeninteresse eines Wissenschafters ihn zu besonderer Sorgfalt veranlasst. Auch die generelle Postulierung von „Relevanz" einer Fragestellung als Kriterium für deren Behandlung scheint nicht zweckmäßig zu sein, da dadurch möglicherweise bestimmte Problemstellungen ausgeschlossen werden, deren Relevanz sich erst später herausstellen könnte. Als eine Basisbewertung ist übrigens auch das Wertfreiheitspostulat anzuführen, das selbst ein Werturteil darstellt.

---

[20]   Albert (1979).

2. Wertungen im **Objektbereich** können ohne Weiteres Gegenstand wissenschaftlicher
    Analysen sein. Werte dienen dabei als Erkenntnisobjekte. Beispielsweise kann die Theo-
    rie der Wirtschaftspolitik bestehende Wertungen und Zielsetzungen beschreiben, ihre
    Beziehungen untereinander überprüfen, ihre Entstehung und Entwicklung im Zeitablauf
    sowie ihre Unterschiede zwischen verschiedenen Gruppen vergleichen, das wertbezoge-
    ne Verhalten beim wirtschaftspolitischen Entscheidungsprozess analysieren und die Zu-
    sammenhänge zwischen Bewertungen und Entscheidungen aufdecken, die Bestim-
    mungsgründe von Bewertungen untersuchen sowie die Auswirkungen von Änderungen
    in Bewertungen auf wirtschaftspolitische Entscheidungen herausarbeiten. So ist etwa die
    Frage der Widerspruchsfreiheit von Zielen eine wichtige Problemstellung der Theorie
    der Wirtschaftspolitik.

3. **Teleologische** Werturteile sind in der Theorie der Wirtschaftspolitik unproblematisch.
    Die Eignung verschiedener Mittel zur Erreichung vorgegebener oder hypothetisch ge-
    setzter Ziele, einschließlich der Nebenwirkungen von Mitteln auf andere Ziele, ist ein-
    deutig als eine wesentliche Aufgabe der Theorie der Wirtschaftspolitik zu sehen.

4. **Ideologiekritik**: Die Aufdeckung versteckter Werturteile ist zwar primär Gegenstand der
    Wissenssoziologie, ist aber auch in der Theorie der Wirtschaftspolitik von Bedeutung
    und ist unbestritten zulässig. Die Aufgabe der Ideologiekritik besteht darin, Informatio-
    nen über Sachverhalte einerseits und über bestimmte Wert- und Interessenstandpunkte
    andererseits möglichst scharf voneinander zu trennen. In der Theorie der Wirtschaftspo-
    litik kann auch auf Diskrepanzen zwischen behaupteten Wertungen und tatsächlich hin-
    ter bestimmten politischen Empfehlungen liegenden Interessenpositionen hingewiesen
    werden.

Die eigentliche Werturteilsdebatte bezieht sich auf Werturteile im **Aussagenbereich** der
Wissenschaft, also darauf, ob Werturteile selbst wissenschaftliche Aussagen darstellen. Diese
Frage ist seit dem Werturteilsstreit heftig umstritten. Der wichtigste Vertreter des Postulats
der **Wertfreiheit** war dabei **Max Weber**[21]. Er sah Erkenntnisgewinn als Hauptziel der Wissenschaft. Daraus folgte für ihn die Forderung nach einer „positiven Wissenschaft", die der
„Objektivität" verpflichtet ist. Werturteile sind nach Weber empirisch-wissenschaftlich nicht
begründbar und daher nicht Gegenstand einer Sozialwissenschaft und insbesondere nicht der
Theorie der Wirtschaftspolitik. Wenn man im Gegensatz dazu die Beeinflussung von Einstel-
lungen und Handlungen der Menschen als eine wesentliche Aufgabe der Wissenschaft betrachtet, müsste man eine unbedingt-normative Wissenschaft begründen, wie dies Webers
Gegner in der Werturteilsdebatte Gustav Schmoller versuchte.

Die Vertreter der Wertfreiheit messen die Wissenschaftlichkeit einer Theorie am Grad ihrer
intersubjektiven **Überprüfbarkeit**. Da nur positive Theorien intersubjektiv überprüfbar sind
und Widerlegungsversuchen ausgesetzt werden können, wird daraus die Unzulässigkeit wer-
tender Aussagen in der Wissenschaft gefolgert. Etablierte Methoden der Wissenschaft fehlen
für die Überprüfung von normativen Aussagen. Diese Unterscheidung ist allerdings wohl
eher nur als graduell und nicht als absolut zu sehen, da alle (positiven und normativen) nicht-
tautologischen Aussagen letztlich auf Entscheidungen und Urteilen beruhen. Überdies be-

---

[21]   Weber (1922).

steht auch bei normativen Urteilen die Möglichkeit, durch rationale Diskussion Meinungs-verschiedenheiten zumindest zu vermindern. Nach Amartya K. Sen[22] (geb. 1933, Nobelpreis 1998) kann man etwa zwischen grundlegenden Werturteilen und nicht-grundlegenden Wert-urteilen unterscheiden. Nicht-grundlegende Werturteile können weiter in Fakten und grund-legende Werturteile getrennt werden. Nur grundlegende Werturteile können nach Sen nicht durch rationale Diskussion hinterfragt und geklärt werden. Auch aufgrund dieser Überlegun-gen kann man jedoch die Forderung nach der Trennung von Seins- und Sollensaussagen erheben, da es jedenfalls wünschenswert ist, (grundlegende) Werturteile möglichst klar von Sachurteilen zu unterscheiden. Für die Theorie der Wirtschaftspolitik ergibt sich aus dieser Zielsetzung der Wissenschaft eine wichtige ideologiekritische Aufgabe, insbesondere bei der Analyse von Ideologien von Interessengruppen und politischen Parteien.

Ein weiterer Einwand gegen das Wertfreiheitspostulat lautet: In der Alltags**sprache** haben viele Worte zugleich eine deskriptive (beschreibende) und eine normative Bedeutung. Diese Unschärfe der Umgangssprache ist jedoch kein gültiges Argument gegen die Forderung nach Wertfreiheit, da einerseits Werte sowohl normative wie deskriptive Elemente enthalten kön-nen, wertfreie Aussagen jedoch nur deskriptiv oder positiv sind. Andererseits kann die Wis-senschaftssprache als von der Umgangssprache durch die Verwendung von klar definierten Fachausdrücken unterschieden werden. Die Forderung nach Wertfreiheit bezieht sich dann auf die Wissenschaftssprache und nicht auf die Umgangssprache.

Ein anderer Kritikpunkt am Wertfreiheitspostulat wird von Vertretern der **Hermeneutik** vorgebracht. Sie sind der Auffassung, dass Wertungen für praktische Fragen, für die „Le-benspraxis" besonders wichtig sind. Beispielsweise sieht Hajo Riese[23] (geb. 1933) Normen-systeme geradezu als Paradigmen der ökonomischen Theorie. Theorie der Wirtschaftspolitik kann nach seiner Auffassung nicht nur eine Theorie des Mitteleinsatzes sein, sondern muss auch eine Theorie historisch bedingter Zielsetzungen menschlicher Wohlfahrt sein. Letztlich ergibt sich aus dieser Position eine Identität von Volkswirtschaftstheorie und Theorie der Wirtschaftspolitik. Modelle werden dabei nur als formaler Ausdruck von ökonomischen Paradigmen gesehen; die Modellanalyse verdeutlicht den normativen Gehalt ökonomischen Denkens. Daher wird nicht die Falsifikation als für den Erkenntnisfortschritt entscheidend gesehen, sondern die Reflexion der Modellrelevanz. Diese hermeneutische Position vertritt also eine andere Auffassung von den Zielen und Aufgaben der Wissenschaft, insbesondere der Theorie der Wirtschaftspolitik, als die hier vertretene, die der herrschenden (analyti-schen) Wissenschaftstheorie entspricht. Der Hermeneutik und der Dialektik, die die Reflexi-on erkenntnisleitender Interessen fordert, ist entgegenzuhalten, dass die analytische Wissen-schaftsauffassung gerade die Herausarbeitung versteckter Werturteile fordert. Gerade die strenge Prüfung ideologieverdächtiger Aussagen kann dazu beitragen, versteckte Interessen deutlich zu machen und die mangelnde Objektivität scheinwissenschaftlicher Aussagen bloß-zustellen.

Die **normativistische** Theorie der Wirtschaftspolitik hat ein Programm einer normativen Ausrichtung der Sozialwissenschaften und der Theorie der Wirtschaftspolitik entworfen.

---

[22]   Sen (1970).
[23]   Riese (1975).

Nach Gerhard Weisser[24] (1898–1989) soll der Wissenschafter seine Werte bekenntnishaft einführen und daraus Schlussfolgerungen ableiten. Ein solches Programm einer normativen Ausrichtung der Theorie der Wirtschaftspolitik setzt allerdings ein widerspruchsfreies und konkret anwendbares wirtschaftsethisches System voraus. Im Prinzip ist diese Position logisch einwandfrei. Gefordert werden muss allerdings die Kenntlichmachung von Normen, die entweder als persönliche Bekenntnisse des Wissenschaftlers gesetzt werden oder als Hypothesen formuliert werden (hypothetisches Werturteil). Die Theorie der Wirtschaftspolitik könnte auch die jeweils in einer Gesellschaft gegebenen obersten Zielsetzungen der Wirtschaftspolitik übernehmen; vorausgesetzt muss dabei werden, dass diese Zielsetzungen eindeutig bestimmt werden können.

Die **teleologische** Auffassung von der Theorie der Wirtschaftspolitik, die von einem Ziel-Mittel-Schema ausgeht und nur bedingt-normative Aussagen zulässt, steht, wie bereits erwähnt, mit dem Wertfreiheitspostulat nicht im Widerspruch. Sie könnte durch einen Normativismus oder durch den Bezug auf eine Wirtschaftsethik, die jeweils die Ziele vorgeben, erweitert und ergänzt werden. Dabei werden dann normative Prämissen vorausgesetzt; daraus werden Aussagen über die zweckmäßigen Mittel zur Erreichung dieser vorgegebenen Ziele gewonnen.

Gegen das Wertfreiheitspostulat richtet sich schließlich auch das Argument des „**teleologischen Trugschlusses**". Insbesondere Gunnar Myrdal[25] (1898–1987, Nobelpreis 1974) und Paul Streeten[26] (geb. 1917) vertraten die Meinung, dass auch teleologische Urteile nicht wertfrei sind, weil Ziele und Mittel nicht voneinander getrennt werden können. Dies wird folgendermaßen begründet:

1.   Wirtschaftspolitische Mittel können auch Zielcharakter, einen Eigenwert, haben, etwa Zwischenziele sein.
2.   Ziele können auch Mittelcharakter haben.
3.   Mittel haben Nebenwirkungen auf andere Ziele.

Dementsprechend ist keine Zielhierarchie zu begründen, weil es unendliche Ziel-Mittel-Ketten gibt: Wo das jeweils nächst höhere Ziel als gegeben angenommen wird, ist letztlich nur durch ein vorläufiges Urteil zu bestimmen. Der teleologische Ansatz der Theorie der Wirtschaftspolitik führt nach dieser Auffassung zu einem unendlichen Regress. Unserer Meinung nach ist die Behauptung, dass wirtschaftspolitische Mittel oder Instrumente nicht wertneutral sein können, kein gültiges Argument gegen die teleologische Auffassung von der Theorie der Wirtschaftspolitik. Man kann wirtschaftspolitische Mittel als direkt durch Wirtschaftspolitiker beeinflussbare Größen eindeutig gegenüber Variablen (einschließlich Zielen), die nicht direkt vom Wirtschaftspolitiker beeinflusst werden können, abgrenzen. Sowohl Mittel wie Ziele können einen Eigenwert haben; doch können etwa in einem Optimierungsansatz sowohl Zielvariablen ohne Mittelcharakter wie auch bewertete Mittel als Argumente einer wirtschaftspolitischen Zielfunktion aufscheinen.[27] Die Unterscheidung von Zielen und

---

[24]   Weisser (1934).

[25]   Myrdal (1933).

[26]   Streeten (1970).

[27]   Vgl. dazu die Darstellung in Abschnitt 3.3.

Mitteln ist daher anders zu setzen als bei Myrdal und erfolgt überdies immer in Bezug auf ein jeweiliges spezifisches Problem.

Unseres Erachtens kann daher ein modifiziertes Wertfreiheitspostulat als Grundlage einer teleologischen Auffassung von der Theorie der Wirtschaftspolitik als zweckmäßig bezeichnet werden. Diese Auffassung von der Theorie der Wirtschaftspolitik ist handlungs- und entscheidungstheoretisch orientiert und beruht auf einem Ziel-Mittel-Schema. Werturteile und Zielvorstellungen werden als von außen vorgegeben betrachtet und postuliert. Die Aufgabe der Theorie der Wirtschaftspolitik besteht dann darin, diejenigen Handlungen der Wirtschaftspolitiker zu analysieren und zu bestimmen, die eine bestmögliche Erfüllung dieser vorgegebenen Ziele erlauben. Zur Begründung der Ziele kann einerseits auf eine normativistische Position oder auf die Wirtschaftsethik verwiesen werden, andererseits besteht die Möglichkeit, dass experimentell alternative Normen vorgegeben werden und untersucht wird, welche Ergebnisse aus diesen Normen für das wirtschaftspolitische Handeln folgen müssten. Die Kriterien, nach denen eine Beurteilung der Normen und der daraus folgenden Ergebnisse vorgenommen werden müsste, entziehen sich dem Gegenstand einer so verstandenen Theorie der Wirtschaftspolitik. Dementsprechend kann die Theorie der Wirtschaftspolitik zwar Aussagen über die Eignung von Mitteln für die Realisierung bestimmter Ziele machen, jedoch nicht darüber, welche Ziele die Wirtschaftspolitik verfolgen sollte.

2.2.3 Gliederungen der Theorie der Wirtschaftspolitik

In den Lehrbüchern werden verschiedene **Einteilunge**n der Theorie der Wirtschaftspolitik vorgeschlagen. Eine grundsätzliche Gliederung unterscheidet:

1. **Allgemeine** Wirtschaftspolitik (manchmal auch synonym: „Grundlagen" oder „Grundsätze der Wirtschaftspolitik", Theorie der Wirtschaftspolitik): Dies ist eine Art Grundlagenwissenschaft, die einen allgemeinen Rahmen für die Analyse aller wirtschaftspolitischen Probleme liefern soll.
2. **Spezielle** (besondere) Wirtschaftspolitiken: Hier werden nur bestimmte Klassen wirtschaftspolitischer Entscheidungen behandelt.

Die speziellen Wirtschaftspolitiken können wieder unterschiedlich eingeteilt werden. Erfolgt die Gliederung nach den **Ansatzpunkten**, so kann man zwischen einer Makropolitik, einer Mesopolitik und einer Mikropolitik unterscheiden, je nachdem, ob gesamtwirtschaftliche Größen, sektorale Größen oder einzelwirtschaftliche Größen wirtschaftspolitisch beeinflusst werden sollen. Nach dem vorherrschenden **Ziel** kann man die Wirtschaftspolitik in Bereiche wie Beschäftigungspolitik, Stabilitätspolitik (Antiinflationspolitik), Zahlungsbilanzpolitik, Konjunkturpolitik, Entwicklungspolitik, Verteilungspolitik, Allokationspolitik, Strukturpolitik usw. gliedern. Nach dem vorherrschenden **Mittel** (Instrument) könnte eine Gliederung etwa Finanzpolitik, Geldpolitik, Preispolitik und weitere Bereiche unterscheiden. Eine ältere Gliederung geht von institutionellen Kriterien (etwa von **Branchen**) aus und unterscheidet etwa in Agrarpolitik, Industriepolitik, Handelspolitik, Verkehrspolitik, Sozialpolitik usw.

Im deutschen Sprachraum ist eine funktionelle Gliederung weit verbreitet:

1. Die **Ordnungspolitik** hat die längerfristige Gestaltung der Rahmenbedingungen des Wirtschaftens zum Gegenstand.

2. Die **Ablaufpolitik** (Prozesspolitik) beinhaltet kurz- und mittelfristige Eingriffe in das laufende Wirtschaftsgeschehen.
3. Manchmal wird hier auch noch die **Strukturpolitik** als drittes Gebiet genannt.

Diese Unterscheidung beruht auf der von der Freiburger Schule betonten Vorstellung der Trennung des Rahmens einer Volkswirtschaft (des so genannten Datenkranzes) von dem tatsächlichen Ablauf, dessen Ergebnisse primär durch Marktprozesse bestimmt werden.

Eine ähnliche Unterscheidung, die von Jan Tinbergen[28] stammt, wird in der Theorie der quantitativen Wirtschaftspolitik vorgenommen. Hier erfolgt die Gliederung folgendermaßen:

1. **Quantitative** Wirtschaftspolitik lässt die wirtschaftlichen Strukturen unverändert.
2. **Qualitative** Wirtschaftspolitik beeinflusst auch die gesellschaftliche Organisation.
3. **Reformen** betreffen auch immaterielle Aspekte und sonstige wichtige Beziehungen zwischen den Individuen.
4. **Utopien** (die von Tinbergen abgelehnt werden) stellen Gesamtkonzeptionen wirtschaftspolitischer Gesellschaftsentwürfe dar, die die Konstruktion einer neuen Gesellschaftsordnung (und vielleicht auch „neue Menschen") erforderlich machen.

Nach dem Umfang des wirtschaftspolitischen Problems könnte man folgende Unterscheidung treffen:

1. **Totalpolitik** behandelt die Beeinflussung des gesamten Wirtschaftsprozesses und der Wirtschaftsordnung durch die Wirtschaftspolitik.
2. Partialpolitik bezieht sich in Form der **sektoralen** Wirtschaftspolitik auf bestimmte Branchen oder in Form der **regionalen** Wirtschaftspolitik auf bestimmte räumliche Gebiete.

Alle diese Gliederungen sind nicht erschöpfend und großteils überlappend. Bestimmte Gebiete, wie **Sozialpolitik** und **Außenwirtschaftspolitik**, werfen in einem gewissen Ausmaß sowohl von den Zielen wie von den Mitteln her wie auch als sektorale Wirtschaftspolitiken besondere Probleme auf und können daher aus verschiedenen Sichtweisen als eigene Bereiche begründet werden. Eine vollständige und erschöpfende Systematik der verschiedenen Bereiche der Wirtschaftspolitik ist unseres Erachtens bisher noch nicht gelungen, so dass die meisten Gliederungen eher pragmatischer Natur sind. Im Folgenden beschäftigen wir uns primär mit Fragen, die der Allgemeinen Wirtschaftspolitik zuzurechnen sind.

Sowohl für die Gliederung der Theorie der Wirtschaftspolitik wie für die Begründung wirtschaftspolitischer Eingriffe ist die wirtschaftstheoretische Grundlage besonders wichtig. Beispielsweise haben ablaufpolitische Maßnahmen das Ziel, als unerwünscht empfundene Ergebnisse des Wirtschaftsprozesses zu verändern; ordnungspolitische Maßnahmen versuchen, die bestehende Wirtschaftsordnung zu erhalten, zu verbessern oder zu verändern. Für diese Ansatzpunkte der Wirtschaftspolitik ist die theoretische Grundlage von großer Bedeutung. So wurde etwa seit den Arbeiten der Klassiker, insbesondere von Adam Smith, die Idee geäußert, dass ein sich selbst überlassenes marktwirtschaftliches System in irgendeinem Sinn günstige oder sogar optimale Ergebnisse mit sich bringt. Exaktere Formulierungen und

---

[28]   Tinbergen (1967).

Nachweise dieser Behauptung wurden im 20.Jahrhundert von der Theorie des allgemeinen Gleichgewichts und der Wohlfahrtsökonomik geliefert. Man kann aber zu unterschiedlichen Begründungen für ablauf- und ordnungspolitische Entscheidungen gelangen, je nachdem, ob man von einem Modell des allgemeinen Gleichgewichts oder von einem Ungleichgewichtsmodell ausgeht. Die Theorie der Wirtschaftspolitik muss also sehr genau darauf achten, welche Ergebnisse welcher ökonomischen Theorien jeweils verwendet werden, wenn sie ihre Aussagen formuliert und ihre Analysen durchführt. Eine an der Wirtschaftstheorie orientierte Einteilung der Eingriffsbereiche der Wirtschaftspolitik[29] unterscheidet nach **Allokation**spolitik, **Verteilung**spolitik und **Stabilisierung**spolitik, je nachdem, welches wirtschaftspolitische Problemfeld im Vordergrund steht. Auch diese Einteilung ist jedoch nicht erschöpfend, und die Wirkungen der Wirtschaftspolitik auf diese drei Bereiche sind nicht immer klar voneinander zu unterscheiden. Trotzdem erscheint es uns zweckmäßig, die Eingriffsmöglichkeiten der Wirtschaftspolitik an den von der Volkswirtschaftstheorie vorgenommenen Einteilungen zu orientieren. Die Interdependenz der Auswirkungen wirtschaftspolitischen Handelns darf dabei jedoch nicht übersehen werden.

2.3 Träger, Ziele und Instrumente der Wirtschaftspolitik

Die Theorie der Wirtschaftspolitik geht davon aus, dass die Träger der Wirtschaftspolitik bestimmte Ziele haben und über Mittel verfügen, um diese Ziele zu erreichen oder ihnen zumindest näher zu kommen. Als **Träger (Entscheidungsträger)** der Wirtschaftspolitik werden Personen und/oder Institutionen verstanden, die aufgrund gesetzlicher oder legitimierter faktischer Machtbefugnis in der Lage sind, die Rahmenbedingungen des Wirtschaftens und/oder das laufende Wirtschaftsgeschehen zu beeinflussen. Dabei wird meist davon ausgegangen, dass nur staatliche, also öffentlich-rechtliche Institutionen (oder in ihnen tätige Personen) als Träger der Wirtschaftspolitik anzusehen sind. Regierungen und gesetzgebende Organe von Gebietskörperschaften (in Deutschland und Österreich also die Bundesregierung oder einzelne Minister, Landesregierungen, Gemeinderäte usw., Abgeordnete zum Bundestag/Nationalrat und Bundesrat, Landtage) sind daher jedenfalls Träger der Wirtschaftspolitik; da die Zentralbanken in den meisten entwickelten Ländern ebenfalls dem öffentlichen Sektor zuzurechnen sind, sind sie ebenfalls Träger der Wirtschaftspolitik. Auch die öffentliche Verwaltung (Beamte und Vertragsbedienstete) kann als Träger der Wirtschaftspolitik bezeichnet werden, zumindest in Ausführung von Weisungen der politisch bestimmten Exekutivorgane. Dagegen können etwa Interessenvertretungen (etwa jene der „Konzertierten Aktion" in Deutschland oder der Wirtschafts- und Sozialpartnerschaft in Österreich) nur insoweit als Träger der Wirtschaftspolitik angesehen werden, als sie mit öffentlich-rechtlichen Aufgaben betraut worden sind. Einige Autoren rechnen zwar auch privatrechtlich organisierte Interessenvertretungen (z. B. Gewerkschaften), politische Parteien, einzelne Politiker und sogar große Unternehmungen generell zu den Trägern der Wirtschaftspolitik; es erscheint uns aber zweckmäßiger, diesen Begriff auf Organe des öffentlichen Sektors zu beschränken. Dabei ist der öffentliche Sektor (der Staat) durch die Möglichkeit gekennzeichnet, Entscheidungen mit

---

[29] In Analogie zu den „Abteilungen" des Staatshandelns in der finanzwissenschaftlichen Theorie von Musgrave (1959).

Zwangsgewalt hoheitlich legitimiert durchzusetzen; in einer repräsentativen Demokratie erfolgt diese Legitimation indirekt durch Wahlen der obersten Staatsorgane (in einer direkten Demokratie zumindest teilweise direkt durch Volksabstimmungen), in denen die Staatsbürger – teilweise über Intermediation durch politische Parteien – politische Entscheidungen beeinflussen können.

In der Theorie der Wirtschaftspolitik wird nun davon ausgegangen, dass diese Träger der Wirtschaftspolitik bestimmte **Ziele** verfolgen. Als Ziele der Wirtschaftspolitik bezeichnet man von den Trägern der Wirtschaftspolitik gewünschte Zustände oder Prozesse. Beispiele für solche Ziele sind Vollbeschäftigung (oder, weniger ambitioniert: ein hoher Beschäftigtenstand oder ein hoher Beschäftigungsgrad), Preisstabilität (genauer eigentlich: Preisniveaustabilität, also Fehlen von Inflation), hohes und/oder dauerhaftes Wirtschaftswachstum, Leistungsbilanzgleichgewicht, ein ausgeglichenes Budget, eine „gerechte" Einkommens- und Vermögensverteilung, ökologisch nachhaltiges Wirtschaften usw. In dieser Allgemeinheit sind die meisten dieser Ziele unbestritten; Probleme ergeben sich jedoch schon bei ihrer **Operationalisierung**, d.h. ihrer Übersetzung in empirisch beobachtbare und messbare Variablen (Zielvariablen). Beispielsweise ist es nicht selbstverständlich, dass das Beschäftigungsziel durch eine niedrige Arbeitslosenquote adäquat ausgedrückt wird; selbst wenn man das akzeptiert, kann man auf verschiedene Messgrößen für die Arbeitslosenquote und insbesondere auf verschiedene erwünschte Zahlenwerte für diese Variable Bezug nehmen. Analog existieren für die Messung des allgemeinen Preisniveaus (BIP-Deflatoren oder Verbraucherpreisindizes), des Wirtschaftswachstums (meist: Wachstumsrate des realen BIP) oder der Einkommensverteilung verschiedene Möglichkeiten, und über die erwünschten Werte dieser Variablen besteht meist kein allgemeiner Konsens.[30]

Ein weiteres, für die Theorie der Wirtschaftspolitik zentrales Problem ergibt sich aus der Tatsache, dass die Ziele der Wirtschaftspolitik – selbst wenn man annimmt, dass sie eindeutig operationalisierbar sind – im allgemeinen nicht gleichzeitig erreicht werden können. Vielmehr bestehen meist **Zielkonflikte (trade-offs)**, das heißt, die Erreichung eines Ziels hat im Allgemeinen negative Auswirkungen auf die Möglichkeit, ein anderes Ziel zu erreichen. Ein allgemein bekannter Zielkonflikt ist etwa jener zwischen den Zielen hoher Beschäftigung und niedriger Inflation, der in der Phillipskurve zum Ausdruck kommt. Der Umstand, dass die kurzfristige und die langfristige Phillipskurve verschieden sind, dass also die Beziehung zwischen Arbeitslosenquote und Inflationsrate im Zeitablauf nicht stabil ist, entschärft diesen Zielkonflikt keineswegs, sondern verschiebt ihn in Richtung auf einen intertemporalen Zielkonflikt: Wenn die Wirtschaftspolitik heute für höhere Beschäftigung sorgt, muss sie möglicherweise in der nächsten Periode eine höhere Inflationsrate in Kauf nehmen (und umgekehrt). Zielkonflikte können zum Beispiel auch zwischen „gerechter" (im Sinne von gleichmäßigerer) Einkommensverteilung und Wirtschaftswachstum, zwischen „ökologischer Nachhaltigkeit" (ein sehr schwer zu operationalisierendes Ziel) und Wirtschaftswachstum oder zwischen Vollbeschäftigung und Budgetausgleich bestehen. Man spricht in der Theorie

---

[30] Beispielsweise ist klar, dass selbst ein Vollbeschäftigungsziel nicht bedeutet, dass eine (wie immer gemessene) Arbeitslosenquote null sein soll. Abgesehen davon, dass dieser Zustand nicht erreichbar ist, wäre er auch nicht wünschenswert, weil in den meisten Operationalisierungen dieser Variable auch Personen zu den Arbeitslosen gezählt werden, die sich freiwillig in diesem Zustand befinden, während andererseits oft auch unfreiwillig arbeitslose Personen nicht in den entsprechenden Messgrößen enthalten sind.

der Wirtschaftspolitik dann oft von „**magischen Vielecken**" (Dreieck, Viereck usw.), um auszudrücken, dass zwischen bestimmten Zielen der Wirtschaftspolitik (den „Ecken" des Vielecks) Konflikte (die „Seiten" des Vielecks) bestehen.

Es ist weitgehend unbestritten, dass eine wesentliche Aufgabe der wirtschaftspolitischen Entscheidungsträger darin besteht, angesichts bestehender Zielkonflikte die Wirtschaft so zu beeinflussen, dass sie zu einem „besseren" Zustand oder zu einem „besseren" Entwicklungs-pfad gelangt. Dazu stehen gemäß der Theorie der Wirtschaftspolitik den Entscheidungsträ-gern so genannte **Mittel (Instrumente)** zur Verfügung, das sind Größen (Variablen), die direkt von den Trägern der Wirtschaftspolitik beeinflusst werden können. Im Bereich der Fiskalpolitik (Budgetpolitik, Finanzpolitik) sind das etwa bestimmte Steuersätze oder Staats-ausgaben, die (durch Gesetz oder Verordnung) geändert werden können. In der Geldpolitik können unter anderem die Leitzinssätze als Instrumente der Zentralbank angesehen werden; in der Theorie der Geldpolitik besteht jedoch kein Konsens darüber, ob bestimmte Variablen (etwa die Geldmenge) als Instrumente, als so genannte Zwischenziele (die nicht direkt, aber relativ leicht beeinflusst werden können, um andere, wichtigere Ziele zu erreichen) oder sogar als Ziele zu bewerten sind.

Angesichts der zahlreichen Zielkonflikte ist es für die Wirtschaftspolitik sehr schwierig, einen „besseren" oder gar „bestmöglichen" (optimalen) Zustand zu erreichen. Die Träger der Wirtschaftspolitik müssen jedenfalls versuchen, ihre Ziele möglichst klar zu definieren, zu bewerten und zu gewichten, bevor sie die Instrumente der Wirtschaftspolitik einsetzen. Ins-besondere die **Aggregation** der Ziele (ihre Zusammenfassung in einer einzigen Zielgröße, etwa einer „Sozialen Wohlfahrtsfunktion") ist eine sowohl theoretisch wie praktisch sehr schwierige Aufgabe, insbesondere weil weder zwischen den Bürgern eines Landes noch zwischen den Trägern der Wirtschaftspolitik über die Gewichtung der einzelnen Ziele Ein-helligkeit besteht und sich die Präferenzen im Zeitablauf auch ändern können. Beispielsweise galt in vielen Ländern lange Zeit hindurch (in den 1970er und 1980er Jahren) die Vollbe-schäftigung als oberstes Ziel der Wirtschaftspolitik, dem andere Ziele unterzuordnen seien. Zu anderen Zeiten wurde dagegen das Ziel des Budgetausgleichs stärker betont, was als eine veränderte Zielgewichtung interpretiert werden kann.[31]

Aus der Sicht der Allgemeinen Wirtschaftspolitik stellen sich Probleme der Theorie der Wirt-schaftspolitik in erster Linie im Sinne eines teleologischen (oder instrumentalistischen) An-satzes. Für die Ablaufpolitik besteht dieser Ansatz darin, zu gegebenen Zielen und Zielsys-temen der Träger der Wirtschaftspolitik die geeigneten Mittel zu bestimmen. Dabei werden die Ziele der Wirtschaftspolitik klassifiziert, in Bezug auf ihre Konsistenz, ihre Vereinbarkeit (das Bestehen von möglichen Zielkonflikten) und ihre Vollständigkeit analysiert, und Bezie-hungen und Hierarchien zwischen Zielen werden untersucht. Ferner werden die Instrumente der Wirtschaftspolitik klassifiziert. Auch die Wirkungen von Mitteln oder Mittelkombinatio-

---

[31] Eine andere Interpretation (die die im Text gegebene nicht völlig ausschließt) könnte dahin gehen, dass sich weniger die Präferenzen der Träger der Wirtschaftspolitik geändert haben, sondern die Vorstellungen über den Zusammenhang zwischen bestimmten Mitteln der Wirtschaftspolitik (hier der Finanzpolitik) und ihren Zielen: Während früher die Auffassung bestand, die Wirtschaftspolitik könnte durch Budgetdefizite Vollbeschäftigung herbeiführen, liegt der Betonung des Zielcharakters des Budgetsaldos die Vorstellung zugrunde, dass hohe Budgetdefizite auch in Hinblick auf das Beschäftigungsziel unwirksam oder in Hinblick auf das Wachstums-ziel sogar schädlich seien.

nen auf die Erreichung von Zielen (inklusive erwünschter und unerwünschter Nebenwirkungen) sind Gegenstand der Analyse. Ähnlich wird in der Ordnungspolitik bezüglich der Schaffung und Erhaltung einer für gegebene Ziele bestmöglichen Wirtschaftsordnung vorgegangen. Die Frage, welche Zielsetzungen reale Träger der Wirtschaftspolitik haben, wird dagegen stärker in der Neuen Politischen Ökonomie problematisiert (vgl. dazu Kapitel 4).

2.4 Mikroökonomische Grundlagen der Theorie der Wirtschaftspolitik[32]

2.4.1 Struktur der mikroökonomischen Theorie

Die heutige mikroökonomische Theorie geht im Wesentlichen auf die Theorien der **Neoklassik** zurück, die in den 1870er Jahren in der Lausanner Schule, der Englischen Schule und der Österreichischen Schule entstanden sind. Von diesen drei Schulen hat die walrasianische Richtung bis heute den stärksten Einfluss auf die Entwicklung der mikroökonomischen Theorie. Ausgangspunkte der mikroökonomischen Theorie sind die wirtschaftlichen Entscheidungsträger (Akteure), Haushalte und Unternehmungen. Es wird angenommen, dass diese sich **rational** verhalten, das heißt, dass sie unter Beschränkungen (Nebenbedingungen) eine Zielfunktion **optimieren** (maximieren oder minimieren). Dabei maximieren die Haushalte ihre Nutzenfunktionen unter der Beschränkung der relativen Preise der Güter und Produktionsfaktoren. Für die Unternehmungen wird im Allgemeinen Gewinnmaximierung unter der Beschränkung der Produktionsmöglichkeitsmengen angenommen. Die Koordination der Entscheidungen der Wirtschaftssubjekte erfolgt auf Märkten, die abstrakt als Orte des Zusammentreffens von Nachfrage und Angebot definiert sind. Dabei trifft auf den Gütermärkten die Nachfrage der Haushalte auf das Angebot der Unternehmungen und auf den Faktormärkten das Angebot der Haushalte auf die Nachfrage der Unternehmungen. Als Lösungskonzept wird dabei der Begriff des Gleichgewichts eingeführt, der durch die wechselseitige Vereinbarkeit der Pläne der Wirtschaftssubjekte charakterisiert ist. Für ein Gleichgewicht auf einem Markt stimmen speziell die Angebots- und Nachfragepläne der jeweiligen Wirtschaftssubjekte überein. Man unterscheidet die Betrachtung eines partiellen Gleichgewichts, bei dem nur ein einzelner Markt isoliert betrachtet wird, und des allgemeinen Gleichgewichts, bei dem alle Märkte der Wirtschaft zugleich (simultan) betrachtet werden.

Die **Haushalte** bestimmen ihre Güternachfrage und ihr Faktorangebot aufgrund der Maximierung ihres **Nutzens** unter Beschränkungen. Dabei kann die Nutzenfunktion eines Haushalts unter bestimmten Konsistenzannahmen aus seinen **Präferenzen** abgeleitet werden. Die Präferenzen des Haushalts werden in der mikroökonomischen Theorie als gegeben angenommen und nicht weiter erklärt. Für sie werden bestimmte Annahmen wie Vollständigkeit, Transitivität, Nichtsättigung und Konvexität axiomatisch vorausgesetzt. Als **Beschränkungen** sind dem Haushalt seine Anfangsausstattungen und die relativen Preise der Güter und Faktoren vorgegeben. Die Theorie unterstellt, dass der Haushalt seine eigenen Interessen verfolgt. Dieses Modell des „Homo Oeconomicus" kann dahingehend interpretiert werden,

---

[32] Die Ausführungen der Abschnitte 2.4 und 2.5 verwenden Material aus Abele und Neck (1989).

dass sich der Haushalt so verhält, „als ob" er seine Nutzenfunktion maximieren würde; eine bewusste Optimierung ist dabei nicht erforderlich. Wenn angenommen wird, dass der Haushalt bei seinen Entscheidungen mit Unsicherheit konfrontiert ist, wird diese Entscheidung durch die Erwartungsnutzentheorie erklärt. Damit wird auch die Risikoeinstellung der Haushalte berücksichtigt. Dies ist für wirtschafts- und sozialpolitische Entscheidungen besonders relevant, da die Verminderung und Verteilung von Risiko bei Risikoaversion vielfach als eine wichtige wirtschaftspolitische Aufgabe angesehen wird.

Zahlreiche experimentelle und empirische Untersuchungen haben die Erwartungsnutzentheorie allerdings in Frage gestellt, da sie nicht immer gute Vorhersagen liefert. Es wurde daher vielfach versucht, Alternativen zur Erwartungsnutzentheorie zu entwickeln. Dabei kann einerseits durch Lockerung der Axiome der Erwartungsnutzentheorie versucht werden, ihre wesentlichen Aussagen beizubehalten und mit der empirischen Evidenz in Einklang zu bringen. Andererseits kann man alternative Entscheidungskalküle unter Unsicherheit entwickeln. Eine weitere Möglichkeit besteht darin, für den Haushalt nicht volles, sondern nur beschränktes Rationalverhalten (satisficing) zu unterstellen, wobei die informationsmäßigen Beschränkungen des Haushalts bei seiner Entscheidung explizit berücksichtigt werden. Eine weitere Alternative besteht in der Berücksichtigung strategischer Verhaltensmöglichkeiten von Haushalten bei direkter Interdependenz zwischen verschiedenen Haushalten; dieser Ansatz wird von der Spieltheorie verfolgt.

In der neoklassischen Theorie sind die Haushalte die ursprünglichen und die Unternehmungen abgeleitete Wirtschaftseinheiten. Die **Unternehmungen** sind technologischen Beschränkungen unterworfen, die sich in einer **Produktionsfunktion** oder allgemeiner einer Produktionsmöglichkeitsmenge niederschlagen. Produktionsfunktionen stellen technisch effiziente Beziehungen zwischen Inputs (Produktionsfaktoren) und Outputs (Produkten) dar. Aus der Produktionsfunktion und den gegebenen Faktorpreisen kann eine Kostenfunktion für die Unternehmung abgeleitet werden. Im Gegensatz zu buchhalterischen Bewertungsansätzen der Betriebswirtschaftslehre spielen in der Volkswirtschaftstheorie nicht die historischen Kosten, sondern die Opportunitätskosten eine zentrale Rolle. Die Unternehmung entscheidet über das Güterangebot und die Faktornachfrage. Meist wird in der ökonomischen Theorie angenommen, dass die Unternehmung ihren **Gewinn maximiert**. Bei dynamischen Zusammenhängen und bei Berücksichtigung von Unsicherheit ist dieses Ziel auf die Maximierung des Marktwerts der Unternehmung zu erweitern.

Neuere Theorien der Unternehmung berücksichtigen auch Informations- und Transaktionskosten, Kontrollprobleme, die sich bei bestimmten Eigentumsstrukturen der Unternehmung ergeben, sowie die daraus erwachsenden Überwachungskosten für die Manager der Unternehmung. In diesem Fall können auch **andere Ziele** als Gewinnmaximierung für die Unternehmung angenommen werden. Beispiele dafür sind:

1. Erlös- oder Umsatzmaximierung unter der Beschränkung eines erwünschten Minimalgewinns.
2. Nutzenmaximierung, zum Beispiel die Maximierung eines gewichteten Nutzens der in der Unternehmung beschäftigten Personen, insbesondere der Manager, in der Theorie der „Managerial firm".

3. Spezielle Ziele werden für öffentliche Unternehmungen oder Unternehmungen, die nicht Erwerbszwecken dienen, angenommen, wie zum Beispiel Kostendeckung oder Budgetmaximierung.

4. Auch für Unternehmungen können Zielsetzungen der beschränkten Rationalität angenommen werden. Diese können sich etwa in Aufschlagspreiskalkulation (mark-up pricing) anstelle der Grenzkostenpreisbildung äußern.

Die alternativen Unternehmenstheorien müssen nicht unbedingt andere Ergebnisse liefern als die Gewinnmaximierungshypothese. In Einzelfällen können allerdings Resultate abgeleitet werden, die sich von jenen der neoklassischen Theorie wesentlich unterscheiden. Ein Beispiel ist hier etwa die Möglichkeit von X-Ineffizienz bei monopolistischen Unternehmungen vom Typ der „Managerial firm"[33].

Auf **Märkten** treffen Nachfrage und Angebot zusammen und werden dort zum Ausgleich gebracht. In der neoklassischen Theorie ist das Modell des Gleichgewichts bei vollkommenem Wettbewerb (vollkommener Konkurrenz, vollständiger Wettbewerb) vorherrschend. Für jede Branche (für jeden Markt) wird dabei angenommen, dass es sich um einen **vollkommenen Markt** handelt. Dieser ist durch folgende Eigenschaften charakterisiert:

1. Auf dem Markt wird ein **homogenes Gut** gehandelt: Alle Einheiten des Gutes haben die gleichen Eigenschaften.

2. Der Markt ist **transparent**: Die Wirtschaftssubjekte haben vollkommene Informationen bezüglich aller relevanten Marktdaten.

3. Auf dem Markt können jederzeit **kostenlos Transaktionen** getätigt werden.

Für die Marktform der **vollkommenen Konkurrenz** wird zusätzlich angenommen:

1. Alle Wirtschaftssubjekte sind **Preisnehmer** (Mengenanpasser): Kein Wirtschaftssubjekt kann als einzelner oder in Zusammenwirken mit anderen den Marktpreis beeinflussen. Die Einflusslosigkeit der einzelnen Wirtschaftssubjekte ergibt sich daraus, dass diese „klein" sind bzw. dass ihre Zahl „groß" ist (in manchen Modellen der mikroökonomischen Theorie sogar überabzählbar unendlich).

2. Auf dem Markt bestehen **keine Eintritts- und Austrittsbarrieren**: Jedes Wirtschaftssubjekt hat jederzeit die Möglichkeit, in den Markt einzutreten oder aus dem Markt auszuscheiden.

Unter diesen Annahmen wird die Frage des **Marktgleichgewichts** untersucht. Dabei handelt es sich um die Gleichheit von Angebot und Nachfrage für das jeweils betrachtete Gut auf dem entsprechenden Markt.

In den letzten Jahrzehnten wurden in zunehmendem Ausmaß **alternative Annahmen** über das Verhalten der Unternehmungen und über die Marktstruktur in der mikroökonomischen Analyse untersucht, insbesondere in der so genannten **Industrieökonomik**. Beispiele für alternative Marktstrukturen, die bereits seit langem Gegenstand der mikroökonomischen Analyse sind, sind etwa das Monopol (ein Anbieter), das Oligopol (einige wenige Anbieter) und die monopolistische Konkurrenz (viele Anbieter von nichthomogenen Gütern, bezüglich

---

[33] Leibenstein (1976).

derer die Konsumenten Präferenzen haben). Eine für die Wirtschaftspolitik wichtige Fragestellung ist dabei das Problem, ob alternative Marktstrukturen ähnliche Ergebnisse für die Ressourcenallokation herbeiführen wie der vollständige Wettbewerb. Beispielsweise konnte in der Theorie der **bestreitbaren Märkte** („contestable markets") gezeigt werden, dass auch bei oligopolistischen und monopolistischen Marktstrukturen ähnliche Resultate für die Allokation zustande kommen können wie bei der vollkommenen Konkurrenz, wenn die Drohung des Markteintritts potentieller Mitbewerber besteht[34].

Analytisch ist die Unterscheidung zwischen einem partiellen und einem allgemeinen Gleichgewicht wichtig. Bei einem **partiellen Gleichgewicht** wird nur ein Gleichgewicht auf einem bestimmten Markt ohne Berücksichtigung der Rückwirkungen auf andere Märkte und von diesen untersucht. Dagegen werden für ein **allgemeines Gleichgewicht** alle Märkte einer Volkswirtschaft simultan (gleichzeitig) betrachtet. Dabei können durchaus unterschiedliche Ergebnisse abgeleitet werden. Beispielsweise sind im allgemeinen Gleichgewicht Wirkungen von Änderungen von Marktdaten auf die Allokation der Güter und der Faktoren detailliert zu untersuchen. In der Theorie des allgemeinen Gleichgewichts wird zusätzlich zu den Annahmen für das Gleichgewicht auf einem Markt noch vorausgesetzt, dass für alle Güter Märkte existieren, einschließlich Zukunftsmärkten für Güter, die erst zu zukünftigen Zeitpunkten geliefert werden. Bei intertemporaler Betrachtung (Betrachtung über die Zeit hinweg in einer dynamischen Analyse, das ist eine Analyse, in der die Zeit explizit berücksichtigt wird) kann zwischen kurzfristigem und langfristigem bzw. zwischen temporärem und stationärem Gleichgewicht unterschieden werden. In den letzten fünfzig Jahren wurden verstärkt Versuche zur Verbesserung des Verständnisses des Funktionierens von Märkten unternommen, wobei die restriktiven Voraussetzungen der neoklassischen Gleichgewichtstheorie teilweise gelockert wurden. Besonders erfolgreich waren hier Forschungen im Bereich von Märkten mit unvollkommener Information.

Die neoklassische mikroökonomische Theorie hat sich in vielen Fällen als brauchbares Instrument für Prognosen und für Entscheidungen der Wirtschaftspolitik erwiesen. Dies gilt insbesondere für neuere Ansätze der Anwendung der Theorie des allgemeinen Gleichgewichts in der Form numerisch (zahlenmäßig) spezifizierter Modelle, mit denen konkrete Fragestellungen etwa der Steuerpolitik oder der Außenhandelspolitik untersucht werden können (numerische oder berechenbare Modelle des allgemeinen Gleichgewichts, Computable general equilibrium Modelle, **CGE-Modelle**). Für wirtschaftspolitische Analysen ist allerdings darauf zu achten, wie sensitiv wirtschaftspolitische Schlussfolgerungen hinsichtlich der Annahmen des Modells sind und ob die vorausgesetzten Annahmen für konkrete Situationen adäquat sind. Schwerpunktmäßig dient die neoklassische mikroökonomische Theorie als Rahmen für Untersuchungen des Problems der **Allokation**, also der Verwendung knapper Ressourcen zur Erreichung des Ziels der Bedürfnisbefriedigung. Daneben können auch Fragen der Einkommens- und Vermögensverteilung mithilfe dieser Theorie analysiert werden.

Ein grundsätzliches Problem für die Theorie der Wirtschaftspolitik ergibt sich daraus, dass in einem System privater Märkte, wie es die neoklassische Theorie voraussetzt, freiwillige Tauschakte von Individuen vorherrschen, während wirtschaftspolitische Eingriffe kollektive

---

[34] Baumol et al. (1982).

Entscheidungen zur Beeinflussung des Verhaltens der privaten Wirtschaftssubjekte bedeuten. Die neoklassische Theorie widmet daher ihr Interesse auch der Frage, ob überhaupt und, wenn ja, wie wirtschaftspolitisches Handeln mikroökonomisch begründet werden kann. Dabei handelt es sich nicht nur um die Begründung einzelner wirtschaftspolitischer Eingriffe, sondern auch um den grundsätzlichen Vergleich eines nur auf der marktmäßigen Allokation beruhenden Wirtschaftssystems mit Wirtschaftssystemen, die teilweise oder ausschließlich durch staatliche Entscheidungen geprägt werden.

2.4.2   Wohlfahrtsökonomik und Theorie der Wirtschaftspolitik

Seit Adam Smith den **Marktmechanismus als „unsichtbare Hand"** bezeichnet hatte, wurde die Vermutung, dass durch dezentrale Marktkoordination ein in einem bestimmten Sinn „bester" Zustand der Wirtschaft verwirklicht werden kann, immer wieder in der Volkswirtschaftslehre geäußert. Dabei geht es um die Frage der normativen Bewertung einer dezentralen Organisation der Wirtschaft, bei der jedes Wirtschaftssubjekt seine eigenen Ziele ohne Rücksicht auf das „Gemeinwohl" verfolgt, wobei die Anreize und Beschränkungen des Preismechanismus, die die Marktbedingungen reflektieren, von den Wirtschaftssubjekten als gegeben angenommen werden. Dem Marktmechanismus werden dabei Eigenschaften der flexiblen automatischen Koordination zugeschrieben; dies kann mit einem Selbstregelungsmechanismus in der Kybernetik (der so genannte Homöostat) verglichen werden.

Zugunsten dieser Auffassung wurden unter anderem die folgenden Argumente in die Diskussion eingebracht:

1. Preise üben eine Signalwirkung aus und verdichten Informationen über Knappheiten und Überschüsse von Gütern in einer Volkswirtschaft.
2. Gewinne und Verluste dienen als Antriebskräfte für die Wirtschaftssubjekte, die automatisch eine Tendenz in Richtung auf ein allgemeines Gleichgewicht hervorrufen.
3. Durch die dezentrale Organisation einer Marktwirtschaft werden die Freiheit der Wirtschaftssubjekte und eine weitgehende Streuung von Macht ermöglicht.
4. Die relativen Preise reflektieren als Steuerungsinstrumente die relativen Kosten der Produktion unterschiedlicher Güter.
5. In einem dynamischen Zusammenhang wird als Argument für eine marktwirtschaftlich gesteuerte Ressourcenallokation zusätzlich die Anregung von Wirtschaftswachstum und Innovation genannt.

Eine exakte Analyse der Bedingungen, unter denen das Preissystem die Funktion eines Koordinationsmechanismus in optimaler Weise erfüllen kann, wurde erst in der Mitte des 20. Jahrhunderts im Rahmen des Modells des allgemeinen Gleichgewichts durchgeführt. Die wichtigsten Arbeiten in der Theorie des allgemeinen Gleichgewichts stammen dabei von Kenneth Arrow (geb. 1921; Nobelpreis 1972) und Gerard Debreu (1921–2004; Nobelpreis 1983), weshalb dieses auf den Ideen von Walras beruhende Modell als Arrow-Debreu-Modell bezeichnet wird.[35] Die Frage, wie weit das Preissystem eine Koordinationsfunktion erfüllt, ist einer der Gegenstände der **Wohlfahrtsökonomik**. Diese beschäftigt sich allge-

---

[35]   Arrow und Debreu (1954) , Debreu (1959), Arrow und Hahn (1971).

mein mit normativen Fragen unter Verwendung der neoklassischen mikroökonomischen Theorie, wobei der Wohlstand oder die Wohlfahrt der Wirtschaftssubjekte im Mittelpunkt steht.

Die Wohlfahrtsökonomik geht von dem grundlegenden individualistischen Werturteil der **Konsumentensouveränität** aus. Das bedeutet, dass die Präferenzen der Haushalte letztlich für die Wohlfahrt der Gesellschaft bestimmend sind. Ausnahmen von diesem Prinzip zugunsten politischer Entscheidungen werden im Allgemeinen nur zugelassen, wenn die Haushalte unvollkommen informiert sind oder ihre Informationsverarbeitungsfähigkeit beschränkt ist. Das Prinzip der Konsumentensouveränität entspricht dem individualistischen Weltbild des klassischen Liberalismus und der darauf beruhenden geistesgeschichtlichen Strömungen, die die menschliche Gesellschaft als die Summe einzelner Individuen und nicht als eine unabhängig von diesen existierende Einheit sehen (methodologischer Individualismus). Andere Gesellschaftsauffassungen, die etwa einen Eigenwert der Gesellschaft postulieren, gehen von unterschiedlichen Werturteilen aus und kommen daher auch zu anderen (teilweise wesentlich weitergehenden) Begründungen für politische Eingriffe.

In der auf dem Prinzip der Konsumentensouveränität beruhenden neoklassischen Wohlfahrtsökonomik ist das vorherrschende Bewertungskriterium jenes der **Pareto-Optimalität** oder **allokativen Effizienz**. Ein Zustand der Wirtschaft ist nach dann Pareto-optimal oder allokativ effizient, wenn in ihm kein Wirtschaftssubjekt durch eine Änderung in der Produktion oder im Tausch besser gestellt werden kann, ohne dass ein anderes Wirtschaftssubjekt zugleich schlechter gestellt werden muss. Da nur Haushalte als Wirtschaftssubjekte mit eigenen Präferenzen betrachtet werden, bezieht sich die Eigenschaft der Pareto-Optimalität im Allgemeinen auch nur auf diese und nicht auf Unternehmungen. Wenn das Kriterium der Pareto-Optimalität als einziger Indikator für die Bewertung der Zustände einer Wirtschaft betrachtet wird, werden damit interpersonelle Wohlfahrtsvergleiche von vornherein ausgeschlossen. Die Pareto-Optimalität liefert keine vollständige Ordnung der Zustände der Wirtschaft, da im Allgemeinen zahlreiche Zustände Pareto-optimal sind und diese Zustände aufgrund des Kriteriums der Pareto-Optimalität allein nicht normativ unterschieden und gereiht werden können.

Für eine abstrakte Volkswirtschaft können die Pareto-optimalen Ressourcenallokationen durch folgende Bedingungen charakterisiert werden:

1. **Tauscheffizienz**: Die Grenzraten der Substitution zwischen jedem Paar von Gütern müssen für alle Haushalte gleich sein.
2. **Produktionseffizienz**: Die Grenzraten der technischen Substitution zwischen jedem Paar von Produktionsfaktoren müssen für alle Unternehmungen gleich sein.
3. **Effizienz in der Zusammensetzung der Produktion** (product-mix): Die Grenzraten der Transformation zwischen jedem Paar von Gütern müssen den Grenzraten der Substitution der Haushalte zwischen diesem Paar von Gütern gleich sein.
4. Eine Pareto-optimale Allokation der Ressourcen muss auch **zulässig** sein, das heißt, die Märkte müssen geräumt werden. Nutzenfunktionen, Produktionsfunktionen und Anfangsausstattungen werden dabei als gegeben betrachtet.

Alle diese Voraussetzungen sind notwendige Bedingungen für die Pareto-Optimalität einer Allokation; sie müssen alle zugleich erfüllt sein.

Man kann sich die Bedeutung der Effizienzbedingungen am einfachsten anhand eines Modells einer Volkswirtschaft klarmachen, in der nur zwei Haushalte (Konsumenten, Individuen), zwei Produktionsfaktoren und zwei Güter vorhanden sind. Betrachten wir zunächst die Bedingungen für die **Tauscheffizienz**. Hier geht es um die Frage, wie ein gegebenes Güterbündel zwischen den Haushalten alloziert wird. Wir betrachten eine Volkswirtschaft, die aus nur zwei Individuen besteht, etwa eine Insel mit den Individuen Robinson Crusoe und Freitag. Auf dieser Insel sei eine feste, zunächst nicht vermehrbare Ausstattung von zwei Gütern, etwa Äpfeln und Orangen, vorhanden. Alle möglichen Allokationen dieser beiden Güter auf die beiden Individuen können graphisch in einem **Edgeworth-Kastendiagramm** (Edgeworth-Bowley box) dargestellt werden. Auf der horizontalen Achse wird das gesamte Angebot (die vorhandene Menge) von Äpfeln aufgetragen, auf der vertikalen Achse das gesamte Angebot von Orangen. In der Abbildung 2.1 werden die Konsummöglichkeiten von Robinson in der üblichen Weise mit dem Ursprung in der linken unteren Ecke dargestellt. Die Konsummöglichkeiten von Freitag werden ausgehend von einem Ursprung in der rechten oberen Ecke dargestellt. In dem Diagramm werden die Nutzenfunktionen von Robinson und Freitag durch Scharen von **Indifferenzkurven** (Kombinationen von Mengen der Güter, die gleichen Nutzen stiften) graphisch wiedergegeben, wobei die Indifferenzkurven von Robinson die übliche Gestalt haben, während jene von Freitag die umgekehrte Krümmung aufweisen, da sein Koordinatensystem um 180 Grad gedreht wurde. Für Robinson liefern Indifferenzkurven, die weiter rechts oben liegen, einen höheren Nutzen, für Freitag Indifferenzkurven, die weiter links unten liegen.

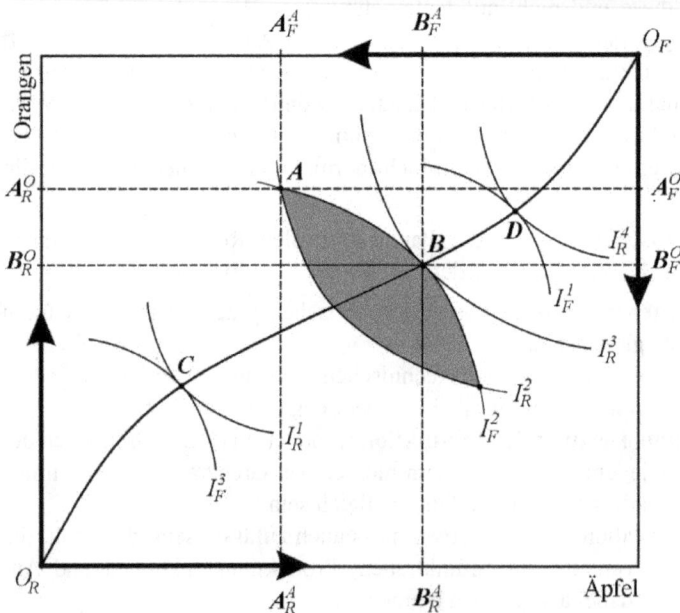

Abbildung 2.1: Edgeworth-Kastendiagramm, Tauscheffizienz

Nehmen wir zunächst an, die Anfangsausstattungen von Robinson und Freitag seien durch den Punkt A dargestellt. In diesem Punkt hat Robinson eine Menge von Äpfeln, die der Strecke $O_R A_R^A$ entspricht, und eine Menge von Orangen, die der Strecke $O_R A_R^O$ entspricht. Freitag hat Äpfel im Ausmaß von $O_F A_F^A$ und Orangen im Ausmaß von $O_F A_F^O$ zur Verfügung. In diesem Beispiel sind die Präferenzen der beiden Individuen so gestaltet, dass Robinson einen höheren Nutzen hätte, wenn er mehr Äpfel und weniger Orangen bekommen würde als in seiner Anfangsausstattung, während Freitag einen höheren Nutzen hätte, bekäme er mehr Orangen und weniger Äpfel. Alle Punkte innerhalb der dunklen Fläche (die auch als Tauschlinse bezeichnet wird) stellen für Robinson und für Freitag Verbesserungen dar, da beide auf höhere Indifferenzkurven gelangen, wenn sie sich von A aus in das Innere dieser Tauschlinse bewegen. Durch Tausch von Äpfeln gegen Orangen zwischen Robinson und Freitag können solche Punkte auch erreicht werden. Dagegen ist der Punkt B ein Punkt, in dem bereits Tauscheffizienz herrscht. Es ist nicht mehr möglich, einen der beiden Marktteilnehmer besser zu stellen, ohne den anderen gleichzeitig schlechter stellen zu müssen. Alle Punkte auf der Kurve $O_R CBDO_F$ stellen solche Punkte der Tauscheffizienz dar. Diese Kurve heißt **Konraktkurve** (Konfliktkurve). Ihre Punkte sind dadurch charakterisiert, dass die Indifferenzkurven aneinander tangential liegen (einander in einem Punkt berühren). Da der Anstieg der Indifferenzkurve die **Grenzrate der Substitution** ist, müssen für die Tauscheffizienz die Grenzraten der Substitution für Robinson und Freitag bezüglich der Güter Äpfel und Orangen gleich sein.

In ganz analoger Weise kann man sich die Bedingungen für die **Produktionseffizienz** veranschaulichen. Dabei geht es um die effiziente Allokation vorhandener Produktionsfaktoren auf die Produktion verschiedener Güter. Wir nehmen an, dass ein fixes Angebot von zwei Produktionsfaktoren, etwa Arbeit und Boden, vorhanden sei, das dazu benützt werden kann, die beiden Güter Äpfel und Orangen zu produzieren. Im Kastendiagramm der Abbildung 2.2 werden die **Isoquanten** (Kombinationen von Mengen der Produktionsfaktoren, die gleiche Outputmenge erzeugen) für die Produktion von Äpfeln und Orangen dargestellt. Auf der horizontalen Achse wird von links nach rechts die Menge an Arbeit, die für die Orangenproduktion verwendet wird, und von rechts nach links die Menge an Arbeit, die für die Apfelproduktion verwendet wird, aufgetragen, auf der vertikalen Achse von unten nach oben die Menge an Boden, die für die Orangenproduktion verwendet wird, und von oben nach unten die Menge an Boden, die für die Apfelproduktion verwendet wird. Länge und Breite des Rechtecks werden durch die vorhandene Menge von Arbeit bzw. Boden bestimmt.

Die Isoquanten für die Orangen haben die übliche Gestalt; Isoquanten, die eine höhere Orangenproduktion anzeigen, liegen weiter rechts oben. Die Isoquanten für die Äpfel beginnen wieder mit niedrigeren Niveaus rechts oben und steigen zu höheren Niveaus nach links unten an; ihre Krümmung ergibt sich wieder aus der Drehung des Diagramms für die Äpfel. Aufgrund analoger Überlegungen wie bei dem Kastendiagramm für den Konsum kann auch hier wieder gezeigt werden, dass nur Punkte wie B, bei denen die Isoquanten einander berühren, effizient sein können. Denn bei allen anderen Punkten in diesem Kastendiagramm ist es möglich, einen höheren Output von einem der beiden Güter zu erhalten, ohne einen geringeren Output von dem anderen Gut in Kauf nehmen zu müssen. Nur die Punkte auf der Kurve $O_O BO_A$ sind daher produktionseffizient. Für diese Punkte gilt, dass die **Grenzrate der tech-**

nischen Substitution von Arbeit gegen Boden für die beiden Güter Äpfel und Orangen die gleiche ist, da diese Grenzraten der technischen Substitution graphisch durch die Anstiege der Isoquanten in diesen Punkten dargestellt werden.

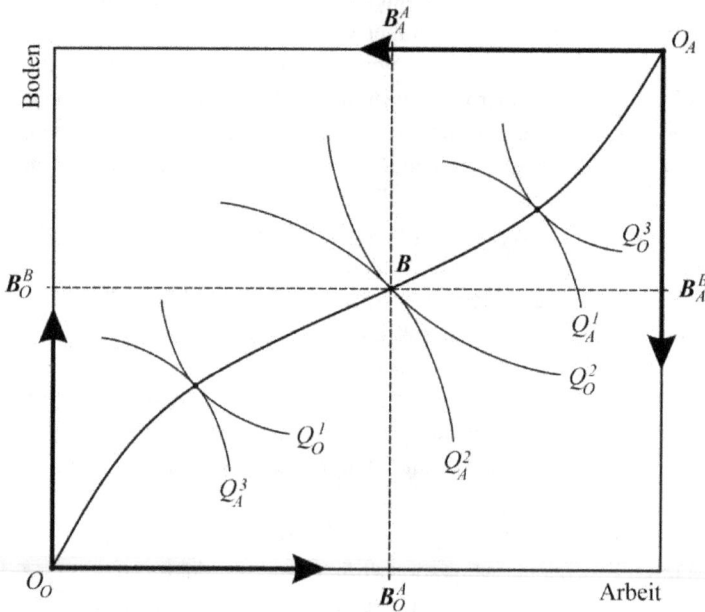

Abbildung 2.2: Edgeworth-Kastendiagramm, Produktionseffizienz

Die **Effizienz der Zusammensetzung der Produktion** kann in vereinfachter Form anhand der Abbildung 2.3 dargestellt werden. Es geht hier darum, Äpfel und Orangen nicht nur technisch effizient zu produzieren, sondern auch entsprechend den Präferenzen der Individuen eine Allokation der verfügbaren Ressourcen auf die Produktion der beiden Güter vorzunehmen. In Abbildung 2.3 ist die Kurve *ABC* die **Produktionsmöglichkeits-** oder **Transformationskurve**. Sie gibt an, wie viele Orangen in der betrachteten Volkswirtschaft bei jedem gegebenen Niveau von Äpfeln maximal produziert werden können und umgekehrt. Durch eine Schar von Indifferenzkurven wird die Nutzenfunktion eines repräsentativen Wirtschaftssubjekts dargestellt (wir nehmen hier an, dass die Individuen identische Präferenzen haben). Der maximale Nutzen wird dort erreicht, wo eine Indifferenzkurve die Produktionsmöglichkeitskurve gerade berührt. In der Zeichnung ist dies im Punkt *B* der Fall. In diesem Punkt ist der Anstieg der Produktionsmöglichkeitskurve, die so genannte **Grenzrate der Transformation**, gleich dem Anstieg der Indifferenzkurve, der Grenzrate der Substitution.[36] Wir haben

---

[36]   Da wegen der Tauscheffizienz im Pareto-Optimum alle Konsumenten die gleichen Grenzraten der Substitution aufweisen, ist die Annahme identischer Präferenzen in diesem Zusammenhang nicht einschränkend.

damit die drei notwendigen Bedingungen für die Pareto-Optimalität einer Ressourcenallokation heuristisch begründet.[37]

Orangen

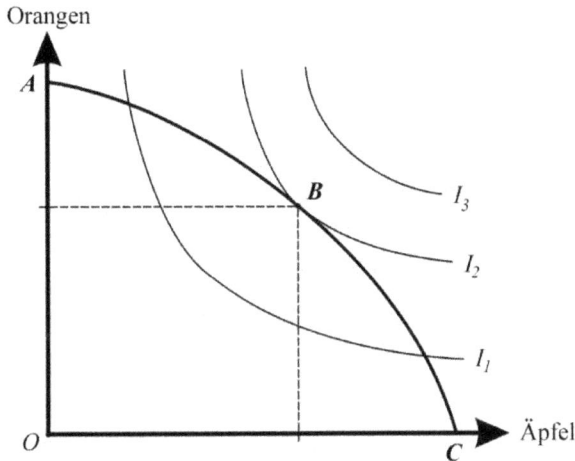

Abbildung 2.3: Effiziente Zusammensetzung der Produktion

Die bisherigen Überlegungen zur Pareto-Optimalität gelten unabhängig vom institutionellen Kontext. Einen Zusammenhang zwischen der Pareto-Optimalität und den Eigenschaften eines Marktsystems stellt der sogenannte **Erste Hauptsatz der Wohlfahrtsökonomik**[38] her: Eine Allokation der Ressourcen, die sich im allgemeinen Gleichgewicht bei vollkommenem Wettbewerb ergibt, erfüllt (unter einigen weiteren Bedingungen, über die noch zu sprechen sein wird) die notwendigen Bedingungen für die Pareto-Optimalität. Dies wird meist verkürzt wie folgt interpretiert: In einer Marktwirtschaft wird unter idealen Bedingungen ein Pareto-Optimum erreicht. Mit diesem Theorem konnte die Vermutung von Adam Smith von der segensreichen Wirkung der Marktkräfte theoretisch stringent für eine Modellwirtschaft bewiesen werden. Es stellt – implizit oder explizit – eine theoretische Grundlage für zahlreiche Aussagen, die die Überlegenheit der Marktwirtschaft gegenüber einem Wirtschaftssystem mit stärkeren staatlichen Eingriffen begründen, dar.

Eine theoretische Wohlfahrtsaussage wie der Erste Hauptsatz der Wohlfahrtsökonomik ist empirisch nicht überprüfbar. Sie kann aber aufgrund der empirischen Realitätsnähe oder -ferne der vorausgesetzten Annahmen kritisiert und diskutiert werden. Aus wirtschaftspolitischer Sicht ist dabei wichtig, dass der Erste Hauptsatz der Wohlfahrtsökonomik von folgenden **Voraussetzungen** ausgeht:

1. Auf allen Märkten herrscht vollkommener Wettbewerb. Alle Haushalte und Unternehmungen sind Preisnehmer, die Preise (insbesondere die Gleichgewichtspreise) sind ihnen vorgegeben.

---

[37] Die klassische (und didaktisch unübertroffene) grafische Darstellung dieser Zusammenhänge ist der Aufsatz von Bator (1957).

[38] Vgl. dazu Koopmans (1957). Auch hier hat Arrow (1951a) einen wesentlichen Beitrag geleistet.

2. Transaktionen finden nur im allgemeinen Gleichgewicht statt, also bei Markträumung aller Märkte.

3. Alle Variablen in den Nutzen- und Produktionsfunktionen sind unter der direkten Kontrolle des jeweiligen Entscheidungsträgers (es gibt keine externen Effekte).

4. Es gibt keine öffentlichen Güter.

5. Im neoklassischen Modell des allgemeinen Gleichgewichts, das dem Ersten Hauptsatz der Wohlfahrtsökonomik zugrunde liegt, werden gegebene Anfangsausstattungen, gegebene Präferenzen, eine gegebene Technologie, eine gegebene Anzahl von Konsumenten und Unternehmungen sowie ein gegebenes Ausmaß an Unsicherheit vorausgesetzt.

6. Ein allgemeines Gleichgewicht existiert (anderenfalls ist die Aussage des Ersten Hauptsatzes der Wohlfahrtsökonomik leer). Diese Existenzannahme verlangt jedoch weitere, zum Teil restriktive Voraussetzungen.

Aus dieser Liste der Voraussetzungen folgt, dass Ineffizienzen möglich sind, wenn eine dieser Voraussetzungen nicht erfüllt ist. So ist etwa die Annahme der vollkommenen Information aller Wirtschaftssubjekte durch neuere Untersuchungen dahingehend relativiert worden, dass sich bei unvollständiger und asymmetrischer Information ineffiziente Allokationen ergeben können. Ebenso kann bei Bestehen von externen Effekten von Ineffizienzen der Allokation ausgegangen werden. Beispielsweise modifiziert die Voraussetzung interdependenter Präferenzen (wie z. B. Neid oder Wohlwollen) die Effizienzaussagen und ermöglicht die Rechtfertigung von Umverteilungen und anderen wirtschaftspolitischen Eingriffen als Pareto-optimal[39].

Ein weiterer Kritikpunkt an dem Argument des Ersten Hauptsatzes der Wohlfahrtsökonomik zugunsten der Marktallokation betrifft die Tatsache, dass das Pareto-Kriterium nicht die **Verteilung** der Wohlfahrt berücksichtigt, dass es also gewissermaßen den Status quo begünstigt. Denn Umverteilungen stellen im Allgemeinen nicht Übergänge zu Pareto-superioren Ergebnissen (Ergebnissen, in denen zumindest ein Individuum besser und niemand schlechter gestellt werden) dar und werden daher vom Ersten Hauptsatz der Wohlfahrtsökonomik nicht erfasst oder sogar ausgeschlossen. Das Marktgleichgewicht ergibt einen bestimmten Punkt der Menge der Pareto-optimalen Möglichkeiten; dieser Punkt wird durch die Anfangsausstattungen bestimmt. Man kann den Marktmechanismus oder das Preissystem daher als eine Art Ressourcenallokationsmaschine betrachten: Eine gegebene Anfangsausstattung wird zu einer bestimmten Pareto-optimalen Allokation übergeführt.

Es ist naheliegend, dass diese Anfangsausstattung nicht unbedingt als gegeben angenommen werden muss, sondern auch wirtschaftspolitisch bestimmt werden kann. Eine entsprechende Begründung dafür liefert der **Zweite Hauptsatz der Wohlfahrtsökonomik**. Danach kann (wieder unter bestimmten Bedingungen) jede Pareto-optimale Allokation der Ressourcen als allgemeines Gleichgewicht bei vollkommenem Wettbewerb zustande kommen, wenn eine geeignete Verteilung der Anfangsausstattungen gegeben ist. Diesem Satz liegen die gleichen Voraussetzungen zugrunde wie dem Ersten Hauptsatz der Wohlfahrtsökonomik. Zusätzlich wird dabei die (mathematische Voraussetzung der) Konvexität der Produktionsmöglichkeits- und Präferenzmengen vorausgesetzt. Bei **steigenden** (zunehmenden) **Skalenerträgen** (wenn

---

[39]   Hochman und Rodgers (1969).

eine Vervielfachung aller Inputmengen zu einem mehr als doppelt so großen Output führt; beim Vorliegen von Fixkosten) ist die erstere Voraussetzung im Allgemeinen nicht erfüllt.

Wirtschaftspolitisch kann der Zweite Hauptsatz der Wohlfahrtsökonomik dahin gehend interpretiert werden, dass die Wirtschaftspolitik **Pauschaltransfers** (lump-sum transfers) durchführen und dadurch eine Verteilung der Anfangsausstattungen herbeiführen kann, bei der dann durch Einwirkung der Marktkräfte eine ganz bestimmte Pareto-optimale Ressourcenallokation zustande kommt, und dass in dieser Weise jede beliebige (politisch gewünschte) Verteilung der Güter herbeigeführt werden kann. Pauschaltransfers sind Umverteilungen der Anfangsausstattungen, die die Marginalbedingungen der Haushalte und Unternehmungen nicht ändern, die insbesondere nicht zu Substitutionseffekten bei den Haushalten führen. Wenn die Wirtschaftspolitik diese Form der Umverteilung vornimmt und anschließend die Marktkräfte wirken lässt, kann sie eine andere Pareto-optimale Ressourcenallokation herbeiführen als jene, die ohne Eingriff in das freie Spiel der Marktkräfte entstehen würde. Es werden damit also korrektive Eingriffe in die Anfangsausstattungen durch die Wirtschaftspolitik als zulässig begründet, und die Allokation wird dann prinzipiell dem Markt überlassen. In diesem Sinn begründet auch der Zweite Hauptsatz der Wohlfahrtsökonomik eine Laissez-faire-Haltung der Wirtschaftspolitik und die Trennung von (ökonomischer) Allokation und (politischer) Umverteilung. Er unterliegt analogen Kritikpunkten wie der Erste Hauptsatz der Wohlfahrtsökonomik in Bezug auf die Funktionsweise realer Marktmechanismen. Darüber hinaus kann eingewendet werden, dass Pauschaltransfers in der Realität nicht möglich sind: Reale wirtschaftspolitische Eingriffe ändern die Marginalbedingungen der Wirtschaftssubjekte und verletzen daher die Eigenschaft der Pareto-Optimalität. Aus diesem Grund sind Umverteilung und Allokation im Allgemeinen nicht voneinander zu trennen.

Selbst wenn man die Voraussetzungen des Zweiten Hauptsatzes der Wohlfahrtsökonomik akzeptiert, stellt sich die Frage, welche Verteilung der Anfangsausstattungen und damit welcher Pareto-optimale Zustand von der Wirtschaftspolitik gewählt werden soll. Ursprünglich wurde versucht, durch die Einführung von **Kompensationsprinzipien** das Pareto-Kriterium zu erweitern[40]. Dabei werden Allokationen miteinander verglichen, bei denen die „Gewinner" die „Verlierer" hypothetisch entschädigen können. Es stellte sich jedoch bald heraus, dass diese Kompensationsprinzipien weitere theoretische Probleme aufwerfen:

1. Die Kriterien sind nicht reversibel, das heißt, es ist möglich, dass bei einem Übergang vom Zustand A in den Zustand B das Kriterium ebenso erfüllt ist wie beim umgekehrten Übergang vom Zustand B in den Zustand A.
2. Durch die Einführung der Kompensationsprinzipien können interpersonelle Werturteile nicht vermieden werden.

Als Ausweg aus diesem Problem kann man einerseits fordern, dass man sich bei Beurteilungen von Allokationen auf das Kriterium der Pareto-Optimalität zurückziehen muss; andererseits kann man die explizite Einführung interpersoneller Werturteile und damit interpersoneller Nutzenvergleiche fordern.

---

[40]   Kaldor (1939), Hicks (1940).

Die explizite Einführung von Werturteilen ermöglicht die Annahme der Existenz einer **Sozialen Wohlfahrtsfunktion**[41]. Eine Soziale Wohlfahrtsfunktion stellt eine Präferenzordnung über die Zustände des Wirtschaftssystems dar. Sie wird oft als Bewertungsmaßstab für mögliche Zustände der Gesellschaft durch einen unparteiischen Schiedsrichter oder einen hypothetischen idealen („gerechten") wirtschaftspolitischen Entscheidungsträger, manchmal auch „durch die Gesellschaft", interpretiert. Analytisch wird dabei die soziale Wohlfahrt W als Funktion der (in Abhängigkeit von den) Nutzen der einzelnen Wirtschaftssubjekte dargestellt: $W = W(U_1, U_2,..., U_n)$. In unserem Beispiel einer Volkswirtschaft mit zwei Individuen ($n = 2$) kann die Soziale Wohlfahrtsfunktion grafisch durch eine Schar von **Sozialen Indifferenzkurven** dargestellt werden, das sind Kombinationen von Nutzenpositionen der Haushalte (Individuen), die gleiche soziale Wohlfahrt (Wohlfahrt der Gesamtgesellschaft) herbeiführen. In der Abbildung 2.4 wird dies durch die Indifferenzkurven W_1, W_2 und W_3 dargestellt. Die Kurve ABC ist dabei die so genannte **Nutzenmöglichkeitsgrenze**. Sie stellt die in dieser Gesellschaft erreichbaren Pareto-optimalen Kombinationen der Nutzen der beiden Wirtschaftssubjekte dar, die aufgrund des Zweiten Hauptsatzes der Wohlfahrtsökonomik durch Marktprozesse ausgehend von allen möglichen Anfangsausstattungen erreicht werden können.

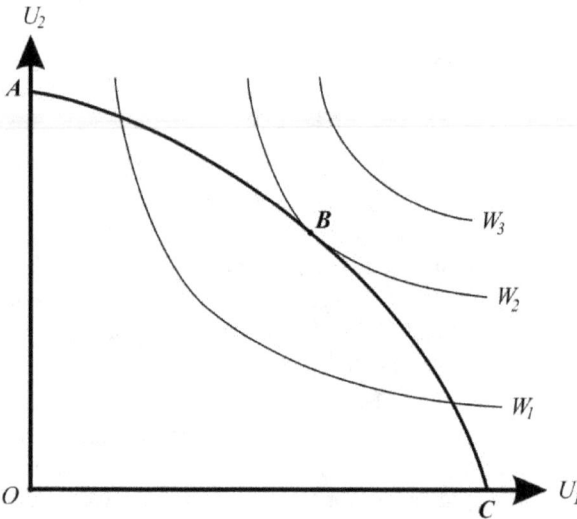

Abbildung 2.4: Soziale Wohlfahrtsfunktion

Eine solche Soziale Wohlfahrtsfunktion beruht auch auf der Konsumentensouveränität, da die soziale Wohlfahrt nur von den individuellen Präferenzen abhängt. Sie setzt aber die Vergleichbarkeit von Konsumentscheidungen verschiedener Individuen im Sinne einer sozialen Präferenz voraus, wobei die sozialen Präferenzen ähnliche Konsistenzeigenschaften erfüllen

---

[41]   Bergson (1938).

müssen wie die individuellen Präferenzen der Haushalte. Da in der Sozialen Wohlfahrtsfunktion die Nutzen der einzelnen Haushalte mit positiven Gewichten als Argumente aufscheinen, setzt ein Maximum einer Sozialen Wohlfahrtsfunktion die Eigenschaft der Pareto-Optimalität voraus. In der Abbildung 2.4 wird dies durch den Punkt B dargestellt, in dem die höchste erreichbare Soziale Indifferenzkurve die Nutzenmöglichkeitsgrenze tangiert. Die Soziale Wohlfahrtsfunktion integriert also vom Konzept her die Vorstellungen der (allokativen) **Effizienz** (die durch die Nutzenmöglichkeitsgrenze dargestellt wird) und der **Verteilungsgerechtigkeit** (die durch die Sozialen Indifferenzkurven ausgedrückt wird). Sie berücksichtigt sowohl die individuellen Nutzenniveaus wie auch ihre Verteilung.

Beispiele Sozialer Wohlfahrtsfunktionen, die in der Literatur vorgeschlagen wurden, sind unter anderem:

1. Die **utilitaristische** Soziale Wohlfahrtsfunktion: Hier wird die soziale Wohlfahrt als Summe der Nutzen der einzelnen Individuen definiert: $W = U_1 + U_2$. Ihre Sozialen Indifferenzkurven haben die in Abbildung 2.5 ersichtliche Gestalt.

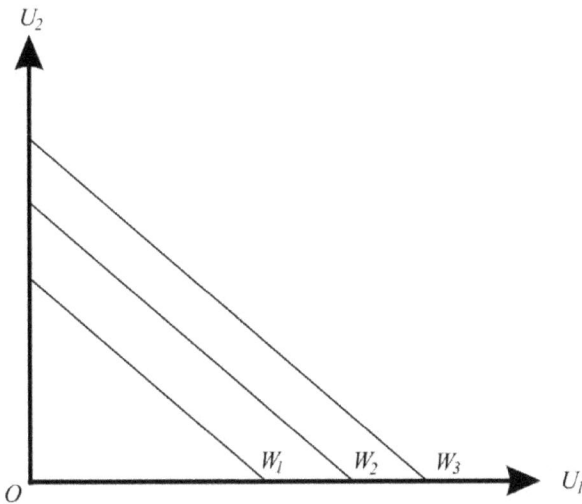

Abbildung 2.5: Utilitaristische Soziale Wohlfahrtsfunktion

2. Die Soziale Wohlfahrtsfunktion, die sich aus dem Konzept der Gerechtigkeit von **Rawls**[42] ergibt: Der Philosoph John Rawls (1921–2002) schlug vor, soziale Zustände aufgrund des Nutzens des in der Gesellschaft am schlechtesten gestellten Individuums zu bewerten. Er begründete dies mit einem vertragstheoretischen Ansatz: In einem hypothetischen Urzustand, in dem kein Individuum seine eigene Position in der Gesellschaft kennt und sich diesbezüglich unter einem „**Schleier des Nichtwissens**" (veil of ignorance) befindet, wird jedes Individuum aus eigenem Interesse eine solche soziale Bewer-

---

[42] Rawls (1971).

tung wünschen, da es möglich ist, dass es selbst in der Gesellschaft die schlechteste mögliche Position einnehmen zu müssen. Die Sozialen Indifferenzkurven der Rawls- schen Sozialen Wohlfahrtsfunktion haben die aus Abbildung 2.6 ersichtliche Gestalt.

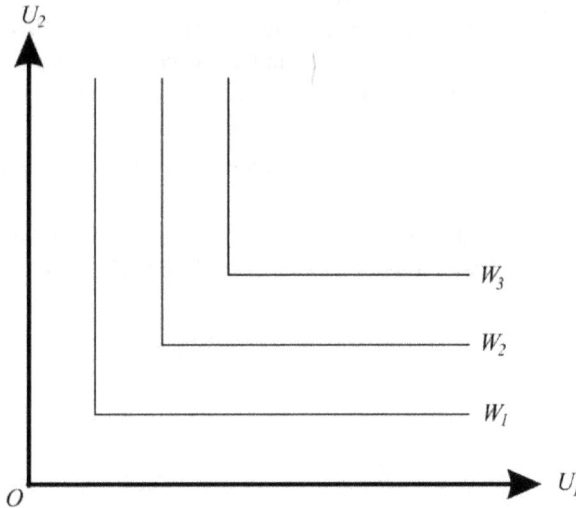

Abbildung 2.6: Soziale Wohlfahrtsfunktion nach Rawls

Die Rawlssche Soziale Wohlfahrtsfunktion führt zu egalitäreren Ergebnissen (mehr Gleich- heit) als die utilitaristische Soziale Wohlfahrtsfunktion. Man kann allerdings zeigen, dass auch die utilitaristische Soziale Wohlfahrtsfunktion aufgrund eines Axiomensystems über die Präferenzen der Individuen in einem hypothetischen Urzustand abgeleitet werden kann[43].

Das Konzept der Sozialen Wohlfahrtsfunktion wurde in der Literatur vielfach deswegen kritisiert, weil es interpersonelle Vergleichbarkeit der Nutzen der Individuen voraussetzt. Ein weiteres Problem ergibt sich aus der Frage, wie man in einer Gesellschaft eine bestimmte Soziale Wohlfahrtsfunktion bestimmen soll. Dies könnte man als Aufgabe der politischen Theorie ansehen und damit außerhalb des Erklärungsbereichs der ökonomischen Theorie ansiedeln. Für eine Theorie der Wirtschaftspolitik wäre das allerdings ein unbefriedigender Zugang. Tatsächlich wurde die Frage der Eigenschaften von Entscheidungsmechanismen wie etwa Abstimmungen, die zu einer Sozialen Wohlfahrtsfunktion führen können, auch in der Volkswirtschaftslehre theoretisch behandelt. Insbesondere ist die Frage der Möglichkeit der **Präferenzaggregation** Gegenstand der **Social-choice-Theorie**. Es geht dabei um die Mög- lichkeit, soziale Präferenzen widerspruchsfrei aus individuellen Präferenzen abzuleiten (zu aggregieren, also zusammenzufassen). Obwohl in dieser Literatur teilweise ein etwas anderes Konzept einer Sozialer Wohlfahrtsfunktion (Sozialen Präferenzordnung) verwendet wird als bei Bergson, sind die Ergebnisse dieser Theorie für die Frage der Existenz einer Sozialen Wohlfahrtsfunktion von großer Relevanz.

---

[43]   Harsanyi (1977).

Ein wichtiges theoretisches Argument gegen die Existenz einer Sozialen Wohlfahrtsfunktion wird durch das **Unmöglichkeitstheorem von Arrow**[44] geliefert. Nach diesem Theorem existiert eine konsistente (widerspruchsfreie, insbesondere transitive) Soziale Präferenzordnung, die durch einen politischen Entscheidungsmechanismus aus individuellen Entscheidungen abgeleitet wird, dann nicht, wenn dieser Entscheidungsmechanismus die folgenden vier, relativ wenig restriktiven, Minimalanforderungen erfüllt:

1. Alle logisch möglichen Konfigurationen von Präferenzordnungen der Individuen sind zugelassen.

2. Die Entscheidung erfolgt nicht-diktatorisch, das heißt, es gibt kein Individuum, dessen Präferenzen immer in der Sozialen Präferenz reflektiert werden.

3. Pareto-Prinzip: Wenn jedes Individuum einen sozialen Zustand einem anderen vorzieht, dann wird dieser soziale Zustand auch in der Sozialen Wohlfahrtsfunktion vorgezogen.

4. Unabhängigkeit von irrelevanten Alternativen: Wenn die Gesellschaft sich zwischen den Zuständen A, B und C entscheiden kann und sich für Zustand A entscheidet, dann soll sie sich auch dann für Zustand A entscheiden, wenn sie nur die Alternativen A und B zur Auswahl hat.

Ein einfaches, seit über 200 Jahren bekanntes Beispiel für das Unmöglichkeitstheorem von Arrow ist das **Condorcet-Paradoxon**[45]. Dabei wird eine Gesellschaft betrachtet, die aus drei Individuen, 1, 2 und 3, besteht und über drei Alternativen, A, B und C, zu entscheiden hat. Die individuellen Präferenzen der Individuen lauten: Individuum 1 zieht A B vor und B C vor, Individuum 2 zieht B C vor und C A vor, und Individuum 3 zieht C A vor und A B vor. Die soziale Entscheidung erfolgt durch Mehrheitsabstimmung, wobei paarweise jeweils zwischen zwei Alternativen abgestimmt wird. Man kann leicht einsehen, dass eine solche Abstimmung folgende Resultate ergibt: In der Abstimmung zwischen A und B wird A vorgezogen, in der Abstimmung zwischen B und C wird B vorgezogen, in der Abstimmung zwischen A und C wird aber nicht, wie es die Transitivität der Sozialen Präferenzordnung erfordern würde, A vorgezogen, sondern C wird A vorgezogen. Werden diese Abstimmungsvorgänge wiederholt, so ergeben sich Zyklen für die jeweils „beste" gewählte soziale Alternative. Erfolgt nur ein Abstimmungsdurchgang, so ist die Reihenfolge der Abstimmungen entscheidend dafür, welche der drei Alternativen von der Gesellschaft gewählt wird. In jedem Fall ist das Ergebnis unbefriedigend, da keine Soziale Präferenzordnung existiert, die die Konsistenzbedingungen erfüllt, die für die individuellen Präferenzordnungen jeweils vorausgesetzt werden. Das Unmöglichkeitstheorem von Arrow zeigt, dass dieses Condorcet-Paradoxon nicht ein Spezialfall ist, sondern unter relativ allgemeinen Bedingungen die Nichtexistenz einer Sozialen Präferenzordnung gezeigt werden kann.

Im Anschluss an die Arbeit von Arrow hat die Social-choice-Theorie eine Fülle von Arbeiten geliefert, in denen versucht wird, das durch das Arrow-Theorem aufgezeigte Dilemma zu umgehen; daneben wurden weitere Probleme bei der Formulierung sozialer Präferenzen

---

[44] Arrow (1951). Diese Arbeit, die ein ganzes Forschungsgebiet begründete, war die Dissertation des Autors.

[45] Entdeckt vom Marquis de Condorcet (1743–1794), der in der Französischen Revolution umgekommen ist; vgl. de Condorcet (1785).

aufgezeigt[46]. Als Ausweg wurde unter anderem vorgeschlagen, die Anforderungen an den Entscheidungsmechanismus zu lockern, wobei insbesondere die Voraussetzung der Unabhängigkeit von irrelevanten Alternativen aufgegeben wurde; andererseits wurde untersucht, wie weit man die Forderung nach Transitivität abschwächen muss, um zu einer Sozialen Präferenzordnung zu gelangen, die aus den individuellen Präferenzen widerspruchsfrei abgeleitet werden kann. Neben diesen theoretischen Überlegungen kann als Argument gegen eine Soziale Wohlfahrtsfunktion angeführt werden, dass empirisch kaum wohl definierte soziale Präferenzen festgestellt werden können. Unter theoretischen Gesichtspunkten ist jedoch die Idee einer Sozialen Wohlfahrtsfunktion für einen abstrakten Vergleich von Wirtschaftssystemen nützlich. Das Konzept der Sozialen Wohlfahrtsfunktion hat daher Eingang in die Theorie der Wirtschaftssysteme gefunden, obgleich es auch in diesem Bereich nicht unumstritten ist.

2.4.3   Ansatzpunkte einer mikroökonomischen Theorie der Wirtschaftspolitik

Sieht man es als das Ziel der Wirtschaftspolitik an, eine Pareto-optimale Allokation der Ressourcen herbeizuführen, so sind wirtschaftspolitische Aktionen dann nicht erforderlich, wenn die Voraussetzungen des Ersten Hauptsatzes der Wohlfahrtsökonomik erfüllt sind. Allenfalls kann die Wirtschaftspolitik Pauschaltransfers vornehmen, wenn die Voraussetzungen des Zweiten Hauptsatzes der Wohlfahrtsökonomik erfüllt sind und Verteilungsziele explizit formuliert werden. Da die Erfüllung der Voraussetzungen der beiden Hauptsätze der Wohlfahrtsökonomik jedoch nicht ohne weiteres angenommen werden kann, gibt es Situationen, in denen die Koordinationsleistung eines Marktsystems nur unvollkommen erbracht wird. Solche Situationen bezeichnet man als **Marktversagen**. Wenn sie vorliegen, kann die Wirtschaftspolitik potentiell wohlfahrtserhöhend wirken. Zwar rechtfertigen diese Formen des Marktversagens nicht immer staatliches Eingreifen, weil auch andere Koordinationsmechanismen (z. B. Verhandlungen) in Betracht gezogen werden können. Doch zeigen sie, dass ein rein marktwirtschaftliches System auch im Rahmen der neoklassischen Theorie nicht immer zu effizienten Ergebnissen führen muss.

Ohne Anspruch auf Vollständigkeit seien hier einige Fälle von Marktversagen angeführt, bei denen Eingriffe der Wirtschaftspolitik die Wohlfahrt erhöhen können:

1. Bei **oligopolistischen** oder **monopolistischen Marktstrukturen** kann das allgemeine Gleichgewicht ineffizient sein.
2. Bei Vorliegen **zunehmender Skalenerträge** existiert im Allgemeinen kein Gleichgewicht. Steigende Skalenerträge können dazu führen, dass die optimale Betriebsgröße einer Unternehmung in einem Bereich liegt, der mit den Annahmen der vollkommenen Konkurrenz nicht mehr vereinbar ist. Ebenso wie im Monopolfall kann hier wirtschaftspolitisches Eingreifen erforderlich sein, um die Koordinationsleistung des Marktes zu verbessern oder zu ersetzen.
3. Bei **unvollständigen Märkten** kann die Wirtschaftspolitik gefordert sein, Märkte für bestimmte Güter einzurichten oder Ersatzmaßnahmen dafür zu schaffen. Beispiele dafür

---

[46]   Vgl. dazu Sen (1970, 1986).

sind das Fehlen von Zukunftsmärkten, das heißt von Märkten für Güter, die erst zu zukünftigen Zeitpunkten getauscht werden, sowie das Fehlen von Märkten für bedingte Güter (contingent commodities), die nur unter bestimmten Voraussetzungen (bei Vorliegen bestimmter Zustände der Welt) gehandelt werden.

4. Bei Marktunvollkommenheiten können exzessive **Transaktions- und Verhandlungskosten** auftreten. Diese verhindern, dass ohne wirtschaftspolitisches Eingreifen Marktlösungen zustande kommen.

5. Marktunvollkommenheiten können auch auftreten, wenn die von der Theorie postulierten Ziele der Wirtschaftssubjekte, insbesondere der Unternehmungen, von diesen nicht verfolgt werden. Dies ist insbesondere bei sogenannten **Prinzipal-Agenten-Problemen** (principal agent Probleme) der Fall. Im Unternehmensbereich liegen solche Probleme beispielsweise vor, wenn die Ziele der Manager einer Unternehmung nicht mit den Zielen der Eigentümer der Unternehmung übereinstimmen. Hier treten Überwachungs- und Kontrollprobleme auf, die von der neoklassischen Theorie des allgemeinen Gleichgewichts nicht erfasst werden, da diese die Unternehmung nicht als ein soziales System, sondern nur als eine technische Produktionseinheit sieht. Solche Prinzipal-Agenten-Situationen können unter anderem im Bereich des Arbeitsmarktes zu Marktversagen führen.

6. Es wurde bereits darauf hingewiesen, dass das Bestehen **unvollkommener** und **asymmetrischer Information** mögliches Marktversagen begründen kann. Es kann sich in diesem Fall sogar die Nichtexistenz eines allgemeinen Gleichgewichts auch unter den sonstigen neoklassischen Voraussetzungen ergeben. Ein Beispiel dafür ist die asymmetrische Information von Käufern und Verkäufern über die Qualität des Produkts, die in der grundlegenden Arbeit von George Akerlof[47] über den Gebrauchtwagenmarkt analysiert wurde: Der Verkäufer hat bessere Information über die Qualität des Autos, das er verkaufen will, als der Käufer. Da der Käufer vermutet, dass der Wagen schlechte Qualität hat, ist er nur bereit, einen geringen Preis zu zahlen. Dies führt dazu, dass nur die schlechtesten Gebrauchtwagen verkauft werden und der Markt nicht geräumt wird, also kein Marktgleichgewicht existiert.

7. Weitere Probleme, die wirtschaftspolitisch von Bedeutung sind, ergeben sich bei unvollkommener Information aus der Möglichkeit von **moralischem Risiko** (moral hazard). Dies liegt dann vor, wenn das Eintreten bestimmter Risiken durch das Verhalten der Wirtschaftssubjekte mitbestimmt wird, diese Wirtschaftssubjekte aber aufgrund des Bestehens von Versicherungen Anreize zu einem Verhalten haben, das bestimmte Schadensfälle erst eintreten lassen kann. Wenn beispielsweise eine Haushaltsversicherung besteht, kann die Versicherungsgesellschaft bei Schäden kaum überprüfen, ob der Versicherte nicht durch nachlässiges Verhalten den Schaden (mit)verursacht hat, was zu höheren Versicherungsprämien für alle Versicherten (sorgfältige und weniger sorgfältige) führt. Dann kann einerseits die Wirtschaftspolitik dahingehend gefordert sein, dass sie ansonsten fehlende Versicherungsmärkte einrichten muss, andererseits ergeben sich analoge Probleme auch bei Bestehen einer staatlichen Versicherung (etwa der Sozialversicherung).

---

[47] Akerlof (1970).

8. Ein anderes Beispiel für unvollkommene Information sind Probleme der **adversen Se-
    lektion**. Diese treten etwa bei Versicherungsverträgen auf, wenn nur die Träger höherer
    Risiken bereit sind, sich zu versichern, wenn aber die Anbieter von Versicherungsleis-
    tungen unvollkommene Information über das Ausmaß des Risikos der zu Versichernden
    haben. Auch in diesen Fällen kann es dazu kommen, dass private Versicherungsmärkte
    nicht existieren oder zu einer ineffizienten Risikoallokation führen.

9. Ein klassisches Beispiel für Marktversagen ist das Bestehen **externer Effekte**. Externe
    Effekte liegen immer dann vor, wenn die Produktions- oder Konsumentscheidung eines
    Wirtschaftssubjekts direkten Einfluss auf die Nutzenfunktion oder die Produktionsfunk-
    tion eines anderen Wirtschaftssubjekts hat. Ein Beispiel dafür sind Fragen der **Umwelt-
    politik**: Eine Unternehmung, die durch ihre Produktionsaktivitäten beispielsweise die
    Luft verschmutzt, beeinträchtigt dadurch direkt (nicht über das Preissystem) den Nutzen
    und damit die Konsumentscheidung der Anrainer sowie die Produktionsmöglichkeiten
    etwa eines benachbarten Tourismusbetriebs. Bei solchen externen Effekten wird der
    Nutzen oder der Gewinn eines Wirtschaftssubjekts durch Variablen beeinflusst, die unter
    der Kontrolle eines anderen Wirtschaftssubjekts stehen. Dadurch ergeben sich Interde-
    pendenzen von Aktionen, die nicht über die Preise verlaufen. In solchen Situationen
    stimmt die soziale mit der privaten Wohlfahrt nicht überein, und es kommt zu Fehlallo-
    kationen von Ressourcen. Bei negativen externen Effekten wird zu viel, bei positiven
    externen Effekten zu wenig von dem Gut produziert, mit dessen Herstellung die exter-
    nen Effekte verbunden sind, weil die sozialen Kosten bzw. die sozialen Nutzen der Pro-
    duktion beim Produzenten nicht in die Entscheidung eingehen. Externe Effekte können
    zwischen verschiedenen Unternehmungen, zwischen Unternehmungen und Haushalten
    sowie zwischen verschiedenen Haushalten auftreten. Die Bedeutung umweltpolitischer
    Probleme weist darauf hin, dass externe Effekte in der Realität sehr weit verbreitet sind.
    Grundsätzlich besteht die Möglichkeit, dass externe Effekte durch **Verhandlungen** der
    privaten Wirtschaftssubjekte untereinander ohne staatliche Eingriffe internalisiert wer-
    den, das heißt, dass die sozialen Kosten privat zugerechnet werden[48]; doch ist dies nur
    möglich, wenn dabei keine Transaktions- und Verhandlungskosten anfallen. Gerade bei
    umweltpolitischen Problemen, bei denen der Kreis der Geschädigten sehr groß und oft
    nicht eindeutig abgegrenzt ist, sind diese Voraussetzungen kaum gegeben. Manchmal
    wird argumentiert, dass das Bestehen externer Effekte auf das Fehlen relevanter Märkte
    oder auf unvollständig spezifizierte Eigentumsrechte zurückzuführen ist, sodass ord-
    nungspolitische Maßnahmen (Festlegung von Eigentumsrechten) erforderlich sind. Häu-
    fig wird der Einsatz von Umweltsteuern und -abgaben befürwortet.

10. Eine weitere Form des Marktversagens liegt vor, wenn es um die Allokation **öffentlicher
    Güter** geht. Bei öffentlichen Gütern vermindert der Konsum eines Wirtschaftssubjekts
    die Konsummöglichkeiten eines anderen Wirtschaftssubjekts nicht (**Nichtrivalität im
    Konsum**). Dies bedingt meist auch die **Nichtausschließbarkeit** von Wirtschaftssubjek-
    ten beim Konsum dieser öffentlichen Güter. Es ergibt sich dabei der Anreiz zum **Tritt-
    brettfahrerverhalten** (free riding): Wirtschaftssubjekte, die vom Konsum eines öffent-
    lichen Gutes nicht ausgeschlossen werden können, werden dieses konsumieren, ohne da-
    für einen Beitrag zu leisten. Beispiele dafür sind Landesverteidigung und öffentliche Si-

---

[48] Coase (1960).

cherheit, von denen kein Nutznießer durch Einhebung eines entsprechenden Preises aus-
geschlossen werden kann. Man kann zeigen, dass hier andere Marginalbedingungen er-
forderlich sind als bei privaten Gütern[49] und dass bei Vorliegen öffentlicher Güter eine
Pareto-optimale Ressourcenallokation nicht zustande kommt: Bei Allokation über den
Markt wird von dem öffentlichen Gut zu wenig angeboten. Im Beispiel der öffentlichen
Sicherheit kann man die Ineffizienz einer Marktlösung sehen, wenn man die staatliche
Polizei mit einem System privater Leibwächter vergleicht. Als Lösung des Koordinati-
onsproblems bieten sich Steuern anstelle von Preisen an. Es ist allerdings darauf hinzuweisen, dass die Existenz öffentlicher Güter nicht nur für die Marktallokation, sondern
auch für die Wirtschaftspolitik Probleme aufwirft: Die Wirtschaftssubjekte haben Anreize dazu, Informationen bezüglich ihrer Präferenzen für öffentliche Güter nicht wahr-
heitsgetreu bekanntzugeben. Eine umfangreiche theoretische Literatur hat sich mit der
Frage der Schaffung anreizkompatibler Organisationsmechanismen für eine wahrheits-
getreue Offenbarung von Präferenzen der Wirtschaftssubjekte für öffentliche Güter beschäftigt[50], doch ist der Einfluss dieser Überlegungen auf die aktuelle Wirtschaftspolitik
bisher gering geblieben.

11. Die Theorie der Eigentums- und Verfügungsrechte vertritt die Position, dass die **Unvoll-
ständigkeit** des Systems der **Eigentumsrechte** die wichtigste Ursache für mögliches
Marktversagen ist. Dabei wird betont, dass das Bestehen und das Funktionieren von
Märkten als Institutionen des Austauschs der Verfügung über Güter ein funktionierendes
System der Eigentums- und Verfügungsrechte erforderlich machen. In diesem Sinn werden auch externe Effekte und öffentliche Güter durch unvollständige Eigentumsrechte
erklärt. Bei Gemeineigentum an öffentlichen Gütern wird das Fehlen ausschließender
Eigentumsrechte als Erklärung der dabei resultierenden ineffizienten Ressourcenallokation angeführt. Ein historisches Beispiel dafür ist die Übernutzung von Weideland, das
der Allgemeinheit zur Verfügung steht (die so genannte Tragik der Allmende).[51]

12. Eine allgemeinere theoretische Erklärung für verschiedene Formen des Marktversagens
könnte davon ausgehen, dass die durch Marktversagen hervorgerufene Ineffizienz bedeutet, dass es Möglichkeiten zu Tausch- oder Produktionsveränderungen gibt, die zumindest ein Wirtschaftssubjekt besser stellen, ohne ein anderes schlechter zu stellen.
Solche Situationen werden realisiert, wenn im spieltheoretischen Sinne **nichtkooperative Gleichgewichtssituationen** vorliegen. Aus der Spieltheorie ist bekannt, dass solche
nichtkooperativen Gleichgewichte im Allgemeinen ineffizient sind. Die angeführten Ursachen für Marktversagen lassen sich in dieser Sicht als Hindernisse für das Zustandekommen einer kooperativen Lösung interpretieren. Das Ergebnis des Ersten Hauptsatzes
der Wohlfahrtsökonomik, wonach eine nichtkooperative Gleichgewichtslösung (das allgemeine Marktgleichgewicht) im Fall des Vorliegens der Annahmen der vollkommenen

---

[49] Dieser Beweis erfolgte nach fast hundertjähriger Vorarbeit zahlreicher Theoretiker der Finanzwissenschaft
durch Samuelson (1954).

[50] Ein Resultat, das die wahrheitsgemäße Offenbarung der Präferenzen als sehr wenig wahrscheinlich erscheinen
lässt, ist das Theorem von Gibbard (1973) und Satterthwaite (1975),wonach alle nichtdiktatorischen Entscheidungsmechanismen Anreize zur Fehldarstellung der Präferenzen beinhalten, wenn diese private Information
sind.

[51] Allerdings wurden von Elinor Ostrom (1990) Fälle identifiziert, in denen Gemeineigentum gut funktionierte.
Vgl. dazu Abschnitt 2.6.

Konkurrenz effizient ist, kann dann als ein Spezialfall und nicht als Normalfall angesehen werden. In dieser Sicht hat die Wirtschaftspolitik dann die Aufgabe, bei ineffizienten
nichtkooperativen Gleichgewichten dazu beizutragen, dass kooperative Lösungen verwirklicht werden. Eine solche Sicht könnte auch als Ansatzpunkt einer kritischen Haltung gegenüber den Koordinationsleistungen eines dezentralen Marktsystems dienen.

Die bisher angeführten Formen des Marktversagens beziehen sich durchwegs darauf, dass
das Ziel der Erreichung einer Pareto-optimalen oder effizienten Ressourcenallokation in
einer Marktwirtschaft nicht erfüllt ist und daher wirtschaftspolitische Eingriffe gefordert
werden. Daneben besteht die Möglichkeit, dass andere Ziele als die **Effizienz** durch das
Marktsystem nicht gesichert sind. Es wurde bereits darauf hingewiesen, dass die Aussage der
Pareto-Optimalität des Marktgleichgewichts, selbst wenn alle Voraussetzungen erfüllt sind,
von einer gegebenen **Verteilung** der Anfangsausstattungen der Wirtschaftssubjekte ausgeht.
Wenn diese Verteilung der Anfangsausstattungen aus Gerechtigkeitsüberlegungen für politisch unerwünscht gehalten wird, etwa weil sie zu starke Ungleichheit der Einkommen und
der Konsummöglichkeiten bewirkt, ergeben sich weitere Möglichkeiten zu wirtschaftspolitischen Eingriffen. Dies folgt aus dem Zweiten Hauptsatz der Wohlfahrtsökonomik und gilt
auch dann, wenn dessen Voraussetzungen nicht erfüllt sind. Wenn man das Ziel einer größeren Gerechtigkeit der Einkommens- und Vermögensverteilung als wirtschaftspolitisches Ziel
akzeptiert, ergibt sich das Problem, wie der Begriff der Einkommensgerechtigkeit operatio-
nalisiert werden soll. Dabei wird meist von bestimmten Sozialen Wohlfahrtsfunktionen ausgegangen; daraus ergibt sich ein enger Zusammenhang auch zwischen den Maßen für die
Ungleichheit der Einkommens- und Vermögensverteilung und bestimmten Sozialen Wohlfahrtsfunktionen[52]. Es muss allerdings darauf hingewiesen werden, dass dieser Zugang nicht
von allen Theoretikern geteilt wird. Autoren wie Hayek und die Vertragstheoretiker definieren etwa den Begriff der Gerechtigkeit nicht anhand der Ergebnisse einer Allokation, sondern
durch die Verfahren (Prozesse), die die Allokationsergebnisse bestimmen. Aus einem solchen
Begriff der „Verfahrensgerechtigkeit" kann ein Argument gegen Eingriffe in die aus dem
Marktprozess entstehende Einkommensverteilung abgeleitet werden. Diesen verschiedenen
Zugängen liegen letztlich miteinander unvereinbare gesellschaftspolitische Grundpositionen
zugrunde.

Ähnlich tiefgreifende gesellschaftspolitische Auffassungsunterschiede bestehen auch hinsichtlich der Frage, ob das Postulat der Konsumentensouveränität immer und überall akzeptiert werden soll. Es gibt Autoren, die dies verneinen und die Existenz von **„paternalisti-
schen" Präferenzen** postulieren. Dabei handelt es sich um grundlegende Wertsetzungen
staatlicher Entscheidungsträger, die die freie Konsumwahl privater Entscheidungsträger in
bestimmten Bereichen einschränken wollen. Ein typisches Beispiel dafür ist das Verbot des
Konsums bestimmter Güter, etwa gesundheitsschädlicher oder gefährlicher Güter (Rausch-
gift, Waffen usw.). Umgekehrt kann der Staat bestimmte Güter bereitstellen, obwohl (oder
gerade weil) die Wirtschaftssubjekte diese bei freier Konsumentscheidung nicht in ausrei-
chendem Maße nachfragen würden. Ein Beispiel für solche so genannte **meritorische Güter**
ist die allgemeine Schulpflicht. Staatliches Eingreifen ließe sich in diesen Fällen auch durch

---

[52]   Atkinson (1970).

die vom Konsum dieser Güter ausgehenden externen Effekte begründen, doch erfordern staatliche Verbote oder Gebote des Konsums solcher Güter meist eine darüber hinausgehende Begründung, da sie das Prinzip der Konsumentensouveränität außer Kraft setzen. Diese Begründung kann letztlich nur durch politische Ziele geliefert werden.

Wenn man prinzipiell politische Koordinationserfordernisse bei einem dezentralisierten Wirtschaftssystem akzeptiert, kann man das Optimierungsmodell, das den Entscheidungen privater Wirtschaftssubjekte zugrunde gelegt wird, auch auf Entscheidungen wirtschaftspolitischer Instanzen anwenden. Für eine mikroökonomische Theorie der Wirtschaftspolitik[53] müssen dazu zunächst die wirtschaftspolitischen Ziele spezifiziert werden, wie etwa Effizienz, Gerechtigkeit usw. Ferner müssen die Möglichkeitsmengen der zulässigen Politiken angegeben werden, wobei bei den Beschränkungen auch die politische Durchsetzbarkeit zu berücksichtigen ist. Als Ansatzpunkte einer **mikroökonomischen Wirtschaftspolitik** ergibt sich dann einerseits die Möglichkeit, die Präferenzen der privaten Wirtschaftssubjekte zu ändern, was sich im allgemeinen als schwierig erweist, andererseits die Möglichkeit, ihre Beschränkungen über Änderungen der Anfangsausstattungen oder über Änderungen der relativen Preise (einschließlich der Preise der Produktionsfaktoren und damit der Einkommen) zu verändern. Neben der Beeinflussung der Ressourcenverwendung durch die Wirtschaftssubjekte kann die staatliche Wirtschaftspolitik ferner direkt knappe Güter erstellen und verwenden.

Entsprechend diesen Überlegungen könnte man die Maßnahmen oder **Instrumente** einer mikroökonomischen Wirtschaftspolitik folgendermaßen einteilen:

1. Staatliche Käufe und Verkäufe einschließlich der Produktion von Gütern und Dienstleistungen und deren Finanzierung durch Steuern.
2. Umverteilungsmaßnahmen.
3. Gesetzliche Bestimmungen und Regulierungen, insbesondere gesetzliche Modifikationen von Eigentumsrechten. Hier könnte man weiter untergliedern nach Geboten, Verboten, Festsetzung von Preisen, Mengen und Qualitäten von angebotenen Gütern, Regelungen bezüglich der Information usw.
4. Strukturierung von Anreizen (einschließlich der Internalisierung externer Effekte) durch Gebühren, Strafen, Steuern und Subventionen oder allgemein die Veränderung relativer Preise durch derartige Maßnahmen.

In jedem Fall ist es die Aufgabe einer mikroökonomischen Theorie der Wirtschaftspolitik als angewandter mikroökonomischer Theorie, die Kosten und Nutzen solcher Maßnahmen zu analysieren.

Wenn es darum geht, im Fall des Vorliegens von Marktversagen wirtschaftspolitische Maßnahmen zu konzipieren, wird die so genannte **Theorie des Zweitbesten** von Bedeutung, wenn für die wirtschaftspolitischen Instrumente oder für den Kreis der Wirtschaftssubjekte, deren Verhalten beeinflusst werden soll, Beschränkungen vorliegen. Dies gilt etwa, wenn das Ziel der Verteilungsgerechtigkeit verfolgt werden soll, Pauschaltransfers aber unmöglich sind, so dass Zielkonflikte zwischen Effizienz und Verteilungsgerechtigkeit auftreten können. In diesem Fall wird eine Umverteilungspolitik gesucht, die eine gewünschte Wohlfahrtsverteilung erzielt und dabei den Verlust an allokativer Effizienz möglichst gering hält. Die Theo-

---

[53] Ausführlicher dazu Friedman (1986), Sohmen (1992).

rie des Zweitbesten führt zu Allokationsregeln, die sich von jenen zur Erreichung des Pareto-Optimums wesentlich unterscheiden. Dies ergibt sich unter anderem aus dem Theorem von Lipsey und Lancaster[54]: Wenn eine oder mehrere der notwendigen Bedingungen für Pareto-Optimalität in einem Teilbereich der Wirtschaft nicht erfüllt sind, ist es im Allgemeinen nicht effizient, dass im Rest der Wirtschaft die notwendigen Bedingungen für Pareto-Optimalität erfüllt sind. Daraus folgt, dass für zweitbeste Lösungen wirtschaftspolitische Interventionen erforderlich sind, die sich nicht an den Allokationsregeln des Pareto-Optimums orientieren. Vielmehr können die Marktergebnisse in solchen Situationen durch wirtschaftspolitische Interventionen verbessert werden, die Abweichungen von den Marginalbedingungen enthalten, insbesondere bei Interdependenzen zwischen verschiedenen Sektoren. Beispielsweise muss die Regel, dass der Preis gleich den Grenzkosten ist, die sich für das Marktsystem aus den Bedingungen für die Pareto-Optimalität ergibt, für eine optimale zweitbeste Preisbildungsregel bei öffentlichen Unternehmungen nicht notwendigerweise gelten. Daraus ergibt sich allerdings die schwierige Frage, wie eine Politik des Zweitbesten konzipiert werden soll. Im Allgemeinen liegen hier nur Lösungen für Einzelfälle oder Vereinfachungen vor. Diese können etwa in der Annahme der **Separabilität** bestehen, bei der vorausgesetzt wird, dass Gruppen von Gütern vorliegen, innerhalb derer die Grenzraten der Substitution beziehungsweise der Transformation durch Änderungen in der Menge eines Gutes aus einer anderen Gütergruppe nicht beeinflusst werden. Eine andere Möglichkeit besteht darin, Grenzkostenpreisbildung für bestimmte Situationen trotz des Resultats der Theorie des Zweitbesten zu postulieren.[55]

Ein Anwendungsbereich der Theorie des Zweitbesten ist die Theorie der **Steuerpolitik**. Ein „neutrales" Steuersystem, das alle relativen Preise unverändert lässt, ist zwar theoretisch in der Form von Pauschalsteuern möglich, aber im Allgemeinen praktisch nicht durchführbar, so dass zweitbeste Lösungen erforderlich werden. Diese zweitbesten Lösungen werden unter anderem in der **Theorie der optimalen Besteuerung** untersucht.[56] Diese Theorie geht davon aus, dass bestimmte Steuerstrukturen gegeben sind. Es wird also beispielsweise die Existenz einer Einkommensteuer oder einer Umsatzsteuer vorausgesetzt und dann untersucht, welche Steuertarife bei der Einkommensteuer und welche Steuersätze bei der Umsatzsteuer optimal sind. Dabei werden die Allokationswirkungen der Steuern in den Mittelpunkt gestellt, aber auch Verteilungswirkungen können berücksichtigt werden. Im Gegensatz zu diesen theoretischen Überlegungen, nach denen der Einfluss der Steuern auf die relativen Preise von Gütern und Produktionsfaktoren und damit die relative Profitabilität verschiedener Branchen und die Verwendungen von Produktionsfaktoren sowie die Ressourcenallokation im Mittelpunkt steht, wird von der wirtschaftspolitischen Praxis oft nur die fiskalische Funktion von Steuern gesehen, also ihre Aufgabe, für staatliche Ausgaben Mittel bereitzustellen. Im Gegensatz zu den Pauschalsteuern bewirken die tatsächlichen Steuern im Allgemeinen Ineffizienzen in der Allokation und wirken „verzerrend", so dass eine reale Volkswirtschaft nicht eine Pareto-optimale Allokation aufweist.

---

[54] Lipsey und Lancaster (1956-57).
[55] Vgl. z. B. Kahn (1979).
[56] Vgl. Mirrlees (1986).

Im Einzelnen bestimmt sich der Einfluss der Steuern auf die Ressourcenallokation auch durch ihre **Inzidenz**, das heißt die Frage, wer die Steuern tatsächlich trägt. Im Allgemeinen können Steuern von demjenigen, der sie zu zahlen hat, zumindest teilweise auf andere überwälzt werden. Während die Steuerwirkungslehre den Einfluss der verschiedenen Steuern auf die Ressourcenallokation und die Einkommensverteilung zum Gegenstand hat, berücksichtigt die Theorie der optimalen Besteuerung darüber hinaus normative Fragen der Gestaltung des Steuersystems. Sie hat allerdings bisher in der praktischen Wirtschaftspolitik nur wenige Anwendungen gefunden. In jedem Fall ist es bei einer Abschätzung von Steuerwirkungen und bei der Konzipierung der Steuerpolitik wichtig, die Effekte des gesamten Systems der Steuern und auch der Staatsausgaben simultan zu untersuchen. Partialmodelle können hier zu Fehlschlüssen führen; daher sind in den letzten Jahren verstärkt Modelle des allgemeinen Gleichgewichts als Grundlage für die Abschätzung von Steuerwirkungen herangezogen worden.

Ein Instrument zur Bewertung wirtschaftspolitischer Maßnahmen, die die Allokation und die Verteilung beeinflussen, stellt die **Kosten-Nutzen-Analyse** dar.[57] Dabei wird untersucht, ob bestimmte wirtschaftspolitische Maßnahmen die relative Effizienz in dem Sinn verändern, dass die „Gewinner" die „Verlierer" hypothetisch kompensieren könnten. Die Messungen der Kosten und Nutzen wirtschaftspolitischer Eingriffe beruhen dabei auf den theoretischen Konzepten der Konsumentenrente und der Produzentenrente, aus denen der Nettosozialnutzen im Sinne der sozialen Opportunitätskosten berechnet wird. Problematisch ist dabei einerseits die vorausgesetzte normative Grundlage, andererseits die Tatsache, dass die Kosten-Nutzen-Analyse primär für die Bewertung einzelner Maßnahmen konzipiert ist. Will man Rückwirkungen von anderen Wirtschaftssektoren oder auf andere Wirtschaftssektoren ebenfalls in die Analyse einbeziehen, so sind numerische Modelle des allgemeinen Gleichgewichts der Kosten-Nutzen-Analyse vorzuziehen. Allerdings kann die Kosten-Nutzen-Analyse auch die Kosten staatlicher Eingriffe explizit berücksichtigen. Dazu gehören nicht nur die direkten Verwaltungskosten (einschließlich der Informationskosten), sondern auch direkte externe Effekte für Haushalte und Unternehmungen, indirekte externe Effekte für Wachstum und Innovation sowie allgemein die Kosten für private Unternehmungen und Haushalte, die aufgrund von Ineffizienzen im staatlichen Sektor entstehen.

Bei einer Bewertung mikroökonomischer wirtschaftspolitischer Maßnahmen darf jedenfalls nicht übersehen werden, dass es neben dem Marktversagen auch die Möglichkeit von **Staatsversagen** gibt. Staatliche Aktionen müssen nicht Pareto-optimale oder auch nur optimale zweitbeste Lösungen herbeiführen. Ein Grund dafür liegt in der Tatsache, dass Informationen für Wirtschaftspolitiker nicht kostenlos verfügbar sind. Eine andere Ursache liegt in den politischen Strukturen: Die Politik wird durch Interaktionen von Wählern, Politikern, Bürokraten, Interessengruppen und anderen Akteuren bestimmt, die nicht notwendigerweise altruistische Zielsetzungen verfolgen, sondern durchaus eigene Interessen haben können. Zur Analyse dieser Fragen dient die positive Theorie der Institutionen des öffentlichen Sektors, die von der Neuen Politischen Ökonomie geliefert wird. Hier werden etwa mit Konzepten der mikroökonomischen Theorie Ineffizienzen in Bereichen öffentlicher oder verstaatlichter Unternehmungen durch fehlenden Wettbewerb oder durch politische Einflüsse erklärt. Auch

---

[57]   Siehe dazu unter anderem Lesourne (1975).

diese indirekten Kosten staatlicher Tätigkeit müssen bei einer Abschätzung der Auswirkungen wirtschaftspolitischer Maßnahmen berücksichtigt werden. Eine Abwägung der Bedeutung von Markt- und Staatsversagen setzt damit einen **Institutionenvergleich** für jeweils spezifische Aufgabenstellungen voraus. Auch wenn daraus nicht eine eindeutige Antwort auf die Frage nach dem „optimalen" Staatsumfang gefolgert werden kann, da dies letztlich eine politische Frage ist, kann die mikroökonomische Theorie doch auch hier wertvolle Entscheidungshilfen geben.

2.5   Makroökonomische Grundlagen der Theorie der Wirtschaftspolitik

2.5.1   Struktur der makroökonomischen Theorie

Im Gegensatz zur mikroökonomischen Theorie ist die makroökonomische Theorie in ihrer modernen Form relativ jung. Sie kann in gewisser Hinsicht als ein Ergebnis der großen Weltwirtschaftskrise der 1930er Jahre angesehen werden. Man kann als Geburtsstunde der makroökonomischen Theorie in ihrer modernen Version das Erscheinen des Hauptwerkes des britischen Nationalökonomen John Maynard Keynes „The General Theory of Employment, Interest, and Money"[58] (die „Allgemeine Theorie der Beschäftigung, des Zinses und des Geldes") im Jahr 1936 ansehen. In diesem Buch versuchte Keynes, im Gegensatz zur damals herrschenden und auch heute noch wichtigen wirtschaftstheoretischen Schule der Neoklassik zu begründen, warum es auch unfreiwillige Arbeitslosigkeit als Dauerzustand und als Massenarbeitslosigkeit geben kann.

Die **Weltwirtschaftskrise** oder Große Depression begann 1929 mit dem so genannten Schwarzen Freitag, einem Börsenkrach an der New Yorker Börse. An ihrem Höhepunkt um 1932/33 war in vielen Ländern mehr als ein Viertel der arbeitswilligen Bevölkerung arbeitslos. Diese Weltwirtschaftskrise stellte ein traumatisches Erlebnis für die damals tätigen Menschen dar. Arbeitslosigkeit war viel mehr noch, als es heute der Fall ist, ein menschliches Schicksal, das große Probleme aufwarf, weil eine Arbeitslosenunterstützung nicht in der heutigen Form existierte. Viele Menschen verloren durch die Arbeitslosigkeit nicht nur ihr Vermögen, sondern auch ihre gesamten Lebensgrundlagen. Außerdem ging in diesen Jahren der großen Weltwirtschaftskrise die Produktion (z.B. gemessen am BIP) beträchtlich zurück. Die Folgen dieses Wirtschaftseinbruchs waren für die einzelnen betroffenen Menschen in psychischer Hinsicht traumatisch. Man sieht etwa an der Selbstmordstatistik, dass die Anzahl der Selbstmorde rapide anstieg. Aber auch in politischer Hinsicht ergaben sich dramatische Folgen, weil sich viele Menschen extremistischen politischen Parteien, in Deutschland etwa den Nationalsozialisten und den Kommunisten, anschlossen. Die Reaktionen in sozialer und menschlicher Hinsicht waren also mindestens ebenso dramatisch wie die unmittelbar wirtschaftlichen Folgen der Weltwirtschaftskrise.

Gerade am Höhepunkt der Weltwirtschaftskrise veröffentlichte einer der damals bekanntesten und bedeutendsten Ökonomen, Arthur Cecil Pigou, der Nachfolger von Alfred Marshall

---

[58]   Keynes (1936).

auf dem wichtigen Lehrstuhl in Cambridge (Großbritannien), ein Buch mit dem Titel „Theory of Unemployment"[59]. In diesem versuchte er zu zeigen, dass Arbeitslosigkeit eigentlich nur ein kurzfristiger, vorübergehender Zustand sein kann, der durch die Marktmechanismen von selbst in kurzer Zeit verschwindet. Dagegen argumentierte Keynes, angesichts der Situation der Weltwirtschaftskrise könne man derartige Aussagen nicht treffen. Die Weltwirtschaftskrise zeige empirisch, dass Zustände der Arbeitslosigkeit und der lang andauernden Krise dauerhaft sein könnten, und die Wirtschaftstheorie habe die Aufgabe, zu erklären, warum es dazu kommt, und natürlich auch – und hier kommt der politische Aspekt herein – wirtschaftspolitische Maßnahmen zu konzipieren, um solche Situationen zu vermeiden oder, wenn sie eintreten, ihnen entgegenzuwirken und ihre Folgen abzumildern. Keynes entwickelte in der „General Theory" und in weiteren Schriften eine neue Theorie, die er selbst als „allgemeine Theorie" bezeichnete, im Gegensatz zu den „speziellen Theorien" der Neoklassik, die nach seiner Meinung nur für den Spezialfall der Vollbeschäftigung Gültigkeit beanspruchen könnten. Nach Keynes ist seine „allgemeine Theorie" in der Lage, zu erklären, warum es zu unfreiwilliger Arbeitslosigkeit kommt und wieso das ein Gleichgewichtszustand sein kann. Massenarbeitslosigkeit, wie sie in der Weltwirtschaftskrise aufgetreten ist, kann nach Keynes ein längerfristiger Zustand sein, der durchaus auch ökonomisch erklärt werden kann. Wie diese Erklärung genau bei Keynes erfolgt, ist allerdings bis heute umstritten und Gegenstand vieler Interpretationen.

Was auf jeden Fall vom Wirken von Keynes bleibt, ist die Entwicklung der makroökonomischen Theorie. Die **Makroökonomik** betrachtet hoch aggregierte Größen, z. B. eine Ein-Gut-Wirtschaft, in der ein Gut, etwa das Bruttoinlandsprodukt oder das Bruttosozialprodukt, gehandelt wird. Man betrachtet Aggregate (gesamtwirtschaftliche Größen) im Gegensatz zur mikroökonomischen Theorie, die sich die Märkte für die einzelnen Güter und Dienstleistungen ansieht. Dem entsprechend behandelt die mikroökonomische Theorie einzelne Preise, genauer: relative Preise (Preise einzelner Güter im Vergleich zu den Preisen anderer Güter), während die makroökonomische Theorie das allgemeine Preisniveau zum Gegenstand hat. Auch das Geld ist ein Phänomen, das primär erst in makroökonomischen Betrachtungen relevant wird. Keynes begründete diese moderne makroökonomische Theorie als eine Theorie gesamtwirtschaftlicher Größen und in einem gewissen Sinn schon als eine Markttheorie, in der man davon ausgeht, dass nur wenige hoch aggregierte Märkte betrachtet werden.

Dabei muss vorausgesetzt werden, dass die **Aggregation**, das Zusammenfügen von verschiedenen Gütern und Dienstleistungen zu einem „Gesamtgut" Bruttoinlandsprodukt oder zu einer Gesamtgröße Konsum usw. zu stabilen Gesamtgrößen führt und dass stabile Beziehungen zwischen diesen Gesamtgrößen bestehen. Das ist von vornherein nicht ohne weiteres anzunehmen; ein Zweig der makroökonomischen Theorie beschäftigt sich damit, zu untersuchen, unter welchen Bedingungen eine Aggregation möglich ist. Dieses Aggregationsproblem gilt nach wie vor als ein sehr schwieriges Problem der ökonomischen Theorie. Manchmal wählt man den Ausweg, dass man so genannte „repräsentative Einheiten" betrachtet. Diese repräsentativen Wirtschaftssubjekte sind Konsumenten und Unternehmungen, die eine Art Durchschnitt in Bezug auf das Verhalten ihrer jeweiligen Gruppe der Konsumenten bzw. Unternehmungen (Produzenten) darstellen sollen.

---

[59] Pigou (1933).

Als Instrument der Analyse in der makroökonomischen Theorie wird meist ebenso wie in der Neoklassik das Konzept des **Gleichgewichts** als Lösungskonzept verwendet, wobei das allerdings Gegenstand großer Kontroversen war und nach wie vor ist. Man betrachtete also Gleichgewichtsmodelle, wobei zunächst Gleichgewicht auf wenigen einzelnen Märkten für hoch aggregierte Güter und andere Größen betrachtet wurden; diese wurden dann zusammengefügt und ein gesamtwirtschaftliches Gleichgewicht wurde analysiert. Beispielsweise wurde in einem Vier-Märkte-Modell ein Gütermarkt, ein Arbeitsmarkt, ein Geldmarkt und ein Wertpapiermarkt betrachtet, wobei dann die Analyse aufgrund des so genannten Gesetzes von Walras sich mit drei Märkten begnügen konnte. Das **Gesetz von Walras** sagt: Wenn man ein System von beispielsweise vier Märkten hat und drei dieser vier Märkte im Gleichgewicht sind, dann muss notwendigerweise auch der vierte Markt im Gleichgewicht sein, sodass man sich bei einer Gleichgewichtsanalyse auf die Untersuchung von drei Märkten beschränken kann. Allgemeiner: Wenn es n Märkte gibt – n ist eine natürliche Zahl – und $n-1$ Märkte sind im Gleichgewicht, dann muss auch der n-te Markt im Gleichgewicht sein.

Dieses Vier-Märkte-Modell, das man auch auf mehr als vier Märkte erweitern kann, wurde analysiert, um komparativ-statische Aussagen abzuleiten. **Komparative Statik** heißt, dass man verschiedene Gleichgewichtssituationen vergleicht, insbesondere Gleichgewichtssituationen, in denen eine wirtschaftspolitische Instrumentvariable kleiner oder größer ist als in einem anderen Gleichgewicht; dann wird aus diesem Vergleich abgeleitet, wie sich bestimmte Zielgrößen der Wirtschaftspolitik „ändern", wenn man eine dieser wirtschaftspolitischen Instrumentvariablen „ändert". Beispielsweise wird gefragt, was passiert, wenn die Staatsausgaben für Güter und Dienstleistungen um eine Mrd. Geldeinheiten erhöht werden. Die Begriffe „erhöhen" oder „ändern" werden hier unter Anführungszeichen gesetzt, weil nur die Situation vor dieser „Änderung" und die Gleichgewichtssituation nach dieser „Änderung" betrachtet und verglichen werden. Man vergleicht also Gleichgewichtszustände, ohne auf die Prozesse einzugehen, die von einem zum anderen Gleichgewichtszustand führen. Darum heißt diese Methode komparativ-statisch – comparare ist lateinisch und heißt vergleichen, und „statisch" heißt, dass die Zeit nicht explizit betrachtet wird.

Aus diesem Vergleich von Gleichgewichtszuständen werden so genannte Multiplikatoren abgeleitet. Ein **Multiplikator** gibt an, um wie viel eine bestimmte Variable, insbesondere eine Zielgröße der Wirtschaftspolitik, hier eine gesamtwirtschaftliche Zielgröße (z.B. die Beschäftigung, das Bruttoinlandsprodukt, das Preisniveau), sich „ändert" („ändert" in einem komparativ-statischen Sinn), wenn man eine Instrumentvariable der Wirtschaftspolitik (z.B. die Staatsausgaben, die Geldmenge) ändert. **Dynamik**, also die explizite Berücksichtigung der Zeit, wird dann im Allgemeinen nur nachträglich analysiert, indem man fragt, wie kommt man von einem Gleichgewichtszustand in den anderen. Bei einer dynamischen Fragestellung wird die Zeit explizit berücksichtigt. Man kann zeigen, dass in diesem makroökonomischen System die Lösungseigenschaften des Modells davon abhängig sind, wie die Anpassungsprozesse, also die Prozesse, in denen das System von einem Gleichgewicht nach einer Störung zu einem anderen Gleichgewicht kommt, spezifiziert werden. Die Hauptströmung der Makroökonomik, die sich aus der Theorie von Keynes entwickelte und in den folgenden Jahrzehnten bis etwa in die 1960er Jahre vorherrschend war, ist als komparativ-statische Gleichgewichtsanalyse zu sehen. Erst seit den späten 1960er Jahren wurde die dynamische Analyse in den Mittelpunkt makroökonomischer Überlegungen gestellt.

2.5.2   Keynesianische Theorie der Stabilisierungspolitik

Keynes versuchte in der „General Theory", die Möglichkeit eines stabilen Unterbeschäftigungsgleichgewichts, eines Gleichgewichts mit unfreiwilliger Arbeitslosigkeit, zu begründen und aus dieser Begründung einer solchen Situation der Massenarbeitslosigkeit wirtschaftspolitische Eingriffe zur Überwindung einer Krise zu entwickeln. Ein bekanntes wirtschaftspolitisches Rezept von Keynes lautet insbesondere, dass die **Fiskalpolitik** (Budgetpolitik) antizyklisch eingesetzt wird. Das heißt, dass in einer Situation schwerer Massenarbeitslosigkeit Steuern gesenkt und Staatsausgaben erhöht werden. Durch die Multiplikatorwirkung dieser Maßnahme werden das Bruttoinlandsprodukt (der Output, die Produktion, das Einkommen) der Volkswirtschaft und damit auch die Beschäftigung erhöht und daher die Arbeitslosigkeit reduziert. Der Erklärungsansatz von Keynes beruht darauf, dass das, was er **effektive Nachfrage** nannte und was man heute meist gesamtwirtschaftliche Nachfrage nennt, in einer Wirtschaftskrise zu gering ist. Das heißt, dass in einer Krisensituation die Haushalte und Unternehmungen zu wenig an Konsumgütern bzw. Investitionsgütern nachfragen. Daraus resultiert dann nach Keynes eine Reduktion der Beschäftigung und erhöhte Arbeitslosigkeit. Der Grundgedanke der antizyklischen („keynesianischen") Wirtschaftspolitik besteht darin, dass der Staat durch seine Fiskalpolitik die fehlende oder zu geringe gesamtwirtschaftliche Nachfrage ersetzen und ergänzen soll. Dies kann direkt durch Staatsausgaben für Güter und Dienstleistungen, durch öffentliche Investitionen oder öffentlichen Konsum, erfolgen oder indirekt durch Steuersenkungen und höhere Transfers (staatliche Zahlungen ohne Gegenleistung, wie Arbeitslosenunterstützungen, Familienbeihilfen u. ä.), die die Haushalte und vielleicht auch die Unternehmungen zu höheren Ausgaben anregen sollen. Auch die Geldpolitik ist nach Keynes ein mögliches Mittel, allerdings hielt er sie für weniger wirksam als die Fiskalpolitik. Keynes betonte in seiner Theorie, dass ohne diese wirtschaftspolitischen Eingriffe die Wirtschaft nicht von selbst wieder zu einem Gleichgewichtszustand bei Vollbeschäftigung kommen könnte.

Die Weltwirtschaftskrise der 1930er Jahre führte somit nicht nur zur Entwicklung der modernen makroökonomischen Theorie, sondern auch zur Herausbildung einer neuen Konzeption der Ablaufpolitik. Der wichtigste Beitrag dazu wurde von Keynes geleistet, weshalb diese Konzeption als **Keynesianismus** bezeichnet wird. Die Schule der Keynesianer verzweigte sich in den folgenden Jahren in verschiedene Richtungen, auf die hier nicht im Detail eingegangen werden kann. Die Keynesianer gehen jedenfalls von der Annahme aus, dass der private Sektor einer Marktwirtschaft nicht aus sich heraus zu einem stabilen allgemeinen Gleichgewicht findet. Dies kann unter anderem mit der Instabilität privater Investitionsentscheidungen, die von stark schwankenden Erwartungen der Unternehmer abhängen, und der Instabilität der privaten Konsumentscheidungen, die im Konjunkturverlauf mit dem verfügbaren Einkommen der Haushalte schwanken, begründet werden. Die Ablaufpolitik hat dann die Aufgabe, Konjunkturschwankungen auszugleichen und ein stabiles Gleichgewicht der Wirtschaft herbeizuführen. Sie ist dazu prinzipiell in der Lage, was von den Keynesianern mit dem theoretischen Konzept des Multiplikators begründet wird.

Kernstück der keynesianischen ablaufpolitischen Konzeption ist der Gedanke, dass die Wirtschaftspolitik durch aktive Eingriffe in den Wirtschaftsablauf auf der gesamtwirtschaftlichen Eben in der Lage ist, Konjunkturschwankungen auszugleichen oder zumindest abzuschwächen und Massenarbeitslosigkeit und andere schwere gesamtwirtschaftliche Ungleichgewichte zu verhindern. Die wichtigsten Eingriffsmöglichkeiten sind dabei die Fiskal- und Geldpolitik. In den Jahren vom Endes des Zweiten Weltkriegs bis zum Beginn der 1970er Jahre schien es, als wären diese Instrumente der keynesianischen Ablaufpolitik in der Lage, die Erreichung der angestrebten gesamtwirtschaftlichen Ziele in den (westlichen) Industriestaaten weitgehend zu gewährleisten. Während dieser Zeit konzentrierte sich die theoretische Diskussion vor allem auf die Frage, ob eher die Geldpolitik oder die Fiskalpolitik diese Aufgabe erfüllen könnte.

Dagegen – und das ist eigentlich bis heute die grundlegende Auseinandersetzung in der makroökonomischen Theorie – vertraten die Klassiker und später dann ihre Nachfolger, die Monetaristen und die Neuen Klassiker, die Position, dass die Preise in dem gesamtwirtschaftlichen System flexibel sind und dass durch Anpassungen der Preise Ungleichgewichte verschwinden und von selbst wieder beseitigt werden. Die Vorstellung ist dabei auf Seiten der Klassiker und der Neoklassiker, dass ein langfristiges Gleichgewicht durch Preisanpassungen erreicht werden kann. Bei Keynes hingegen sind dafür von außen her kommende wirtschaftspolitische Eingriffe und Maßnahmen erforderlich. Keynes drückte das drastisch aus, indem er meinte, die Politik könnte in einer Wirtschaftskrise auch Löcher graben, Flaschen hineinlegen, diese eingraben und dann wieder ausgraben lassen, also eine eigentlich völlig sinnlose Tätigkeit, die aber helfen würde, weil sie Beschäftigung, Einkommen und Produktion schaffen würde. Er sagte natürlich dazu, in einer etwas kritischen und zynischen Art, natürlich wäre es gescheiter, man würde etwas Sinnvolles machen, aber wenn das politisch nicht durchsetzbar wäre, sollte man zumindest irgendwelche Arbeitsbeschaffungsmaßnahmen setzen.[60] Im Gegensatz zu dieser keynesianischen Position lautet die klassische Position, das sei nicht notwendig und unter Umständen sogar schädlich; man sollte auf die Marktkräfte vertrauen, die einen Zustand der Vollbeschäftigung herbeiführen könnten.

Die Theorie von Keynes, der in weiten Bereichen nur verbal argumentierte und nicht wirklich ein Modell in allen Einzelheiten ausformulierte, wurde dann von Schülern von Keynes und anderen Ökonomen formalisiert. Verschiedene makroökonomische Modelle wurden im Anschluss an die Arbeiten von Keynes entwickelt. Von den diversen Schulen, die sich aus dem Denken von Keynes heraus entwickelten, war die am weitesten verbreitete jene, die man meist als die **Neoklassische Synthese** bezeichnet. Sie begann unmittelbar nach dem Erscheinen des Buchs von Keynes mit einer Art Buchbesprechung, die John R. Hicks (1904–1989, Nobelpreis 1972) verfasste, und zwar in einem Aufsatz mit dem Titel „Mr. Keynes and the Classics: a Suggested Interpretation"[61]. In diesem Aufsatz versuchte Hicks, die Vorstellungen von Keynes in ein formales Modell zu übersetzen, damit man die grundlegenden Unterschiede zwischen Keynes und den Klassikern modelltheoretisch erfassen und damit eine gemeinsame Basis für die Diskussion dieser verschiedenen Ansätze gewinnen könnte. Aus diesem Modell von Hicks entwickelte sich das **IS-LM-Modell** – ein sehr einfaches gesamtwirtschaftliches Modell, das aus vier Märkten besteht: ein **Gütermarkt**, auf dem ein Gut gehandelt wird, das Sozialprodukt oder Bruttoinlandsprodukt; ein **Geldmarkt**, auf dem Geld von der Zentralbank angeboten und von den Haushalten und Unternehmungen nachgefragt wird;

---

[60]   Weitergehende Staatseingriffe werden von verschiedenen keynesianischen Schulen empfohlen. Vgl. dazu etwa Robinson (1972).

[61]   Hicks (1937).

ein **Arbeitsmarkt**[62] und ein **Wertpapiermarkt**, wobei der Wertpapiermarkt typischerweise nicht explizit analysiert wird, weil aufgrund des Gesetzes von Walras auch dieser Markt im Gleichgewicht ist, wenn die anderen Märkte im Gleichgewicht sind. Die ersten Varianten der Neoklassischen Synthese[63] arbeiteten überhaupt mit nur einem Markt, dem Gütermarkt.[64]

Die Beziehungen auf dem **Gütermarkt** werden durch die **IS-Kurve** dargestellt. Wir erinnern uns, die IS-Kurve ist eine Beziehung, in der (in einem kartesischen Koordinatensystem) auf der Abszisse (der horizontalen Achse) der reale Output (die Produktion) und auf der vertikalen Achse der Zinssatz aufgetragen wird. Die IS-Kurve gibt alle Kombinationen von Zinssatz und Output wieder, bei denen der Gütermarkt im Gleichgewicht ist, bei denen also das gesamtwirtschaftliche Angebot, das nicht näher erklärt wird, der Summe der gesamtwirtschaftlichen Nachfrage aus Konsum und Investitionen plus (bei einer Wirtschaft mit Staat) Staatsausgaben für Güter und Dienstleistungen plus (bei einer offenen Volkswirtschaft) Nettoexporten (Außenbeitrag, also Exporte minus Importe) gleich ist. Dadurch, dass die Angebotsseite zunächst nicht explizit formuliert wird, wird angenommen, dass dieses Gleichgewicht auf dem Gütermarkt nachfrageseitig bestimmt wird. Da es sich hier um ein Gleichgewicht in einer Größe wie Produktion oder Bruttoinlandsprodukt handelt, stellt die IS-Kurve und das Gütermarktgleichgewicht ein **Stromgleichgewicht** dar; es ist eine Strom- oder Flussgröße (eine Größe, die pro Zeitperiode definiert ist), die hier bestimmt wird.

Im Gegensatz dazu wird auf den **Finanzmärkten**, dem Geldmarkt und dem Wertpapiermarkt, ein **Bestandsgleichgewicht** analysiert. Insbesondere wird auf dem Geldmarkt untersucht, unter welchen Bedingungen das von der Zentralbank (und durch das Bankensystem vom gesamten Bankenapparat) bereitgestellte Geldangebot der Geldnachfrage der Haushalte und Unternehmungen gleich ist, wobei meist angenommen wird, dass das Geldangebot exogen ist, also eine wirtschaftspolitische Größe, die durch Festlegungen der Wirtschaftspolitik bestimmt werden kann, während andererseits die Geldnachfrage vom Transaktionsvolumen, das durch das BIP approximiert werden kann, und vom Zinssatz abhängig ist. Diese Zinsabhängigkeit der Geldnachfrage war eine der neuen Ideen von Keynes. Er begründete sie mit dem Argument der Liquiditätspräferenz und der Spekulationskassa: Die Haushalte und Unternehmungen treffen Vermögensanlageentscheidungen, die von den alternativen Ertragsmöglichkeiten der verschiedenen gesamtwirtschaftlichen Finanzaktiva abhängen, damit auch vom Geld und seinen Alternativen, wobei als Alternative im IS-LM-Modell nur ein Wertpapier als hoch aggregiertes Konzept in die Betrachtungsweise eingeht. Zu beachten ist, dass auf dem Geld- und dem Gütermarkt gemeinsam und **simultan** (d.h. gleichzeitig) Zinssatz und (nachfrageseitige) Produktion bestimmt werden. Die Interaktion zwischen dem Geld- und dem Gütermarkt in Form des IS-LM-Modells ist bis heute ein Kernstück der makroökonomischen Analyse. Es dient dazu auch, die gesamtwirtschaftlichen Zusammenhänge, wie sie Keynes zumindest teilweise gesehen hat, darzustellen und damit auch wirtschaftspolitisch zu argumentieren, wenngleich dieses Modell mittlerweile unter theoretischen Gesichtspunkten durchaus zu Recht intensiv kritisiert worden ist.

---

[62]   Bei Hicks scheint der Arbeitsmarkt noch nicht auf.

[63]   Der Begriff wurde zuerst von Samuelson (1948) verwendet.

[64]   Manche makroökonomischen Lehrbücher beschränkten sich noch lange nach der Entwicklung der Neoklassischen Synthese auf dieses Ein-Gut-Modell des Multiplikators (leider auch manche Autoren wirtschaftspolitischer Empfehlungen, wie sogar noch in der Finanz- und Wirtschaftskrise 2007-2009).

Zu beachten ist bei diesem IS-LM-Modell, dass dabei eigentlich eine gewisse Inkonsistenz vorliegt, da ein Stromgleichgewicht mit einem Bestandsgleichgewicht kombiniert wird, ohne dass die den Stromgrößen (Produktion, Einkommen usw.) entsprechenden Bestandsgrößen analysiert werden. Beispielsweise kommen auf der IS-Kurve die Investitionen wesentlich vor, der Kapitalstock wird aber als konstant angenommen und es wird nicht untersucht, wie sich die Änderungen der Investitionen angebotsseitig auf den Kapitalstock auswirken. Dieses Modell ist also sehr einfach, es ist eine Art Lehrbuchmodell; Keynes selbst meinte allerdings in einer Bemerkung, dass dieses IS-LM-Modell die wesentlichen Aspekte seiner theoretischen Vorstellungen adäquat darstellt[65].

Die typisch keynesianischen Aspekte dieses Modells sind einerseits die **Liquiditätspräferen**z, die Abhängigkeit der Geldnachfrage vom Zinssatz, andererseits die **Konsumfunktion**, die Abhängigkeit des Konsums (des privaten Verbrauchs von Gütern und Dienstleistungen) vom persönlich verfügbaren Einkommen. Keynes betonte sehr stark, dass für ihn die Konsumpläne primär sind; das Sparen ist nur eine Restgröße, im Gegensatz zur klassischen Theorie, die sagte, dass der Zinssatz durch die Gleichheit von Sparen und Investieren bestimmt wird, weil die Sparmittel und die Investitionsmittel auf den Kapital- und Finanzmärkten (das Angebot an Sparmitteln und die Nachfrage nach Investitionsmitteln) durch den Zinssatz dort ausgeglichen werden. Das ist nach den Überlegungen von Keynes nicht der Fall, sondern das Sparen ist die Restgröße, die übrig bleibt vom Einkommen, nachdem der Konsum getätigt wurde, und diese Größe hängt nicht in erster Linie vom Zinssatz ab, sondern vom Einkommen, ebenso wie der Konsum vom Einkommen abhängig ist.

Die Betrachtungsweise von Keynes wurde unter wirtschaftspolitischen Gesichtspunkten besonders deswegen von Bedeutung, weil teilweise schon in der Zwischenkriegszeit, aber dann besonders nach dem Zweiten Weltkrieg in vielen Ländern die Rezepte von Keynes angewendet wurden, und zwar zunächst durchaus erfolgreich. Da nach Keynes der private Sektor wegen der instabilen privaten Investitionsentscheidungen und der stark schwankenden Erwartungen der Konsumenten und der Unternehmer nicht aus sich heraus den Zustand der Massenarbeitslosigkeit überwinden kann, empfahl er, dass die staatliche Wirtschaftspolitik, die Ablaufpolitik hier einzugreifen hat mit der Aufgabe, Konjunkturschwankungen auszugleichen. Die Ablaufpolitik soll nach der Konzeption der Keynesianer das Auf und Ab von Hochkonjunktur und Krise, das in kapitalistischen Wirtschaftssystemen immer wieder auftritt, glätten, und sie hat andererseits die Aufgabe, ein stabiles Gleichgewicht der Wirtschaft herbeizuführen, also ein Gleichgewicht, in dem es keine massenhafte unfreiwillige Arbeitslosigkeit gibt. Mit **unfreiwilliger Arbeitslosigkeit** ist dabei immer jene Arbeitslosigkeit gemeint, die durch fehlende gesamtwirtschaftliche Nachfrage bedingt ist. Keynes selbst beschreibt die unfreiwillige Arbeitslosigkeit so, dass in dieser Situation Personen zum herrschenden Lohnsatz für ihre jeweilige Qualifikation bereit wären zu arbeiten, aber keinen Arbeitsplatz bekommen. Aufgrund der Überlegungen von Keynes ist die Wirtschaftspolitik in der Lage – und daher soll sie das auch tun –, mithilfe insbesondere der Fiskalpolitik einen solchen Zustand der unfreiwilligen Arbeitslosigkeit zu überwinden. Der Multiplikator ist das theoretische Konzept, das als Begründung dieser These dient.

---

[65]   Keynes (1937).

In den ersten Jahren nach dem Zweiten Weltkrieg wurde diese keynesianische Konzeption theoretisch weiterentwickelt und auch in der wirtschaftspolitischen Praxis eingesetzt. Insbesondere wurde analysiert, welchen Einfluss fiskalpolitische und geldpolitische Maßnahmen auf das Sozialprodukt oder das Bruttoinlandsprodukt haben, wobei damals die Kontroverse vor allem in Hinblick auf die verschiedenen Instrumente der Wirtschaftspolitik und noch nicht so stark auf die grundsätzlichen Möglichkeiten des Einsatzes wirtschaftspolitischer Maßnahmen überhaupt abstellte.

Das IS-LM-Modell hat allerdings einige gravierende Schwächen. Eine dieser Schwächen ist die Tatsache, dass es sich um ein **temporäres Gleichgewicht** handelt, in dem Größen wie der Kapitalstock und andere Bestandsgrößen sich nicht in ihrem langfristig gewünschten Niveau befinden. Dafür bedarf es der Analyse eines **stationären Gleichgewichts**, eines Zustandes, in dem alle Variablen des Modells sich im Gleichgewicht befinden. Analysen der langfristigen Entwicklung und der Auswirkungen eines steigenden Kapitalstocks auf das Angebot wurden in der **Wachstumstheorie** vorgenommen, die insbesondere in den 1950er Jahren mit den Arbeiten von Robert M. Solow[66] (geb. 1924; Nobelpreis 1987) einen neuen Impuls erhielt. Die moderne Wachstumstheorie im Anschluss an die Arbeiten von Solow und anderen, die so genannte neoklassische Wachstumstheorie, untersucht langfristige Wachstumszustände als „Steady states", als Gleichgewichtszustände in dynamischen Analysen. Die kurzfristige Analyse, die im Sinne des IS-LM-Modells von Keynes und seinen Nachfolgern entwickelt wurde, entwickelte sich lange Zeit weitgehend getrennt von der Wachstumstheorie. Obwohl in den letzten Jahrzehnten die beiden Zweige der makroökonomischen Theorie – einerseits die kurzfristige Konjunkturtheorie oder Theorie der kurzfristigen Stabilisierung und andererseits die langfristige Wachstumstheorie – stärker mit einander verzahnt wurden, ist eine voll befriedigende Synthese der beiden Gebiete bis jetzt noch nicht gelungen.

Wir konzentrieren uns hier auf die Fragen der Konjunktur- und Stabilisierungstheorie, weil diese unter wirtschaftspolitischen Gesichtspunkten von größerer Bedeutung sind. Das IS-LM-Modell wurde insbesondere durch Hinzufügung eines **Arbeitsmarktes** weiterentwickelt. Hier wurde die entscheidende Arbeit von Franco Modigliani (1918–2003; Nobelpreis 1985)[67] geleistet, wobei für das Arbeitsangebot die Abhängigkeit in zwei Varianten einerseits vom Reallohn, andererseits vom Geldlohn (Nominallohn), also unter der Annahme von Geldillusion, diskutiert wurde, während für die Arbeitsnachfrage, die aus der Gewinnmaximierung der Unternehmungen abgeleitet wurde, jeweils der Reallohn als Bestimmungsgröße angesehen wurde. Auch dieses Arbeitsmarktmodell und das dazugehörige Modell der Produktion, in dem eine **gesamtwirtschaftliche Produktionsfunktion** die Verbindung zwischen dem Arbeitseinsatz und dem Output (der Produktion, dem Bruttoinlandsprodukt) herstellt, bilden ein Modell eines temporären Gleichgewichts. Die Arbeit wird in diesem Modell als einziger variabler Einsatzfaktor der Produktion gesehen; es handelt sich also auch um eine kurzfristige Analyse. Einer der Diskussionspunkte in der makroökonomischen Theorie war unter anderem die Frage, ob der Arbeitsmarkt getrennt von den anderen Märkten ins Gleichgewicht gebracht werden kann. Dabei war umstritten, ob es möglich ist, dass der Arbeitsmarkt als

---

[66] Solow (1956).

[67] Modigliani (1944).

einziger in einem Ungleichgewicht verharren kann, während die anderen Märkte sich im Gleichgewicht befinden.

Das makroökonomische Modell wurde ferner erweitert, indem man Vermögenseffekte der Geldpolitik einbezog. Es wurde eine Portefeuille-Theorie entwickelt, die die Anlageentscheidung auf den Finanzmärkten entscheidungs- und risikotheoretisch erklärte[68]. Von dieser Theorie wurde dann eine Verbindung zur Investitionstheorie hergestellt, wodurch ein integriertes Modell der monetären Makroökonomik mit einem finanzwirtschaftlichen und einem realwirtschaftlichen Sektor ermöglicht wurde[69].

Für die Wirtschaftspolitik wichtig ist die Konsequenz, die Keynes und die Keynesianer auch mit diesem IS-LM-Modell inklusive Arbeitsmarktmodell zogen, nämlich dass es möglich ist und auch sinnvoll sein kann, Vollbeschäftigungspolitik zu betreiben, indem man Nachfragesteuerung betreibt. **Nachfragesteuerung** (demand management) heißt, dass man so genannte Nachfragelücken, zu geringe Nachfrage nach Gütern und Dienstleistungen von Seiten der Haushalte und Unternehmungen (der privaten Konsumenten und Investoren), durch staatliche Aktionen zu schließen versucht. Die keynesianische ablaufpolitische Konzeption ist dadurch charakterisiert, dass die Wirtschaftspolitik durch aktive Eingriffe in den Wirtschaftsablauf auf gesamtwirtschaftlicher Ebene in der Lage ist, Konjunkturschwankungen auszugleichen oder zumindest abzuschwächen. Das ist eines der zentralen Themen der Auseinandersetzung: Kann die Wirtschaftspolitik Massenarbeitslosigkeit und andere schwere gesamtwirtschaftliche Ungleichgewichte durch Geld- und Fiskalpolitik verhindern? In den Jahren vom Ende des Zweiten Weltkriegs bis zum Beginn der 1970er Jahre sah es so aus, als wären diese Instrumente der keynesianischen Ablaufpolitik tatsächlich in der Lage, die Erreichung der angestrebten gesamtwirtschaftlichen Zielgrößen zu gewährleisten. Die theoretische Diskussion zwischen den Keynesianern und ihren wirtschaftstheoretischen und wirtschaftspolitischen Kontrahenten ging damals im Wesentlichen darum, ob entweder die Geldpolitik oder die Fiskalpolitik besser geeignet sei, diese Aufgabe zu erfüllen.

Den hier skizzierten theoretischen Entwicklungen der Makroökonomik entsprachen auch empirische Untersuchungen. Etwa zu der Zeit, als Keynes seine „General Theory" erarbeitete, wurden auch die ersten Ansätze zur **Volkswirtschaftlichen Gesamtrechnung (VGR)** entwickelt und die entsprechenden Daten gesammelt. Die VGR ist ein System der gesamtwirtschaftlicher Buchhaltung, in dem die gesamtwirtschaftlichen (aggregierten) Größen berechnet und ihre Beziehungen zu einander dargestellt werden. Es ist sozusagen eine Datensammlung für die Größen, die aufgrund der keynesianischen makroökonomischen Theorie von Interesse sind, um Analysen zu machen, die für die Wirtschaftspolitik als Grundlage dienen.

In der Zeit von Keynes wurden auch die ersten empirischen Prüfungen von gesamtwirtschaftlichen makroökonomischen Hypothesen vorgenommen. Beispielsweise wurde das erste makroökonometrische Modell im gleichen Jahr veröffentlicht (1936) wie die „General Theory" von Keynes. Die **Ökonometrie** ist eine Sammlung von Verfahren, die aus der Statistik kommen und für die Messung und insbesondere Schätzung von ökonomischen Beziehungen entwickelt wurden. In der Ökonometrie versucht man zum Beispiel – und genau das hat

---

[68]   Markowitz (1991).

[69]   Tobin (1969).

Tinbergen auch gemacht –, das Konzept der Konsumfunktion von Keynes, wonach der Konsum eine Funktion, also abhängig vom persönlich verfügbaren Einkommen ist, auch statistisch nachzuweisen. Es wird untersucht, ob eine Korrelation (ein statistischer Zusammenhang) zwischen den Zeitreihen der Entwicklung des Konsums einerseits und der Entwicklung des persönlich verfügbaren Einkommens andererseits nachgewiesen werden kann. Wenn man eine starke Korrelation findet, kann man auch den Koeffizienten dieser Beziehung durch eine Regressionsanalyse schätzen. Dies kann in einem gewissen Sinn als eine empirische Bestätigung der keynesianischen Konsumhypothese interpretiert werden; andererseits wird damit auch ein empirischer Hinweis auf die Größe eines für die Höhe des Multiplikators relevanten Parameters, der marginalen Konsumneigung, geliefert.

Die Ökonometrie wurde insbesondere zum Bau **ökonometrischer Modelle** eingesetzt. Ein ökonometrisches Modell ist etwas Ähnliches wie ein theoretisches ökonomisches Modell, also zum Beispiel das IS-LM-Modell, aber mit zahlenmäßig bestimmten, aus ökonomischen Daten geschätzten Parametern. In einem ökonometrischen Modell werden gesamtwirtschaftliche Größen mit einander in Beziehung gesetzt; es wird untersucht, ob eine Variable auf eine andere einwirkt und in welchem Ausmaß sich eine Variable ändert, wenn sich eine andere Variable in einem bestimmten Ausmaß geändert hat. Man versucht hier empirisch, die Größe insbesondere der Multiplikatoren festzustellen. Ferner werden **Prognosen** erstellt, also Vorhersagen, wie sich die Volkswirtschaft – bei Geltung des ökonometrischen Modells – in der nächsten Periode entwickelt, wenn keine wirtschaftspolitischen Eingriffe vorgenommen werden. Dies dient auch dazu, um Entscheidungen der Wirtschaftspolitik vorzubereiten. Prognosen sind also auch Entscheidungsgrundlagen für die Wirtschaftspolitik.

Die 1950er und 1960er Jahre waren eine Zeit des großen wirtschaftspolitischen Optimismus und einer gewissen Planungseuphorie in den USA und in Westeuropa. Man war der Ansicht, man könnte eine Volkswirtschaft durch **Feinsteuerung** (fine tuning) lenken: Wie man einen Sender bei einem Radio- oder Fernsehapparat einstellt, könnte man den Einsatz der wirtschaftspolitischen Instrumente so genau dosieren, dass man eine Vielzahl von Zielen der Wirtschaftspolitik wie Vollbeschäftigung, Preisstabilität, außenwirtschaftliches Gleichgewicht usw. gleichzeitig erreicht. Wenn man nur wüsste, wie groß der Multiplikator sei, könnte man alle diese Ziele erreichen. Man meinte also, dass das Problem der so genannten **Globalsteuerung**, der Steuerung der gesamten Volkswirtschaft, mit dem keynesianischen Instrumentarium und mit den entsprechenden Schätzungen durch ökonometrische Modelle gelöst sei. Dies bezog sich nicht nur auf das Problem der Beschäftigung und des Outputs, sondern es wurde eine Stabilisierungspolitik im weiteren Sinn konzipiert, die Beschäftigung, Wirtschaftswachstum, Preisstabilität, außenwirtschaftliches Gleichgewicht, Nachhaltigkeit im Bereich der öffentlichen Finanzen und in umweltpolitischen Zielen umfasste. Die späten 1960er und dann vor allem die 1970er Jahre zeigten allerdings, dass das nicht so ohne weiteres möglich ist. Der Ernüchterung und Enttäuschung über die nicht den Erwartungen entsprechende Ergebnisse der keynesianischen Globalsteuerung entsprechen auch gewisse Einwände gegen das IS-LM-Modell und die gesamtwirtschaftliche keynesianische Theorie.

Ein wesentlicher Einwand gegen die keynesianische Theorie ist folgende Einsicht: Um dauernde konjunkturelle Arbeitslosigkeit zu erklären, muss man davon ausgehen, dass im keynesianischen Modell Preisgrößen, wie das allgemeine Preisniveau und/oder Löhne und Zinssätze, starr sind, insbesondere nicht fallen können (Annahme der **Preisrigidität**), und dass deswegen die Anpassung im keynesianischen System nicht über die Preise, sondern über Mengenveränderungen erfolgt. Zum Beispiel reagieren die Unternehmungen im keynesianischen Modell auf geringer gewordene Nachfrage nach ihren Produkten nicht mit Preissenkungen, sondern mit einer Einschränkung ihrer Produktion. Diese Annahme der Mengenreaktion steht im Gegensatz zur neoklassischen Theorie, aufgrund derer die relativen Preise das gesamtwirtschaftliche System immer ins Gleichgewicht bringen. In Wirklichkeit ist die eine Annahme so arbiträr (beliebig) wie die andere. Wir können nicht von vornherein sagen, ob Mengen- oder Preisanpassungen die schneller und stärker wirkenden Kräfte sind, die in der Wirtschaft zum Einsatz kommen. Speziell eine langfristige Starrheit von Preisgrößen ist allerdings immer schwer zu begründen und problematisch.

Als weitere Kritikpunkte an dem keynesianischen Modell wurde vorgebracht, dass es die Budgetbeschränkung des Staates vernachlässigt und dass dadurch wirtschaftspolitische Empfehlungen formuliert werden, die mittel- und langfristig zu Problemen mit der Staatsverschuldung führen. Dieses Problem wurde in vielen Ländern relevant, in denen keynesianische wirtschaftspolitische Rezepte angewandt wurden. Es stellte sich dann heraus, dass die **Staatsschulden** massiv anwuchsen, was unerwünschte langfristige Konsequenzen hat. Insbesondere konnte man mithilfe der Wachstumstheorie und durch empirische Untersuchungen zeigen, dass eine hohe Staatsverschuldung einen schädlichen Einfluss auf die längerfristigen Wachstumsaussichten einer Volkswirtschaft ausüben kann[70].

Ein wichtiger Einwand, der gegen das keynesianische Modell der Neoklassischen gerichtet wurde, war das Fehlen von mikroökonomischen Fundierungen („**Mikrofundierung**") makroökonomischer Zusammenhänge. Dahinter steht die Vorstellung des methodologischen Individualismus, die für die Neoklassiker charakteristisch ist, aber als generelles Prinzip der Wirtschaftswissenschaften von der überwiegenden Mehrheit der Ökonomen geteilt wird. Dieses methodologische Prinzip wurde als verletzt angesehen, weil in der keynesianischen Theorie die gesamtwirtschaftlichen Beziehungen, wie etwa die Konsumfunktion oder die Investitionsfunktion, nicht aus dem Optimierungsverhalten der einzelnen Haushalte bzw. Unternehmungen abgeleitet wurden. Die Forderung des methodologischen Individualismus besteht darin, dass man Wirtschaftsvorgänge und Zusammenhänge aus dem Rationalverhalten der einzelnen Wirtschaftssubjekte, der Haushalte und der Unternehmungen, erklärt.

Die fehlende mikroökonomische Fundierung der Makroökonomik wurde zunehmend kritisiert und war ein Thema, das zu Neuentwicklungen Anstoß gab. Unter anderem wurde argumentiert, dass man die walrasianischen Konzepte wie allgemeines Gleichgewicht eigentlich nicht wirklich auf makroökonomische keynesianische Probleme anwenden könne, dass es daher gar nicht möglich sei, die keynesianischen Vorstellungen in einen Gleichgewichtsansatz zu integrieren. Als Konsequenz dieses Kritikpunktes wurden Versuche vorgenommen, die keynesianische Theorie als eine Ungleichgewichtstheorie umzuformulieren.

Ein weiterer Kritikpunkt am keynesianischen Modell waren grundsätzliche Zweifel an der Möglichkeit der **Aggregation**. Einzelne Autoren vertraten überhaupt die Meinung, man müsse die makroökonomische Theorie aufgeben; sie sei keine ernsthafte Wissenschaft, weil sie von Größen wie etwa dem BIP ausgehe, die im Zeitablauf nicht stabil seien. Dieser Kritikpunkt wurde allerdings vorwiegend von Außenseitern (heterodoxen Ökonomen) geäußert,

---

[70] Vgl. dazu unter anderem Greiner und Fincke (2009).

vor allem von einzelnen Anhängern der Österreichischen Schule der Nationalökonomie, und fand außerhalb dieser Schule wenig Resonanz.

Ein wirksamerer Kritikpunkt richtete sich gegen die **ökonometrischen Modellbildungen** im Rahmen der keynesianischen Makroökonomik. Insbesondere Christopher A. Sims[71] (geb. 1942, Nobelpreis 2011) vertrat die These, die Modellstrukturen der keynesianischen Ökonometriker seien a priori (im Voraus) festgelegt und formuliert worden und setzten dabei eigentlich eine große Fülle von theoretischen Überlegungen voraus, von denen man nicht wisse, ob sie wirklich stimmen. Stattdessen sollte man nur solche Restriktionen bei der Modellbildung einführen, die sehr allgemein und wenig einschränkend sind. Diese sollte man empirisch zu gewinnen versuchen und nicht aus vorgeblich theoretischen Überlegungen. Beispielsweise sollte man nicht von der theoretischen Hypothese ausgehen, dass der Konsum vom Einkommen abhängt, sondern man sollte ohne theoretische „Vorurteile" an die Daten herangehen und Kausalbeziehungen zwischen den Zeitreihen empirisch ermitteln. Diese Überlegungen führten in der Ökonometrie zu einer Vielzahl von neuen, auch methodischen Entwicklungen, die in die Mainstream-Makroökonomik eingingen. Während ursprünglich stark strukturelle ökonometrische Modelle verwendet wurden, in denen ganz bestimmte Annahmen getroffen wurden, welche Variablen wovon abhängen, werden jetzt vorwiegend so genannte vektorautoregressive (VAR)-Modelle für die Politikanalyse verwendet, in denen vorgegebene oder empirisch begründete Lag-Strukturen (Verzögerungsstrukturen) empirisch geschätzt werden, wobei nicht von vornherein angenommen wird, dass bestimmte Variablen andere nicht beeinflussen. Im Zusammenhang damit gab es in der Methodik für die Schätzung empirischer Modelle eine Vielzahl von Neuentwicklungen, insbesondere durch die stärkere Berücksichtigung zeitreihenanalytischer Verfahren und Konzepte.[72]

Ein letzter Kritikpunkt, der hier erwähnt werden soll, ist die Frage, ob die **Mikro- und die Makroökonomik** überhaupt so integrierbar sind oder ob es sich hierbei nicht um unterschiedliche Fragestellungen handelt. Die Mikro- und die Makroökonomik behandeln natürlich das gleiche Erkenntnisobjekt – die Wirtschaft –, aber möglicherweise unter ganz unterschiedlichen Gesichtspunkten. Die Neoklassische Synthese versucht, Keynes und die Klassiker zu integrieren, und sieht die keynesianische Theorie als Analyse unter der Annahme der Unterbeschäftigung, während die klassische Analyse eine Analyse unter der Voraussetzung der Vollbeschäftigung ist. In diesem Sinn wäre dann die keynesianische Analyse eher ein Spezialfall der klassischen Analyse, also genau umgekehrt zur Sicht von Keynes. Man kann aber auch die Frage stellen, ob man die keynesianische makroökonomische Analyse überhaupt in einem Modell gesamtwirtschaftlicher Märkte, das letztlich auf der Methodologie der walrasianischen Theorie des allgemeinen Gleichgewichts beruht, zusammenfügen kann. Manche Autoren[73] vertreten die Meinung, dass Mikroökonomik und Makroökonomik eigentlich nicht aufeinander bezogen werden sollten. Die herrschende Meinung hält allerdings die mikroökonomische Fundierung der Makroökonomik für erforderlich und verlangt, dass man begründen müsste, wie man von den einzelwirtschaftlichen Entscheidungen auf die gesamtwirtschaftlichen Beziehungen kommt.

---

[71] Sims (1980).
[72] Für eine Übersicht dazu vgl. unter anderem Kirchgässner und Wolters (2006).
[73] Vgl. dazu Dow (1985).

2.5.3 Der Monetarismus und seine wirtschaftspolitischen Konsequenzen

In der Zeit nach dem Zweiten Weltkrieg war die keynesianische Theorie in den meisten westlichen Industrieländern die vorherrschende makroökonomische Theorie. Die Wirtschaftspolitik übernahm in vielen Ländern keynesianische Rezepte und wandte sie zunächst durchaus erfolgreich an. Insbesondere gelang es in den 1950er und in der ersten Hälfte der 1960er Jahre, die Vollbeschäftigung weitgehend aufrecht zu erhalten, ohne dass andere wirtschaftspolitische Ziele stärker verfehlt wurden. Als Gegenposition zum Keynesianismus bildete sich damals nur allmählich die makroökonomische Richtung des **Monetarismus** heraus. Der wichtigste Vertreter des Monetarismus war **Milton Friedman**. Die Monetaristen knüpften in theoretischer Hinsicht an die klassische Theorie an. Friedman war lange Zeit an der Universität Chicago Professor und betonte stets, dass eine in die vorkeynesianische Zeit zurückreichende Tradition der „Chicago School of Economics" existierte. Friedman kritisierte in verschiedener Hinsicht die keynesianischen Überlegungen und ihre wirtschaftspolitischen Empfehlungen.

Die erste Welle der Auseinandersetzungen zwischen Keynesianern und Monetaristen bezog sich auf die Frage der **relativen Wirksamkeit von Geld- und Fiskalpolitik** für stabilisierungspolitische Ziele. Es wurde zunächst nicht grundsätzlich in Frage gestellt, dass gesamtwirtschaftliche Größen durch Geld- und Fiskalpolitik nachfrageseitig beeinflusst werden können. Von Seiten der Monetaristen wurde aber argumentiert, dass die Fiskalpolitik unwirksam und nur die Geldpolitik wirklich wirksam ist. Dieses Argument konnte man innerhalb des IS-LM-Modells begründen und argumentieren.

Im Rahmen des IS-LM-Modells (wobei Y der Output und r der Zinssatz ist) kann man die gegensätzlichen Positionen bezüglich der relativen Wirksamkeit von Geld- und Fiskalpolitik bei der Erreichung stabilisierungspolitischer Zielsetzungen folgendermaßen darstellen:

1. Die **Fiskalisten** (im Wesentlichen: die **Keynesianer**) nehmen an, dass die Geldnachfrage stark auf Veränderungen des Zinssatzes reagiert, also zinselastisch ist. Die Investitionsnachfrage ist dagegen ihrer Meinung nach relativ zinsunelastisch, die privaten Investitionen reagieren also wenig auf Zinssatzänderungen. Das bedeutet, dass die LM-Kurve flach (im Extremfall der „Liquiditätsfalle" horizontal) ist, während die IS-Kurve steil (im Extremfall der „Investitionsfalle" vertikal) ist. Daraus folgt:

    (a) Eine Erhöhung der Geldmenge (des Geldangebots) hat geringe oder keine Auswirkungen auf das BIP, das sich im Gleichgewicht von Gütermarkt und Geldmarkt einstellt; die **Geldpolitik** ist also relativ **unwirksam**, wie man aus Abbildung 2.7 sieht. Analoges gilt für eine Senkung der Geldmenge.

    (b) Dagegen ist die **Fiskalpolitik** unter diesen Voraussetzungen sehr **wirksam**: Eine Erhöhung (Senkung) der Staatsausgaben oder eine Senkung (Erhöhung) der Steuern bzw. der Steuersätze erhöht (senkt) das Gleichgewichts-BIP stark (Abbildung 2.8).

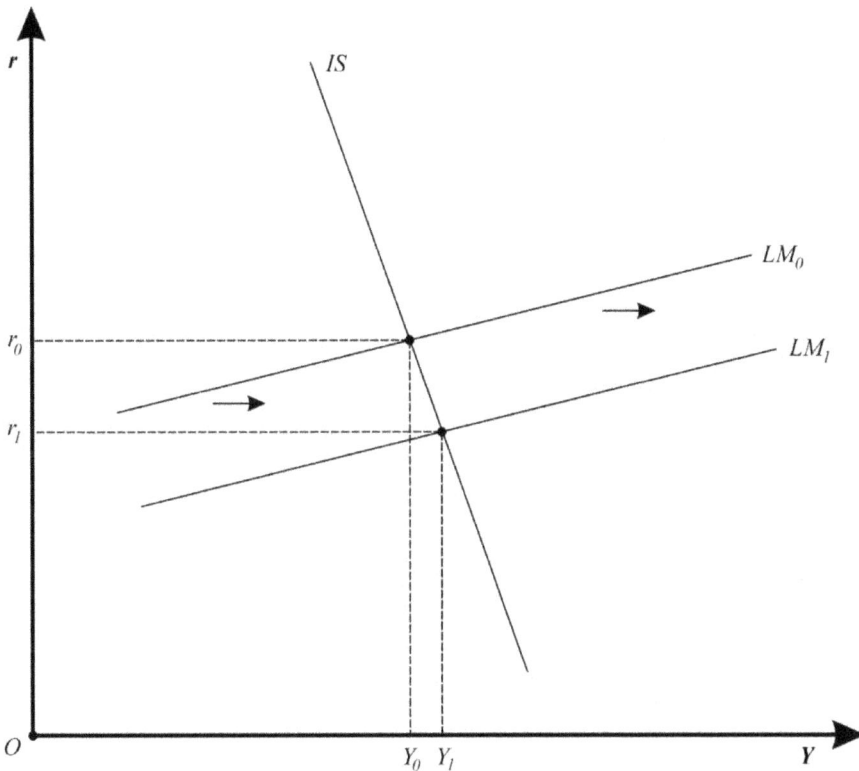

Abbildung 2.7: IS-LM-Modell, Geldpolitik in der Sicht des Fiskalismus

Die Fiskalisten oder Keynesianer sahen somit die Geldnachfrage als stark vom Zinssatz abhängig, nahmen also eine hohe Zinselastizität der Geldnachfrage an, während sie der Meinung waren, dass die Zinselastizität der Investitionen gering sei, dass Investitionen also nur schwach oder gar nicht vom Zinssatz abhängig seien. Wenn man diese Annahmen trifft, dann heißt das, dass die IS-Kurve wegen der geringen Zinsabhängigkeit der Investitionen sehr steil, die LM-Kurve aber wegen der starken Zinsabhängigkeit der Geldnachfrage sehr flach ist. Man kann sich leicht in einem IS-LM-Diagramm überlegen, dass in einer solchen Situation bei einer steilen IS-Kurve und einer flachen LM-Kurve die Geldpolitik nicht sehr wirksam ist, weil es einer sehr großen Erhöhung der Geldmenge bedürfte, um überhaupt eine Zinssatzsenkung herbeizuführen. Andererseits wäre eine sehr große Zinssatzsenkung erforderlich, um die privaten Unternehmen stärker zum Investieren zu veranlassen.

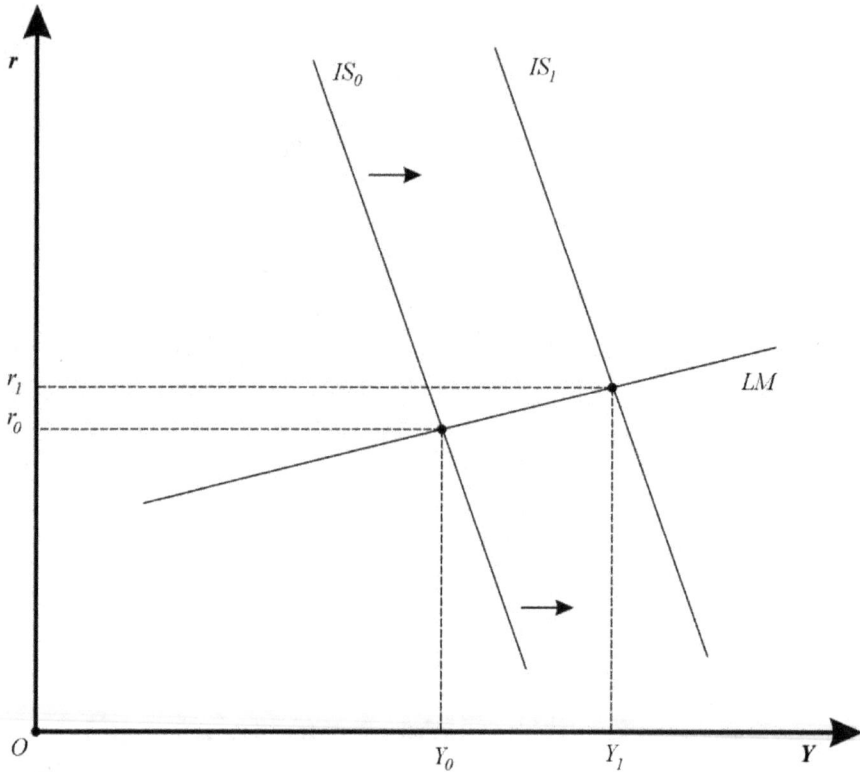

Abbildung 2.8: IS-LM-Modell, Fiskalpolitik in der Sicht des Fiskalismus

Im Extremfall ist in dieser keynesianischen Sicht die LM-Kurve sogar waagrecht – eine Situation, die Keynes selbst als die **Liquiditätsfalle** bezeichnete. Die Liquiditätsfalle ist eine Situation, in der aufgrund von institutionellen Beschränkungen oder ganz einfach, weil der Zinssatz mindestens 0% sein muss, weil Zinsen nicht unter 0 % sinken können, die Geldpolitik völlig ihre Wirksamkeit verliert. Bei einem Zinssatz von 0 % horten die privaten Haushalte und Unternehmungen Geld, das heißt sie halten Geldbestände und geben es nicht aus; insbesondere kaufen sie nicht Wertpapiere, die keine Zinsen abwerfen. Die Vermögensanlageentscheidung wird dann vom Zinssatz nicht mehr beeinflusst und die Geldpolitik ist völlig unwirksam. Möglicherweise war Japan in den 1990er Jahren und später ein Beispiel einer solchen Situation der Liquiditätsfalle. Keynes selbst meinte bereits in der Weltwirtschaftskrise, dass dieses Problem aufgetreten sei. Die Keynesianer waren jedenfalls der Meinung, dass die Geldpolitik unwirksam ist, dass aber die Fiskalpolitik sehr wirksam ist. Wenn die Geldpolitik nicht mehr agieren kann, kann die Fiskalpolitik durchaus durch expansive Maßnahmen das Gleichgewicht auf dem Gütermarkt und auch auf dem Geldmarkt beeinflussen. Daraus folgt, dass in einer solchen Situation, wie die Keynesianer damals die Zusammenhänge gesehen haben – hohe Zinselastizität der Geldnachfrage, daher flache LM-Kurve, geringe Zinselastizität der Investitionsnachfrage, daher steile IS-Kurve – die Finanzpolitik wirksam, die Geldpolitik aber weitgehend unwirksam ist. Daher wurden die Keynesianer damals auch als Fiskalisten bezeichnet, weil sie die Bedeutung der Fiskalpolitik hervorhoben.

2. Im Gegensatz dazu nehmen die **Monetaristen** an, dass die Geldmenge relativ zinsunelastisch ist, die Investitionsnachfrage aber stark zinselastisch. In diesem Fall ist die LM-Kurve sehr steil (im Extremfall vertikal), die IS-Kurve dagegen flach (im Extremfall horizontal). Daher ist nach dieser Auffassung:

   (a) die **Geldpolitik** relativ **wirksam**:

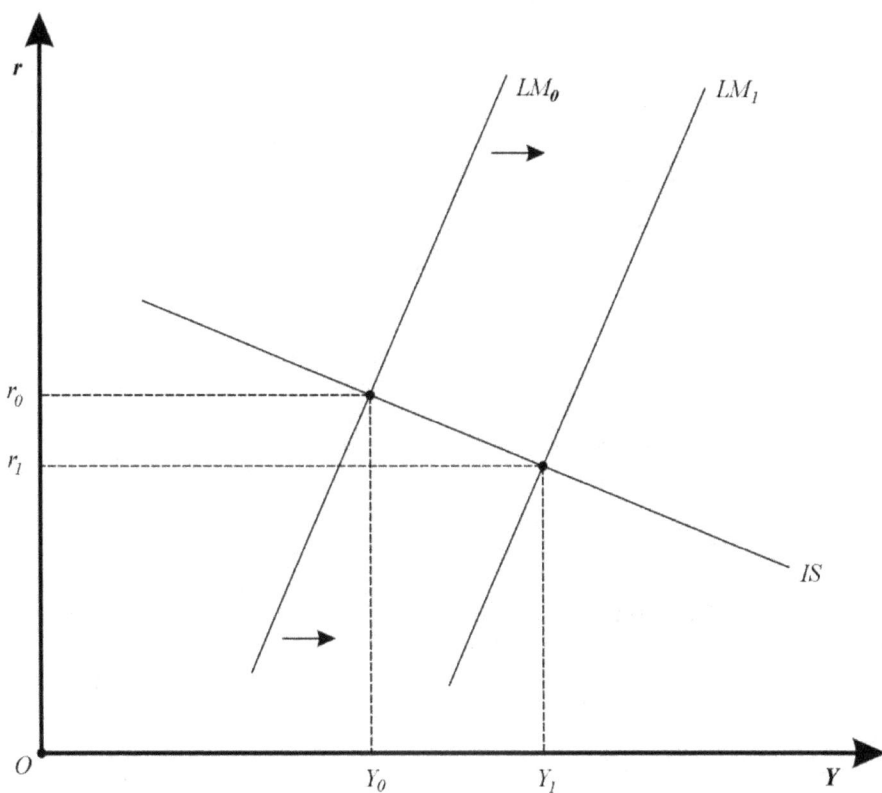

Abbildung 2.9: IS-LM-Modell, Geldpolitik in der Sicht des Monetarismus

(b) die **Fiskalpolitik** relativ **unwirksam**:

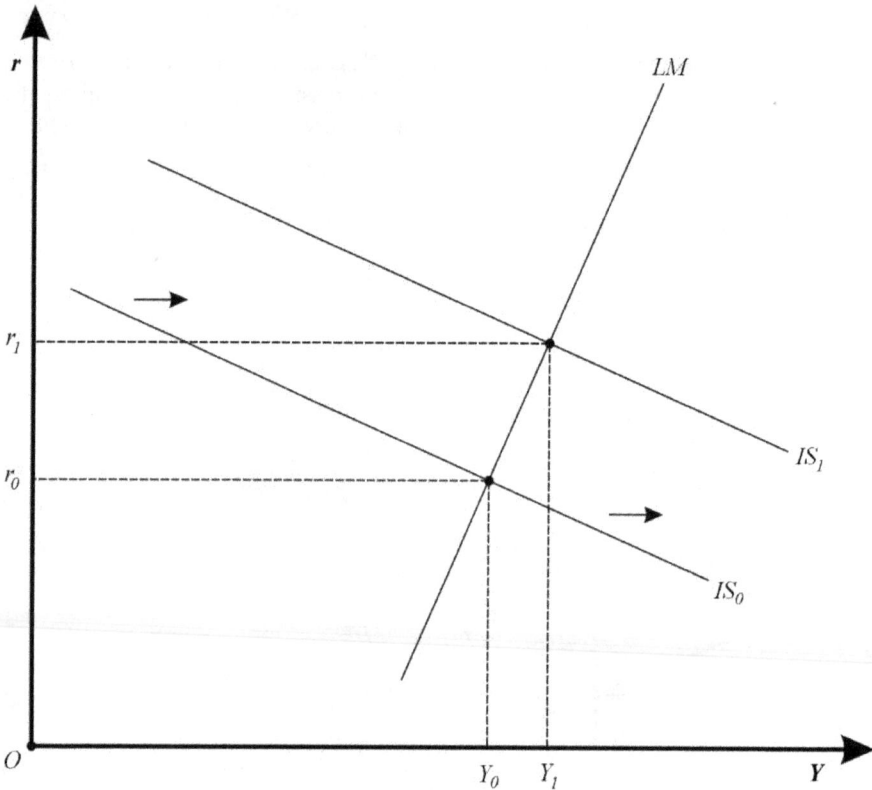

Abbildung 2.10: IS-LM-Modell, Fiskalpolitik in der Sicht des Monetarismus

Die Gegenposition zum Fiskalismus der Keynesianer wurde von den Monetaristen vertreten, insbesondere von Friedman und einigen anderen wie Karl Brunner (1916–1989) und Alan Meltzer (geb. 1928). Die Monetaristen waren der Meinung, dass die Geldnachfrage kaum vom Zinssatz abhängig ist, also die Zinsabhängigkeit der Geldnachfrage sehr gering ist, dass aber die Investitionsnachfrage, die Nachfrage nach Investitionen durch die Unternehmungen, sehr stark vom Zinssatz abhängig ist. Diese Annahmen einer hohen Zinselastizität der Investitionsnachfrage und einer geringen Zinselastizität der Geldnachfrage übersetzen sich im IS-LM-Modell in eine sehr steile LM-Kurve und eine sehr flache IS-Kurve – also genau das Gegenteil der Vorstellung, die die Keynesianer hatten. Bei einer steilen LM-Kurve und einer flachen IS-Kurve ist die Geldpolitik sehr wirksam. Eine Veränderung der Geldmenge, die die LM-Kurve verschiebt, wirkt sich stark auf das BIP aus, während die Fiskalpolitik sehr wenig wirksam oder überhaupt unwirksam ist. Eine Aktion der Fiskalpolitik, eine Erhöhung der Staatsausgaben oder eine Senkung der Steuern, führt in diesem Modell der Monetaristen nur zu einer Erhöhung des Zinssatzes. Diese Erhöhung des Zinssatzes verdrängt die privaten

Ausgaben, sodass der Multiplikatoreffekt einer fiskalpolitischen Maßnahme sehr gering ist. Im IS-LM-Modell führt die Annahme der Monetaristen, dass die IS-Kurve flach, die LM-Kurve steil ist, zur Unwirksamkeit der Fiskalpolitik, aber zu einer hohen Wirksamkeit der Geldpolitik.

Die Monetaristen begründen diese Zusammenhänge unter anderem auch mit dem so genannten **Verdrängungseffekt (Crowding-out-Effekt)**. Der Verdrängungseffekt bedeutet, dass bei einer expansiven Maßnahme der Fiskalpolitik, sei es einer Erhöhung der Staatsausgaben, sei es einer Senkung der Steuern, der Zinssatz steigt und dass dadurch private Ausgaben durch staatliche Ausgaben verdrängt werden. Das Steigen des Zinssatzes kommt dadurch zustande, dass infolge der höheren Ausgaben oder der niedrigeren Steuereinnahmen des Staates ein Budgetdefizit entsteht, das auf dem Kapitalmarkt zu einer erhöhten Kreditnachfrage des Staates führt. Infolge der dadurch bewirkten Zinssatzerhöhung werden private Unternehmungen dazu veranlasst, auf Investitionen zu verzichten, die sie bei einem niedrigeren Zinssatz getätigt hätten. Die niedrigeren Investitionen üben einen negativen Multiplikatoreffekt auf das BIP aus, der den positiven Multiplikatoreffekt der höheren Staatsausgaben oder der niedrigeren Steuern reduziert oder sogar zunichtemacht. Der Crowding-out-Effekt ist ein starkes Argument der Monetaristen gegen die Wirksamkeit der Fiskalpolitik. Es ist heute weitgehend unbestritten, dass infolge des Verdrängungseffektes die Multiplikatorwirkungen der Fiskalpolitik deutlich geringer sind, als sie aufgrund der optimistischen Schätzungen der ersten keynesianischen Modelle waren.

Ein anderes von den Monetaristen vorgebrachtes Argument ist die so genannte **Dauereinkommenshypothese des Konsums**. Diese wurde von Milton Friedman theoretisch begründet und empirisch mithilfe von Daten über die USA gestützt[74]. Nach der Dauereinkommenshypothese des Konsums richten die Haushalte ihren Konsum nicht primär am jeweiligen verfügbaren Einkommen aus, sondern an einem längerfristigen Konzept, einem so genannten **Dauereinkommen** (permanenten Einkommen). Das Dauereinkommen ist das Einkommen, das die Konsumenten über einen längeren Zeitraum hinweg kontinuierlich zu erhalten erwarten. Einkommensbestandteile, die davon abweichen, das so genannte transitorische Einkommen, werden anders behandelt als dieses Dauereinkommen. Der Konsum ist nach Friedman in erster Linie vom Dauereinkommen bestimmt und nicht von den transitorischen, vorübergehenden Schwankungen des Einkommens. Eine weitere Konsumtheorie, die zu ähnlichen Schlussfolgerungen führt, ist die **Lebenszyklushypothese des Konsums**.[75] Sie besagt, dass der Konsum der Haushalte sich nach dem erwarteten Lebenseinkommen richtet, also ebenfalls nach einem längerfristigen Einkommenskonzept und nicht nach dem kurzfristigen der Keynesianer.[76]

Wenn aber das momentane Einkommen, das durch allerlei Zufallsfaktoren bedingt sein kann, nicht der primäre Bestimmungsgrund der Konsumnachfrage ist, dann bedeutet das, dass insbesondere die Steuerpolitik wenig wirksam oder sogar unwirksam sein kann. Denn eine vorübergehende Senkung der Steuern ist gerade das, was man in einer vorübergehenden

---

[74] Friedman (1957).

[75] Modigliani und Brumberg (1954).

[76] Allerdings war der Erfinder der Lebenszyklushypothese des Konsums, Franco Modigliani, wirtschaftspolitisch ein überzeugter Keynesianer. Vgl. Modigliani (1977).

Rezession machen will, um die Wirtschaft wieder auf Touren zu bringen. Eine solche Steuersenkung wird aber von den Wirtschaftssubjekten antizipiert, und sie nehmen an, dass in Zukunft wieder Steuererhöhungen folgen werden. Daher werden sie auf eine derartige Steuerveränderung nicht mit höherer gesamtwirtschaftlicher Nachfrage reagieren. Das persönlich verfügbare Einkommen wird nur kurzfristig und vorübergehend verändert, wenn die Steuern kurzfristig gesenkt werden. Die Wirtschaftssubjekte wissen, dass die Steuerlast langfristig gleich bleibt, und reagieren daher auf Steuersenkungen nicht mit erhöhtem Konsum. Mit dieser Hypothese haben die Monetaristen auch ein starkes Argument für die Flachheit der IS-Kurve. Wie in der klassischen Theorie stellt dann die IS-Kurve den Markt für verleihbare Mittel (loanable funds) dar, und der auf diesem Markt gebildete Gleichgewichtszinssatz ist ein Gleichgewichtspreis für verleihbare Mittel, während in der keynesianischen Betrachtungsweise die Investitionen nur wenig vom Zinssatz abhängen und das Sparen als Restgröße des Konsums in erster Linie vom Einkommen und nicht stark vom Zinssatz abhängt, sodass die IS-Kurve das Gleichgewicht auf dem Gütermarkt darstellt.

Die Monetaristen versuchten ferner, in empirischen Untersuchungen nachzuweisen, dass die **Geldnachfrage** eine **stabilere** Beziehung darstellt als der Multiplikator. Milton Friedman selbst entwickelte auch eine Geldnachfragetheorie[77], in der die Geldnachfrage zwar von Zinssätzen abhängig ist, aber im Wesentlichen vom Einkommen bestimmt wird, sodass damit eine Begründung für die (fast) vertikale Gestalt der LM-Kurve gegeben werden kann. Ferner zeigten Friedman und Koautoren[78], dass Schwankungen der Geldmenge eine wichtige Ursache – sie selbst sagen sogar, die Hauptursache – für Schwankungen des Geldeinkommens darstellen. Im Anschluss an diese Überlegungen und aufgrund dieser empirischen Befunde wurde der so genannte **Transmissionsmechanismus** der Geldpolitik sowohl von keynesianischen wie von monetaristischen Autoren intensiv untersucht. Unter Transmissionsmechanismus versteht man den Mechanismus, über den Änderungen der Geldmenge und damit geldpolitische Maßnahmen zunächst auf dem Geldmarkt, dann auf anderen Märkten für Finanzaktiva und schließlich in den realen Bereich übertragen werden. Es geht also um die Frage, wie Geldpolitik und allgemeiner Veränderungen im Geldwesen, die zunächst primär nominelle Größen betreffen, sich auf reale Größen und auf realwirtschaftliche Zusammenhänge auswirken. Die Frage des Transmissionsmechanismus war eines der großen kontroversen Themen der Zeit nach dem Zweiten Weltkrieg.

Milton Friedman und die Monetaristen entwickelten noch zwei weitere Argumente, die gegen eine Wirtschaftspolitik sprechen, die eine aktive Rolle einnimmt, und die insbesondere auch gegen einen aktiven Einsatz der **Geldpolitik** sprechen. Man könnte ja zunächst glauben, wenn die Geldpolitik so wirksam sei, dann wäre sie das richtige Instrument, mit dem man das gesamtwirtschaftliche Gleichgewicht erreichen könnte, und sollte daher intensiv eingesetzt werden. Friedman bestritt das jedoch ganz entschieden. Er sagte, die Geldpolitik sei viel zu wirksam und viel zu gefährlich, als dass man sie den Geldpolitikern und überhaupt den Politikern überlassen dürfte. Er sah eine große Gefahr darin, die Geldpolitik aktiv zu gestalten, und begründete dies das unter anderem mit dem Argument, dass es in der Geld-

---

[77]   Friedman (1956).

[78]   Friedman und Meiselman (1962).

politik starke **Zeitverzögerungen (Lags)** gibt.[79] Diese Verzögerungen gibt es auch bei den Wirkungen der Fiskalpolitik, aber diese ist nach monetaristischer Sicht ohnedies unwirksam, so dass dies für die Argumentation der Monetaristen irrelevant ist.

Man kann sich das Argument Friedmans zu den Zeitverzögerungen vielleicht folgendermaßen am besten vorstellen: Nehmen wir an, dass die Wirtschaft in regelmäßigen Zyklen schwankt, also zunächst einige Quartale in der Hochkonjunktur ist, dann kommt ein Abschwung, dann kommt ein paar Quartale hindurch eine Rezession, dann geht es wieder bergauf im nächsten Aufschwung usw. Wenn man ein solches regelmäßiges zyklisches Verhalten der Wirtschaft annimmt, dann kann es durchaus sein, dass man aufgrund der Zeitverzögerung systematisch zur falschen Zeit eingreift und dadurch die Schwankungen nicht glättet oder vermindert, sondern sogar noch verstärkt. Zum Beispiel: Angenommen wir haben eine Hochkonjunktur und die Preise steigen stark. Dann wird die Zentralbank, da eine Aufgabe der Geldpolitik in der Inflationsbekämpfung besteht, eine restriktive Maßnahme setzen, etwa die Geldmenge reduzieren bzw. die Leitzinssätze erhöhen, also eine kontraktive Geldpolitik durchführen.

Bis diese Maßnahme wirksam wird, dauert es einige Zeit. Zunächst muss man sich darüber klar werden, ob man überhaupt in einer solchen Situation ist, in der man eingreifen muss. Es gibt einen so genannten **Erkenntnis-Lag**, das heißt, es dauert Zeit, bis man die Situation erkennt. Dann folgt ein **Entscheidungs-Lag**, eine Entscheidungsverzögerung: Die Mitglieder des entsprechenden Gremiums müssen dazu gebracht werden, dass sie der Entscheidung zustimmen. Nach dem Entscheidungs-Lag folgt ein **Durchsetzungs-Lag**, eine Verzögerung in Hinblick auf die Durchsetzung. Entscheidungs- und Durchsetzungsverzögerung sind in der Fiskalpolitik wahrscheinlich stärker als in der Geldpolitik, aber in jedem Fall dauert es eine Zeit, bis die Beamten dann die entsprechenden Verordnungen herausgegeben haben usw. Dann kommt es auch noch zu einem **Wirkungs-Lag**, einer Wirkungsverzögerung, weil man nicht erwarten kann, dass eine Maßnahmen, die gesetzt wird, dann sofort und unmittelbar im gewünschten Ausmaß wirkt. Es kann dann durchaus sein, dass sich die Wirtschaft während dieser vier Lags bereits in einen Abschwung begeben hat und dass die restriktive Maßnahme den Abschwung verstärkt. Wenn die Politik bemerkt, dass sich die Wirtschaft bereits im Konjunkturabschwung befindet, muss sie – wenn man die Analogie zu einem Auto nehmen will – sozusagen von der Bremse auf das Gaspedal umschalten, also die restriktiven Maßnahmen zurücknehmen und statt dessen die Geldmenge wieder erhöhen oder den Leitzinssatz senken. Bis sich die Auswirkungen dieser Maßnahme wieder durchsetzen, befindet sich die Wirtschaft vielleicht schon wieder im Aufschwung. Es ist also durchaus möglich, sagen Friedman und seine Anhänger, dass die Geldpolitik infolge dieser Zeitverzögerungen nicht in der Lage ist, die Wirtschaft wirklich zu steuern. Dann, so meinen die Monetaristen, ist es das Beste, man reagiert gar nicht aktiv auf Konjunkturschwankungen anstatt dass man durch wirtschaftspolitische Maßnahmen die Situation noch weiter verschlechtert im Vergleich zur Situation, wo gar nichts gemacht wird.

Ein zweites Argument, das von monetaristischer Seite neben diesen Zeitverzögerungen gegen eine aktive Geldpolitik und allgemein gegen eine aktive Stabilisierungspolitik vorgebracht wurde, ist die **Unsicherheit der Wirkungen** der Wirtschaftspolitik. Wir wissen nicht

---

[79] Friedman (1961).

genau, wie sich Veränderungen der wirtschaftspolitischen Instrumente auswirken. Das hat man insbesondere an der Phillipskurve gesehen, die eine Beziehung zwischen der Inflation und der Arbeitslosigkeit darstellt. Nach der Phillipskurve gibt es einen negativen Zusammenhang zwischen der Inflationsrate und der Arbeitslosenquote, der ursprünglich als Zielkonflikt zwischen diesen beiden Zielvariablen interpretiert wurde. Die empirischen Schätzungen der Phillipskurve variieren international, aber auch für einzelne Länder im Zeitablauf sehr stark, sodass nicht klar ist, wie hoch die „Kosten" (in Prozentpunkten zusätzlicher Inflation) einer Reduktion der Arbeitslosenquote um einen Prozentpunkt sind. Gleiches gilt für die Schätzungen von Multiplikatoren, sodass auch die quantitativen (und unter Umständen sogar die qualitativen) Auswirkungen des Einsatzes wirtschaftspolitischer Instrumente unsicher sind. Die Unsicherheit der Wirkungen ist ebenfalls ein Argument, das zumindest zu großer Vorsicht in der wirtschaftspolitischen Gestaltung veranlassen sollte.

Im Zusammenhang mit der **Phillipskurve** kam es zu einem Wendepunkt der Nachkriegsentwicklung in der Makroökonomik, der bereits durch eine theoretische Arbeit von Edmund Phelps (geb. 1933, Nobelpreis 2006) vorbereitet, dann aber von Milton Friedman konkretisiert und wirtschaftspolitisch sehr wirksam formuliert wurde.[80] Friedman entwickelte in dem Aufsatz „The Role of Monetary Policy", den er ursprünglich als Präsident der American Economic Association, der größten wirtschaftswissenschaftlichen Gesellschaft der Welt, auf deren Jahrestagung vortrug, eine neue Theorie zur Phillipskurve. Darin betonte er, dass bei der Formulierung der Phillipskurve vernachlässigt wurde, dass sich Erwartungen der Wirtschaftssubjekte verändern können. Die Phillipskurve war ursprünglich von **A.W. (Bill) Phillips** (1914–1975), einem neuseeländischen Ingenieur, der dann Ökonom geworden war, entwickelt worden.[81] Er hatte eigentlich nur eine empirische Beobachtung aus der Wirtschaftsgeschichte Großbritanniens formalisiert, einen negativen Zusammenhang zwischen Lohnsteigerung und Arbeitslosigkeit. Dieser Zusammenhang wurde dann in eine Beziehung zwischen Inflationsrate und Arbeitslosenquote transformiert und wirtschaftspolitisch interpretiert, indem gesagt wurde, es gebe einen negativen Zusammenhang zwischen Preisstabilität und Vollbeschäftigung: Wenn die Inflationsrate hoch ist, ist die Arbeitslosenquote niedrig; wenn die Inflation niedrig ist, ist die Arbeitslosenquote hoch. Diese ursprüngliche Phillipskurve wurde als eine Beziehung dargestellt, die gleichsam als „Speisekarte" für die Wirtschaftspolitik diente[82]: Der Wirtschaftspolitiker könnte wie auf einer Speisekarte aussuchen, ob er eher ein bisschen mehr Inflation oder eher ein bisschen mehr Arbeitslosigkeit in Kauf zu nehmen bereit ist, um das jeweils andere Ziel besser erreichen zu können. Tatsächlich betrachteten Wirtschaftspolitiker in vielen Ländern diesen Zielkonflikt als bestehend. Der deutsche Bundeskanzler Helmut Schmidt sagte einmal etwa, er sehe 3 % Inflation als weniger problematisch an als 3 % Arbeitslosigkeit. Die Vorstellung war dabei, dass die Wirtschaftspolitik eine Beschränkung hat, dass sie sich auf der Phillipskurve bewegen kann und dass sie eine niedrigere Arbeitslosigkeit dadurch erzielen kann, dass sie die Inflation ein wenig erhöht. Inflation wurde gewissermaßen als ein „Schmiermittel" für die Wirtschaft gesehen, um Arbeitslosigkeit zu verhindern.

---

[80]   Phelps (1967), Friedman (1968).

[81]   Phillips (1958).

[82]   Samuelson und Solow (1960).

Friedman führte in der oben erwähnten Presidential Address 1968 die These von der **natürlichen Arbeitslosenquote** ein. Er vertrat die Meinung, dass die Arbeitslosenquote, die Beschäftigung und der Output langfristig durch mikroökonomische Beziehungen, durch das Gleichgewicht zwischen Angebot und Nachfrage auf allen Märkten, bestimmt werden. Nach dieser Vorstellung gibt es langfristig keine unfreiwillige Arbeitslosigkeit, sondern nur strukturelle Arbeitslosigkeit. Dieser langfristige Gleichgewichtszustand bei Friedman entspricht ungefähr der Situation der Vollbeschäftigung bei Keynes. Aus dieser Hypothese der natürlichen Arbeitslosenquote folgt, dass die **langfristige Phillipskurve vertikal** ist. Das heißt, dass langfristig kein Zielkonflikt zwischen Inflation und Arbeitslosigkeit besteht. Arbeitslosigkeit ist dann nur ein kurzfristiges und vorübergehendes Phänomen. Daher ist die (kurzfristige) Phillipskurve im Zeitablauf nicht stabil, sondern verschiebt sich, wenn sich die **Erwartungen** der Wirtschaftssubjekte ändern. Sie kann daher auch nicht für wirtschaftspolitische Entscheidungen zwischen Arbeitslosigkeit und Inflation ausgenützt werden.

Aus diesen Überlegungen leiteten Friedman und insbesondere die spätere Neue Klassische Makroökonomik die so genannte **Überraschungsangebotsfunktion** ab, aufgrund derer die relativen Preise das langfristige Gleichgewicht bestimmen und das allgemeine Preisniveau in dem Prozess der Anpassung der kurzfristigen an die langfristige Phillips-Kurve bestimmt wird. Hier kommt wieder das klassische Denken zum Ausdruck, indem man sagt, langfristig gebe es nur eine natürliche Arbeitslosenquote und einen natürlichen Output, der dem allgemeinen Gleichgewicht entspricht. Empirisch wird der natürliche Output am Potentialoutput festgemacht, der mithilfe von Annahmen über die gesamtwirtschaftliche Produktionsfunktion berechnet wird. Die Anpassungen an dieses langfristige Gleichgewicht sind kurzfristig; nur kurzfristig können sich die Wirtschaftssubjekte nach Friedman auch täuschen. Ihre Erwartungen etwa bezüglich des Preisniveaus werden dann nicht erfüllt; dann gibt es einen Anpassungsprozess, und während dieses Prozesses kann es durchaus auch sein, dass einmal bei einer höheren Inflation eine niedrigere als die natürliche Arbeitslosenquote erreicht wird. Aber das ist nur ein vorübergehender Zustand, und sobald die Wirtschaft in das langfristige Gleichgewicht kommt, kann man diesen Zielkonflikt nicht mehr ausnützen.

Ein weiteres Argument der Monetaristen richtet sich nicht nur gegen die Möglichkeit einer aktiven Ablaufpolitik, wie sie die Keynesianer fordern, sondern prinzipiell gegen die Notwendigkeit einer solchen Politik. Die Monetaristen gehen davon aus, dass die **Preise** im Allgemeinen **flexibel** sind. Die private Wirtschaft ist demnach nicht inhärent instabil; selbst wenn es kurzfristig zu Ungleichgewichten (z.B. auf dem Arbeitsmarkt) kommt, führen Preisanpassungen dazu, dass das Gleichgewicht und damit die Vollbeschäftigung rasch wieder hergestellt werden. Ablaufpolitische Maßnahmen, die das nominelle BIP verändern, beeinflussen daher in erster Linie das allgemeine Preisniveau und nur kurzfristig (vorübergehend) und schwach das reale BIP. Im Rahmen eines makroökonomischen Angebot-Nachfrage-Modells bedeutet das, dass die **gesamtwirtschaftliche Angebotskurve** (*AS*) kurzfristig steil und langfristig vertikal ist. Geld- und fiskalpolitische Aktionen, die zu einer Verschiebung der **gesamtwirtschaftlichen Nachfragekurve** (*AD*) führen, verändern daher kurzfristig (vor allem) und langfristig (ausschließlich) das Preisniveau (*P*), aber nicht das reale BIP (*Y*).

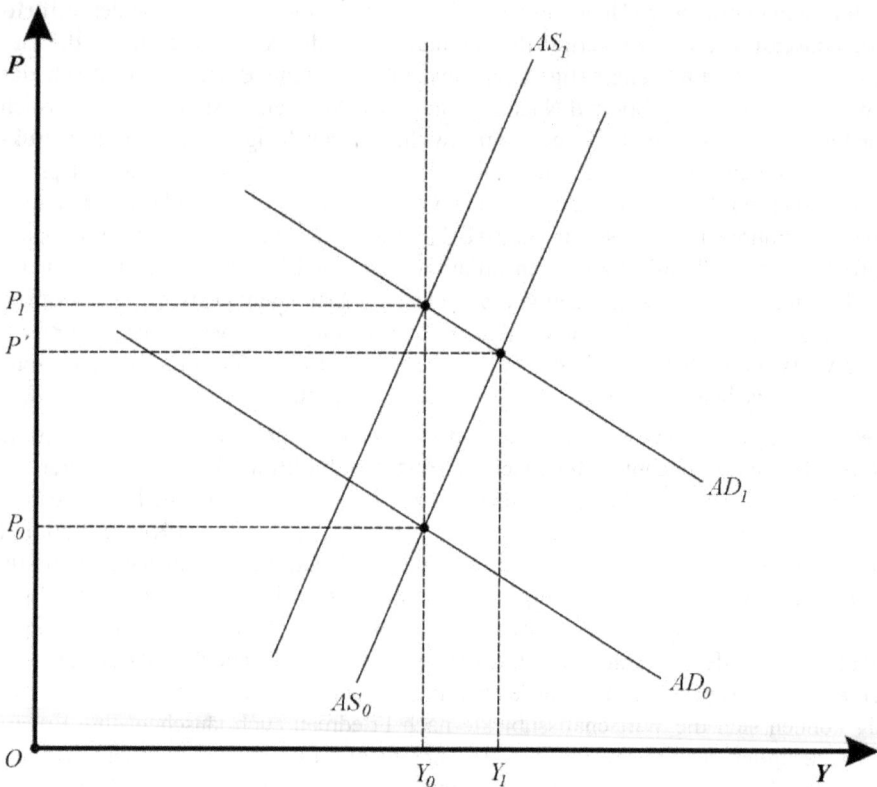

Abbildung 2.11: AS-AD-Modell; kurzfristiges (Y_1) und langfristiges (Y_0) Gleichgewicht.

Zur Erinnerung: Gesamtwirtschaftliche Nachfrage und gesamtwirtschaftliches Angebot werden in der makroökonomischen Theorie in einem kartesischen Koordinatensystem dargestellt, auf dessen Abszisse der gesamtwirtschaftliche Output (Einkommen, BIP; Y) und auf dessen Ordinate das allgemeine Preisniveau (P) aufgetragen werden. Die gesamtwirtschaftliche Nachfragekurve[83] wird durch parametrische Variation des Preisniveaus aus einer Familie von Gleichgewichten auf dem Güter- und Geldmarkt abgeleitet. Sie ist negativ geneigt, weil im Geld- und Gütermarktgleichgewicht bei einem höheren Preisniveau das reale Geldangebot niedriger, daher der Zinssatz höher, daher die Investition niedriger und daher der Output niedriger ist als bei einem niedrigeren Preisniveau. Die kurzfristige gesamtwirtschaftliche Angebotskurve ist positiv geneigt, was oft mit der kurzfristigen Täuschung der Arbeiter begründet wird, die bei einem höheren Nominallohn fälschlich annehmen, dass auch ihr Real-

---

[83]   Oft wird diese Kurve auch als „aggregierte Nachfragekurve" bezeichnet (und analog die Angebotskurve). Dies kann zu dem Missverständnis führen, dass es sich dabei um die Aggregation der einzelwirtschaftlichen Nachfragekurven (der Nachfragekurven nach einzelnen Gütern) handelt (was eindeutig nicht der Fall ist, weil bei der gesamtwirtschaftlichen Kurve im Gegensatz zur einzelwirtschaftlichen Betrachtung weder Substitutionseffekte noch Einkommenseffekte auftreten können), und sollte daher besser vermieden werden.

lohn höher ist, weil sie ihre Erwartungen des Preisniveaus verzögert anpassen und daher mehr arbeiten und mehr produzieren. Die langfristige gesamtwirtschaftliche Angebotskurve ist vertikal im Niveau des natürlichen Outputs. Eine Rechtsverschiebung der AD-Kurve (z.B. durch expansive Geld- oder Fiskalpolitik) führt kurzfristig zu einem höheren Output und einem höheren Preisniveau, langfristig nur zu einem höheren Preisniveau bei gleichem natürlichem Output, weil sich in der langen Frist durch die Anpassung der Preisniveauerwartungen auch die kurzfristige AS-Kurve verschiebt, bis sie die neue AD-Kurve in dem Punkt schneidet, der durch die langfristige AS-Kurve bestimmt wird. Dieses Modell wird in der komparativ-statischen makroökonomischen Analyse zur Darstellung des Vier-Märkte-Modells (Gütermarkt, Geldmarkt, Wertpapiermarkt, Arbeitsmarkt; gesamtwirtschaftliche Produktionsfunktion) verwendet, um das allgemeine (kurz- und langfristige) Gleichgewicht bei flexiblem Preisniveau zu charakterisieren.

Nach dieser Theorie haben die Geldmenge und die Geldpolitik langfristig keine realwirtschaftlichen Auswirkungen; das Geld ist, wie in der Klassik, „neutral" und wie ein „Schleier" nur für die Skalierung der nominellen Größen (durch das allgemeine Preisniveau) zuständig. In einem dynamischen Modell kann man aus diesen Überlegungen eine monetäre Inflationserklärung entwickeln: Dauernde Erhöhungen der Geldmenge führen zu dauernden Erhöhungen des allgemeinen Preisniveaus und damit zu Inflation. Eine aktive Geldpolitik bekämpft daher nach Auffassung der Monetaristen nicht die Inflation, sondern führt sie erst herbei.

Friedman schlug als Konsequenz aus den Überlegungen in Bezug auf die Zeitverzögerungen, die langfristige Wirkungslosigkeit der Geld- und Fiskalpolitik und die entsprechenden Gefahren der Geldpolitik vor, dass anstelle einer **diskretionären Wirtschaftspolitik**, d.h. einer Wirtschaftspolitik, die systematisch auf die jeweilige Wirtschaftslage reagiert, **fixierte Regeln** für die Wirtschaftspolitik vorgegeben werden sollten. Für die Geldpolitik heißt das, man sollte der Geldpolitik vorgeben, dass sie über längere Zeit hinweg die Geldmenge jeweils unabhängig von der jeweiligen Wirtschaftslage steuert und sie um einen geringen Prozentsatz pro Jahr erhöht, wobei dieser Prozentsatz der langfristigen Wachstumsrate des realen BIP entspricht (etwa 2 bis 3 %), und ansonsten sollten keine Eingriffe in das Wirtschaftsgeschehen vorgenommen werden. In der Fiskalpolitik wurde als fixierte Regel ein immer ausgeglichenes Budget vorgeschlagen. Fixierte Regeln sind solche, die zu Beginn einer längeren Periode festgelegt werden und an die sich die Wirtschaftssubjekte und insbesondere die Wirtschaftspolitik selbst gebunden fühlen. Der Sinn dieser fixierten Regeln besteht darin, die Erwartungen zu stabilisieren, was nach Auffassung der Monetaristen dazu beitragen kann, dass langfristig störungsfreies Wirtschaftswachstum erreicht wird.

Im Gegensatz zu den Monetaristen sind die Keynesianer Anhänger einer diskretionären Wirtschaftspolitik, insbesondere auch Fiskalpolitik, die von den Monetaristen überhaupt abgelehnt wird. Man kann hier begrifflich noch weiter differenzieren: Völlige Diskretion ohne Einschränkungen würde heißen, dass die Wirtschaftspolitik unabhängig von allgemeinen Überlegungen von Fall zu Fall willkürlich entscheidet. Eine derartige Politik wird nur von sehr wenigen Ökonomen befürwortet.[84] Systematische diskretionäre Eingriffe der Wirtschaftspolitik oder ein System von Eingriffen stellen so genannte **flexible Regeln** (bedingte

---

[84] Allerdings anscheinend von jenen Politikern und Kommentatoren, die einem uneingeschränkten „Primat der Politik vor der Wirtschaft" das Wort reden.

Regeln) dar, die eine Zwischenstellung zwischen den fixierten Regeln und der völligen Diskretion einnehmen. Das sind Regeln, in denen in Abhängigkeit von bestimmten Zielindikatoren (Werten der Zielvariablen) Aktionen der Wirtschaftspolitik gesetzt werden. Beispielsweise könnte eine solche flexible Regel lauten: Wenn die Arbeitslosenquote um einen Prozentpunkt steigt, dann erhöhen wir die Ausgaben in Infrastrukturinvestitionen des Staates um zwei Prozent. Eine bedingte Regel kennzeichnet eine Wirtschaftspolitik, die auf die jeweilige Wirtschaftslage systematisch reagiert, während fixierte Regeln von den Monetaristen vorgeschlagen werden, um eine langfristige Orientierung der Wirtschaftspolitik unabhängig von der jeweiligen Wirtschaftslage zu ermöglichen. Vorausgesetzt wird von den Monetaristen, dass alle Preise flexibel sind und – das ist wichtig – dass die private Wirtschaft inhärent stabil ist. Bei einer grundsätzlich stabilen privaten Wirtschaft kommen Störungen eigentlich nur durch den Staat herein.

Friedman geht davon aus, dass die Stabilisierungspolitik langfristig nur das allgemeine Preisniveau beeinflussen kann und nur kurzfristig das reale Sozialprodukt und die Beschäftigung; nach ihm ist die private Wirtschaft in sich selbst stabil und bedarf daher keiner diskretionären Eingriffe der Wirtschaftspolitik. Im Standardmodell der Makroökonomik werden diese Zusammenhänge so dargestellt, dass kurzfristig die gesamtwirtschaftliche Angebotskurve und die Phillipskurve einen endlichen Anstieg haben (die Phillipskurve einen negativen, die gesamtwirtschaftliche Angebotskurve einen positiven). Langfristig sind beide Kurven aber vertikal, sodass Verschiebungen der gesamtwirtschaftlichen Nachfragekurve, etwa durch Geld- und Fiskalpolitik, langfristig nur auf das allgemeine Preisniveau Einfluss haben. Langfristig erfolgt also nach Friedman durch expansive geld- und fiskalpolitische Maßnahmen eine Verschiebung der Kurven nur nach oben, aber nicht nach rechts.

Friedmans Theorie konnte insbesondere angesichts der Tatsache, dass sich in den frühen 1970er Jahren durch den Vietnamkrieg und dann durch die Ölpreisschocks die Ergebnisse der Wirtschaftspolitik und die Wirtschaftslage in den meisten Industrieländern massiv verschlechterten, Einfluss auf wirtschaftspolitische Maßnahmen gewinnen. Beispielsweise wurde in einigen Ländern versucht, eine Zeit lang seiner Empfehlung zu folgen, dass Geldmengenziele, so genannte Zwischenziele der Geldpolitik, nach einer festen Regel fixiert werden, insbesondere der Regel eines konstanten Geldmengenwachstums. Es stellte sich allerdings heraus, dass die Zielsetzung des konstanten Geldmengenwachstums praktisch nicht erreichbar war, insbesondere weil die Zentralbanken den Geldumlauf nicht wirklich kontrollieren konnten. Man hat diese Versuche daher später wieder aufgegeben.

Dagegen hat sich eine von Friedmans Ideen im Bereich der außenwirtschaftlichen Beziehungen durchgesetzt. Friedman war ein Anhänger der **flexiblen Wechselkurse**, und tatsächlich brach in den Jahren 1971 bzw. 1973 das bis dahin bestehende System der festen Wechselkurse, das so genannte Bretton-Woods-System, zusammen. Die internationalen Organisationen und die Regierungen und Zentralbanken der Industrieländer versuchten dann nicht, ein neues System fester Wechselkurse weltweit einzurichten, sondern die Wechselkurse zwischen den verschiedenen Währungen werden seither durch freies Floating, das heißt durch Angebot und Nachfrage auf den Devisenmärkten bestimmt. Allerdings gab es dazu in Europa (und teilweise in anderen Weltgegenden) Sonderentwicklungen. In Europa entstand der regionale Währungsverbund des so genannten **Europäischen Währungssystems (EWS)**, der in den 1990er Jahren zur gemeinsamen Währung des Euro führte.

Man sollte hier erwähnen, dass das Standardmodell der Makroökonomik in den 1960er Jahren in Hinblick auf eine **offene Volkswirtschaft** erweitert wurde zum so genannten **Mundell-Fleming-Modell**. In diesem Modell wird zusätzlich zu den bisher genannten vier Märkten ein Devisenmarkt hinzugefügt. Die betrachtete Volkswirtschaft ist offen, das heißt einerseits, dass es Exporte und Importe gibt, was die entsprechenden Multiplikatoren der Fiskalpolitik im Vergleich zur geschlossenen Volkswirtschaft weiter reduziert, und andererseits gibt es internationale Kapitalbewegungen. Letzteres führt dazu, dass auf den internationalen Kapitalmärkten, auf denen das Finanzkapital sehr mobil ist, die Zinssätze bestimmt werden. Dementsprechend ist der Zinssatz, zumindest bei flexiblen Wechselkursen, nicht mehr eine Variable, die national bestimmt wird, sondern er wird auf den internationalen Märkten bestimmt, und die nationalen Zinssätze müssen sich bei voller Kapitalmobilität an diese vorgegebenen Zinssätze anpassen. In einem Zwei-Länder-Modell hat das einzelne Land noch einen gewissen Einfluss auf den Zinssatz, der im Gleichgewicht von zwei Ländern bestimmt wird, aber in einer kleinen Volkswirtschaft muss der Zinssatz vom Weltkapitalmarkt übernommen werden.

Das Mundell-Fleming-Modell, dessen Details hier nicht ausgebreitet werden können, führt dazu, dass, in Abhängigkeit von dem jeweiligen Regime der Wechselkurse, entweder nur die Fiskalpolitik oder nur die Geldpolitik **wirksam** sein kann. Bei **flexiblen** Wechselkursen, und das war auch ein Argument von Friedman, ist die nationale **Geldpolitik** sehr wirksam, weil sie eingesetzt werden kann, um nationale wirtschaftspolitische Ziele zu verfolgen. Dagegen ist die **Fiskalpolitik** in einer solchen Situation **wirkungslos** oder hat wenig und höchstens kurzfristige Wirkungen, weil es eine weitgehende oder vollständige Verdrängung privater Ausgaben durch Wechselkursanpassungen und daraus resultierende Reaktionen der Leistungsbilanz gibt. Bei flexiblen Wechselkursen kann man die Geldpolitik als Instrument der Wirtschaftspolitik einsetzen, die bei flexiblem Preisniveau allerdings auch wieder nur kurzfristig wirksam ist und langfristig nur das Preisniveau beeinflusst.

Bei festen Wechselkursen sind ist allenfalls Veränderungen der Fiskalpolitik wirksam. Die Geldpolitik ist dann gebunden, indem sie auf den Wechselkurs fixiert wird; sie kann nicht gleichzeitig den Zinssatz und den Wechselkurs steuern, sondern sie muss als Wechselkurspolitik den festen Wechselkurs fixieren und verteidigen. Fiskalpolitik kann bei festen Wechselkursen dagegen in einem gewissen Ausmaß auf das Gleichgewichtseinkommen wirken, allerdings beschränkt sich dieser Effekt bei flexiblem Preisniveau ebenfalls auf Preiswirkungen und zeitigt langfristig keine Mengenwirkungen. Die offene Volkswirtschaft bietet also eine Reihe von Erweiterungen, die ebenfalls die Wirksamkeit der Stabilisierungspolitik im keynesianischen Sinn als fragwürdig erscheinen lassen. Der Monetarismus ist generell eine Theorie, die gegenüber den Ansätzen einer aktivistischen Wirtschaftspolitik und insbesondere Vollbeschäftigungspolitik kritisch ist und auf deren Schwierigkeiten hinweist. Insgesamt ist die Wirtschaftswissenschaft heute im Vergleich zu vor 40 Jahren weniger optimistisch in Bezug auf die Möglichkeiten der makroökonomischen Wirtschaftspolitik, um Probleme wie Arbeitslosigkeit, Inflation usw. in den Griff zu bekommen.

Milton Friedman, der 1976 den Nobelpreis für Wirtschaftswissenschaften erhalten hat, entwickelte kurz davor eine Art **Konsensmodell**[85], um seine Auffassung darzulegen, wie Output

---

[85] Friedman (1974).

und Beschäftigung bestimmt werden. Es zeigte sich allerdings, dass die Annahmen, die er dabei traf, die Keynesianer nicht überzeugten. Insbesondere – und das ist generell eine Kritik am Monetarismus – die Voraussetzung des Lösungskonzeptes des allgemeinen Gleichgewichts und auch die Voraussetzung der Anpassungsprozesse und der entsprechenden Preisflexibilität wurden nicht allgemein angenommen, sodass Bedarf für weitere wissenschaftliche Forschungen bestand. Diese Forschungen fanden in den letzten ca. 40 Jahren statt und lenkten die moderne Makroökonomik in Richtungen, die im Folgenden kurz besprochen werden sollen.

2.5.4   Neuere Ansätze keynesianischer Stabilisierungspolitik

Wenn wir uns heute die makroökonomische Theorie, wie sie sich in den Journalen und in Auseinandersetzungen auf wissenschaftlichen Kongressen darstellt, ansehen, so können wir feststellen, dass es zwischen den theoretischen und wirtschaftspolitischen Auffassungen der Keynesianer und der Klassiker eine gewisse Konvergenz gibt. Das ist angesichts der öffentlichen Diskussionen unerwartet, da eigentlich in der Öffentlichkeit nach wie vor die Frage des Einsatzes der wirtschaftspolitischen Instrumente außerordentlich kontrovers verläuft. In der Theorie haben sich zwar zwei Stränge entwickelt, der eine aus der Klassik und dem Monetarismus, der andere aus dem Keynesianismus heraus, aber die theoretischen Strukturen, die Modellstrukturen, aufgrund derer man argumentiert, haben sich hier stark aneinander angenähert. Hier sollen trotzdem diese zwei „Schulen" kurz besprochen werden, weil es durch den Gegensatz zwischen den beiden Schulen klarer wird, was den unterschiedlichen wirtschaftspolitischen Vorstellungen und Empfehlungen zugrunde liegt.

Aufgrund der Kritik an der keynesianischen Theorie, die ihr mangelnde Mikrofundierung der gesamtwirtschaftlichen Beziehungen vorwarf, entstand eine Richtung der makroökonomischen Theorie, die Keynes als Ungleichgewichtstheoretiker betrachtete. Verschiedene Autoren[86] entwickelten eine Theorie, in der keynesianische Zusammenhänge dadurch begründet wurden, dass zusätzlich zu den gegebenen Preisen für die Haushalte und Unternehmungen **Mengenbeschränkungen** angenommen wurden. Danach kann etwa auf dem Arbeitsmarkt nur eine bestimmte maximale Menge von Arbeit angeboten oder erreicht werden, und auf dem Gütermarkt kann nur weniger abgesetzt werden, als die Unternehmungen bei den gegebenen Preisen könnten und eigentlich wollten. Bei diesen Versuchen, eine Ungleichgewichtstheorie zu entwickeln, handelt es sich in einem gewissen Sinn auch um die Analyse von Gleichgewichten, und zwar um Zustände temporären Gleichgewichts. Dabei blockieren Güter- und Arbeitsmarkt einander wechselseitig, so dass nicht das gesamtwirtschaftliche Gleichgewicht bei Vollbeschäftigung erreicht wird, sondern ein so genanntes Mengenrationierungsgleichgewicht. Diese Ungleichgewichtsanalyse leidet allerdings ebenfalls (wie die älteren keynesianischen Ansätze) darunter, dass sie annehmen muss, dass die Preise insgesamt vorgegeben sind und nicht sich ändern; es handelt sich also um eine Art Festpreismodell. Wenn die Preise und Löhne gleichzeitig auf diese Situation reagieren würden, könnte man aus einem Mengenrationierungsgleichgewicht herauskommen und zu einem allgemei-

---

[86]   Patinkin (1965), Clower (1965), Leijonhufvud (1968), Barro und Grossman (1976), Malinvaud (1980, 1984, 1985).

nen Gleichgewicht bei höherer Beschäftigung und höherem Output, also zu einer (im Sinne des Pareto-Prinzips) günstigeren Situation gelangen.

Nachdem man erkannt hatte, dass der Ansatz dieser Ungleichgewichtstheorie in eine Sackgasse geführt hatte, wurde die keynesianische Theorie in die so genannte **Neue Keynesianische Makroökonomik** weiterentwickelt. Hier wurde versucht, mikroökonomisch zu begründen, warum es rigide Preise (Preisstarrheiten) gibt und warum manche Anpassungsprozesse nicht zum Gleichgewicht führen. Preisstarrheiten werden also nach wie vor als wesentliches Element der keynesianischen Theorie gesehen, aber es wird versucht, zu begründen und zu argumentieren, warum die Preise nicht flexibel sind oder warum – selbst wenn sie flexibel sind – es nicht immer vorteilhaft ist, dass sich die Preise sofort anpassen.

Unter anderem wurden folgende Argumente vorgebracht: Aufgrund der Verhandlungsmacht der Gewerkschaften werden Löhne höher festgelegt als ihre Gleichgewichtswerte und ändern sich dadurch auch eine Zeit lang nicht. Wegen der Kosten der Neuauszeichnung von Preisen werden Preise längere Zeit hindurch nicht verändert. Wegen des Bestehens von Marktformen wie unvollkommener Konkurrenz sind Preise höher als im allgemeinen Wettbewerbsgleichgewicht und zeitweise starr. Aufgrund der Tatsache, dass Kontrakte (Verträge) über eine längere Zeit hinweg abgeschlossen werden, ändern sich die Preise und Löhne nicht häufig. Weil die Unternehmer ihre Arbeiter im Betrieb halten wollen, wenn diese sich schon bewährt haben und es für die Unternehmer günstiger ist, nicht neue Arbeiter einschulen zu müssen, zahlen sie ihnen höhere Löhne, als es Gleichgewichtslöhnen entsprechen würde, wodurch andere Arbeitswillige keinen Arbeitsplatz erhalten. Die so genannte **Effizienzlohnhypothese** sagt, dass Unternehmer höhere Löhne zahlen, um Bindungen der Arbeitnehmer an ihren Betrieb zu erreichen, die die Arbeitnehmer im Gegenzug zu Mehrleistungen veranlassen. Diese und andere Gründe (**Insider-Outsider-Theorien**) führen dazu, dass Insider (bereits im Unternehmen angestellte Personen) bessere Positionen haben als Outsider (nicht im Unternehmen beschäftigte Personen). **Implizite Kontrakte**, das sind Verträge, die nicht explizit formuliert werden, sondern stillschweigend zwischen Unternehmern und Arbeitnehmern vereinbart sind, führen dazu, dass die Arbeiter länger im Betrieb gehalten werden, als es der reinen kurzfristigen Gewinnmaximierung entsprechen würde. **Asymmetrische Information** auf dem Arbeitsmarkt führt dazu, dass Unternehmer eher bereit sind, ihre ihnen bereits bekannten Arbeitnehmer gegenüber ihnen unbekannten Arbeit Suchenden zu bevorzugen.

Es gibt also eine Vielzahl von Begründungen, die dazu führen, dass man theoretisch argumentieren kann, warum sich Preise und Löhne nicht direkt und nicht schnell an geänderte konjunkturelle Bedingungen anpassen, und dass man das auch mit mikroökonomischem Maximierungsverhalten oder Rationalverhalten vereinbaren kann. Die Neue Keynesianische Makroökonomik formuliert dann Modellstrukturen, die meist aus einer geringen Anzahl von Gleichungen bestehen, wobei auch Elemente der Neuen Klassischen Makroökonomik (wie rationale Erwartungen) übernommen werden[87]. Die Modelle sind – angesichts der methodischen Fortschritte, die in der Mathematik dynamischer Systeme mittlerweile erzielt wurden – im Allgemeinen dynamisch. Jedenfalls passen sich in diesen Modellen kurzfristig Preise und Löhne langsam an, wodurch die kurzfristigen keynesianischen Beziehungen erklärt und reproduziert werden können.

---

[87] Eine neuere Darstellung findet sich etwa bei Galí (2008).

2.5.5   Neue Klassische Makroökonomik und Wirtschaftspolitik

Der Monetarismus im engeren Sinn ist mit den Arbeiten Friedmans zu einem gewissen Abschluss gekommen, doch entstand in den 1970er Jahren eine neue makroökonomische Theorierichtung die die Klassik und den Monetarismus in wirtschaftspolitischer Hinsicht weiter entwickelte, die aber von der Theoriestruktur her auch Neues brachte, die so genannte **Neue Klassische Makroökonomik**. Die Neue Klassische Makroökonomik, die insbesondere mit dem Namen des Nobelpreisträger **Robert E. Lucas** (geb. 1937, Nobelpreis 1995) verbunden ist, wobei unter anderem auch Thomas J. Sargent (geb. 1943, Nobelpreis 2011) und Robert Barro (geb. 1944) wichtige Beiträge lieferten, geht von zwei Grundannahmen ausgeht, einerseits von allgemeiner Rationalität der Wirtschaftssubjekte und andererseits von der Annahme eines dauernden allgemeinen Gleichgewichts.

Beginnen wir zunächst mit dieser Rationalitätsannahme: Die Neuen Klassischen Makroökonomen gehen davon aus, dass die Wirtschaftssubjekte sich **rational** verhalten, also vernünftig in dem Sinn, dass sie ihren Nutzen maximieren. Um ihren Nutzen zu maximieren und die besten Entscheidungen bezüglich des Konsums, des Arbeitsangebots, der Investitionen usw. zu treffen, sammeln die privaten Haushalte und Unternehmungen alle verfügbaren Informationen und treffen aufgrund aller verfügbaren Informationen ihre Entscheidungen. Insbesondere gilt die **Hypothese der rationalen Erwartungen**. Diese Hypothese besagt, dass die Wirtschaftssubjekte bei ihren Entscheidungen alle frei zugänglichen Informationen verarbeiten. Das bedeutet insbesondere auch, dass die Wirtschaftssubjekte Erwartungen haben, die aufgrund der gegebenen Informationen und der richtigen ökonomischen Theorie gebildet werden. Diese Hypothese ist ein stochastisches Analog zur deterministischen Annahme der vollkommenen Voraussicht. Die Wirtschaftssubjekte kennen die Struktur der Wirtschaft, sie wissen, wie die wirtschaftlichen Größen zusammenhängen, sie können unverzerrte (erwartungstreue) Prognosen machen. Das einzige, was sie nicht wissen, sind zufällige Ereignisse, zufällige Schocks. Sie wissen nicht, ob es irgendwann einmal ein Erdbeben oder eine Missernte gibt oder irgendwelche politischen Ereignisse. Aber sie kennen alle systematischen Zusammenhänge und entscheiden auch aufgrund dieser Einsichten. Ihre Erwartungen sind nicht systematisch falsch. Das Argument, dass Wirtschaftssubjekte, Haushalte und Unternehmungen, nicht auf Dauer getäuscht werden können, führt zu dieser Vorstellung der rationalen Erwartungen. Man kann daraus auch eine gleichgewichtige Konjunkturerklärung ableiten[88], oder man erklärt die Konjunktur aufgrund von technologischen Schocks, also exogen[89].

Die Neue Klassische Makroökonomik fand seit den 1970er Jahren viele Anhänger, weil die Annahmen über die Erwartungsbildung in der traditionellen keynesianischen, aber auch in der monetaristischen Theorie, die so genannten **adaptiven Erwartungen**, wonach Erwartungen sukzessive an tatsächliche Entwicklungen angepasst werden, als unbefriedigend betrachtet wurden. Diese Annahme setzt voraus, dass sich die Wirtschaftssubjekte systematisch irren und daher durch eine entsprechende Verhaltensänderung, durch den Erwerb besserer Informationen, Gewinne machen könnten. Eine solche Annahme widerspricht der ökonomischen Intuition, dass es keine nicht ausgenützten Gewinnmöglichkeiten gibt. Daher wird mittler-

---

[88]   Lucas (1975).

[89]   In diesem Sinn Kydland und Prescott (1982) und die sich daran anschließende Theorie der realen Konjunkturzyklen (real business cycles).

weile die Annahme rationaler Erwartungen nicht nur in strikt neu-klassischen makroökonomischen Modellen verwendet, sondern auch in zahlreichen neu-keynesianischen Analysen.

Wenn man die Hypothese der rationalen Erwartungen mit jener des allgemeinen Gleichgewichts kombiniert, kann man das wichtige Resultat der **Neutralität** oder **Wirkungslosigkeit der diskretionären Wirtschaftspolitik** ableiten. Diese Idee der Neutralität oder Ineffektivität (Unwirksamkeit) systematischer wirtschaftspolitischer Maßnahmen besagt, dass Nachfragesteuerung durch Geld- oder Fiskalpolitik bei rationalen Erwartungen, allgemeinem Gleichgewicht und Fehlen von Geldillusion keine Auswirkungen auf die Arbeitslosigkeit und das reale Sozialprodukt oder reale BIP hat.[90] Allerdings kann eine solche Neutralität nur unter sehr restriktiven Annahmen nachgewiesen werden. Die Voraussetzung eines andauernden walrasianischen **allgemeinen Gleichgewichts** auf allen Märkten ist sehr einschränkend. Wenn sie nicht zutrifft, hat zumindest die Fiskalpolitik, wohl aber auch die Geldpolitik bei rationalen Erwartungen zumindest kurzfristig reale Effekte.

Es hat sich auch herausgestellt, dass die Annahme rationaler Erwartungen weder notwendig noch hinreichend für die wirtschaftspolitischen Schlussfolgerungen der Neuen Klassischen Makroökonomen ist. Man konnte zum Beispiel durch entsprechende Modellanalysen zeigen, dass eine Kombination von rationalen Erwartungen mit Preisstarrheit, etwa in dem Modell so genannter staggered contracts (überlappender Verträge) von John B. Taylor[91] (geb. 1946), in dem Verträge über längere Zeit hinweg abgeschlossen werden und sich daher nicht ändern können, wobei die Laufzeiten aber überlappend sind, durchaus zu einer wirksamen Wirtschaftspolitik führen kann. Nur wenn man sowohl die Annahme der rationalen Erwartungen wie die Gleichgewichtsannahme setzt, folgt immerwährendes Gleichgewicht und damit die völlige Wirkungslosigkeit von Geld- und Fiskalpolitik. Allerdings muss man dazusagen, dass in einer solchen Situation, die sehr hypothetisch ist, Geld- und Fiskalpolitik auch nicht benötigt würden, weil es dann ja ohnehin keinen Stabilisierungsbedarf gibt.

Allerdings hat die Neue Klassische Makroökonomik einige Überlegungen mit sich gebracht, die die gesamtwirtschaftliche Methodik und auch in mancher Hinsicht die Wirtschaftspolitik stark beeinflusst haben. In methodischer Hinsicht ist vor allem die bereits erwähnte Kritik an den A-priori-Annahmen zur Identifikation ökonometrischer Modelle wichtig. Man geht nicht mehr davon aus, dass wir aufgrund der makroökonomischen Theorie wissen, wie die Wirtschaft funktioniert, und das nur mehr empirisch bestätigen müssen, sondern ein Zweig der Neuen Klassischen Makroökonomik, der vor allem mit dem Namen des Nobelpreisträgers Christopher Sims verbunden ist, geht davon aus, dass wir eigentlich nicht sehr viel über die ökonomischen Zusammenhänge wissen und dass wir empirische Überlegungen entscheiden lassen, welche Größen wie miteinander zusammenhängen. Das hat in der Ökonometrie zu einer Neuorientierung der Modellbildung, insbesondere den **VAR-Modellen**, geführt.

Andererseits wurde ebenfalls aus der Neuen Klassischen Makroökonomik heraus der gegenteilige Schluss gezogen, dass wir aufgrund der klassischen Theorie ohnedies die theoretische Struktur der Wirtschaftsbeziehungen kennen und daher von diesen Strukturen ausgehend Modelle entwerfen und diese auch wirtschaftspolitisch verwenden sollen, die nur durch Anpassung (so genannte Kalibrierung) der „tieferen" (invarianten) Parameter (wie der Parame-

---

[90]   Sargent und Wallace (1975).
[91]   Taylor (1980).

ter der Technologie und der Präferenzen) an die empirisch beobachtete Realität angenähert werden müssen. Diese Richtung der Makroökonomik beschäftigt sich mit dem Bau und der Anwendung von **DSGE-Modellen** (dynamic stochastic general equilibrium models), dynamischen stochastischen Modellen des allgemeinen Gleichgewichts.[92]

Ebenfalls auf die Ökonometrie bezogen ist die so genannte **Lucas-Kritik**. Diese Kritik, die von Robert E. Lucas[93] vorgebracht wurde, besagt, dass ökonometrische Modelle gegenüber typischen wirtschaftspolitischen Aktivitäten nicht invariant sind. Das heißt, wenn die Wirtschaftspolitik eine Aktion setzt, zum Beispiel eine geldpolitische Aktion (den Leitzinssatz senkt, die Geldmenge erhöht) oder eine fiskalpolitische Aktion (die Steuern senkt, die Staatsausgaben erhöht), wird die Struktur der Verhaltensbeziehungen im privaten Sektor durch diese wirtschaftspolitische Maßnahme verändert. Wenn zum Beispiel in einer Situation der Krise die Zentralbank den Leitzinssatz massiv senkt, kann es dazu kommen, dass die Wirtschaftssubjekte das als ein Signal ansehen, dass sich die Wirtschaftspolitik geändert hat. Sie werden dann ihre Konsumentscheidungen nicht so treffen, wie man aufgrund der Erfahrungen mit einer früheren Wirtschaftspolitik erwarten würde, etwa dass sie bei niedrigeren Zinssätzen weniger sparen und mehr investieren. Vielmehr werden sie gerade deswegen mehr sparen, weil sie Sorge haben, dass die Wirtschaftslage schlechter wird. Wenn man dann zum Beispiel die Entwicklung einer Volkswirtschaft mit einem ökonometrischen Modell simuliert, das mit Daten aus der Vergangenheit geschätzt wurde, also mit Daten aus der Zeit vor dieser wirtschaftspolitischen Maßnahme, dann erhält man Ergebnisse, die nicht dem entsprechen, was wirklich passiert, nachdem man diese wirtschaftspolitische Maßnahme gesetzt hat. Durch das Setzen eines wirtschaftspolitischen Aktes, durch eine wirtschaftspolitische Veränderung ändern sich die Verhaltensbeziehungen der Wirtschaftssubjekte, der Haushalte und Unternehmungen, und daher kann man nicht unverändert aus der Vergangenheit Schlüsse auf die Zukunft ziehen, sondern man muss sich überlegen, was aufgrund dieser wirtschaftspolitischen Maßnahmen passiert. Dafür hat man aber keine wirkliche empirische Basis, und daher steht Lucas der Schätzung von makroökonometrischen Modellen und ihrem Einsatz in der Wirtschaftspolitik sehr kritisch gegenüber, und viele neu-klassische Makroökonomen teilen diese Kritik.

Ein weiterer wichtiger Aspekt, der ebenfalls zu einer Nobelpreisverleihung (2004) an die beiden Autoren **Finn Kydland** (geb. 1943) und **Edward Prescott** (geb. 1940) geführt hat[94], ist das Resultat der so genannten **Zeitinkonsistenz**. Kydland und Prescott zeigten in einem außerordentlich einflussreichen Aufsatz[95], dass ein Phänomen existiert, das sie dynamische Inkonsistenz oder Zeitinkonsistenz der Wirtschaftspolitik nannten. Es bezieht sich auf die Geld- oder die Finanzpolitik und hat folgenden Hintergrund: Wenn man annimmt, dass die Geldpolitik oder die Finanzpolitik und allgemein die Stabilisierungspolitik in irgendeinem Sinn optimieren, also die bestmöglichen Maßnahmen über eine mehrere Zeitperioden hinweg planen, dann kann es dazu kommen, dass eine Politik, die die Regierung oder die Zentralbank als beste Politik ankündigen und auch der Öffentlichkeit schmackhaft machen, nach

---

[92]   Darüber informieren ausführlicher u.a. Heer und Maußner (2009).

[93]   Lucas (1976).

[94]   Diese beiden Ökonomen sind auch die „Väter" der Theorie der realen Konjunkturzyklen: Kydland und Prescott (1982).

[95]   Kydland und Prescott (1977).

einer Periode oder nach mehreren Perioden nicht fortgesetzt wird. Dies kann gerade auch deswegen der Fall sein, weil sie einen Erfolg erzielt hat. Es gibt Anreize für die Wirtschaftspolitik, von einer angekündigten und als optimal erkannten Politik in der Folge systematisch abzuweichen, und zwar ohne dass sich die Ziele der Wirtschaftspolitik geändert hätten. Die Auswirkungen sind ähnlich wie bei Ankündigungseffekten: Wenn man eine wirtschaftspolitische Maßnahme ankündigt, etwa eine Steuersenkung oder eine Steuererhöhung, tätigen die Konsumenten Vorziehkäufe bzw. warten mit Käufen zu, und die angekündigte Maßnahme wirkt nicht. So kann die Zeitinkonsistenz einer optimal geplanten Politik auch zur Wirkungslosigkeit infolge mangelnder Glaubwürdigkeit dieser Politik führen.

Kydland und Prescott zeigten dieses Resultat in einem ziemlich allgemeinen Modell, und die Bedingungen für die Möglichkeit von Zeitinkonsistenz wurden in der Folge vielfach untersucht. In popularisierter Form und mithilfe eines ökonomisch sehr einsichtigen Modells wurde von Barro und Gordon[96] dargestellt, welche **Glaubwürdigkeitsprobleme** der Wirtschaftspolitik auftreten, wenn die Wirtschaftspolitik sich an die eigenen Ankündigungen nicht hält und Anreize hat, von diesen abzuweichen. Das spricht aus der Sicht der Autoren der Neuen Klassischen Makroökonomik sehr deutlich dafür, dass sie fixierte Regeln befürworten und eine diskretionäre Wirtschaftspolitik mit flexiblen Regeln ablehnen. Die weitere Diskussion hat allerdings gezeigt, dass die Folgerung fixierter Regeln aufgrund von Zeitinkonsistenz nicht zwingend ist. Es ist durchaus möglich, anders und sinnvoller auf das Problem der Zeitinkonsistenz zu reagieren. Man kann etwa bestimmte Institutionen schaffen, die eine solche Zeitinkonsistenz verhindern, die erzwingen, dass die optimale, aber zeitinkonsistente Politik tatsächlich durchgeführt wird. Zum Beispiel kann man die Wirtschaftspolitik an bestimmte Zusammenhänge binden, die nicht notwendigerweise völlig fixierte Regeln sind. Beispielsweise kann die Wechselkurspolitik eines Landes auf eine harte Währung festlegt werden, zum Beispiel indem man über einen bestimmten Zeitraum hinweg den Wechselkurs der Währung fixiert hält, aber Anpassungsmöglichkeiten zulässt.

Man sieht, dass die Neue Klassische Makroökonomik eine Fülle von Einsichten geliefert hat, die ebenso wie der Monetarismus zu einer kritischeren Sicht der Möglichkeiten und einer realistischeren Einschätzung der Grenzen der Stabilisierungspolitik geführt haben. Andererseits muss aber die Stabilisierungspolitik nicht als völlig unwirksam angesehen werden, sondern dies ist nur unter sehr extremen und speziellen Voraussetzungen der Fall. Trotzdem steht man heute dem Einsatz der Fiskalpolitik, aber auch der Geldpolitik zum Zweck der Stabilisierung gesamtwirtschaftlicher Größen wie etwa der Beschäftigung meist kritischer gegenüber, als es im Anschluss an Keynes der Fall war. Die ökonomische Fachliteratur befürwortet heute eher einen sachten und behutsamen Einsatz der gesamtwirtschaftlichen politischen Instrumente, nicht zuletzt auch unter dem Gesichtspunkt, dass die Annahmen bezüglich der Motivation der Wirtschaftspolitiker, die Keynes getroffen hat, nicht unbedingt realistisch erscheinen. Das ist das Thema des vierten Kapitels dieses Buchs, der Neuen Politischen Ökonomie. Diese hat ebenfalls großen Einfluss auf die neuere Sicht makroökonomischen Zusammenhänge ausgeübt und zieht beachtliche Modifikationen und Einschränkungen der wirtschaftspolitischen Empfehlungen für die makroökonomische Wirtschaftspolitik nach sich.

---

[96]   Barro und Gordon (1983).

2.6   Wirtschaftssysteme und Wirtschaftsordnungen

In diesem Abschnitt wollen wir uns mit Wirtschaftssystemen und Wirtschaftsordnungen beschäftigen. Das ist ein großes und sehr zentrales Gebiet der Wirtschaftspolitik und, wie wir schon im historischen Überblick gesehen haben, ein Gebiet, das heftig umstritten war und ist. Trotz dieser stark kontroversen Diskussion über die Frage, wie Wirtschaftssysteme und Wirtschaftsordnungen zu konzipieren sind und wie man sie bewerten soll, gibt es in der Literatur sehr unterschiedliche Ansätze; es ist bislang keineswegs geklärt, wie man hier wissenschaftlich vorgehen soll. Hier sollen nur schlaglichtartig einige Ansätze zur Behandlung dieser Themen kurz vorgestellt werden. Die Schwierigkeit liegt darin, dass die Funktionsweise ganzer Volkswirtschaften in Einem betrachtet wird, so dass gewissermaßen eine ganzheitliche Betrachtung erforderlich ist.

Zunächst wollen wir auf den Ansatz der **Ordnungstheorie** eingehen. Im Mittelpunkt dieser Theorie stehen die Fragen, was eine Wirtschaftsordnung ist, wie sie charakterisiert werden kann und wie sie bewertet werden kann. Die Ordnungstheorie ist, wie schon im Abschnitt 2.1 ausgeführt wurde, ein Spezifikum der deutschsprachigen Theorie der Wirtschaftspolitik. Der Vater dieser Theorie der Wirtschaftsordnungen war der Freiburger Ökonom **Walter Eucken**, der kurz nach dem Zweiten Weltkrieg in Freiburg im Breisgau die so genannte Freiburger Schule begründete nach Vorarbeiten, die er schon, teilweise im konspirativen Kreis mit anderen im Widerstand gegen den Nationalsozialismus tätigen Ökonomen und Politikern, während des Zweiten Weltkriegs geleistet hatte. Das Wesentliche bei dem Euckenschen Ansatz besteht darin, dass Wirtschaftsordnungen idealtypisch zu sehen sind, das heißt, dass man von historischen Zufälligkeiten abstrahiert und die Wirtschaftsordnungen nach einem ganz bestimmten Kriterium definiert und einteilt, nämlich nach dem **Koordinationsmechanismus**. Dabei geht Eucken davon aus, dass es prinzipiell nur zwei Möglichkeiten gibt, wie die wirtschaftlichen Aktivitäten der zahlreichen Haushalte und Unternehmungen in einer Volkswirtschaft, insbesondere die Produktions- und Tauschakte, koordiniert werden können: einerseits zentral durch einen Plan, durch eine zentrale Verwaltung der Wirtschaft über ein hierarchisches System (**Zentralverwaltungswirtschaft**), und andererseits durch den Markt, dezentral, indem die Einzelpläne der einzelnen Haushalte und Unternehmungen durch die Märkte und die Preisbildung auf den Märkten koordiniert werden (**Freie Verkehrswirtschaft** oder **Marktwirtschaft**). Hier ist also der Koordinationsmechanismus das Kriterium (Unterscheidungsmerkmal) für die Wirtschaftsordnungen. Aus der Ordnungstheorie von Eucken und anderen entwickelte sich auch eine wirtschaftspolitische Bewegung, die man als **Ordoliberalismus** bezeichnet. Dieser wurde zeitweise auch als Neoliberalismus bezeichnet, wobei dieser Begriff heute vielfach in einem etwas anderen Sinn verwendet wird.

In der wirtschaftswissenschaftlichen Literatur gibt ein anderes Kriterium, das schon älter ist und später auch in die Theorie der Wirtschaftsordnungen übernommen worden, nämlich die Frage des **Eigentums an den Produktionsmitteln**. Schon Karl Marx hat darauf hingewiesen, dass all die Übel des Kapitalismus, die er anhand des Frühkapitalismus identifiziert hat, seiner Ansicht nach aufgrund der Tatsache entstanden sind, dass an den Produktionsmitteln, an den sächlichen Produktionsfaktoren und insbesondere am Kapital, Privateigentum besteht, was es dem Unternehmer erlaubt, die Arbeiter auszubeuten und sich einen Teil dessen, was dem Arbeiter zusteht, anzueignen. Man kann also Wirtschaftsordnungen auch nach dem

Kriterium **Privat- versus Kollektiveigentum** an Produktionsmitteln einteilen: einerseits Privateigentum an den Produktionsmitteln charakterisiert den **Kapitalismus**, Kollektiveigentum an den Produktionsmitteln eine **sozialistische** (oder **kommunistische**) Gesellschaft.[97] Dementsprechend kann man eine (2×2)-Gliederung vornehmen: Man kann einerseits die Markwirtschaft oder Freie Verkehrswirtschaft nach dem Koordinationsmechanismus von der Planwirtschaft oder Zentralverwaltungswirtschaft unterscheiden, andererseits den Kapitalismus, der durch dominantes Privateigentum an den Produktionsmitteln charakterisiert ist, vom Sozialismus, der durch Kollektiveigentum an den Produktionsmitteln charakterisiert ist. Dementsprechend gibt es vier Kombinationsmöglichkeiten; wenn man will, kann man noch weitere Untergliederungen vornehmen, und in der Ordnungstheorie wurden solche auch durchgeführt.

Prototypisch ist die Kombination Marktwirtschaft mit Kapitalismus, die **kapitalistische Marktwirtschaft**, im Extremfall der so genannte Manchester-Kapitalismus des 19. Jahrhunderts. Ob er in dieser Form je so existierte, darüber gibt es verschiedene Meinungen. Jedenfalls handelt es sich um die Vorstellung, dass der Staat nur die Funktion des so genannten Nachtwächterstaates ausübt und nur für Sicherheit und Ordnung garantiert, während alles andere durch die Märkte koordiniert wird. Eine prototypische Planwirtschaft wäre eine sozialistische, also eine durchgehend mit Kollektiveigentum, insbesondere Staatseigentum an den Produktionsmitteln ausgestattete Volkswirtschaft. Dieses absolute Gegenbild zur kapitalistischen Marktwirtschaft existierte historisch ebenso wenig wie die reine kapitalistische Marktwirtschaft, aber die Volkswirtschaften, die in der Sowjetunion und in anderen kommunistisch regierten Ländern realisiert wurden, kamen diesem Idealbild ziemlich nahe.

Dazwischen ist es denkbar, dass man eine Planwirtschaft mit Privateigentum an den Produktionsmitteln kombiniert. Das nationalsozialistische Deutschland kann als Annäherung an eine solche Planwirtschaft mit Privateigentum gesehen werden, ebenso andere Kriegswirtschaften, in denen das Privateigentum an den Produktionsmitteln nicht abgeschafft wurde. Umgekehrt wurden theoretische Vorstellungen von einer sozialistischen Marktwirtschaft entwickelt, die allerdings nie wirklich realisiert wurden.

Die Marktwirtschaft ist dadurch charakterisiert, dass die **Marktpreise**, die Preise der Güter und Dienstleistungen und der Produktionsfaktoren, die Koordination übernehmen, während dies in der zentralen Planwirtschaft ein zentraler Planer tut. Die Literatur konzentrierte sich unter anderem auf die Frage, welche Funktionen und Aufgaben die Marktpreise übernehmen können. Es wird insbesondere von einer **Signalfunktion** gesprochen; Signal in dem Sinn, dass Knappheiten angezeigt werden. Wenn also auf einem Markt ein Produkt knapp wird, weil zu viel Nachfrage oder zu wenig Angebot existiert, dann steigt der Preis und gibt dadurch ein Signal, dass mehr angeboten, mehr produziert wird und/oder weniger nachgefragt wird. In diesem Sinn haben Marktpreise auch eine **Lenkungsfunktion**, weil sie die Ressourcen der Volkswirtschaft von Produktionen und von Sektoren, in denen die Nachfrage geringer ist als das Angebot, zu Sektoren lenken und leiten, in denen die Nachfrage höher ist als das Angebot. Die Frage, ob die Marktpreise auch eine **Informationsfunktion** haben, ob

---

[97] Die Begriffe Sozialismus und Kommunismus werden in sehr vielen verschiedenen Bedeutungen (und mit sehr unterschiedlichen Bewertungen) verwendet, unter anderem auch wegen ihrer namensgebenden Funktion für verschiedene politische Bewegungen und Parteien.

und in welcher Form die Marktpreise Information vermitteln, wie das insbesondere Hayek[98] betonte, ist dagegen stärker umstritten. Das ist Gegenstand der Theorie der unvollkommenen Information, über die seit den 1970er Jahren im Rahmen der mikroökonomischen Theorie sehr intensiv geforscht wurde. Die Ergebnisse dieser Theorie bestätigen nicht immer die Vorstellung Hayeks, dass Marktpreise auch lokale Information übermitteln. Marktpreise können auch in einem gewissen Ausmaß eine **Anreizfunktion** ausüben: Anreize, bestimmte Produktionen aufzunehmen, bestimmte Tätigkeiten zu verrichten oder Tätigkeiten zu beenden. Die Marktpreise steuern nach dieser Vorstellung das Verhalten der Wirtschaftssubjekte, der Haushalte und Unternehmungen.

In der Ordnungstheorie und allgemein in der Theorie der Wirtschaftspolitik ist es allerdings unbestritten, dass auch eine Marktwirtschaft gewisse Rahmenbedingungen benötigt, insbesondere eine Wettbewerbsordnung. Einer der wichtigsten Beiträge, die Eucken geleistet hat, bestand darin, darauf hinzuweisen, dass eine nicht regulierte kapitalistische Marktwirtschaft zu Monopolen, zur Kartellbildung tendiert und dass der Wettbewerb nicht von selbst zustande kommt, sondern dass er durch staatliche Maßnahmen, durch Rahmenbedingungen des Wirtschaftens, eben durch die so genannte Ordnungspolitik, gesichert werden muss. In diesem Sinn sind die Ordnungstheorie und der Ordoliberalismus Verfechter der Setzung von Rahmenbedingungen, um die Marktwirtschaft möglichst funktionsfähig zu machen und zu erhalten. Die Marktpreise dienen nicht immer der Steuerung des wirtschaftlichen Geschehens, sondern es müssen auch wirklich im Wettbewerb und nicht im Monopol zustande gekommene Marktpreise sein. Zu diesem Zweck ist die **Wettbewerbspolitik** gefordert. Speziell in der Bundesrepublik Deutschland, in der die Ordnungstheorie und -politik entwickelt wurden, spielt die Wettbewerbspolitik seit jeher eine wichtige Rolle. Mittlerweile ist dies auch in der Europäischen Union der Fall, wo man Vorstellungen, die die Ordnungstheoretiker entwickelt haben, übernahm und dem Wettbewerb eine sehr positive Rolle zumisst.

Die Frage ist allerdings, welche Form von Wettbewerb realisiert werden soll, also die Frage nach dem Leitbild des Wettbewerbs: Woran soll sich eine Wettbewerbsordnung orientieren? Wenn wir an die mikroökonomische Theorie denken, wäre zunächst einmal die Vorstellung von der vollkommenen Konkurrenz als mögliches Leitbild für eine Ordnung des Wettbewerbs denkbar. Allerdings ist vollkommene Konkurrenz, wie wir wissen, ein sehr unrealistisches Konzept: Die Vorstellung, dass es sehr viele im Wettbewerb stehende Unternehmungen gibt und dass keine dieser Unternehmungen Marktmacht hat, sowie weitere Vorstellungen, wie etwa das Fehlen von Skalenerträgen, also alles das, was das Fehlen von Marktversagen verlangt, kann man nicht wirklich in der Realität vorfinden.

Es haben sich daher andere Leitbilder für den Wettbewerb durchgesetzt oder wurden zumindest stärker diskutiert, die allerdings nicht so eindeutige politische Schlussfolgerungen zulassen. Ein Beispiel dafür ist die Vorstellung des **dynamischen Wettbewerbs**, wie sie der österreichische Nationalökonom **Josef Alois Schumpeter** (1883–1950) entwickelte. Schumpeter ging davon aus, dass Wettbewerb insbesondere dadurch entsteht, dass zunächst Monopolsituationen geschaffen werden: Unternehmer, Persönlichkeiten, die etwas Neues entwickeln, führen eine **Innovation**, ein neues Produkt, ein neues Verfahren ein und haben dann eine kurze Zeit hindurch ein Monopol für diese Innovation, für diese Neuerung inne. Später wer-

---

[98]   Hayek (1945). Insbesondere für diese Arbeit wurde ihm der Nobelpreis zugesprochen.

den sie aber durch Nachahmer, durch Imitatoren, herausgefordert, so dass gerade in dieser Situation, die meistens ein Oligopol ist, wo es also nur wenige Anbieter gibt, ein dynamischer Wettbewerb entsteht, und das führt zu einer günstigen Situation für die gesamte Volkswirtschaft. Im Gegensatz zur walrasianischen Theorie des allgemeinen Gleichgewichts kann man allerdings eine derartige positive Wirkung des dynamischen Wettbewerbs nicht leicht modellmäßig zeigen, doch gibt es gute empirische Argumente, die dafür sprechen, insbesondere die Tatsache, dass in sehr stark wettbewerblich organisierten Volkswirtschaften die Innovationsrate und die Wachstumsrate des Output sehr hoch sind.

Ein damit zusammenhängendes, aber etwas anderes Konzept des Wettbewerbs entwickelte der ebenfalls aus Österreich stammende Nobelpreisträger Friedrich August von Hayek, nämlich das Konzept des **evolutionären** (oder evolutorischen) **Wettbewerbs**. Hayek bezeichnete Wettbewerb als ein **Entdeckungsverfahren**, wobei diese Vorstellung hier weiter gefasst ist als bei Schumpeter. Der Unternehmer, der im Wettbewerb steht, ist nicht nur Entdecker in dem Sinn, dass er neue Produkte, neue Verfahren entwickelt, sondern er entdeckt auch und findet die Bedürfnisse und Wünsche der Konsumenten heraus. Dadurch, dass er gerade auf seinem lokalen Markt die Kunden kennt und weiß, was sie wollen, ist er viel eher in der Lage, auf deren Wünsche einzugehen, als das irgendeine zentrale Planstelle in einer Zentralverwaltungswirtschaft könnte. Hier ist der Wettbewerb als ein evolutionäres Geschehen zu sehen, was teilweise auch mit Darwinschen Vorstellungen in Zusammenhang steht: „Survival of the fittest", Überleben des Tüchtigsten, in dem Sinn, dass durch den Wettbewerb Unternehmungen, die nicht in der Lage sind, kostengünstig zu produzieren und anzubieten, ausgesondert werden und aus dem Markt ausscheiden.

Ferner gibt es auch das Konzept des so genannten **funktionsfähigen Wettbewerbs** (workable competition). Das ist eine eher pragmatische Vorstellung, bei der man davon ausgeht, dass Wettbewerb nicht notwendigerweise eine große Anzahl von Konkurrenten voraussetzt, wohl aber eine bestimmte Struktur des Marktes und entsprechende Funktionen, die der Wettbewerb erfüllen kann. Diese Leitbilder von Wettbewerb sind nicht mit der traditionellen walrasianischen mikroökonomischen Theorie vereinbar, sie haben sich aber im Kartellrecht und insbesondere in der Wettbewerbspolitik in Deutschland stärker durchgesetzt.

Wenn wir das Gegenstück zur Marktwirtschaft, die **Zentralverwaltungswirtschaft** oder zentrale Planwirtschaft betrachten, so muss man zunächst sagen, dass es verschiedene Formen der Planwirtschaft gibt. Ein extrem durchgeplantes zentralverwaltungswirtschaftliches System würde insbesondere auch den Konsum der Konsumenten planen, das heißt, dass die Konsumenten, die Haushalte dann nicht mehr frei entscheiden könnten, welche Güter sie kaufen wollen, sondern es würden ihnen bestimmte Güter zugeteilt. Solche Konsumplanungen kommen in einem gewissen Umfang während Kriegszeiten vor. Man spricht dann von der Rationierung der Güter, wobei jeder Haushalt oder jede Person ein bestimmtes Ausmaß an Lebensmitteln und anderen Gütern erhält, beispielsweise auch an Zigaretten, egal ob sie Raucher sind oder nicht. Üblicherweise entwickeln sich in solchen Situationen dann Schwarzmärkte, auf denen die Haushalte illegal tauschen. In der extremen Form einer durchgeplanten Volkswirtschaft mit Konsumplanung existierte ein solches System im sogenannten Kriegskommunismus im Ersten Weltkrieg und während des Bürgerkriegs in Russland bzw. der Sowjetunion, als die neu etablierte Sowjetmacht sowohl aus ideologischen Gründen wie auch aus Gründen der Organisation der Kriegshandlungen versuchte, die gesamte Wirtschaft kommandomäßig durchzuplanen. Dieser Kriegskommunismus musste nach kurzer Zeit wieder aufgegeben werden, da er zu katastrophalen Engpässen insbesondere bei den Nahrungsmitteln und zu einer schweren Hungersnot führte. Die Kommunistische Partei der Sowjetunion versuchte zwar mit brutaler Gewalt, dieses System durchzusetzen, scheiterte aber und musste in der so genannten Neuen Ökonomischen Politik wieder marktwirtschaftliche Elemente zulassen. Ein ähnliches Schicksal erlitten spätere Versuche, ein durchgängig zentral geplantes Wirtschaftssystem mit Kollektiveigentum einzuführen, in der Sowjetunion unter Stalin, in der Volksrepublik China unter Mao Zedong und im kommunistischen Nordkorea in der jüngeren Vergangenheit. In allen diesen Fällen forderten die dadurch herbei geführten Hungersnöte Millionen von Todesopfern.

Was in den Zentralplanwirtschaften allgemein durchgeführt wurde, war eine zentrale Investitionsplanung und Produktionsplanung. Vorschläge zur Investitionsplanung und -lenkung werden gelegentlich auch in Marktwirtschaften mit dem Argument vorgebracht, dass sonst zu wenige Investitionen in Bereichen getätigt werden, die für sozial erwünscht gehalten werden. Die Erfahrungen, die man mit Investitionsplanung in der Sowjetunion und in anderen kommunistischen Ländern gemacht hat, sind aber durchwegs problematisch, und auch in den Ländern, in denen es innerhalb eines marktwirtschaftlichen Systems Versuche einer Investitionsplanung gab, wie etwa die französische Planification, erbrachten diese nicht das, was man eigentlich davon erwartete. Das verweist auf **Funktionsprobleme**, die in einer Planwirtschaft auftreten. Ohne Anspruch auf Vollständigkeit sollen hier nur einige dieser Funktionsprobleme genannt werden.

Eines der Probleme ist die Frage der **Information**. Die zentrale Planbehörde weiß oft nicht und kann auch nicht wissen, welche Güter die Konsumenten eigentlich wollen. Wenn man davon ausgeht, dass zumindest die Konsumentscheidung der Haushalte nicht vollständig durchgeplant ist, ist aber eine solche Information notwendig, weil sonst Güter produziert werden, die nicht benötigt werden, und umgekehrt Güter, die benötigt und gewünscht werden, nicht produziert werden. Das war ein typisches Phänomen in den Zentralplanwirtschaften des ehemaligen Ostblocks, in den von den kommunistischen Parteien regierten Ländern, dass viele Güter produziert wurden, nach denen die Nachfrage sehr gering war oder nach denen die Nachfrage zu bestimmten Zeiten sehr gering war, während andere Güter ausgesprochene Mangelware waren. Wenn man auch den Konsum völlig durchplant, dann kann man auf diese Information verzichten, andererseits führt das wieder dazu, dass die Haushalte die Güter, die sie nicht benötigen, gegen andere eintauschen, die ihnen wichtiger sind.

Ein weiteres Problem für eine Zentralverwaltungswirtschaft ist die Frage der **Koordination der Pläne**, und zwar auch dann, wenn es nur um die Koordination der Produktionspläne geht. Die sozialistischen und kommunistischen Planwirtschaften des ehemaligen Ostblocks litten unter großen Problemen bei der Lagerhaltung und bei der Beschaffung. Dies ist darauf zurück zu führen, dass eben diese Plankoordination zwischen den verschiedenen Unternehmungen, auch wenn sie alle in Staatsbesitz sind wie bei einer sozialistischen Zentralverwaltungswirtschaft, sehr schwierig und unvollkommen ist. Das wieder ist auch zum Teil darauf zurückzuführen, dass für die Leute, die in diesen Unternehmungen tätig sind, Anreize gesetzt werden, bestimmte Informationen nach außen verzerrt wiederzugeben, um Machtpositionen innerhalb des Unternehmens und gegenüber den in dieser Hierarchie höheren Planstellen zu bewahren. Generell ist das Problem der **Anreize** in dem System der Planwirtschaft ein sehr schwerwiegendes. Das gilt auch für die Arbeitsanreize, und am besten kann man das wahrscheinlich in dem Witz einer angeblichen Aussage aus der DDR sehen: „Die oben tun so, als ob sie uns bezahlen, und wir tun so, als ob wir arbeiten." Tatsächlich bietet ein System, in dem höhere Arbeitsleistung nicht zu höherer Entlohnung und nicht zu leistungsgerechten Entgelten führt, starke Anreize dazu, weniger zu arbeiten, und umgekehrt bietet es wieder Anreize für die jeweiligen Leiter der Unternehmungen, falsche Informationen weiterzugeben, um ihre eigene Position schöner darzustellen, als sie tatsächlich ist.

Ein weiteres Problem ergibt sich in der Frage der **außenwirtschaftlichen Beziehungen**. Zwischen den verschiedenen Ländern des Ostblocks gab es sehr strikt regulierte Handelsbeziehungen, die im so genannten Rat für Gegenseitige Wirtschaftshilfe (RGW, manchmal als COMECON bezeichnet) festgelegt wurden. De facto war das ein von der Sowjetunion dominiertes Außenhandelsregime, in dem die anderen Länder des ehemaligen Ostblocks, soweit sie sich aufgrund ihrer politischen und militärischen Unterlegenheit der Sowjetunion und ihrer Führung unterwerfen mussten, im Wesentlichen den wirtschaftlichen Bedürfnissen der Sowjetunion zuarbeiten mussten.

Ferner gibt es in Zentralverwaltungswirtschaften Probleme mit der **Bürokratie**. Eine Planwirtschaft tendiert aus sich heraus immer zu einer starken Bürokratisierung und zur Regelhaftigkeit der Verwaltung, die die Anreizfunktion des Marktes ersetzen soll. Die Bürokratietheorie, die in der Ökonomischen Theorie der Politik entwickelt wurde, zeigt auch, dass es hier Anreize gibt, sich systemwidrig zu verhalten, um bestimmte Eigeninteressen der Bürokratie inklusive der Leiter der jeweiligen Unternehmungen durchzusetzen.

Als vermutlich eines der schwerwiegendsten Probleme ist eines zu nennen, das weniger der wirtschaftlichen als vielmehr der politischen Sphäre angehört. Eine zentrale Planwirtschaft ist letztlich nur durchsetzbar mit einer **Diktatur**. Demokratisch geplante Volkswirtschaften waren in der Geschichte sehr selten und haben nie lange überlebt. Üblicherweise entspricht einem zentralen Wirtschaftsplan auch ein zentraler politischer Plan, den in diesem Fall die kommunistische Partei erstellt, die das Machtmonopol wie auch das Monopol über die Ideologie, über die Philosophie und über andere Wissensbereiche ausübt, die auch andere Ideologien und Meinungsfreiheit nicht zulässt. Diese diktatorischen Tendenzen konnten wir in allen kommunistischen Ländern feststellen, und in den wenigen noch existierenden kommunistischen Ländern wie etwa Nordkorea und Kuba finden sie sich ebenfalls.

Die Erfahrungen mit der Planwirtschaft in der Sowjetunion interessierten schon die Theoretiker, bevor noch detaillierte Ergebnisse vorlagen. Die Frage nach der Möglichkeit, dass eine zentrale Planwirtschaft mit Kollektiveigentum rational oder effizient gestaltet werden kann, war Gegenstand einer intensiven Debatte in der Zeit zwischen den beiden Weltkriegen, der so genannten **Sozialismusdebatte**[99]. Diese Sozialismusdebatte wurde von dem österreichischen Ökonomen Ludwig von Mises angestoßen, der in einem Aufsatz[100] eine Art Unmöglichkeitstheorem aufstellte. Es ist kein mathematisches Theorem, sondern eine theoretische Behauptung. Mises meinte, dass es in einer sozialistischen Zentralplanwirtschaft keine Wirtschaftsrechnung geben könne, weil Geld und Preise hier ihre Funktion verlieren würden. Daher müssten solche Volkswirtschaften im Gegensatz zu den Vorstellungen von Marx und

---

[99]   Eine umfassende Dokumentation dieser Debatte findet sich in dem neunbändigen Werk von Boettke (2000).
[100]   Mises (1920).

den Marxisten ineffizient sein und würden langfristig einen wirtschaftlichen Rückschritt bedeuten und nicht Wirtschaftswachstum erzeugen können.

Diese Herausforderung, die Ludwig von Mises an die Vertreter der sozialistischen Planwirtschaft stellte, wurde von ihr auch aufgenommen. Der polnische Ökonom Oskar Lange (1904–1965), der nach dem Zweiten Weltkrieg in Polen auch eine führende Funktion in der Politik und in der Verwaltung des Landes innehatte, antwortete Mises[101], indem er ein Modell einer sozialistischen Quasi-Marktwirtschaft entwarf. Er sagte, man könnte sehr wohl auch mit Kollektiveigentum an den Produktionsmitteln ein marktwirtschaftliches System gewissermaßen simulieren oder nachbilden, indem man einfach den Betriebsleitern vorgibt, sie müssten sich so verhalten wie in einer Marktwirtschaft, also so, als ob sie ihre Gewinne maximieren würden. Die Vorgabe für die Betriebsleiter wäre also: „Ihr müsst jetzt Preis gleich Grenzkosten setzen, sonst kommt ihr nach Sibirien." Die Vorstellung Langes war also, dass man ein System installiert, das gewissermaßen ein Modell einer Marktwirtschaft darstellt. Diese Vorstellung, die übrigens sehr stark im walrasianischen Denken verhaftet war und nicht im marxistischen Denken, wurde dann wieder von den Gegnern der kollektiven Zentralverwaltungswirtschaft aufgenommen. Insbesondere Friedrich August von Hayek[102] wies darauf hin, dass die Informationsprobleme, mit denen ein solches System einer Planwirtschaft konfrontiert ist, so stark sind, dass sie in der Realität die effiziente Gestaltung eines solchen Wirtschaftssystems verhindern würden.

Neuere Analysen versuchten, die Wirtschaftssysteme der Planwirtschaft und der Marktwirtschaft im Vergleich genauer zu analysieren, einzelne Aspekte detaillierter herauszuarbeiten und modellmäßig zu erfassen. Die Beschäftigung mit diesen Themen ist Gegenstand der vergleichenden **Theorie der Wirtschaftssysteme** (Comparative Economic Systems)[103]. Ein sehr fruchtbarer Ansatz geht von einer Unterscheidung zwischen Informationsstruktur, Motivationsstruktur und Entscheidungsstruktur aus[104].

Die **Informationsstruktur** betrifft den Fluss von Informationen und die Weitervermittlung und Verarbeitung von Informationen in unterschiedlichen Wirtschaftssystemen: in dezentraler Weise in einer Marktwirtschaft, in zentralisierter Weise von der Zentrale an die einzelnen Betriebe und Haushalte und wieder zurück in einer zentralen Planwirtschaft. Dazu gibt es eine Fülle von Erkenntnissen der ökonomischen Theorie, die zeigen, dass sowohl in Marktwirtschaften wie auch in Planwirtschaften durch die Tatsache unvollkommener und verzerrter und manipulierbarer Information große Probleme entstehen können.

Bei der **Motivationsstruktur** geht es darum, welche Anreize für die Teilnehmer am Wirtschaftsgeschehen in den verschiedenen Wirtschaftssystemen geschaffen werden: Im marktwirtschaftlichen System werden die wichtigsten Anreize durch die entsprechenden Möglichkeiten der Einkommenserzielung erzeugt, die die Teilnahme am Marktgeschehen, insbesondere an den Faktormärkten ermöglichen; in planwirtschaftlichen Systemen ergibt sich die (meist politisch gelöste) Frage, wie die erzielte Produktion verteilt werden soll.

---

[101]   Lange (1936-37).
[102]   Hayek (1940).
[103]   Einen guten Überblick über dieses Gebiet gibt Wagener (1979).
[104]   Neuberger und Duffy (1976), Conn (1978).

Am wenigsten bisher untersucht wurden die **Entscheidungsstrukturen** in verschiedenen Wirtschaftssystemen, was bedauerlich ist, weil vermutlich darin ein entscheidender Unterschied zwischen den Wirtschaftssystemen liegt. Die dezentrale Entscheidungsstruktur der Marktwirtschaft kann gut mit demokratischen (sogar, wie das Beispiel der Schweiz zeigt, mit direkt demokratischen) politischen Entscheidungsstrukturen in Verbindung gebracht werden, während andererseits die sehr zentralisierte Entscheidungsstruktur einer Planwirtschaft letztlich nur mithilfe von diktatorischen Machtmitteln aufrecht erhalten werden kann.

Zuletzt wurde hier der Begriff „Wirtschaftssysteme" gebraucht, weil die Literatur zum Vergleich der Wirtschaftssysteme, die sich zu einem beträchtlichen Teil im angelsächsischen Sprachraum findet und stärker modellmäßig argumentiert, mit theoretisch fundierten und auch mathematisch ausformulierten Modellen von alternativen Wirtschaftssystemen, von der Ordnungstheorie (der Theorie der „Wirtschaftsordnungen") unterschieden werden kann, die Eucken und seine Schule im deutschen Sprachraum betrieben. Die Ordnungstheorie ist stärker geisteswissenschaftlich und verbal ausgerichtet, während die Theorie der Wirtschaftssysteme stärker an der Wirtschaftstheorie und an mathematischen Modellierungen gesamter Volkswirtschaften orientiert ist. Die Unterscheidung zwischen den Begriffen „Wirtschaftsordnung" und „Wirtschaftssystem" ist allerdings nicht sehr scharf und eher historisch bedingt.

Hier soll noch auf einen weiteren Ansatz zur Analyse der Wirtschaftssysteme und Wirtschaftsordnungen eingegangen werden, der in den letzten 40 Jahren zunehmend Beachtung gefunden hat, die so genannte **Institutionenökonomik**[105]. Unter **Institutionen** versteht man wirtschaftliche Regelsysteme. Institutionen sind nicht nur wirtschaftspolitische Entscheidungsträger wie zum Beispiel die Regierung oder die Zentralbank, sondern in der Institutionenökonomik werden allgemein der Markt und der Staat als eine Institution gesehen, das Geld ist eine Institution, Unternehmungen sind Institutionen usw. Es handelt sich hier also um Regelsysteme, die unterschiedlich funktionieren, und nicht nur um die formellen Institutionen wie den Staat. Gegenstand der Analyse sind auch informelle Institutionen, die auf teilweise nicht einmal expliziten Verträgen oder Ähnlichem beruhen, wie beispielsweise stillschweigende Übereinkünfte, Tabus und Ähnliches, die in einer Gesellschaft vorherrschen.

Die Institutionenökonomik geht von einem sehr zentralen Begriff aus, dem Begriff der **Transaktion**. Unter Transaktionen werden nicht nur Tauschakte verstanden, sondern allgemeiner die Übertragungen von Rechten über bestimmte Sachen, von sogenannten Property rights, was man auf Deutsch am besten als **Eigentums- und Verfügungsrechte** übersetzen kann. Das können explizite Verträge sein, in denen jemand verkauft, also *A* verkauft *B* ein Gut und *B* bezahlt das. Dabei kommt ein Vertrag zwischen *A* und *B* zustande: *A* liefert *B* ein Gut von einer bestimmten Qualität und *B* akzeptiert diesen Vertrag, indem er dafür bezahlt. Das muss nicht wirklich ein formeller Vertrag mit Brief und Siegel sein, sondern es können durchaus auch einfach Übereinkünfte sein, die aufgrund von faktischen Handlungen der beiden Beteiligten (oder auch von mehr Beteiligten) zustande kommen.

Die Institutionenökonomik ist nicht nur eine rein deskriptive Theorie. Ihr Gegenstand ist nicht nur die Beschreibung der einzelnen Institutionen, sondern auch die Analyse der Nutzen

---

[105] Eine gute lehrbuchartige Darstellung der Institutionenökonomik findet man bei Richter und Furubotn (2010).

und Kosten verschiedener Institutionen. Eine Fragestellung lautet etwa, welche Funktionen erfüllt ein Markt und was kostet die Etablierung eines Marktes, die ja nicht von selbst geschieht, sondern es muss vorher eine Wettbewerbsordnung aufgebaut werden, Vertrauen muss zwischen den potentiellen Marktparteien existieren, usw. Da nicht immer der Markt notwendigerweise die beste Lösung darstellt, untersucht man auch, ob es nicht andere institutionelle Regelungen gibt, die für bestimmte, genau spezifizierte Aufgaben geringere Kosten oder höheren Nutzen mit sich bringen. Es werden nicht nur die Institutionen, so wie sie sind, analysiert, sondern auch die Entstehung und die Veränderung von Institutionen, wobei zum Teil auch versucht wird, mithilfe von Effizienzkonzepten zu erklären, wie die Entscheidungen über Institutionen in bestimmten historischen Zusammenhängen, in historischen Abläufen, aber auch in abstrakter Weise zustande kommen können bzw. für welche Aufgaben jeweils welche Institution die günstigste Lösung bietet.[106]

Dabei ist insbesondere das Konzept der **Transaktionskosten** von Bedeutung. Bei den Kosten der Institutionen wird insbesondere gefragt, was die Kosten der Etablierung der Institution sind und welche Kosten entstehen, um innerhalb einer bestimmten Institution Transaktionen zu tätigen. Dieses zentrale Gebiet der Institutionenökonomik wird auch als **Transaktionskostenökonomik** bezeichnet. Sie untersucht die Transaktionskosten unterschiedlicher Institutionen. Dabei ist vor allem das Werk des Nobelpreisträgers der Wirtschaftswissenschaften **Ronald H. Coase** (geb. 1910) von Bedeutung, der eigentlich von seiner Ausbildung her Jurist war und der zwei grundlegende Arbeiten verfasst hat. Die erste Arbeit verfasste er bereits als Student, obwohl sie erst 1937 erschien[107]. Darin stellte er die wirklich grundlegende Frage, die merkwürdigerweise vorher kaum jemand gesehen hat, warum es eigentlich Unternehmungen gibt. Eine Unternehmung ist ja etwas, das ziemlich hierarchisch organisiert ist, da gibt es einen Chef, Eigentümer oder Manager, und es gibt Arbeiter und Angestellte, die eine gewisse Zeit lang für ihren Chef arbeiten. Sie ist fast eine Art Zentralverwaltungswirtschaft im Kleinen, eine Hierarchie, in der es Über- und Unterordnung gibt. Das kann dann noch weiter gehen, wenn ein Meister dem Gesellen und der Geselle dem Lehrling etwas anschafft. Coase fragte, warum diese Arbeitsteilung nicht über den Markt gemacht wird, da man doch weiß, dass Hierarchien vielfach nicht günstig sind, weil zentrale Pläne oft nicht funktionieren. Er beantwortete die Frage dahingehend, dass in gewissen Situationen einfach die Transaktionskosten des Marktes zu hoch sind: Wenn man für jeden Handgriff, der in einem Unternehmen getätigt werden soll, jemanden unter Vertrag nehmen müsste, der das macht, wäre das viel zu aufwändig. Es gibt Informationskosten, es gibt Suchkosten, usw. Das hat durchaus praktische Konsequenzen: Aus dieser Überlegung heraus ergibt sich beispielsweise eine flexiblere Haltung bezüglich der Frage, ob man bestimmte Tätigkeiten im Unternehmen selbst machen soll oder ob man sie, wie es heute heißt, outsourcen soll, ob man sie also anderen Unternehmungen, die sich auf diese Tätigkeiten spezialisieren, überlassen soll und mit diesen in eine Vertragsbeziehung eintreten soll.

---

[106] Besonders gelungene Analysen der Entstehung und Entwicklung von Institutionen, die in gekonnter Weise historische und theoretisch-analytische Ansätze verbinden, wurden in letzter Zeit von Greif (2006) und Acemoglu und Robinson (2006) vorgestellt.

[107] Coase (1937).

Coase schrieb noch einen zweiten wichtigen Aufsatz[108], in dem er zeigte, dass unter bestimmten Bedingungen Verhandlungen eine Lösung für den Fall externer Effekte bieten. Wir wissen aus der mikroökonomischen Theorie der Wirtschaftspolitik, dass externe Effekte als eine Form des Marktversagens angesehen werden können, weil dadurch die Kosten und Nutzen bei den einzelnen Akteuren verzerrt und nicht die vollen sozialen Kosten und der volle soziale Nutzen erfasst werden. Coase meinte, in einer solchen Situation der externen Effekte sei es nicht unbedingt notwendig, dass der Staat durch Gebote, Verbote oder Steuern eingreift, sondern es sei denkbar, dass die von diesen externen Effekten Betroffenen und die Verursacher der externen Effekte miteinander in Verhandlungen treten und dass sie sich auf eine Lösung einigen, in der gerade das effiziente Ausmaß der Produktion externer Effekte zustande kommt. Vorausgesetzt wird dabei wieder, dass nicht zu hohe Verhandlungskosten und Transaktionskosten existieren.

Ferner wies Coase darauf hin, dass dafür die Eigentumsrechte vorher geklärt sein müssten. Wenn man sehr hohe Transaktionskosten vermeiden will, müssen in einer Situation mit externen Effekten die Eigentums- und Verfügungsrechte geklärt sein. Im Beispiel, das Coase verwendet, leben mehrere Fischer an einem See, und in den See leitet ein anderes Unternehmen Emissionen (etwa Abwässer) ein. Um zu einer effizienten Verhandlungslösung zwischen den Fischern und der verschmutzenden Unternehmung zu kommen, muss vorher klar sein, wer das Eigentumsrecht an dem reinen Wasser hat, ob also die Unternehmung das Recht hat, das Wasser zu verschmutzen, oder ob die Fischer das Recht auf reines Wasser für ihre Fischzüge haben. Wenn das nicht geklärt ist, wird eine Verhandlung zu keinem Ziel führen. Wenn es aber geklärt ist – egal, in welcher Weise es geklärt ist – und wenn Verhandlungen nicht übermäßig teuer sind, dann werden solche Verhandlungen, in jedem Fall, unabhängig von der Zuordnung der Eigentumsrechte, zu einer effizienten Lösung führen. Diese Aussage ist als Coase-Theorem in die Literatur eingegangen[109].

Ein anderer Nobelpreisträger, der auf dem Gebiet der Transaktionskostenökonomik gearbeitet hat, ist Oliver Williamson (geb. 1932; Nobelpreis 2009). Er unterschied zwischen Ex-ante-Transaktionskosten und Ex-post-Transaktionskosten. Ex-ante-Transaktionskosten sind typischerweise die Transaktionskosten, die durch die Gewinnung und Verarbeitung von Information und durch das Etablieren von Institutionen entstehen. Ex-post-Transaktionskosten hängen mit der Kontrolle und mit der nachträglichen Überprüfung von Vorgängen innerhalb einer Institution zusammen.

Zu den Eigentums- und Verfügungsrechten gibt es eine relativ lange Tradition. Es wurde schon darauf hingewiesen, dass Karl Marx das Privateigentum an den Produktionsmitteln als einen entscheidenden Faktor sowohl für das Aufkommen des Kapitalismus wie für die dadurch entstehende Entfremdung der Arbeiter hielt. Marx sah im Privateigentum in einem eher engen Sinn die Verfügung über sächliche Produktionsmittel. Die neuere **Theorie der Eigentums- und Verfügungsrechte**, die Property rights-Theorie, geht allgemeiner davon aus, dass es nicht nur die juristische Eigentumslehre ist, die man berücksichtigen muss, sondern allgemeiner das Konzept der Verfügungsrechte, also wer das Recht hat, über bestimmte

---

[108] Coase (1960).

[109] Eigentlich ist es kein Theorem, da es von Coase zwar plausibel gemacht, aber nicht streng in einem Modell bewiesen wurde.

Dinge und Prozesse zu verfügen. Diese neuere Theorie hebt insbesondere die Bedeutung der Anreizwirkungen hervor, die mit dem Privateigentum verbunden sind, und beurteilt daher das Privateigentum deutlich positiver, als es Marx und die Marxisten tun. Wenn es den einzelnen Wirtschaftssubjekten nicht möglich ist, Privateigentum auch an den Produktionsmitteln zu erwerben, dann sind nach dieser Theorie ihre Anreize, mit den Gütern der Volkswirtschaft, insbesondere mit den Produktionsfaktoren, pfleglich umzugehen, geringer, als wenn sie selbst als Besitzer oder als Eigentümer davon betroffen sind.

Auf weitere Schwierigkeiten und Probleme beim Kollektiveigentum, also bei dem Eigentum einer Gruppe oder eines gesamten Staates, wurde in der Institutionenökonomik vielfach hingewiesen. Schon der Begriff des Kollektiveigentums ist nicht immer ganz klar: Es ist nicht selbstverständlich – und übrigens auch bei Marx keineswegs in seiner Theorie so angelegt –, dass es der Staat sein muss, der als Besitzer und Verfügungsberechtigter über dieses Kollektiveigentum auftritt. Es gab tatsächlich auch Versuche, etwa in Jugoslawien, die Belegschaft der einzelnen Betriebe gemeinsam als Eigentümer der Betriebe auftreten zu lassen, was allerdings wieder andere Probleme hervorrief. Es ist auch denkbar, durch genossenschaftliche Organisation Kollektiveigentum zu realisieren, was sich allerdings in manchen Fällen ebenfalls als nicht ideale Rechtsform für die Organisation eines Betriebes erwiesen hat.

Ein Problem, das bei Kollektiveigentum entsteht, ist die so genannte „**Tragik der Allmende**" (tragedy of the commons), wie es Garrett Hardin[110] genannt hat. Diese Tragik der Allmende besteht darin, dass Kollektivgüter übergenutzt werden. Die Geschichte stammt aus den bäuerlichen Gemeindewiesen der frühen Neuzeit, als eine Gemeindewiese allen Bauern offen stand, so dass sie ihr Weidevieh dort weiden lassen konnten. Das Ergebnis war, dass diese Gemeindeweide übergenutzt wurde, so dass nach einiger Zeit dann kein Gras mehr gewachsen ist und sie nicht mehr nutzbar war. Der Grund dafür ist auch wieder in einem Anreizproblem zu sehen, wobei jedes Mitglied dieser Gemeinschaft versucht, aus dem allen gemeinsamen Eigentum möglichst viel eigenen privaten Gewinn zu ziehen.

Man sah dieses Phänomen lange Zeit als etwas Unabwendbares an und folgerte daraus, alle Kollektivgüter könnten nicht funktionieren. **Elinor Ostrom** (1933–2012), die erste Frau, die (2009) den Wirtschaftsnobelpreis erhielt[111], zeigte allerdings anhand von vielen Feldstudien[112], die von der Schweiz über Japan bis China gingen, dass es durchaus Fälle gibt, in denen Kollektiveigentum funktioniert. Beispielsweise konnte man in der Schweiz gerade solche Allmenden über lange Zeit aufrecht erhalten; der Schlüssel dafür ist, dass durch Kooperation der dabei Beteiligten, wenn es eine kleine überschaubare Gruppe ist, eine Selbstorganisation ermöglicht wird, die die negativen Anreizeffekte nicht auftreten lässt.

Beim Vergleich und der Bewertung von Wirtschaftssystemen und Wirtschaftsordnungen gingen sowohl die Ordnungstheorie wie die modellorientierte Theorie der Wirtschaftssysteme von Idealtypen aus. **Empirisch** von Interesse sind aber in erster Linie die realen Wirtschaftssysteme und realen Wirtschaftsordnungen, also jene, die tatsächlich existierten. Wie in anderen Bereichen gilt hier, wie der Engländer sagt, „the proof of the pudding is in its eat-

---

[110] Hardin (1968).

[111] Interessanterweise eine Professorin der Politikwissenschaft, nicht der Wirtschaftswissenschaft.

[112] Ostrom (1990).

ing". Zu fragen ist also, welche Vor- und Nachteile solche verschiedenen Wirtschaftsordnungen in der Realität haben. Hier lohnt es sich, den Fall der zentralen Planwirtschaft anzusehen. Mit der Oktoberrevolution 1917 kam im damaligen Russland (später in der Sowjetunion) eine Partei an die Macht, die Kommunistische Partei, die dann als einzige zugelassene Partei die Gestaltung der Wirtschaftsordnung faktisch völlig nach ihren Vorstellungen vornehmen konnte. Diese Vorstellungen waren jene einer zentralen Planwirtschaft mit Kollektiveigentum (genauer: Staatseigentum) an den Produktionsmitteln. Diese zentrale Planwirtschaft sowjetischen Typs, die noch bis Ende der 1980er Jahre existierte, brach 1989 in den Ostblockländern und 1992 in der Sowjetunion völlig zusammen. Die kommunistischen Regime wurden durch Aufstände beendet, weitgehend unblutige Aufstände der eigenen Bevölkerung, die mit diesem politischen und wirtschaftlichen System nichts mehr zu tun haben wollte. Man spricht auch von der „Wende", die in den verschiedenen Ländern, nicht zuletzt auch im Osten Deutschlands, in der damaligen DDR, zustande gekommen ist. Diese hat nicht nur politische Gründe, die auch natürlich sehr wichtig waren, sondern auch wirtschaftliche Gründe, nämlich den völligen Bankrott dieser zentralen Planwirtschaften. In vielfacher Hinsicht musste man zum Beispiel in der DDR nach der Wende feststellen, dass die Güter, die in der DDR produziert wurden, insgesamt international einen extrem geringen Marktwert hatten und eigentlich diese Systeme nur durch die politischen Vorgaben aufrecht erhalten wurden, die dann auch militärisch unterstützt wurden. Als ein weniger dogmatischer kommunistischer Parteichef, **Michael Gorbatschow** (geb. 1931), eine Lockerung und eine stärkere Orientierung des Wirtschaftssystems an marktwirtschaftlichen Überlegungen versuchte, führte das zum Zusammenbruch des gesamten politischen und wirtschaftlichen Systems.

Seit den frühen 1990er Jahren wurden diese Planwirtschaften in Marktwirtschaften umgewandelt. Man spricht von einer **Transformation**, einer Umwandlung eines planwirtschaftlichen Systems in ein marktwirtschaftliches System. Das sollte es eigentlich nach der marxistischen Lehre gar nicht geben, da diese nur den Übergang vom Kapitalismus zum Sozialismus und von diesem zum Kommunismus als „historisches Gesetz" behauptete. Dass es stattdessen zum Übergang von einem („real existierenden") Sozialismus zum Kapitalismus kam, ist ein sehr deutlicher Fall der Falsifikation einer (pseudo-)wissenschaftlichen Theorie. Diese Transformation brachte allerdings auch ihre Probleme mit sich und erfolgte nicht völlig glatt und problemlos.

Eines der Probleme ist die **institutionelle Pfadabhängigkeit**. Das heißt, dass Institutionen, die in der Planwirtschaft geschaffen wurden, sich verfestigen und weiter existieren, auch über das Ende der Planwirtschaft hinaus. Im Denken der Leiter der Betriebe und auch der Konsumenten in den planwirtschaftlichen Ländern war die Vorstellung, man müsse sich anstellen, um gute Ware zu kaufen, man bekomme bestimmte Güter nur, wenn man Beziehungen habe, noch sehr stark in den Köpfen der Leute. Auch die politischen Lernprozesse gehen nicht so schnell vonstatten. Viele Leute, insbesondere solche, die durch die Transformation in ökonomische Schwierigkeiten gekommen sind, trauern in den ehemals planwirtschaftlich organisierten Ländern in einem gewissen Ausmaß dem reglementierten Leben nach.[113]

---

[113] Vgl. dazu Alesina und Fuchs-Schündeln (2007).

Die rechtliche Rahmenordnung kann auch nicht schnell geändert werden. Es müssen entweder Rechtsvorschriften von anderen Staaten abgekupfert werden oder es müssen ganz neue Vorstellungen entwickelt werden, wie man die in Kollektiveigentum befindlichen Unternehmungen privatisiert, wer Eigentümer werden soll. In manchen Ländern tat sich auch die bisher herrschende politische Klasse, die Kommunisten, stark hervor und gerierte sich als neue Unternehmerschicht. In anderen Ländern versuchte man, die Privatisierung über Vouchersysteme durchzuführen, das sind Gutscheine, die jedes Mitglied der Gesellschaft erhielt als einen Anteil an dem vorherigen Kollektiveigentum an den Produktionsmitteln. Es gab verschiedene Formen, wie man die Privatisierung, die mit dem Überwechseln in eine kapitalistische Marktwirtschaft verbunden war, durchführte.

Schließlich traten auch bei der Organisation des Geldwesens zunächst größere Probleme auf. In vielen dieser Länder hatte das Geld in der Planwirtschaft nicht wirklich die Funktion, die es in einer Marktwirtschaft hat. Es war nur bedingt als Tauschmittel nutzbar, da die nachgefragten Güter nicht angeboten wurden. Die Preise drückten nicht die Knappheit der Güter aus, wodurch auch Geld eine ganz andere Funktion hatte als in einer Marktwirtschaft. Mittlerweile wurden aber in diesen und in vielen anderen Bereichen in vielen Ländern des ehemaligen Ostblocks große Fortschritte erzielt. 2004 und danach traten die meisten dieser ehemaligen Ostblockländer der Europäischen Union bei, übernahmen also auch den Rechtsbestand und den rechtlichen Rahmen für die Marktwirtschaft, wie sie in der EU herrscht.

Bei dieser Transformation kann man zwei Strategien unterscheiden: einerseits den Versuch, möglichst schnell und kurz und auf einmal die Marktwirtschaft plötzlich einzuführen, die so genannte **Schocktherapie**, andererseits eine langsamere, in Stufen verlaufende Annäherung an eine Marktwirtschaft, die **gradualistische Strategie**. Die Schocktherapie wurde etwa in Russland mit nicht sehr gutem Erfolg versucht, mit deutlich besserem Erfolg in Polen. Meist wählte man einen eher graduellen Übergang von einer Planwirtschaft in eine Marktwirtschaft. Die Ergebnisse sind unterschiedlich. Der Erfolg ist wahrscheinlich weniger auf die Frage Schock versus gradualistische Strategie zurückzuführen, sondern stärker auf die jeweils vorherrschenden Bedingungen im Hinblick auf den wirtschaftlichen Entwicklungsgrad des Landes. Wenn ein Land schon stärker wirtschaftlich entwickelt war und die Bildung der Bevölkerung größer war, dann ging die Transformation leichter vor sich.

3   Quantitative Wirtschaftspolitik

Im Kapitel 2 wurden die theoretischen Grundlagen wirtschaftspolitischer Entscheidungen aus der Sicht der so genannten Allgemeinen Wirtschaftspolitik behandelt, die wir auch als „traditionelle Theorie der Wirtschaftspolitik" bezeichnet haben. Damit ist gemeint, dass nicht das tatsächliche Verhalten wirtschaftspolitischer Entscheidungsträger untersucht wird, sondern aus der Sicht des Ökonomen einem hypothetischen (oder idealistisch gesinnten realen) Wirtschaftspolitiker Ratschläge gegeben werden, wie er seine Entscheidungen zu treffen hat, um bestimmte, in der jeweiligen Gesellschaft vorherrschende Ziele zu erreichen. Der Ansatz der Allgemeinen Wirtschaftspolitik kann dabei als bedingt-normativ charakterisiert werden.

In aktuellen wirtschaftspolitischen Beratungssituationen ist es allerdings nicht die Regel, dass nur allgemeine Ratschläge über qualitative Entscheidungen von Seiten der praktischen Wirtschaftspolitiker gewünscht werden. Vielmehr sollen in konkreten Situationen oft quantitativ (zahlenmäßig) spezifizierte Aussagen getroffen werden. Beispielsweise könnte eine solche Frage eines Finanzministers lauten: Um wie viele Prozentpunkte sollen wir den Spitzensteuersatz der Einkommensteuer senken? Oder ein Zentralbanker möchte wissen, ob der Leitzinssatz um 50 oder um 100 Basispunkte gesenkt werden soll. Um solche Fragen zu beantworten, muss der Ökonom über die Kenntnisse der Allgemeinen Wirtschaftspolitik hinaus in der Lage sein, empirische Analysen anzustellen. Ein wichtiger Ansatz dazu ist die **quantitative Wirtschaftspolitik**, mit der wir uns in diesem Kapitel beschäftigen.[114]

Die quantitative Wirtschaftspolitik kann als Quantifizierung des Ansatzes der Allgemeinen Wirtschaftspolitik angesehen werden. Sie war ursprünglich ein Teilgebiet der Wirtschaftswissenschaft, das nur von einer kleinen Gruppe von Spezialisten betrieben wurde, während sich der „Mainstream" der wissenschaftlichen Wirtschaftspolitiker in erster Linie mit qualitativen Analysen beschäftigte. Infolge des Fortschritts der Lehre und Forschung in der Volkswirtschaftslehre sind heute Kenntnisse der Ökonometrie und anderer quantitativer Methoden in den Reihen der angewandt und empirisch arbeitenden Ökonomen weit verbreitet, so dass in der Disziplin Wirtschaftspolitik in wesentlich stärkerem Ausmaß als noch vor etwa 30 Jahren quantitative Überlegungen eine wichtige Rolle spielen. Trotzdem ist der Ansatz der Theorie der quantitativen Wirtschaftspolitik nach wie vor außerhalb der Kreise einschlägiger Spezialisten nicht sehr bekannt. Daher soll hier eine elementare Einführung in dieses Gebiet gegeben werden, wobei wir uns auf die Grundlagen der Theorie der quantitativen Wirtschaftspolitik beschränken. Wenn man praktisch auf diesem Gebiet tätig werden möchte,

---

[114]   Die Ausführungen im Kapitel 3 verwenden Material aus Neck et al. (2001). Ansätze der quantitativen Wirtschaftspolitik werden lehrbuchmäßig unter anderem dargestellt in Tinbergen (1967), Fox et al. (1973). Kuhbier (1981), Preston und Pagan (1982), Hughes Hallett und Rees (1983).

benötigt man darüber hinaus gute Kenntnisse der empirischen Wirtschaftsforschung, für die eigene Lehrbücher vorliegen.[115]

In diesem Kapitel wird zunächst die Bedeutung der Ökonometrie für die Wirtschaftspolitik dargestellt und der Ansatz der quantitativen Wirtschaftspolitik charakterisiert (Abschnitt 3.1). Anschließend werden die wichtigsten Verfahren der quantitativen Wirtschaftspolitik kurz beschrieben, und zwar wirtschaftspolitische Simulationen (Abschnitt 3.2), Optimierungsansätze (Abschnitt 3.3) und spieltheoretische Ansätze (Abschnitt 3.4). Abschnitt 3.5 hat die Kritik am Ansatz der quantitativen Wirtschaftspolitik zum Gegenstand. Ein Beispiel, das wegen seiner einfachen Struktur eine Lösung auch ohne große Kenntnisse der Mathematik erlaubt, soll den Zugang der quantitativen Wirtschaftspolitik illustrieren (Abschnitt 3.6).

3.1   Ökonometrie und Wirtschaftspolitik

Die „traditionelle Theorie der Wirtschaftspolitik" versteht sich weitgehend als bedingt-normative Wirkungsanalyse, wobei der normative Aspekt in der Verwendung teleologischer Werturteile besteht. Innerhalb dieses **teleologischen** Ansatzes der Theorie der Wirtschaftspolitik stellt die Theorie der quantitativen Wirtschaftspolitik die formal anspruchsvollste Variante dar. Sie kann nach ihren Begründern auch als **Tinbergen-Theil-Paradigma** (Henri Theil, 1924–2000) bezeichnet werden[116]. Die Theorie der quantitativen Wirtschaftspolitik und ihre Anwendungen beruhen im Wesentlichen auf zwei Grundpfeilern, nämlich der Ökonometrie und der (meist: keynesianischen) makroökonomischen Theorie. Die makroökonomische Theorie bildet dabei die Grundlage für die Modellbildung, die formale Darstellung einer gesamten Volkswirtschaft in meist hoch aggregierter Form, auf der die Analysen der quantitativen Wirtschaftspolitik aufbauen. Die **Ökonometrie** ist die Wissenschaft von der Schätzung ökonomischer Beziehungen mithilfe statistischer Methoden; sie liefert das methodische Instrumentarium, mit dem die von der makroökonomischen Theorie postulierten Relationen aufgrund von Daten der jeweils untersuchten konkreten Volkswirtschaft quantifiziert (zahlenmäßig erfasst) werden können.

Grundlage der Analyse der quantitativen Wirtschaftspolitik ist also ein **ökonometrisches Modell** (meist ein makroökonometrisches Modell), in dem wichtige Beziehungen zwischen den zentralen ökonomischen Größen (beispielsweise Konsumfunktionen, Investitionsfunktionen, Geldnachfragefunktionen usw.) mit statistisch aus gegebenen Daten geschätzten numerisch spezifizierten Parametern dargestellt werden. Die ersten dieser ökonometrischen Modelle wurden etwa zeitgleich mit der Entwicklung der makroökonomischen Theorie in den 1930er Jahren entwickelt. Die Palette ökonometrischer Modelle reicht von sehr kleinen Modellen, die nur aus wenigen Gleichungen bestehen, bis zu großen Modellen mit mehreren tausend Gleichungen.

Ziel der Theorie der quantitativen Wirtschaftspolitik ist es, unter Verwendung ökonometrischer Modelle zu numerisch bestimmten Werten der wirtschaftspolitischen Mittel (Instrumente) zu gelangen, deren Einsatz eine gewünschte Zielerreichung gestattet, oder numerisch

---

[115]   Z.B. Winker (2010).
[116]   Tinbergen (1952, 1967), Theil (1958, 1964).

die Wirkungen bestimmter Mitteleinsätze abzuschätzen. Voraussetzung dafür ist eine bestimmte Klassifikation (**Taxonomie**) der Variablen des ökonometrischen Modells, weshalb man auch von einem „taxonomischen" Ansatz spricht[117]. Im Einzelnen sind hier zu unterscheiden:

1. **Exogene Variablen**, die nicht durch das ökonometrische Modell erklärt werden. Diese sind entweder
   - wirtschaftspolitische **Mittel (Instrumentvariablen)**, z. B. Steuersätze, Staatsausgaben usw., oder
   - **nichtkontrollierte exogene Variablen** (von Tinbergen – etwas missverständlich – auch als „Daten" bezeichnet), deren Werte nicht vom wirtschaftspolitischen Entscheidungsträger festgelegt werden können, z. B. konjunkturelle Entwicklungen im Ausland.
2. **Endogene Variablen**, die durch das ökonometrische Modell erklärt werden. Diese können entweder
   - **Zielvariablen**, z. B. die Arbeitslosenquote, die Inflationsrate, die Wachstumsrate des BIP usw., oder
   - endogene Variablen ohne Zielcharakter (**„irrelevante Variablen"**) sein, z. B. der Zinssatz.

Schematisch können die Zusammenhänge zwischen diesen Variablen wie in Abbildung 3.1 dargestellt werden.

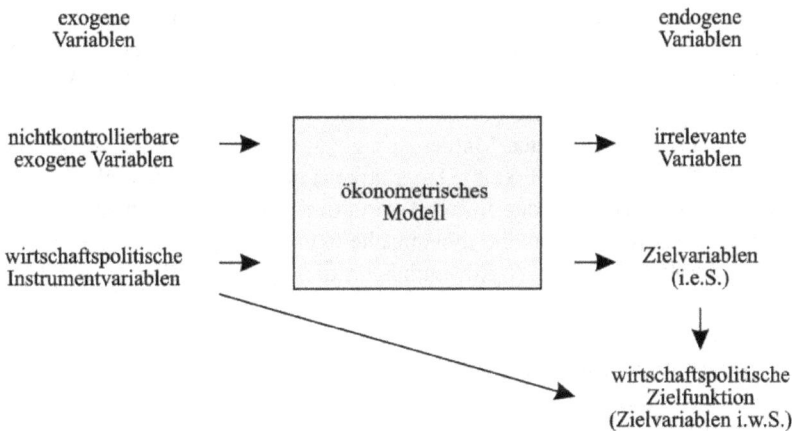

Abbildung 3.1: Grundschema der Theorie der quantitativen Wirtschaftspolitik

Innerhalb der Theorie der quantitativen Wirtschaftspolitik werden insbesondere folgende Problemstellungen behandelt:

---

[117] Johnson (1951).

1. **Quantitative Wirtschaftspolitik mit fixierten Zielen**: Bei diesem Problem sind „ideale" (erwünschte) Werte der Zielvariablen gegeben. Gesucht werden Werte der wirtschaftspolitischen Instrumentvariablen, die mit diesen Zielwerten unter der Voraussetzung der Gültigkeit des gegebenen ökonometrischen Modells vereinbar sind. Die Vorstellung besteht also darin, dass der wirtschaftspolitische Entscheidungsträger bestimmte numerisch spezifizierte Werte der Zielvariablen realisieren will, indem er die Werte der wirtschaftspolitischen Instrumentvariablen festlegt. Im Einzelnen können dabei unter anderem die folgenden Fragen untersucht werden:

    –   **Existenz**: Gibt es Werte der Instrumentvariablen, die die „idealen" Zielwerte hervorbringen? Gilt dies nur bei Voraussetzung bestimmter Werte der Zielvariablen und der nichtkontrollierbaren exogenen Variablen, oder gilt es für beliebige Werte dieser Variablen?

    –   **Eindeutigkeit**: Wenn diese Werte der Instrumentvariablen existieren, sind sie dann eindeutig bestimmt, oder gibt es mehrere (endlich oder unendlich viele) Kombinationen von Instrumentvariablen, die die Erreichung der „idealen" Zielwerte garantieren?

    –   **Entwurf** (design): Wenn die Existenz gegeben ist, welche Werte der Instrumentvariablen liefern die „idealen" Zielwerte? Wie muss eine Politik entworfen (angelegt, konstruiert) werden, die unter den Modellvoraussetzungen die „idealen" Werte der Zielvariablen erreicht?

    –   Spezielle Probleme ergeben sich, wenn das ökonometrische Modell **dynamisch** ist, also Beziehungen zwischen Variablen zu verschiedenen Zeitpunkten oder verschiedenen Zeitperioden enthält. In diesem Fall kann die Erreichung der „idealen" Zielwerte für einzelne Zeitpunkte, für Folgen von Zeitpunkten (Zeitpfade) von bestimmter Länge oder für stationäre Gleichgewichtszustände des Modells von Interesse sein. Auf Fragen dieser Art wurden Konzepte, Methoden und Theoreme der Regelungs- und Steuerungstheorie oder Kontrolltheorie, die in der Technik entwickelt wurden und der angewandten Mathematik zuzurechnen sind, angewendet, etwa die Begriffe der Kontrollierbarkeit (Steuerbarkeit) und Beobachtbarkeit. Für die Existenz, die Eindeutigkeit und den Entwurf von Politiken mit fixierten Zielen sind insbesondere für lineare statische und dynamische ökonometrische Modelle die Bedingungen mittlerweile bekannt[118]. Anwendungen dieser Fragestellungen auf ökonometrische Modelle und wirtschaftspolitische Probleme bestimmter Länder sind allerdings äußerst selten.

2. **Quantitative Wirtschaftspolitik mit flexiblen Zielen**: In diesem Fall wird eine wirtschaftspolitische Zielfunktion (Verlustfunktion, „Kriterium") formuliert, deren Argumente **Zielvariablen im weiteren Sinn**, das sind Zielvariablen im engeren Sinn (endogene Zielvariablen) und wirtschaftspolitische Instrumentvariablen mit Zielcharakter, sind. Das Problem mit flexiblen Zielen besteht in der **Optimierung** dieser Zielfunktion unter den Nebenbedingungen, die durch das ökonometrische Modell gegeben sind. Ähnlich wie für das Problem mit fixierten Zielen kann man auch für das Problem mit flexiblen Zielen die Bedingungen für die Existenz, für die Eindeutigkeit und (im dynamischen Fall) für die Stabilität einer „optimalen" Politik untersuchen, also einer Politik, die unter

---

[118]   Preston und Pagan (1982), Hughes Hallett und Reese (1983).

den Restriktionen des ökonometrischen Modells die vorgegebene wirtschaftspolitische Zielfunktion optimiert. Für die Anwendungen interessanter ist die Frage, wie diese „optimale" Politik (wenn sie existiert, was im Allgemeinen – außer für fehlformulierte Probleme – der Fall ist) zu entwerfen (zu gestalten) ist. Als Methoden zur Lösung dieses Optimierungsproblems stehen bei statischen Modellen die Verfahren der linearen und nichtlinearen Programmierung zur Verfügung; wenn das ökonometrische Modell dynamisch ist, bietet die Theorie der optimalen Kontrolle Lösungsverfahren des entsprechenden Optimierungsproblems an (die Variationsrechnung, das Maximumprinzip von Pontryagin[119], die dynamische Programmierung[120]).

3. Quantitative Wirtschaftspolitik mithilfe von **Simulationen**: Es ist auch möglich, die Methode der Simulation für Probleme der quantitativen Wirtschaftspolitik zu verwenden. Dabei werden verschiedene Experimente mit dem ökonometrischen Modell vorgenommen. Das bedeutet, dass jeweils andere zahlenmäßige Werte der wirtschaftspolitischen Instrumentvariablen postuliert und in das Modell eingegeben werden. Aus dem Modell werden dann die sich daraus ergebenden Werte der wirtschaftspolitischen Zielvariablen errechnet. Dieser Ansatz ist eher pragmatisch und kann keine optimalen Lösungen ermitteln. Er ist jedoch in einem interaktiven Beratungsmodell gut anwendbar, da er die Chance eines Nachvollziehens durch den praktischen Wirtschaftspolitiker bietet.

Methoden der Ökonometrie sind mittlerweile unverzichtbare Bestandteile des methodischen Instrumentariums der angewandten **empirischen Wirtschaftsforschung** geworden und werden in faktisch allen Wirtschaftsforschungsinstituten verwendet. Die großen Wirtschaftsforschungsinstitute (in Deutschland unter anderem das Deutsche Institut für Wirtschaftsforschung (DIW) in Berlin, das ifo-Institut für Wirtschaftsforschung in München, das Zentrum für Europäische Wirtschaftsforschung (ZEW) in Mannheim, das Institut für Weltwirtschaft in Kiel und das Rheinisch-Westfälische Institut für Wirtschaftsforschung in Essen, in Österreich das Österreichische Institut für Wirtschaftsforschung (WIFO) und das Institut für Höhere Studien (IHS) in Wien, in der Schweiz KOF Konjunkturforschungsstelle der ETH Zürich) und diverse andere (auch universitäre) Institute und Unternehmen haben jeweils makroökonometrische Modelle gebaut, deren Wartung und Aktualisierung beträchtliche Ressourcen binden. Sie sind aber als Instrumentarien zur Prognose (Vorhersage zukünftiger Entwicklungen) und zur Beratung der Wirtschaftspolitik unentbehrlich geworden. Ebenso werden ökonometrische Analysen zum Test von makroökonomischen und in den letzten Jahren verstärkt auch von mikroökonomischen Hypothesen verwendet. Solche Hypothesentests können ebenfalls für wirtschaftspolitische Überlegungen sehr wichtig sein.

Beispielsweise ist die Hypothese der Neutralität der Staatsverschuldung („**Ricardo-Äquivalenz**") für die Frage der konjunkturellen Wirksamkeit der Finanzpolitik von zentraler Bedeutung. Diese Hypothese besagt, dass Budgetdefizite nur zeitlich verschobene Steuererhöhungen darstellen und daher die intertemporale Budgetbeschränkung der Wirtschaftssubjekte und damit deren Konsumentscheidung nicht beeinflussen.[121] Wenn diese Hypothese

---

[119] Pontryagin et al. (1962).
[120] Bellman (2003).
[121] Diese bereits von Ricardo angedachte Möglichkeit wurde durch Barro (1974) modellmäßig begründet.

gilt, führt bei gegebenen Staatsausgaben für Güter und Dienstleistungen deren Finanzierung durch Anleihen (Kreditfinanzierung über Budgetdefizite) zu den gleichen Entscheidungen der Wirtschaftssubjekte wie eine Finanzierung durch Steuererhöhungen. Bei Gültigkeit dieser Hypothese ist also eine defizitfinanzierte Fiskalpolitik für Stabilisierungszwecke völlig unwirksam. Theoretische Argumente für und gegen die Geltung dieser Hypothese der Verschuldungsneutralität wurden in der Literatur vielfach und dennoch nicht abschließend erörtert. Daher ist es wichtig, durch Tests der Hypothesen, die aus dieser Theorie folgen, zu entscheiden, ob die Verschuldungsneutralität für eine konkrete Volkswirtschaft gilt oder nicht. Für die USA und für Deutschland ist die diesbezügliche Evidenz nicht eindeutig[122]; für Österreich deuten fast alle empirischen Hinweise darauf hin, dass die österreichische Staatsverschuldung nicht neutral im Sinne der Ricardo-Äquivalenz ist[123]. In diesem und vielen anderen Fällen kann also die Anwendung ökonometrischer Verfahren direkt zu Schlussfolgerungen über die Möglichkeiten und Grenzen des Einsatzes wirtschaftspolitischer Instrumente führen.

Auch neuere Methoden der Ökonometrie, die stark von der Entwicklung der **Zeitreihenanalyse** beeinflusst wurden, können zur Untersuchung wirtschaftspolitisch relevanter Hypothesen verwendet werden. Beispielsweise untersuchten einige Studien vor der Einführung des Euro die Frage, ob der Vorgänger des Währungsunion, das Europäische Währungssystem, eine erweiterte DM-Zone war, ob also Deutschland die Finanzmärkte im Sinne einer Zinsführerschaft dominierte.[124] So wurde die Hypothese getestet, dass die österreichische Volkswirtschaft bereits in den Jahren vor dem Beitritt Österreichs zur Europäischen Union (EU) und zum Europäischen Währungssystem (1995) voll in eine erweiterte D-Mark-Zone integriert war, anhand von Beziehungen zwischen Zinssätzen[125]. Entgegen der Vermutung, dass als Ergebnis der Hartwährungspolitik die österreichische Wirtschaft bereits vor dem Eintritt in die Europäische Wirtschafts- und Währungsunion (EWWU) voll von der deutschen Geldpolitik bestimmt war, ergibt die zeitreihenanalytische Studie, dass die österreichischen langfristigen Zinssätze nicht nur von den deutschen, sondern auch von den US-Zinssätzen beeinflusst wurden. Außerdem kann, entgegen den Erwartungen, keine langfristige Beziehung zwischen den deutschen und den österreichischen Zinssätzen festgestellt werden. Dieses Ergebnis bedeutet, dass die österreichischen Finanzmärkte noch nicht vollständig in jene der D-Mark-Zone integriert waren. Ähnliche Ergebnisse wurden bei Analysen der Finanzmarktintegration anderer Länder erzielt. Wirtschaftspolitisch lassen solche Ergebnisse Zweifel an der Konvergenz der Zinssätze und damit der Integration der Finanzmärkte zwischen den verschiedenen mittlerweile in der EWWU vereinigten Ländern aufkommen. Man kann dahinter liegende Glaubwürdigkeitsdefizite der entsprechenden geldpolitischen Regime vermuten; diese können durchaus zu den Problemen beigetragen haben, mit denen die europäische Gemeinschaftswährung Euro seit ihrer Einführung konfrontiert war und ist.

---

[122] Der Übersichtsaufsatz von Bernheim (1987) verneint die Gültigkeit der Ricardo-Äquivalenz, jener von Seater (1993) bejaht sie – großteils aufgrund des gleichen empirischen Materials.

[123] Neck (1993).

[124] Von Hagen und Fratianni (1990), Kirchgässner und Wolters (1987, 1993).

[125] Jaenicke und Neck (1996).

3.2   Wirtschaftspolitische Simulationen

Von den zuvor angeführten Ansätzen ist die Methode der Simulation jene, die am häufigsten für Probleme der quantitativen Wirtschaftspolitik angewendet wurde. Dieser Ansatz ist gut geeignet, wirtschaftspolitischen Entscheidungsträgern Entscheidungshilfen zu geben. Zugleich können auch theoretisch interessierende Fragen erörtert werden, da die Simulation ähnlicher wirtschaftspolitischer Fragestellungen mit verschiedenen Modellen Aufschlüsse über die Implikationen unterschiedlicher theoretischer Modellansätze für wirtschaftspolitische Ergebnisse liefern kann.

Für Deutschland, Österreich und die Schweiz liegen zahlreiche Simulationsstudien mit ökonometrischen Modellen der jeweiligen Volkswirtschaft vor. Darüber hinaus wurden Modelle, die in der akademischen Forschung entwickelt wurden, für wirtschaftspolitische Fragestellungen in Simulationsuntersuchungen eingesetzt. Die meisten dieser Modelle sind keynesianischer Natur und liefern dementsprechend Aussagen, die von der keynesianischen Theorie geprägt sind. Beispielsweise wurden die gesamtwirtschaftlichen Auswirkungen von Maßnahmen der **Budgetkonsolidierung** mit dem WIFO-Makromodell simuliert und die nach der keynesianischen Theorie zu erwartenden negativen Folgen für Einkommen und Beschäftigung nachgewiesen[126]. Interessant ist dabei, dass selbst in einem primär nachfrageseitigen Modell unterschiedliche Budgetkonsolidierungsmaßnahmen durchaus verschiedene Auswirkungen haben können. Zum Beispiel ist eine Kürzung der öffentlichen Investitionen die für die Produktion und die Beschäftigung ungünstigste Variante der Budgetsanierung. Berücksichtigt man über die im Modell selbst erklärten Zusammenhänge hinaus noch vermutete allokative Wirkungen, die in einem keynesianischen makroökonomischen Modell nicht abgebildet werden können, kann man auch nicht-keynesianische Effekte einer Sanierung des Budgets nachweisen, wie dies etwa anhand eines Vergleichs verschiedener Budgetkonsolidierungsprogramme durchgeführt wurde[127].

Mithilfe von ökonometrischen Modellen können durch Simulationsanalysen auch Untersuchungen über die grundsätzliche **Wirksamkeit von geld- und fiskalpolitischen Maßnahmen** vorgenommen werden. Beispielsweise wurden verschiedene ökonometrische Modelle der schweizerischen Volkswirtschaft zur Analyse der konjunkturpolitischen Steuerungsmöglichkeiten in dieser kleinen offenen Volkswirtschaft verwendet.[128] Dabei kommen die Verfasser der Studie zu dem Ergebnis, dass die verschiedenen Modelle, die auch auf unterschiedlichen theoretischen (mit oder ohne rationale Erwartungen) und methodischen (Berücksichtigung unterschiedlicher Zeitreiheneigenschaften der Daten) Grundlagen beruhen, zu sehr ähnlichen wirtschaftspolitischen Folgerungen gelangen. Beispielsweise erweist sich der Wechselkurs des Schweizer Franken als nicht prognostizierbar und daher auch kaum steuerbar, weshalb eine aktive Wechselkurspolitik problematisch erschein. Ebenso können mit der Geldpolitik kaum reale Ziele erreicht werden. Die Fiskalpolitik dagegen kann zumindest kurzfristig reale Nachfrageeffekte ausüben; ihre langfristige Wirksamkeit ist (sogar der Richtung nach, nicht nur quantitativ) fraglich.

---

[126]   Breuss et al. (1993).

[127]   Breuss (2000).

[128]   Schelbert-Syfrig et al. (1985).

Ein weiterer Bereich der Wirtschaftspolitik, in dem Simulationen mit makroökonometrischen Modellen einen Einfluss auf die wirtschaftspolitischen Entscheidungen und auf die öffentliche Diskussion haben können, ist die Frage der **Auswirkungen eines EU-Beitritts** von Ländern, die noch nicht Mitglieder der EU sind. Bereits im Cecchini-Bericht wurden derartige Simulationen für die damaligen EU-Mitgliedsländer durchgeführt, und es wurde gezeigt, dass die Vollendung des Binnenmarkts für die EU-Volkswirtschaften Steigerungen des realen Bruttoinlandsprodukts (BIP) der EU-Länder um insgesamt bis zu 4,5 Prozent über sechs Jahre bewirken würde, die auch positive Folgen für die Arbeitsnachfrage, den Verbraucherpreisindex, den Leistungsbilanzsaldo und den Staatshaushalt der EU-Länder hätten[129]. Österreichische Untersuchungen sind zu ähnlichen Effekten einer Teilnahme Österreichs am EU-Binnenmarkt gekommen[130].

In analoger Weise wurden die wirtschaftlichen Folgen einer Mitgliedschaft der mittel-, ost- und südosteuropäischen Länder in der EU oder in der EWWU mit makroökonomischen Modellen simuliert[131]. Die Auswirkungen für die gegenwärtigen EU-Mitgliedsländer werden dabei unterschiedlich eingeschätzt, wobei die realen Effekte (Handelsumleitung und -schaffung) durch den EU-Beitritt besser abgesichert sind als jene durch den Beitritt zur EWWU. Dies gilt sowohl für die Beitrittsländer wie für die bestehenden Mitglieder der Union. Deutliche Integrationseffekte durch die Freihandelsabkommen können für die jetzigen EU-Mitglieder Mittel- und Osteuropas im Vergleich mit osteuropäischen Ländern, die nicht der EU beitraten, nachgewiesen werden. Andererseits wiesen Untersuchungen für Österreich mit dem WIFO-Modell zwar signifikante (großteils positive) Spillover-Effekte der EU-Osterweiterung für Österreich aus[132], während dagegen Simulationen mit dem MSG-Weltmodell, einem stärker neoklassisch orientierten Modell, deutlich geringere und kaum merkbare Effekte der EU-Osterweiterung für Österreich schätzten[133]. Entscheidend für die Unterschiede im Hinblick auf die prognostizierten Auswirkungen derartiger Veränderungen des wirtschaftspolitischen Umfeldes sind nicht nur die theoretischen Grundlagen der jeweiligen Modelle, sondern auch die Kanäle, über die die jeweiligen Ereignisse (die EU-Osterweiterung etwa als Erhöhung der Produktivität oder als Senkung der Risikoprämie der Zinssätze in den osteuropäischen Ländern) auf die österreichische Volkswirtschaft einwirken.

3.3   Optimierungsansätze der quantitativen Wirtschaftspolitik

Wenn man unterstellt, dass wirtschaftspolitische Entscheidungsträger ihre Ziele „bestmöglich" erreichen wollen, so bietet sich ein **Optimierungsansatz** zur Analyse wirtschaftspolitischer Entscheidungen an, also eine Formulierung als Problem der quantitativen Wirtschaftspolitik mit flexiblen Zielen. Die wirtschaftspolitische Zielfunktion kann dabei als Bewer-

---

[129]   Emerson et al. (1988).

[130]   Zum Beispiel Breuss und Schebeck (1989), Neck und Schäfer (1994).

[131]   Beispielsweise für Slowenien Weyerstraß und Neck (2008), für weitere südosteuropäische Länder Neck (2012).

[132]   Breuss und Schebeck (1998).

[133]   Neck et al. (2000).

tungsmaßstab (individuelle „Nutzenfunktion" oder Kostenfunktion) eines (hypothetischen) wirtschaftspolitischen Entscheidungsträgers oder als eine Art „soziale Wohlfahrtsfunktion" interpretiert werden; allerdings ist zu beachten, dass sie im Gegensatz zur Sozialen Wohlfahrtsfunktion der Wohlfahrtsökonomik oder der Theorie der kollektiven Entscheidungen (Social-choice-Theorie) nicht direkt von den Präferenzen der einzelnen Wirtschaftssubjekte abhängt. Der Optimierungsansatz kann entweder als positive Erklärung der Wirtschaftspolitik interpretiert werden oder (weniger problematisch) als normativer Referenzmaßstab zum Vergleich wirtschaftspolitischer Szenarien. Die optimale Politik ist dann jene, die unter den Nebenbedingungen des ökonometrischen (oder allgemein: ökonomischen) Modells die vorgegebene wirtschaftspolitische Zielfunktion optimiert.

Insbesondere durch die Anwendung der **Theorie der optimalen Kontrolle** sind im Rahmen von Analysen der quantitativen Wirtschaftspolitik wichtige Fortschritte erzielt worden[134]. Entsprechende Anwendungen existieren auch für Deutschland und Österreich. Eine frühe Untersuchung für Deutschland mit dem Bonner ökonometrischen Modell im Rahmen des SPES-Projekts zeigte die Möglichkeit der Bestimmung optimaler wirtschaftspolitischer Maßnahmen auf; diese wurden jedoch – teilweise aufgrund fehlender Daten – in der Folge nicht weitergeführt.[135] Für Österreich wurden optimale stabilisierungspolitische Maßnahmen der Geld- und Fiskalpolitik für die 1990er Jahre berechnet und mit den Ergebnissen einer Simulation verglichen, die aufgrund einer Projektion (Fortschreibung) der exogenen Variablen des gleichen ökonometrischen Modells erhalten wurden[136]. Bei Verwendung eines makroökonometrischen Modells vom keynesianischen Typ erhält man Resultate, die zeigen, dass durch einen Optimierungsansatz wirtschaftspolitische Ziele in Österreich deutlich besser erreicht werden können als aufgrund der Projektion der wirtschaftspolitischen Instrumentvariablen. Die wirtschaftspolitischen Instrumente (die fiskalpolitischen Instrumente Staatsausgaben und Staatseinnahmen und das geldpolitische Instrument Geldmenge) werden dabei antizyklisch eingesetzt, das heißt in Perioden geringen Wirtschaftswachstums und steigender Arbeitslosigkeit werden die Staatsausgaben erhöht, die Steuern gesenkt und die Geldmenge erhöht, und in Perioden hoher Inflation erfolgt ein restriktiver Einsatz der Instrumente. Während bei einer deterministischen Optimierung auf die Berücksichtigung von Unsicherheit verzichtet wird, können in stochastischen Analysen verschiedene Arten von Unsicherheit (nicht genau erfüllte Gleichungen, unsichere Parameterschätzungen) berücksichtigt werden.

Ein Ergebnis der Untersuchungen für Österreich zeigte, dass der explizite Einsatz der Geldmenge als Instrument zu keiner wesentlichen Verbesserung der Resultate (gemessen durch die Werte der wirtschaftspolitischen Zielfunktion) führt[137]. Dies kann dahingehend interpretiert werden, dass der faktische Verzicht auf das geldpolitische Instrument, der mit der österreichischen Hartwährungspolitik verbunden war und seit der Teilnahme Österreichs an der EWWU und dem damit verbundenen Verzicht auf die Gestaltung einer eigenen Geldpolitik auch rechtlich fixiert ist, keine wesentliche Einschränkung der stabilisierungspolitischen Möglichkeiten der österreichischen Wirtschaftspolitik mit sich brachte.

---

[134]   Vgl. z. B. Chow (1975, 1981), Kendrick (1981), Petit (1990).
[135]   Galler (1976).
[136]   Neck und Karbuz (1996).
[137]   Neck und Karbuz (1999).

Während für die Konstruktion und Schätzung ökonometrischer Modelle eine umfangreiche und lang etablierte ökonometrische Theorie besteht, war die Konstruktion einer **wirtschaftspolitischen Zielfunktion** in weitaus geringerem Ausmaß Gegenstand wissenschaftlicher Untersuchungen. Im Rahmen eines Optimierungsansatzes könnte man einen interaktiven Zugang aufgrund von imaginären Interviews mit hypothetischen wirtschaftspolitischen Entscheidungsträgern wählen, um eine Zielfunktion zu konstruieren[138]. Dabei wird zunächst eine bestimmte Funktionalform einer Zielfunktion mit beliebigen Parametern postuliert und optimiert. Anschließend werden verschiedene alternative Optimierungsexperimente durchgeführt, bei denen systematisch die Parameter der Zielfunktion variiert werden, insbesondere der Zeithorizont, die Diskontrate, die Gewichte und die erwünschten Werte der wirtschaftspolitischen Zielvariablen. Durch diese Folge von Experimenten soll herausgefunden werden, ob und wie die ursprünglich angenommene Zielfunktion neu spezifiziert werden muss, um Ergebnisse zu erhalten, die die Präferenzen eines hypothetischen wirtschaftspolitischen Entscheidungsträgers adäquat widerspiegeln. Dieser Ansatz könnte auf einen interaktiven Ansatz mit realen wirtschaftspolitischen Entscheidungsträgern erweitert werden. Die Zielsetzung dabei müsste sein, die Präferenzen eines solchen Entscheidungsträgers möglichst genau zu ermitteln. Man könnte dann für andere wirtschaftspolitische Entscheidungsprobleme (etwa analoge Probleme für zukünftige Situationen) diesem wirtschaftspolitischen Entscheidungsträger beratend zur Seite stehen. Letztes Ziel eines solchen interaktiven Ansatzes könnte die Entwicklung eines entscheidungsunterstützenden Systems (decision support system) für wirtschaftspolitische Entscheidungsträger sein.

Der Optimierungsansatz kann auch dazu dienen, die Frage zu beantworten, ob die Geld- und die Fiskalpolitik zur Verminderung der **Konjunkturschwankungen** in der Vergangenheit beigetragen haben. Dieses Problem stellt sich insbesondere im Zusammenhang mit der Auseinandersetzung zwischen keynesianischen und monetaristischen Makroökonomen. In keynesianischer Sicht wirkt eine diskretionäre Wirtschaftspolitik, insbesondere eine antizyklische Fiskalpolitik, stabilisierend auf die betrachtete Volkswirtschaft, während monetaristische Autoren fixierte Regeln für die Geld- und Fiskalpolitik vorziehen. Im Rahmen einer Optimierungsanalyse mit einem makroökonometrischen Modell der österreichischen Wirtschaft[139] wurden die Ergebnisse der tatsächlichen Wirtschaftspolitik in Österreich mit jenen verglichen, die durch die Verwirklichung „fixierter Regeln" einerseits und optimaler diskretionärer wirtschaftspolitischer Maßnahmen andererseits bei Geltung eines bestimmten ökonometrischen Modells erreicht worden wären. Für die 1980er Jahre wurde dabei gezeigt, dass die tatsächlichen wirtschaftspolitischen Maßnahmen (bei Voraussetzung des gewählten makroökonometrischen Modells) schlechtere Ergebnisse geliefert haben, als es mit optimalen diskretionären Maßnahmen der Fall gewesen wäre, dass aber „fixierte Regeln" im Rahmen des gewählten ökonometrischen Modells die schlechtesten Resultate ergeben hätten. Dieses Ergebnis spricht gegen den monetaristischen Ansatz; es muss jedoch betont werden, dass es wesentlich von der (kurzfristigen und nachfrageorientierten, also keynesianischen) Struktur des verwendeten makroökonometrischen Modells abhängt.

---

[138] Dies wurde in Neck und Karbuz (1997) für die Fiskalpolitik in Österreich versucht, in Weyerstraß und Neck (2002) für Slowenien.

[139] Neck und Karbuz (1996a).

3.4 Spieltheoretische Ansätze der quantitativen Wirtschaftspolitik

In den bisher besprochenen Ansätzen der quantitativen Wirtschaftspolitik wurde angenommen, dass ein einziger wirtschaftspolitischer Entscheidungsträger, der in Bezug auf das ökonomische System (das durch ein ökonometrisches Modell beschrieben wird) exogen ist, die Werte der wirtschaftspolitischen Instrumentvariablen bestimmt. Eine naheliegende Kritik daran setzt an der Tatsache an, dass in der Realität **mehrere Entscheidungsträger** des politisch-ökonomischen Systems eigene Ziele verfolgen. Eine Verallgemeinerung der Theorie der quantitativen Wirtschaftspolitik berücksichtigt diese Tatsache und setzt voraus, dass mehrere wirtschaftspolitische Entscheidungsträger eigene Zielfunktionen haben und zu optimieren versuchen, wobei sie sich **strategisch** verhalten und die Interdependenz ihrer Verhaltensweisen berücksichtigen. Zur Analyse solcher Situationen der Wirtschaftspolitik kann man sich der Methoden und Modelle der **Spieltheorie** (Theorie strategischer Spiele) bedienen, wie sie für die Analyse der Ergebnisse oligopolistischer Märkte in der mikroökonomischen Theorie entwickelt wurden. Für Fragen der Ablaufpolitik hat sich diesbezüglich insbesondere die Theorie der dynamischen Spiele als fruchtbar erwiesen[140].

Ein interessanter Aspekt der Spieltheorie, insbesondere ihrer dynamischen Variante, liegt darin, dass – auch bei Voraussetzung vollständiger Rationalität der Entscheidungsträger (Spieler) – verschiedene Lösungskonzepte für die gleiche Situation nebeneinander existieren. Das bedeutet, dass je nach den Annahmen über die Informationen, die die Entscheidungsträger haben, und über ihre Fähigkeit und Bereitschaft, sich selbst zu binden und/oder bindende Vereinbarungen abzuschließen, sehr unterschiedliche Resultate erzielt werden können. Im Bereich der nationalen Wirtschaftspolitik können etwa Spiele zwischen der **Regierung** (als Träger der Fiskalpolitik) **und** der **Zentralbank** (als Träger der Geldpolitik) betrachtet werden, wenn vorausgesetzt wird, dass Regierung und Zentralbank unterschiedliche Zielfunktionen haben. So ist es etwa plausibel, dass die Regierung Zielen wie Beschäftigungssicherung und Wirtschaftswachstum höheres Gewicht beimisst, während die Zentralbank primär auf das Ziel der Preisstabilität abstellt. In diesem Fall entsteht ein Konflikt zwischen diesen wirtschaftspolitischen Entscheidungsträgern, und es ergeben sich unterschiedliche Lösungen der daraus resultierenden wirtschaftspolitischen Interaktion, wenn Regierung und Notenbank kooperieren (kooperative Lösung) oder wenn jede dieser Institutionen isoliert ihre eigenen Ziele verfolgt (nichtkooperative Lösung). Im letzteren Fall kann wieder unterschieden werden, ob die Regierung und die Notenbank in symmetrischer Weise aufeinander reagieren (Lösungskonzept des Nash-Gleichgewichts) oder ob eine der beiden Institutionen gegenüber der anderen einen Informationsvorsprung bzw. eine Führungsrolle hat (Lösungskonzept des Stackelberg-Gleichgewichts). Im dynamischen Fall kann noch danach unterschieden werden, ob sich die Entscheidungsträger auf bestimmte Zeitpfade für ihre wirtschaftspolitischen Instrumente festlegen (Lösungen in offener Schleife, open loop Lösungen) oder ob sie jeweils unmittelbar auf die Wirtschaftssituation bzw. auf die Aktionen ihres Gegenspielers reagieren (Rückkoppelungs-Lösungen, feedback bzw. closed loop Lösungen).

---

[140] Vgl. z. B. Petit (1990).

In einem Modell der österreichischen Wirtschaftspolitik aus der Zeit vor dem Eintritt in die Dritte Stufe der EWWU wurde ein solches Spiel zwischen der Bundesregierung und der Oesterreichischen Nationalbank (OeNB) untersucht[141]. Ein Ergebnis dieses mit einem keynesianischen ökonometrischen Modell verbundenen dynamischen Spiels besteht darin, dass die verschiedenen Lösungen hier sehr ähnliche Ergebnisse liefern. Insbesondere sind die kooperative und die nicht-kooperative Lösung einander sehr nahe. Es zeigt sich auch, dass in diesem (keynesianischen) Rahmen die Stellung der Regierung in Hinblick auf ihren Einfluss auf gesamtwirtschaftliche Zielgrößen stärker ist als jene der Zentralbank. Man kann auch dieses Resultat als ein Argument dafür interpretieren, dass die Aufgabe der geldpolitischen Souveränität Österreichs durch die Hartwährungspolitik und die Teilnahme an der EWWU keine große Einschränkung in Bezug auf die Möglichkeiten der Stabilisierungspolitik mit sich brachte.

Das Problem unterschiedlicher Zielfunktionen ist von besonderer Bedeutung in der **internationalen Wirtschaftspolitik**, da die Regierungen verschiedener Länder im Allgemeinen eigene nationale Ziele haben. Es liegt eine große Zahl theoretischer und empirischer Untersuchungen insbesondere zum Problem der internationalen wirtschaftspolitischen Koordination und Kooperation vor[142]. Dabei wird untersucht, ob es möglich ist, durch bindende Vereinbarungen zu einer Kooperation zwischen wirtschaftspolitischen Entscheidungsträgern verschiedener Länder zu gelangen und welche Vorteile sich daraus ergeben. In vielen dieser Studien[143] stellt sich heraus, dass kooperative wirtschaftspolitische Lösungen (im Hinblick auf die angenommenen Zielfunktionen der Entscheidungsträger) etwas bessere Ergebnisse liefern als die nicht-kooperative (Nash-Gleichgewichts-) Lösung. Andererseits ergeben sowohl die kooperative wie die nicht-kooperative Wirtschaftspolitik bei aktiver Reaktion auf negative Nachfrageschocks im Allgemeinen deutlich bessere Resultate als wirtschaftspolitische Maßnahmen, die in Form fixierter Regelbindungen nicht aktiv auf die Schocks reagieren, während bei negativen Angebotsschocks (wie den Ölpreisschocks der 1970er und 1980er Jahre) im Gegenteil fixierte Regeln aktiver (diskretionärer) Politik oft überlegen sind.

Den spieltheoretischen Ansatz kann man auch anwenden, um die Frage der Gestaltung der **Geld- und Fiskalpolitik in Europa** im Zusammenhang mit der Entscheidungsstruktur der EWWU zu analysieren. Dies ist deswegen ein interessantes Thema, weil in Europa (zumindest in der Eurozone, also in jenen EU-Ländern, die den Euro als gemeinsame Währung eingeführt haben) die Geldpolitik zentralisiert durch die Europäische Zentralbank (EZB) und das Europäische System der Zentralbanken (ESZB) bestimmt wird, während die Fiskalpolitik in der Kompetenz der nationalen Regierungen verbleibt. Man kann dann fragen, ob die Stabilisierungspolitik – und hier wieder entweder die Fiskalpolitik oder die Geldpolitik oder beide – fixierten Regeln folgen soll oder aktive Optimierung vorteilhafter ist und ob internationale Kooperation bessere Resultate ergibt als die individuelle Optimierung der Zielfunktionen durch die einzelnen Entscheidungsträger (Regierungen und EZB). Beispielsweise wurde anhand von spieltheoretischen Analysen mit einem makroökonomischen Weltmodell ge-

---

[141]   Neck (1999).

[142]   Vgl. die Übersichten von Hamada und Kawai (1997) und McKibbin (1997).

[143]   Z. B. McKibbin et al. (1996).

zeigt[144], dass die Antwort auf diese Fragen auch hier in hohem Maße von der Art des Schocks abhängt, dem die jeweils betrachteten Volkswirtschaften ausgesetzt sind. Dabei erweisen sich im Falle eines temporären negativen Produktivitätsschocks fixierte Regeln als bessere Strategien zu dessen Bewältigung als (nichtkooperative oder kooperative) Optimierungsstrategien. Im Fall eines negativen Nachfrageschocks erweist sich dagegen eine kooperative Fiskalpolitik in Kombination mit einer am Ziel der Preisstabilität orientierten Geldpolitik der EZB als besonders vorteilhaft. Auch hier sind kooperative Lösungen nichtkooperativen stets überlegen, obwohl dies theoretisch nicht allgemein gezeigt werden kann[145].

3.5 Zur Kritik an der Theorie der quantitativen Wirtschaftspolitik

In den letzten Jahren ist die Theorie der quantitativen Wirtschaftspolitik von verschiedenen Autoren stark kritisiert worden, wobei sich diese Kritik insbesondere gegen den Ansatz des Problems mit flexiblen Zielen, also die Anwendung von Optimierungsverfahren auf wirtschaftspolitische Probleme richtet. Dies ist nicht nur auf eine zunehmend kritische Einstellung bezüglich der Stabilisierungspolitik überhaupt zurückzuführen, die zum Teil als Reaktion auf unbefriedigende Ergebnisse dieser Politik in der Zeit seit dem ersten Ölpreisschock (seit 1973) aufgefasst werden kann, sondern hat eine Ursache auch in theoretischen und methodischen Schwierigkeiten, die sich bei der Anwendung eines Optimierungsansatzes auf wirtschaftspolitische Entscheidungsprobleme ergeben. Neben einer mehr grundsätzlich-philosophischen Kritik an der Theorie der quantitativen Wirtschaftspolitik, die diese als „technokratisch" oder als „konstruktivistisch" verurteilt und insbesondere mangelnde Informationen über die wirtschaftlichen Zusammenhänge und die wirtschaftliche Situation sowie die nur begrenzte Beeinflussbarkeit wirtschaftlicher Sachverhalte durch politische Entscheidungen betont, wird darüber hinaus sowohl in inhaltlicher wie in methodischer Hinsicht Kritik geübt, und die Verwendung ökonometrischer Modelle und die Postulierung wirtschaftspolitischer Zielfunktionen werden in Zweifel gezogen.

Abgesehen von einer (wissenschaftstheoretisch unhaltbaren) grundsätzlichen Ablehnung von Modellen überhaupt werden von Kritikern der Verwendung **ökonometrischer Modelle** für Zwecke der Wirtschaftspolitik unter anderem Spezifikationsprobleme, die Unzulänglichkeit vieler Daten und die oft fragwürdige theoretische Grundlage ökonometrisch geschätzter Beziehungen geltend gemacht. Im Anschluss an die Kritik von Sims[146] wurde die Frage intensiv diskutiert, ob die bei der Schätzung ökonometrischer Modelle vorausgesetzten A-priori-Restriktionen durch die ökonomische Theorie hinreichend fundiert sind oder ob nicht stärker auf rein statistische Kriterien Wert gelegt werden sollte. Von Vertretern dieser methodischen Richtung wird daher die verstärkte Verwendung von VAR-Modellen (Vektorautoregressiven Modellen) befürwortet. Im Prinzip sind derartige Modelle allerdings in

---

[144] Neck und Haber (1999).

[145] Vgl. dazu die grundlegende Arbeit von Rogoff (1985), der zeigt, dass infolge von Zeitinkonsistenzproblemen Kooperation in der makroökonomischen Stabilisierungspolitik nachteilig sein kann.

[146] Sims (1980).

durchaus ähnlicher Weise für Zwecke der quantitativen Wirtschaftspolitik einsetzbar wie die traditionellen ökonometrischen Strukturmodelle. Umgekehrt vertreten Anhänger der Theorie realer Konjunkturzyklen (real business cycle Theorien) die Position, dass die Modellierung ökonomischer Zusammenhänge (fast) ausschließlich aufgrund theoretischer Überlegungen erfolgen müsse und die Empirie nur bei der Kalibrierung der Parameter des Modells eine Rolle spielen könne, womit der Ansatz der Modelle des allgemeinen Gleichgewichts (CGE-Modelle) konsequent weitergeführt wird. Auch derartige Modelle sind jedoch prinzipiell einer Analyse mithilfe der Methoden der quantitativen Wirtschaftspolitik zugänglich[147].

Noch stärker als die ökonometrischen Modelle unterliegen die **wirtschaftspolitischen Zielfunktionen** des Problems der quantitativen Wirtschaftspolitik mit flexiblen Zielen einer methodischen und pragmatischen Kritik. Die Wirtschaftstheorie liefert tatsächlich für wirtschaftspolitische Zielfunktionen kaum Grundlagen. Als Nutzen- oder Zielfunktion eines tatsächlichen wirtschaftspolitischen Entscheidungsträgers kann eine solche wirtschaftspolitische Zielfunktion nur selten aufgefasst werden; dazu fehlt oft der institutionelle Adressat: Reale Entscheidungsträger haben im Allgemeinen unterschiedliche Zielfunktionen, die erst aggregiert werden müssten. Meist fehlen aber auch nähere Informationen über die Präferenzen einzelner Entscheidungsträger. Selbst wenn in einem Dialog zwischen den Ökonomen (den wirtschaftspolitischen Beratern) und den politischen Entscheidungsträgern interaktiv eine Zielfunktion approximiert werden kann, bleibt offen, inwieweit diese Präferenzen formalisierbar sind und ob eine bestimmte Funktionsform der Zielfunktion und quantitativ bestimmte Zielwerte und Gewichte bewerteter Variablen aus Interviews mit realen Entscheidungsträgern erschlossen werden können.

Besonders kritisch wird das in der Theorie der quantitativen Wirtschaftspolitik verwendete Konzept der wirtschaftspolitischen Zielfunktion von den Vertretern der Ökonomischen Theorie der Politik (Neuen Politischen Ökonomie) gesehen. Nach ihrer Auffassung verhalten sich wirtschaftspolitische Entscheidungsträger nicht wie „wohlwollende Diktatoren", die das gesamtwirtschaftliche Optimum (wie auch immer dieses definiert ist) erreichen wollen, sondern wie andere Akteure des politisch-ökonomischen Systems egoistisch als Eigennutzmaximierer. Dieser Einwand betrifft jedoch mehr die Interpretation der wirtschaftspolitischen Zielfunktion und ihre empirische Spezifikation als den Ansatz der Theorie der quantitativen Wirtschaftspolitik generell, da zumindest deren Verfahren durchaus auch (mit entsprechenden Modifikationen) im Rahmen politisch-ökonomischer Modelle verwendet werden können[148]. Die Interpretation von Analysen der quantitativen Wirtschaftspolitik (und der Theorie der Wirtschaftspolitik insgesamt) ist dann allerdings nicht mehr als bedingt-normativ, sondern im Sinne einer positiven Theorie vorzunehmen.

Weitere Kritikpunkte an der Theorie der quantitativen Wirtschaftspolitik ergeben sich vor allem aus der Kritik an der **keynesianischen Konzeption** der Stabilisierungspolitik. Milton Friedman und andere Vertreter des Monetarismus kamen zu der Empfehlung, dass die Stabilisierungspolitik nicht diskretionär (in direkter Reaktion auf den Zustand der Wirtschaft) gestaltet werden soll, sondern nach „fixierten Regeln" (regelgebundene Stabilisierungspolitik) durchzuführen ist, wie etwa der Regel des konstanten Geldmengenwachstums oder des

---

[147] Zu den damit verbundenen methodischen Problemen vgl. z. B. Neck (2011).

[148] Vgl. dazu die Ausführungen in Kapitel 4 dieses Buches.

jährlichen Budgetausgleichs[149]. Dies wurde von den Monetaristen ursprünglich mit den langen Zeitverzögerungen der Wirkungen der Geldpolitik begründet; auch die bei wirtschaftspolitischen Entscheidungen vorhandene Unsicherheit über die Wirkungsweise möglicher Maßnahmen wurde zugunsten dieser Position angeführt. Im herkömmlichen Ansatz der Monetaristen ist eine solche Argumentation jedoch schwer begründbar, da in diesem auch unter Unsicherheit und mit langen Zeitverzögerungen eine „optimal" bestimmte diskretionäre Wirtschaftspolitik einer regelgebundenen stets überlegen ist.

Dies gilt nicht mehr für Modellstrukturen, die von der **Neuen Klassischen Makroökonomik** verwendet werden. Diese Schule der makroökonomischen Theorie beruht auf den Voraussetzungen, dass alle Märkte vollkommen und stets geräumt sind (also allgemeines Gleichgewicht herrscht) und dass alle Wirtschaftssubjekte stets ihre Nutzenfunktionen optimieren und rationale Erwartungen bilden (das sind Erwartungen, die alle verfügbaren Informationen ausnützen und daher im langfristigen Durchschnitt erfüllt werden). Unter diesen Annahmen gilt in bestimmten Fällen die These von der Neutralität (Unwirksamkeit) der Wirtschaftspolitik, wonach eine diskretionäre Stabilisierungspolitik keine systematischen Wirkungen auf reale Variablen der Wirtschaft (wie Beschäftigung und Wirtschaftswachstum) hat. Wenn das der Fall ist, kann die Stabilisierungspolitik nur durch Täuschung und Überraschung der Wirtschaftssubjekte funktionieren, verursacht also nur Störungen im ökonomischen System und ist daher überflüssig oder sogar schädlich[150]. Unter diesen Prämissen ist auch die Berechnung „optimaler" Pfade der Stabilisierungspolitik eine sinnlose Übung. Dagegen einzuwenden ist allerdings, dass die Politikunwirksamkeit eine Eigenschaft einer nur relativ engen Teilklasse selbst der Modelle mit rationalen Erwartungen ist[151] und dass die Modelle der Neuen Klassischen Makroökonomik generell Abstraktionen idealtypischer Gleichgewichtssituationen sind, in denen wirtschaftspolitische Eingriffe (im Gegensatz zu realen Ungleichgewichtssituationen) ohnedies nicht erforderlich wären.

Die Theorie rationaler Erwartungen verweist jedoch auf eine wichtige Eigenschaft wirtschaftlicher und sozialer Systeme, die in der Theorie der quantitativen Wirtschaftspolitik nicht immer ausreichend beachtet wurde: Solche Systeme sind in dem Sinn „intelligent", dass sie bewusst auf politische Maßnahmen reagieren können. Die Tatsache, dass eine (wie immer geplante) optimale Wirtschaftspolitik von den Wirtschaftssubjekten des privaten Sektors möglicherweise antizipiert, jedenfalls aber bei der Planung ihrer Entscheidungen berücksichtigt wird, ist eine Grundlage für die „Lucas-Kritik" an der Bewertung wirtschaftspolitischer Maßnahmen im Rahmen der Theorie der quantitativen Wirtschaftspolitik[152]. Demnach können wirtschaftspolitische Maßnahmen die Struktur des ökonomischen Modells ändern, weil sie die Erwartungen und damit das Verhalten des privaten Sektors ändern können. Daraus folgt eine ziemlich weitgehende Kritik an der Anwendung ökonometrischer Modelle für Zwecke der wirtschaftspolitischen Beratung: Die „Lucas-Kritik" richtet sich nicht nur gegen Optimierungsansätze, sondern auch gegen Simulationen, da auch bei diesen die Annahme der Konstanz der Struktur des ökonometrischen Modells sehr problematisch ist. Im akademi-

---

[149] Siehe dazu Abschnitt 2.5.

[150] Sargent und Wallace (1975).

[151] Die Wirksamkeit von Stabilisierungspolitik auch bei rationalen Erwartungen wurde in makroökonomischen Modellen von Fischer (1977) und Taylor (1980) nachgewiesen.

[152] Lucas (1976).

schen Bereich (weniger im Bereich der aktuellen wirtschaftspolitischen Beratung) hat die „Lucas-Kritik" dazu geführt, dass die Verwendung ökonometrischer Strukturmodelle für Zwecke wirtschaftspolitischer Analysen heute einen deutlich geringeren Stellenwert hat als zu Beginn der 1970er Jahre.

Aus der in der Neuen Klassischen Makroökonomik betonten Interaktion zwischen den wirtschaftspolitischen Entscheidungsträgern und dem privaten Sektor, der sich rational verhält und entsprechende Erwartungen bildet, ergibt sich auch das Problem der **Zeitinkonsistenz** wirtschaftspolitischer Maßnahmen (insbesondere optimal geplanter), das als Argument gegen die Theorie der quantitativen Wirtschaftspolitik und insbesondere gegen den Optimierungsansatz und die diskretionäre Stabilisierungspolitik verwendet wird[153]. Wenn der private Sektor strategisch handelt und rationale Erwartungen bildet, dann antizipiert er die aus einer Optimierungsregel abgeleiteten zukünftigen stabilisierungspolitischen Maßnahmen der Regierung und modifiziert sein eigenes Verhalten dementsprechend. In diesem Fall kann es dazu kommen, dass zu einem späteren Zeitpunkt die ursprünglich von der Regierung als optimal angesehene Politik nicht mehr weiter verfolgt wird, da unter den geänderten Bedingungen bei neuerlicher Optimierung eine andere Politik für die Regierung optimal wird. Zeitinkonsistente optimale Politiken können nur durchgeführt werden, wenn sich die Regierung glaubwürdig selbst für einen längeren Zeitraum auf eine solche Politik verpflichten kann und eine entsprechende Reputation aufbaut. Anderenfalls muss eine zeitkonsistente Politik verfolgt werden. Die optimale zeitkonsistente Politik liefert aber oft schlechtere Ergebnisse als die optimale zeitkonsistente Politik; durch eine regelgebundene Politik können dagegen unter Umständen bessere Ergebnisse als mit einer diskretionären zeitkonsistenten Politik erzielt werden.

Das Problem der Zeitinkonsistenz kann insbesondere auch mithilfe der in Abschnitt 3.4 besprochenen spieltheoretischen Modellansätze untersucht werden, da hier ein strategischer Aspekt der Wirtschaftspolitik im Vordergrund steht. Die Postulierung fixierter Regeln kann ebenso wenig zwingend aus dem Problem der Zeitinkonsistenz gefolgert werden wie eine generelle Ablehnung des Ansatzes der Theorie der quantitativen Wirtschaftspolitik und der Verwendung ökonometrischer Modelle für wirtschaftspolitische Analysen. Allerdings ist eine Kombination der theoretischen Ansätze, die das Zeitinkonsistenzproblem beinhalten, mit politisch-ökonomischen Überlegungen durchaus in der Lage, die Vorzüge einer regelgebundenen Wirtschaftspolitik zu begründen. Entscheidend dafür sind jedoch nicht so sehr die Modellstrukturen der Neuen Klassischen Makroökonomik (insbesondere die rationalen Erwartungen), sondern die der Neuen Politischen Ökonomie zugrunde liegende Überlegung, dass sich wirtschaftspolitische Entscheidungsträger an ihren eigenen Interessen orientieren, die nicht notwendigerweise mit jenen der Wähler („der Gesellschaft") übereinstimmen[154].

---

[153]   Kydland und Prescott (1977), Barro und Gordon (1983).

[154]   Vgl. dazu Kapitel 4 sowie Persson und Tabellini (2000), Drazen (2000).

3.6   Ein Beispiel

Um die drei Methoden der Theorie der quantitativen Wirtschaftspolitik zu veranschaulichen, stellen wir die Vorgangsweise in einem einfachen makroökonomischen Modell des Einkommens-Ausgaben-Gleichgewichts exemplarisch dar. Die bei der Beratung der praktischen Wirtschaftspolitik verwendeten Modelle sind natürlich viel komplizierter; in der Regel können Lösungen dann nur mehr numerisch (für bestimmte Zahlenwerte der Parameter des Modells) erhalten werden. Der Leser/die Leserin ist eingeladen, das Modell mit Daten einer realen Volkswirtschaft ökonometrisch zu schätzen und die Berechnungen mit den erhaltenen Schätzwerten für die Parameter numerisch durchzuführen.

Modellgleichungen:

Gleichgewichtsbedingung für das Einkommens-Ausgaben-Gleichgewicht:

$$y = c + i + g + ex - im \tag{3.1}$$

Konsumfunktion:

$$c = \alpha_0 + \alpha_1(y - t) \tag{3.2}$$

Steuerfunktion:

$$t = \beta_0 + \beta_1 y \tag{3.3}$$

Investitionsfunktion:

$$i = \bar{i} \tag{3.4}$$

Exportfunktion:

$$ex = \overline{ex} \tag{3.5}$$

Importfunktion:

$$im = \rho y \tag{3.6}$$

Definitionsgleichung für das Budgetdefizit des öffentlichen Sektors:

$$d = g - t \tag{3.7}$$

Parameter: $\alpha_0 > 0, \rho > 0, 0 < \alpha_1 < 1, 0 < \beta_1 < 1, \beta_0 \geq 0$

Instrumentvariable: g

Nichtkontrollierbare exogene Variablen: i, ex

Konstanten: $\bar{i}, \overline{ex}$

Probleme mit fixierten Zielen:

<u>Problem 1:</u>   Zielvariable: y

                   Irrelevante Variablen: c, t, im, d

Die Zielvariable soll dem Vollbeschäftigungsoutput y_F gleich sein, der als Konstante ange-nommen wird: $y = y_F$.

Durch Einsetzen aus Gleichung (3.3) in (3.2) bzw. (3.7) erhält man:

$$c = \alpha_0 + \alpha_1(1 - \beta_1)y - \alpha_1\beta_0 \tag{3.8}$$

$$d = g - \beta_0 - \beta_1 y. \tag{3.9}$$

Einsetzen von (3.8) und (3.6) in (3.1) ergibt:

$$y[1 - \alpha_1(1 - \beta_1) + \rho] = \alpha_0 - \alpha_1\beta_0 + \overline{i} + \overline{ex} + g. \tag{3.10}$$

Das fixierte Ziel $y = y_F$ wird daher erreicht, wenn die Instrumentvariable g den Wert

$$g^* = y_F[1 - \alpha_1(1 - \beta_1) + \rho] - \alpha_0 + \alpha_1\beta_0 - \overline{i} - \overline{ex} \tag{3.11}$$

annimmt. Aus ökonomischen Gründen muss man für die Existenz fordern, dass $g^* \geq 0$ ist, weil die Staatsausgaben nicht negativ sein können. Unter dieser Voraussetzung ist das Prob-lem 1 mit fixierten Zielen gelöst: Die Lösung g^* existiert, sie ist eindeutig, und die Ent-wurfsregel (3.11) gibt den Wert von g in Abhängigkeit von den gegebenen Parameterwerten an.

Problem 2:   Zielvariablen: y, d

                      Irrelevante Variablen: c, t, m.

Wieder soll $y = y_F$ erreicht werden, aber jetzt wird zugleich verlangt, dass das Budget des öffentlichen Sektors ausgeglichen ist: $d = 0$. Wegen $y = y_F$ muss (3.11) weiterhin gelten. Einsetzen von (3.11) in (3.7) ergibt:

$$d = y_F(1 - \alpha_1 + \alpha_1\beta_1 - \beta_1 + \rho) - (\alpha_0 - \alpha_1\beta_0 + \beta_0) - (\overline{i} + \overline{ex}). \tag{3.12}$$

Da alle Größen auf der rechten Seite von (3.12) gegeben sind, ist durch (3.12) auch d gege-ben. Im Allgemeinen wird daher $d \neq 0$ sein und das zweite fixierte Ziel wird nicht erreicht. Setzt man andererseits in (3.7) $d = 0$ voraus, so ist im Allgemeinen $y \neq y_F$. Das heißt: In diesem Problem existiert keine Politik, die die beiden fixierten Ziele $y = y_F$ und $d = 0$ zu-gleich erreicht. Zwischen den Zielen Vollbeschäftigung und Budgetausgleich besteht in die-sem Modell ein Zielkonflikt, der zu einem Widerspruch zwischen den fixierten Zielen führt. Ein möglicher Ausweg ergibt sich, wenn die Wirtschaftspolitik eine weitere Instrumentvari-able zur Verfügung hat. Sind beispielsweise die autonomen Steuereinnahmen β_0 unter der Kontrolle der Regierung, kann diese beide Ziele zugleich erreichen, wenn neben (3.11) gilt:

$$\beta_0 = [y_F(1 - \alpha_1(1 - \beta_1) - \beta_1 + \rho) - \overline{i} - \overline{ex} - \alpha_0]/(1 - \alpha_1). \tag{3.13}$$

Wird jedoch zusätzlich außenwirtschaftliches Gleichgewicht verlangt, also $im = ex$, so ist es wieder nicht möglich, alle drei Ziele zugleich zu erreichen, wenn nicht ein weiteres Instru-ment eingeführt wird. Dieses Modell ist ein Beispiel für eine Klasse von Modellen, bei der die Existenz einer Politik mit fixierten Zielen verlangt, dass es mindestens so viele unabhängige Mittel wie Ziele gibt[155].

In jedem Fall ist eine *Simulationsanalyse* möglich. Man berechnet in diesem Fall aus (3.10):

$$y = (\alpha_0 - \alpha_1\beta_0 + \bar{i} + \overline{ex} + g)/[1 - \alpha_1(1 - \beta_1) + \rho].$$ (3.14)

Nun kann man fragen, wie sich die Zielvariablen verändern, wenn sich die Instrumentvariable um eine Einheit verändert („Veränderung" ist hier im komparativ-statischen Sinn zu verstehen), das heißt, man berechnet den Multiplikator:

$$dy/dg = 1/[1 - \alpha_1(1 - \beta_1) + \rho] = k.$$ (3.15)

Dabei ist $k > 0$. Wenn wir die autonomen nichtkontrollierten Ausgaben mit

$$\alpha_0' = \alpha_0 - \alpha_1\beta_0 + \bar{i} + \overline{ex}$$ (3.16)

bezeichnen, können wir auch schreiben:

$$y = (\alpha_0' + g)k.$$ (3.17)

Die Auswirkung einer Staatsausgabenerhöhung auf das Budgetdefizit des öffentlichen Sektors ist dann, unter Verwendung von Gleichung (3.7):

$$dd/dg = 1 - (dt/dy)(dy/dg) = 1 - \beta_1 k.$$ (3.18)

Wenn $\beta_1 k > 0$, ist dieser Ausdruck kleiner als eins. Er ist größer als 0, weil für $\alpha_1 < 1$, $\beta_1 < 1$, $\rho_1 > 0$ gilt: $\beta_1 k < 1$. Eine Erhöhung der Staatsausgaben um eine Milliarde Geldeinheiten führt also in diesem Modell zu einem höheren Gleichgewichtseinkommen und einem höheren Budgetdefizit des öffentlichen Sektors; das Defizit ist aber um weniger als eine Milliarde Geldeinheiten höher als in der Ausgangssituation, da durch das höhere Einkommen auch höhere Steuereinnahmen für den Staat anfallen. Bei einer Simulationsanalyse kann man nun für alle Modellvariablen Multiplikatoren berechnen und angeben, wie sich die endogenen Variablen verhalten, wenn bestimmte Werte der Instrumentvariablen vorausgesetzt werden. Dazu muss man die Zahlenwerte der Modellparameter und der Konstanten kennen.

Problem mit flexiblen Zielen:

Entsprechend dem Problem 2 mit fixierten Zielen nehmen wir nun an, dass die „idealen" Werte für BIP und Budgetdefizit gegeben sind durch $y = y_F$ und $d = 0$. Diese Werte sind mit einem Instrument nicht zugleich erreichbar. Der daraus entstehende Zielkonflikt wird dadurch gelöst, dass Abweichungen beider Variablen von diesen „idealen" Werten durch eine quadratische Kostenfunktion (die die wirtschaftspolitische Zielfunktion darstellt) „bestraft" werden. Die Wirtschaftspolitik steht also vor folgendem Optimierungsproblem:

Problem 3:

$$\min_g J = (y - y_F)^2 + d^2$$

---

[155] Dieser Satz wurde zuerst von Tinbergen (1952) gezeigt.

unter den durch das Modell (3.1) bis (3.7) gegebenen Nebenbedingungen. Dabei ist das Gewicht, das dem Budgetdefizit relativ zur Abweichung des BIP vom Vollbeschäftigungsniveau in der Zielfunktion J zugemessen wird, genau eins. Durch Einsetzen aus (3.17) und (3.9) erhält man:

$$J = k^2 g^2 + 2k(\alpha_0' k - y_F)g + (\alpha_0' k - y_F)^2 + (1 - \beta_1 k)^2 g^2$$
$$- 2g(1 - \beta_1 k)(\beta_0 + \alpha_0' \beta_1 k) + (\beta_0 + \alpha_0' \beta_1 k)^2 \qquad (3.19)$$

Durch Differenzieren erhält man als notwendige Bedingung erster Ordnung für ein Minimum:

$$dJ / dg = 2k^2 g + 2k(\alpha_0' k - y_F) + 2g(1 - \beta_1 k)^2$$
$$- 2(1 - \beta_1 k)(\beta_0 + \alpha_0' \beta_1 k) = 0 \qquad (3.20)$$

Die (hinreichende) Bedingung zweiter Ordnung für ein Minimum ist erfüllt:

$$d^2 J / dg^2 = 2k^2 + 2(1 - \beta_1 k)^2 > 0. \qquad (3.21)$$

Daher ist der optimale Wert der Instrumentvariablen gegeben durch

$$g** = \frac{(1 - \beta_1 k)(\beta_0 + \alpha_0' \beta_1 k) - k(\alpha_0' k - y_F)}{k^2 + (1 - \beta_1 k)^2}. \qquad (3.22)$$

Wie im Problem fixierter Ziele ist auch hier zu fordern, dass $g** > 0$ sein muss. Durch (3.22) ist die optimale Politik dann eindeutig gegeben.

4 Ökonomische Theorie der Politik (Neue Politische Ökonomie)

Im Folgenden wird schwerpunktmäßig versucht, einen Überblick über einige zentrale Gebiete aus dem Bereich der **Ökonomischen Theorie der Politik (Neuen Politischen Ökonomie, Public Choice)** zu geben.[156] In diesem Forschungsgebiet steht der Aspekt einer positiven Analyse im Vordergrund, das heißt bestimmte Sachverhalte aus Politik und Wirtschaft und insbesondere die tatsächliche Wirtschaftspolitik sollen erklärt werden. Einen Schwerpunkt bildet die Entwicklung politisch-ökonomischer Modelle, die in den Abschnitten 4.2 bis 4.4 ausführlich diskutiert werden. Diese Modelle befassen sich mit der Interaktion zwischen Politik und Wirtschaft und analysieren das Verhalten von Wählern, von Regierungen, der Zentralbank und von Interessengruppen.

Ein Resultat aus den Studien der Ökonomischen Theorie der Politik lautet, dass Politiker oft eigennützig handeln, indem sie beispielsweise über einen expansiven Einsatz der wirtschaftspolitischen Instrumente versuchen, ihre Wiederwahl zu sichern. Eine derartige Wirtschaftspolitik kann dazu führen, dass die staatliche Verschuldung stark wächst und/oder die direkte und indirekte Steuerbelastung der Wähler in repräsentativen Demokratien immer mehr zunimmt. Im letzteren Fall beobachten wir, dass die Wähler/Steuerzahler darauf reagieren, indem ein Teil versucht, sich der staatlichen Kontrolle zu entziehen. Dadurch können zusätzliche Steuerausfälle und Einbußen bei der Sozialversicherung entstehen, und es stellt sich die Frage, ob nicht über Änderungen der politischen Institutionen in repräsentativen Demokratien nachzudenken ist, um derartiges „Politikversagen" oder „Staatsversagen" zu verhindern.

4.1 Einführende Bemerkungen zur Ökonomischen Theorie der Politik

Die Ökonomische Theorie der Politik beschäftigt sich hauptsächlich mit der Übertragung des ökonomischen Ansatzes auf politische Prozesse. Diese Übertragung erfolgt in vielen Fällen mithilfe von **politisch-ökonomischen Modellen**, die sich mit der gegenseitigen Abhängigkeit von Wirtschaft und Politik befassen. Die ersten politisch-ökonomischen Modelle wurden von **Anthony Downs** (geb. 1930) entwickelt.[157] Hierbei wird das ökonomische Konzept des rational Handelnden, das heißt seinen eigenen Nutzen verfolgenden Individuums, auf politi-

---

[156] Weitere Einführungen in die Neue Politische Ökonomie finden sich bei Herder-Dorneich und Groser (1977), Frey (1978), Bernholz und Breyer (1993-94), Frey und Kirchgässner (2002), Kirsch (2004) sowie – als umfassendster Überblick – Mueller (2003).

[157] Downs (1957). Als Vorläufer von Downs sind Hotelling (1929) und Schumpeter (1950) zu nennen.

sche Prozesse übertragen. Im Vordergrund der ersten politisch-ökonomischen Modelle steht das Verhalten von zwei Akteuren, **Wähler** und **Regierung** in repräsentativen Demokratien. Von den Wählern wird angenommen, dass sie sich für diejenige Partei aussprechen, deren politisches Programm ihren Präferenzen am ehesten entspricht. Für die Regierung wird unterstellt, dass sie versucht, eine Mehrheit der Wähler für sich zu gewinnen, letztlich um ihre eigenen Ziele verfolgen zu können. In Abbildung 4.1 ist ein einfaches Schema des politisch-ökonomischen Zusammenhangs dargestellt.

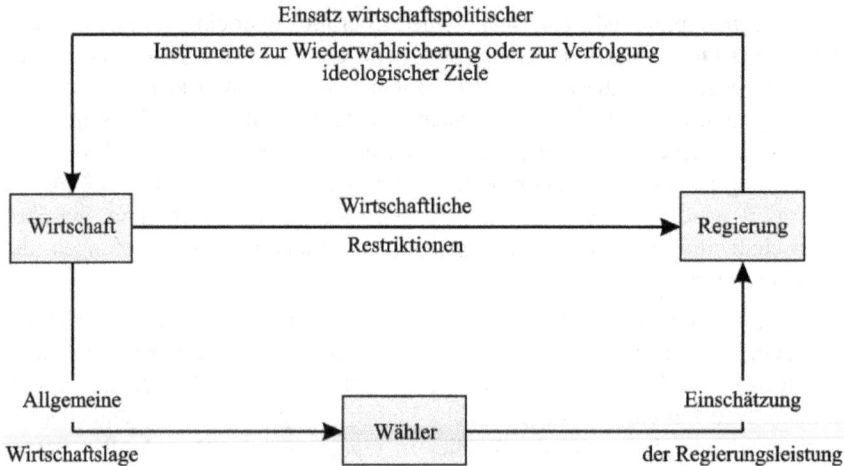

Einsatz wirtschaftspolitischer
Instrumente zur Wiederwahlsicherung oder zur Verfolgung
ideologischer Ziele

Wirtschaft — Wirtschaftliche Restriktionen → Regierung

Allgemeine — Wähler — Einschätzung
Wirtschaftslage   der Regierungsleistung

Abbildung 4.1: Grundschema eines politisch-ökonomischen Modells

Die obere Schleife in Abbildung 4.1 zeigt an, dass die Regierung die wirtschaftspolitischen Instrumente sowohl zur Verfolgung ihrer ideologischen Ziele wie zur Sicherung ihrer Wiederwahl einsetzt. Der mittlere Pfeil deutet darauf hin, dass die Regierung hierbei auf eine Reihe von wirtschaftlichen Restriktionen zu achten hat (z. B. eingeschränkte Neuverschuldung, Verschlechterung der Zahlungsbilanz). Mit dem Einsatz ihrer Instrumente beeinflusst sie die wirtschaftliche Lage der Wähler. Die Wirtschaftslage wieder wird von den Wählern anhand der Situation auf dem Arbeitsmarkt, der Preis- und Einkommensentwicklung sowie der öffentlich bereitgestellten Leistungen beurteilt. Die (subjektive) Einschätzung der allgemeinen und persönlichen wirtschaftlichen Lage ist ein wesentlicher Bestandteil in der Beurteilung der Regierung durch die Wähler – dies zeigt die untere Schleife von Abbildung 4.1. Je nachdem, wie diese Beurteilung ausfällt, werden sich die Wähler bei bevorstehenden Wahlen oder bei Popularitätsumfragen für oder gegen die Regierung aussprechen. Diese Äußerung der Wähler liefert der Regierung wieder Informationen, inwieweit sie ihre wirtschaftspolitischen Instrumente zur Erhöhung ihrer Wiederwahlchance einsetzen soll.

Derartige politisch-ökonomische Zusammenhänge werden theoretisch analysiert und wurden bereits für zahlreiche repräsentative Demokratien empirisch untersucht.[158] Zusammenfassend kann festgehalten werden, dass in repräsentativen Demokratien zwischen der Wirtschaftslage eines Landes und dem Wahlausgang oder der Regierungspopularität ein statistisch gut gesicherter und quantitativ bedeutender Zusammenhang besteht: Je besser die wirtschaftliche Situation ceteris paribus eingeschätzt wird, desto stärker steigt die Regierung in der Gunst der Wähler, und damit verbessert sich ihre Chance, die nächsten Wahlen zu gewinnen. Die Stärke dieses Zusammenhanges ist jedoch von Land zu Land verschieden und bleibt auch nicht über die Zeit konstant. Regierungen wieder scheinen sich diese Zusammenhänge zu eigen zu machen, das heißt, sie betreiben auf die Wahlen hin eine „populäre" oder wahlwirksame Politik und verfolgen ansonsten eine ihren eigenen ideologischen Vorstellungen nahe stehende Politik.

Dies kann zu **politisch-ökonomischen Konjunkturzyklen** führen. Darunter versteht man, dass in der ersten Hälfte einer Legislaturperiode von einer Regierung bewusst eine restriktive Politik betrieben wird, um eine Rezession zu verursachen, damit dann in der zweiten Hälfte der Legislaturperiode mithilfe eines expansiven Einsatzes der wirtschaftspolitischen Instrumente ein Aufschwung herbeigeführt und damit die Wähler wieder wirtschaftlich besser gestellt werden können. Derartige politisch-ökonomische Konjunkturzyklen können nur dann zum Wahlerfolg für eine Regierung führen, wenn der Zeithorizont der Wähler sehr kurz ist, das heißt, wenn sie lediglich die Wirtschaftspolitik einer Regierung und den damit hervorgerufenen Zustand einer Volkswirtschaft im Wahljahr beurteilen.

Derartige Schlussfolgerungen aus politisch-ökonomischen Modellen und das Auftreten von politisch-ökonomischen Konjunkturzyklen haben zur **Kritik** an diesen Modellen geführt. Die Kritik setzt auf zwei Ebenen an: Bis heute ist es mithilfe der Ökonomischen Theorie der Politik nicht gelungen, die in vielen Ländern zu beobachtende hohe **Wahlbeteiligung** anhand des ökonomischen Verhaltensmodells zu erklären. Vielmehr kommt die ökonomische Theorie der Wahlbeteiligung zum Ergebnis, dass es für die überwiegende Mehrzahl der Wähler rational wäre, sich nicht an einer Wahl oder Abstimmung zu beteiligen. Alle Versuche, diesen Widerspruch zu klären oder durch eine bessere Theorie zu beseitigen, sind bislang fehlgeschlagen, und die hohe Wahlbeteiligung kann nur dann „erklärt" werden, wenn soziologische Einflussgrößen verwendet werden, wie das Gefühl der Befriedigung, welches der Wähler empfindet, wenn er mit seiner Teilnahme an einer Wahl oder Abstimmung seine staatsbürgerliche Pflicht erfüllt.

Zusätzlich wurden bei einigen Entwicklungen im Rahmen der Ökonomischen Theorie der Politik und insbesondere bei den politisch-ökonomischen Modellen Zweifel laut, ob die dort entwickelten Modelle überhaupt mit dem **rationalen Verhalten** der beteiligten Akteure vereinbar sind[159]. Gerade den Theorien zum politisch-ökonomischen Konjunkturzyklus wurde entgegengehalten[160], sie seien mit dem rationalen Verhalten der Wirtschaftssubjekte nicht

---

[158] Vergleiche hierzu unter anderem Borooah und van der Ploeg (1983), van Winden (1983), Schneider (1978), Kirchgässner (1984, 1986), Schneider und Frey (1988), Alesina und Carliner (1991) und Nannestad und Paldam (1992).

[159] Dies hat beispielsweise schon Stigler (1973) bezweifelt.

[160] Zum Beispiel von Kirchgässner (1984) und Ramser (1985).

vereinbar. Hiermit ist insbesondere das Wählerverhalten gemeint, wie es bislang in den politisch-ökonomischen Modellen dargestellt wird. Die meisten empirischen Untersuchungen des Einflusses der Wirtschaftslage auf das Wählerverhalten kommen nämlich zum Ergebnis, dass das Gedächtnis der Wähler extrem kurz ist: Ereignisse, welche länger als ein Jahr zurückliegen, spielen für die Entscheidung der Wähler keine Rolle mehr. Entsprechende Ergebnisse werden insbesondere bei der Schätzung von Wahl- und Popularitätsfunktionen erzielt.[161] Daraus kann man folgern, dass die Wähler kurzsichtig (myopisch) sind. Dies ist aber offensichtlich mit rationalen oder auch nur beschränkt rationalen Erwartungen nicht vereinbar.

Darüber hinaus ist mit dem Ansatz **rationaler Erwartungen** nicht vereinbar, dass die Wähler bei der Bewertung der Regierungsleistung nur vergangene Wirtschaftspolitik und deren Konsequenzen heranziehen. Bilden die Wähler ihre Entscheidungen aufgrund von rationalen Erwartungen, wie dies auch in vielen Fällen bei wirtschaftlichem Handeln angenommen wird, dann dürfen sie nicht nur in die Vergangenheit, sondern müssen auch in die Zukunft blicken. Vergangene Werte der wirtschaftlichen Variablen sind für Wähler nur sofern interessant, als sie Informationen über das erwartete zukünftige Verhalten der Regierung enthalten. Wähler, welche sich entsprechend der Theorie rationaler Erwartungen verhalten, werden im Übrigen ihre Einschätzung der Regierungsleistungen bei einer Umfrage nur dann ändern, wenn neue Informationen eintreten. Erst wenn dies bei der Schätzung von Wahl- und Popularitätsfunktionen berücksichtigt wird, kann man überprüfen, ob sich die Wähler rational verhalten.

Gebhard Kirchgässner[162] (geb. 1948) hat derartige Schätzungen beispielsweise für die Bundesrepublik Deutschland durchgeführt und konnte zeigen, dass sich zumindest ein erheblicher Teil der Wählerschaft nicht gemäß der Theorie rationaler Erwartungen verhält und daher die traditionellen Schätzungen von Popularitäts- und Wahlfunktionen durchaus ihre Gültigkeit haben können. Wenn man das Konzept der begrenzten Rationalität zugrunde legt, sind die Ergebnisse von Wahl- und Popularitätsfunktionen durchaus mit rationalem Wählerverhalten vereinbar. Akzeptiert man die empirischen Ergebnisse, dass die Wähler sich auch über eine längere Zeit nicht entsprechend der Theorie rationaler Erwartungen verhalten, so scheint für die Regierung wieder ein Spielraum zur Erzeugung politischer Konjunkturzyklen zu bestehen. Was allerdings die Wirtschaftspolitik zur Steuerung der Konjunktur betrifft, muss dies jedoch nicht immer so sein. Es ist durchaus vorstellbar[163], dass ein erheblicher Teil der Wirtschaftssubjekte/Wähler sich nicht gemäß der Theorie rationaler Erwartungen verhält, dass aber die Handlungen einer kleinen Minderheit, die sich gemäß dieser Theorie verhält, ausreichend sind, um eine systematische Wirtschaftspolitik zur Beeinflussung der Nachfrage und der Wirtschaft abzuschwächen oder sogar zu verhindern. Die Frage, wie weit eine Regierung durch ihre Wirtschaftspolitik den Konjunkturverlauf entsprechend ihren eigenen Absichten beeinflussen kann, bleibt daher offen. Auch wenn im politischen Bereich rationale Erwartungen als Verhaltensannahmen der Wähler verworfen werden müssen, hat die Theorie

---

[161] Empirische Untersuchungen über Popularitäts- und Wahlfunktionen sind mittlerweile so zahlreich, dass hier nur noch Übersichtsarbeiten genannt werden, so z. B. Kirchgässner (1986), Schneider und Frey (1988), Nannestad und Paldam (1994).

[162] Kirchgässner (1984, 1984a, 1985, 1986).

[163] Kirchgässner (1986, S. 117).

rationaler Erwartungen doch auch im Bereich der Ökonomischen Theorie der Politik einen wichtigen Anstoß zu neuen Erkenntnissen gegeben.

Politisch-ökonomische Modelle wurden auch in anderer Hinsicht erweitert. Beispielsweise wurde die **Zentralbank** in ein politisch-ökonomisches Modell integriert[164]. Die Idee hierbei ist, dass die Zentralbank in erster Linie eine Politik der Preisstabilität verfolgt, da sie auf diese Weise ihre Stellung gegenüber der Regierung stärken und ihr Prestige unter den Geschäftsbanken (als hauptsächliche Bezugsgruppe) erhöhen kann. Die wesentliche Einschränkung bei der Verfolgung dieses Ziels besteht darin, mit der beabsichtigten Wirtschaftspolitik der Regierung nicht in Konflikt zu geraten. Besteht ein derartiger Konflikt, zum Beispiel wenn die Regierung über eine expansive Politik die Arbeitslosigkeit senken will, um damit ihre Wiederwahlchance zu erhöhen, so wird die Zentralbank die Verfolgung ihres Eigennutzes etwas zurückstellen und die Regierungspolitik unterstützen. Ansonsten muss sie befürchten, längerfristig in ihrer Unabhängigkeit immer mehr eingeschränkt zu werden. Empirische Evidenz für derartiges Verhalten lässt sich für die Vereinigten Staaten und für die Bundesrepublik Deutschland zeigen. Weiterhin sind in politisch-ökonomische Modelle auch **Interessengruppen** integriert worden. Details dazu werden in Abschnitt 4.5 dargestellt.

Mit diesen Ausführungen soll verdeutlicht werden, dass es sinnvoll ist, in politisch-ökonomischen Modellen das Handeln weiterer Akteure (z. B. Interessengruppen) zu berücksichtigen. Angesichts ihrer Bedeutung für die Wirtschaftspolitik in westlichen Demokratien erscheint diese Weiterentwicklung auch dringend notwendig; dies gilt insbesondere auch für die Einbeziehung der öffentlichen Verwaltung, die Gegenstand der Ökonomischen Theorie der **Bürokratie** ist.

Public Choice-Analysen erstrecken sich neuerdings auch auf **internationale** Organisationen und internationale politisch-ökonomische Zusammenhänge.[165] Studien[166] über das Verhalten der Weltbank weisen darauf hin, dass das Modell der eigennützigen Weltbankbürokratien für derartige Institutionen wesentlich besser geeignet ist, die Kreditvergabe an Entwicklungsländer zu erklären, als etwa Ansätze, die von der These ausgehen, dass die ärmsten Länder am meisten Entwicklungshilfe bekommen müssten. Die empirischen Ergebnisse zeigen, dass ehemalige Kolonien von Frankreich und Großbritannien sowie Länder, die in starker Abhängigkeit von den Vereinigten Staaten stehen, von der Weltbank in systematischer Weise mit Krediten bevorzugt werden. Dies deshalb, da diese drei Geberländer den größten Anteil an Krediten für die Weltbank zur Verfügung stellen.

Darüber hinaus kann mithilfe des Public Choice-Ansatzes gezeigt werden, dass die Direktinvestitionen multinationaler Unternehmen in Entwicklungsländern durch politische und wirtschaftliche Faktoren beeinflusst werden. Dies wurde in einem Verhaltensmodell gezeigt[167], in dem neben den üblichen ökonomischen Bestimmungsfaktoren insbesondere die politischen Determinanten der Enteignung und Einschränkung ausländischer Direktinvestitionen im Vordergrund stehen. Aufgrund dieser politisch-ökonomischen Theorie werden Hypothesen

---

[164] Schneider (1979), Frey und Schneider (1981), Andersen und Schneider (1986).

[165] Übersichtsarbeiten über die internationale politische Ökonomie geben Frey (1984) und Frey und Schneider (1984).

[166] Frey und Schneider (1986).

[167] Weck-Hannemann, Schneider und Frey (1987).

für die Direktinvestitionen abgeleitet. Anhand der von allen Anlegerländern in Entwicklungs-ländern getätigten Direktinvestitionen wurde das Modell empirisch überprüft. Das Modell wurde außerdem herkömmlichen, rein politologischen und rein ökonomischen Modellen sowie einem Ansatz, in dem politische und wirtschaftliche Faktoren in einem umfassenden Index des Länderrisikos zusammengefasst sind, gegenübergestellt. Die gleichzeitige Berück-sichtigung politischer und wirtschaftlicher Einflussfaktoren im Rahmen des politisch-ökonomischen Modells erwies sich als am besten geeignet, die ausländischen Direktinvesti-tionen zu erklären.

Die Internationale Politische Ökonomie ist ein Forschungsgebiet, dessen theoretische Grund-lagen und insbesondere die empirische Anwendung erst im Entstehen sind. Die Analyse konzentriert sich bisher auf einzelne Bereiche der internationalen Wirtschaftsbeziehungen. Die vorgestellten Gebiete wurden schon oft getrennt von Politologen und Ökonomen unter-sucht, aber nicht unter dem Gesichtspunkt der Neuen Politischen Ökonomie betrachtet.

Aus diesen Überlegungen wird deutlich, dass mithilfe der Ökonomischen Theorie der Politik bisher viele interessante Ergebnisse erzielt wurden, mit denen offene Fragen zumindest teil-weise beantwortet werden können. Insbesondere sind diejenigen Studien hervorzuheben, in denen alternative politische und ökonomische Institutionen verglichen werden, um damit sowohl Politik- als auch Marktversagen zu erkennen und vielleicht zu beheben. Gerade beim Politikversagen in repräsentativen Demokratien kann der Public Choice-Ansatz sehr nützlich sein, da er aufzeigt, wie klein an und für sich der Handlungsspielraum für Änderungen im laufenden politischen Prozess ist.[168]

In den folgenden Abschnitten werden die Handlungen der einzelnen Akteure (Regierung, Wähler, Interessengruppen) nun im Einzelnen diskutiert. In Abschnitt 4.2 werden zunächst die politisch-ökonomischen Modelle vorgestellt und analysiert. In Abschnitt 4.3 wird aus-führlich auf das Wählerverhalten eingegangen. Abschnitt 4.4 beschäftigt sich mit dem Regie-rungsverhalten. In Abschnitt 4.5 erfolgt eine Analyse der Interessengruppen. Abschnitt 4.6 skizziert einige Konsequenzen der Ökonomischen Theorie der Politik für die Wirtschaftspoli-tik.

4.2   Politisch-ökonomische Interaktionsmodelle

Mit der Formulierung **politisch-ökonomischer Interaktionsmodelle** wird das Ziel verfolgt, die Interdependenz zwischen dem wirtschaftlichen und dem politischen Sektor in hoch ent-wickelten demokratischen Staaten zu erfassen. Es wird zum einen untersucht, wie die kon-junkturelle Entwicklung die wirtschaftliche Situation der Wähler beeinflusst und hierüber maßgeblich ihre Einschätzung der Parteien bestimmt. Zum anderen wird analysiert, auf wel-che Weise die Regierung die wirtschaftliche Entwicklung beeinflussen kann, damit sie wei-terhin an der Macht bleibt oder, wenn die Gefahr, abgewählt zu werden, nicht besteht, eigene Ziele verfolgt werden können. Die grundlegenden Elemente eines derartigen politisch-ökonomischen Interaktionsmodells sind in Abbildung 4.2 aufgeführt.

---

[168]   Die Frage, wie das eigennützige Verhalten der Politiker in repräsentativen Demokratien erfolgreich mithilfe von Verfassungsregeln eingeschränkt werden kann, untersuchten Buchanan (1977), Brennan und Buchanan (1980, 1985) sowie Frey und Kirchgässner (2002).

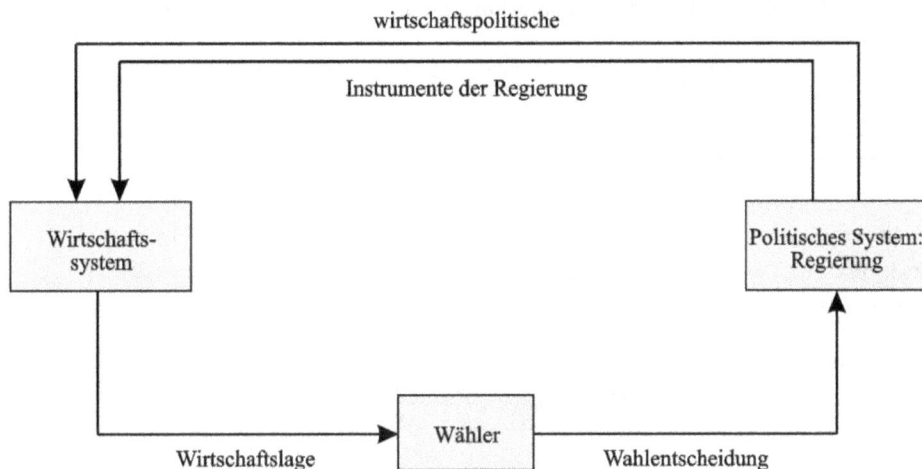

Abbildung 4.2: Politisch-ökonomisches Interaktionsmodell

Im unteren Teil von Abbildung 4.2 ist angedeutet, dass die Wirtschaftslage, die durch die Werte verschiedener makroökonomischer Variablen abgebildet werden kann, auf die Entscheidung der Wähler einwirkt, sich für oder gegen die Regierungspartei(en) auszusprechen. Mithilfe der wirtschaftspolitischen Instrumente (oberer Teil von Abbildung 4.2) kann die Regierung auf den wirtschaftlichen Sektor Einfluss nehmen, um über eine Veränderung der makroökonomischen Variablen diese Entscheidung des Wählers zu beeinflussen.

Im Folgenden sollen die theoretischen Grundlagen politisch-ökonomischer Interaktionsmodelle vorgestellt werden. Um einen kurzen Überblick über die Entwicklung dieser Modelle zu geben, werden zuerst partielle politisch-ökonomische Modelle vorgestellt, das heißt solche, die sich mit einem bestimmten Teilbereich der Wirtschaft befassen (Abschnitt 4.2.1). Um den Makro-Zusammenhang zwischen Politik und Wirtschaft möglichst umfassend abzubilden, werden in einem zweiten Schritt politisch-ökonomische Gesamtmodelle entwickelt (Abschnitt 4.2.2). Hierbei wird zunächst verdeutlicht, dass das tatsächliche Regierungsverhalten mithilfe von Optimierungsansätzen nur unzulänglich erklärt werden kann. Aus der Kritik an diesen Ansätzen werden sodann behavioristische Modelle entwickelt, die sowohl analytisch formuliert wie auch mithilfe von Simulationen auf ihre Eigenschaften untersucht werden. Um die hierbei gewonnenen Einsichten empirisch testen zu können, wird abschließend zur Betrachtung politometrischer Gesamtmodelle übergegangen.

4.2.1 Politisch-ökonomische Partialmodelle

Das Schwergewicht dieser Modelle liegt in der Analyse der Verbindung zwischen dem politischen Sektor und bestimmten Teilbereichen der Wirtschaft. Ein Beispiel für ein derartiges Modell ist in Abbildung 4.3 dargestellt. Es wird die erweiterte Beziehung zwischen Arbeitslosigkeit und Preissteigerung, der bekannte **Phillipskurven-Zielkonflikt** (trade-off) zugrunde gelegt.[169]

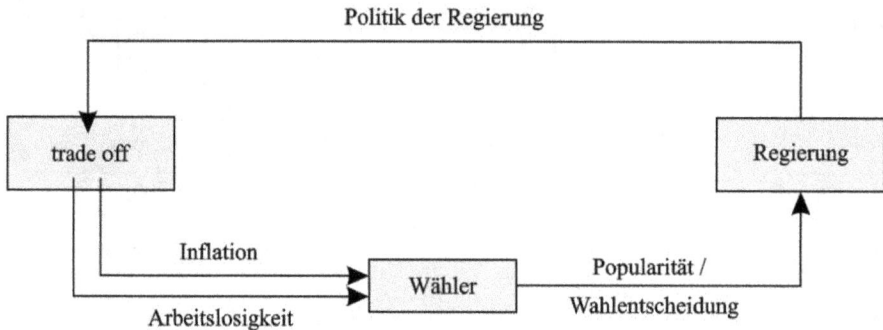

Abbildung 4.3: Politisch-ökonomisches Partialmodell

Die wirtschaftliche Beziehung des politisch-ökonomischen Partialmodells wird durch die **erweiterte Phillipskurve** abgebildet. Dabei ist die Inflationsrate (π) eine Funktion der Arbeitslosenquote (u) und der erwarteten Inflationsrate (π_E):

$$\pi = f(u) + \lambda \pi_E , \tag{4.1}$$

wobei $f' < 0$ und $0 \leq \lambda \leq 1$,

$$d\pi_E / dt = \psi(\pi - \pi_E) \text{ mit } \psi' > 0 . \tag{4.2}$$

Die Änderung der erwarteten Inflationsrate hängt – wie in Funktion (4.2) dargestellt – von der Differenz zwischen der tatsächlichen und der erwarteten Inflationsrate ab.

Aus (4.1) und (4.2) folgt, dass für den kurzfristigen Zusammenhang $d\pi / du = f'(u)$ und für den langfristigen Zusammenhang – wenn die erwartete der tatsächlichen Inflationsrate entspricht – $d\pi / du = f'(u) / (1 - \lambda)$ gilt. Weiterhin wird unterstellt, dass die Wähler einen Zustand niedriger Arbeitslosigkeit und geringer Inflation einem solchen mit höherer Arbeitslosigkeit und stärkerer Inflation vorziehen. Die **Präferenzfunktion für die Wählerschaft** ist dann durch

$$g(\pi, u) \text{ mit } \partial g / \partial u < 0 \text{ und } \partial g / \partial \pi < 0 \tag{4.3}$$

gegeben.

---

[169] Derartige Modelle wurden von Nordhaus (1975) und MacRae (1977) entwickelt. Das im Folgenden beschriebene Modell stammt von William Nordhaus (geb. 1941).

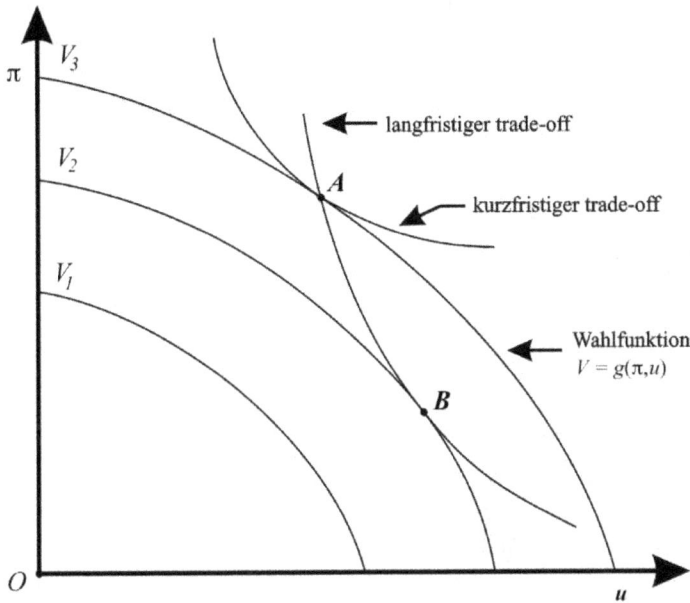

Abbildung 4.4: Kurz- und langfristige Stimmenmaximierung

Die Regierung kann zu jedem Zeitpunkt entlang der kurzfristigen Phillipskurve eine bestimmte Kombination von Arbeitslosigkeit und Inflation wählen. Versucht die Regierung,
Wählerstimmen (V) zu maximieren ($\max V = g(\pi,u)$), um damit die nächsten Wahlen zu
gewinnen, so wird sie sich für jene Politik entscheiden, bei der die Wahlfunktion V mit der
kurzfristigen Phillipskurve eine gemeinsame Tangente hat (Punkt A in Abbildung 4.4).

Da die Wahlen in der hier betrachteten Demokratie alle vier oder fünf Jahre stattfinden, wird
das Ziel der Regierung darin bestehen, lediglich im Wahljahr T eine maximale Stimmenzahl
zu erreichen. Die Stimmenzahl hängt wieder von dem Nutzen ab, den die Wähler während
der vergangenen Legislaturperiode erfahren haben ($g(\pi,u)$). Die Zielfunktion der Regierung
lautet damit folgendermaßen:

$$\max V(T) = \int_{t=0}^{T} g(\pi(t),u(t)) \, e^{\mu t} \, dt \,. \tag{4.4}$$

Unter Verwendung der Theorie der optimalen Kontrolle kann für die Regierung ein optimaler
politischer Konjunkturzyklus abgeleitet werden: Unmittelbar nach der Wahl wird die Regierung die Arbeitslosigkeit erhöhen, um auf diese Weise die tatsächliche und – nach einiger
Zeit – auch die erwartete Inflationsrate zu dämpfen. Der Anstieg der Arbeitslosenquote bewirkt – mit einer gewissen Verzögerung – eine Verringerung der Inflation und eine Dämp-
fung der Inflationserwartung. Dies hat weiterhin eine Verschiebung der kurzfristigen Phillipskurve zum Ursprung hin zur Folge, die umso stärker ausfällt, je stärker die Inflationserwar-
tungen zurückgehen. In den folgenden Jahren wird die Regierung die Arbeitslosenquote bis

zum Wahljahr hin wieder langsam reduzieren, denn sie strebt zum Wahlzeitpunkt die ge-
ringstmögliche Arbeitslosigkeit an.

Eine empirische Überprüfung dieses Modells wurde von Duncan MacRae für die Vereinigten
Staaten von Amerika für die Periode 1956 bis 1972 vorgenommen, wobei die beiden Variab-
len Arbeitslosigkeit und Preissteigerung gleich gewichtet wurden. Er kam für eine „typische"
Wahlperiode zu folgendem Ergebnis:[170]

Tabelle 4.1: Verlauf eines Konjunkturzyklus für die USA

Jahre	Arbeitslosigkeit	Preissteigerung
1	5,8 %	3,7 %
2	5,0 %	3,5 %
3	4,2 %	3,7 %
4 (Wahljahr)	2,8 %	4,8 %

Die Entwicklung der Arbeitslosenquote zwischen 1956 (Beginn der zweiten Amtsperiode
von Eisenhower) und 1972 (Ende der ersten Amtsperiode von Nixon) spricht für die aufge-
stellte Hypothese über den politischen Konjunkturzyklus. Es zeigt sich weiterhin, dass der
Zyklus unter den demokratischen Präsidenten Kennedy und Johnson wesentlich stärker ausgeprägt war als unter den Republikanern Eisenhower und Nixon.[171]

Eine ähnliche, eher beschreibende Analyse des politischen Konjunkturzyklus findet sich bei
Assar Lindbeck[172]. In der empirischen Überprüfung kann dieser für die schwedischen
Reichstagswahlen von 1960, 1964 und 1968 darlegen, dass die schwedische Regierung ledig-
lich kurz vor den Wahlen eine für sie günstige konjunkturelle Lage erreicht hat.

Die theoretische (und empirische) Analyse politischer Konjunkturzyklen erfolgte nicht nur
im Rahmen der erweiterten Phillipskurve, sondern wurde auch anhand anderer Beziehungen
oder in noch allgemeinerer Weise vorgenommen.[173] Für eine detaillierte Betrachtung der
umfassenden Zusammenhänge ist allerdings eine genauere theoretische Vorstellung über das
zu verwendende Modell notwendig, als dies oben geschehen ist. Beispielsweise muss mithilfe eines exakten theoretischen Ansatzes bestimmt werden, auf welche Weise die Regierung
veranlasst wird, so in das wirtschaftliche Geschehen einzugreifen, dass damit ein politischer
Konjunkturzyklus hervorgerufen wird. Bei dem obigen Modell wird unterstellt, dass die
Regierung eine der makroökonomischen Variablen, die in die Nutzenfunktion der Wähler
eingehen, direkt kontrolliert. Realistischerweise muss jedoch davon ausgegangen werden,
dass sie nur indirekt über den Einsatz ihrer wirtschaftspolitischen Instrumente auf das wirtschaftliche Geschehen Einfluss nehmen kann. Um diese und weitere Mängel der partiellen
politisch-ökonomischen Modelle zu überwinden, wurden theoretisch fundierte politisch-

---

[170] Vgl. dazu auch Frey und Schneider (1975, S. 348).
[171] Frey (1976, S. 109) führt dieses Ergebnis auf die stärkere Einflussnahme der demokratischen Präsidenten auf
       den Kongress in Bezug auf die Durchsetzung der Fiskalpolitik zurück, denn diese Präsidenten konnten sich –
       im Gegensatz zu Eisenhower und Nixon – auf eine demokratische Kongressmehrheit stützen.
[172] Lindbeck (1975).
[173] Eine ausführliche Diskussion dieser Ansätze gibt Frey (1976).

ökonomische Gesamtmodelle entwickelt, mit denen auch politische Konjunkturzyklen analysiert werden können.

4.2.2   Politisch-ökonomische Gesamtmodelle

Politisch-ökonomische Gesamtmodelle stellen darauf ab, den Makro-Zusammenhang zwischen Wirtschaft und Politik darzustellen. Hierbei werden in einem ersten Schritt lediglich zwei Entscheidungsträger betrachtet, die Wähler und die Regierung, für die beide nutzenmaximierendes Verhalten unterstellt wird. Die Interaktion zwischen der Regierung, den Wählern und der Wirtschaft kann dabei anhand zweier unterschiedlicher Ansätze beschrieben werden, nämlich Optimierungsansätze und andere Erklärungsansätze.

Bei der ersten Gruppe von Ansätzen, den **Optimierungsansätzen**, wird davon ausgegangen, das Ziel der Regierung bestehe in der Maximierung der Wahrscheinlichkeit, die nächste Wahl zu gewinnen. Im Gegensatz zu den Partialmodellen wird dabei kein spezifischer Teilbereich der Wirtschaft herausgegriffen, sondern es wird ein ökonometrisches Modell der Gesamtwirtschaft zugrunde gelegt. Ein Beispiel hierfür gibt **Ray C. Fair** (geb. 1942), dessen Studie im Folgenden beispielhaft für derartige Ansätze dargestellt werden soll.[174] Fair geht davon aus, dass die amerikanische Bundesregierung die Wahrscheinlichkeit maximiert, die nächste Wahl zu gewinnen. Um dieses Ziel zu erreichen, wird sie sich in ihren wirtschaftspolitischen Handlungen den Präferenzen der Wähler soweit wie möglich annähern.

Fair stellt fest, dass bei den amerikanischen Präsidentschaftswahlen von 1892 bis 1972 lediglich die Wachstumsrate des realen Bruttosozialproduktes pro Kopf einen signifikanten Einfluss auf das Wahlergebnis hat. Weiterhin kommt er zu dem Ergebnis, dass diese Variable von den Stimmbürgern lediglich im Wahljahr zur Einschätzung der beiden Präsidentschaftskandidaten herangezogen wird. Die Wähler verhalten sich demzufolge extrem kurzsichtig und diskontieren die vergangenen wirtschaftspolitischen Ereignisse stark.

Hieraus leitet Fair als Zielfunktion für die amerikanische Regierung die Maximierung der Wachstumsrate des realen Pro-Kopf-Bruttosozialprodukts im Wahljahr ab. Die Restriktion für diese Zielfunktion stellt ein vierteljährliches ökonometrisches Modell für die Vereinigten Staaten dar, welches sich aus 26 Verhaltensgleichungen, 56 Identitäten und 18 exogenen Variablen zusammensetzt. Zur Maximierung ihrer Zielfunktion stehen der Regierung zwei Instrumente, die Staatsausgaben für Güter und Dienstleistungen und die Staatsanleihen zur Verfügung. Das nichtlineare stochastische Maximierungsproblem wird mithilfe der Theorie der optimalen Kontrolle gelöst, wobei Fair annimmt, dass die amerikanische Regierung vollkommene Information über das wirtschaftliche System hat.

Die für die Maximierung der Zielfunktion erforderliche Politik ist für die Amtszeiten von Eisenhower, Kennedy, Johnson und Nixon in Tabelle 4.2 wiedergegeben. Es fällt unmittelbar auf, dass die amerikanische Regierung sehr hohe Wachstumsraten des realen Pro-Kopf-Einkommens in dem jeweiligen Wahljahr hätte anstreben müssen.

---

[174]   Fair (1976).

Tabelle 4.2: Ergebnisse der stimmenmaximierenden und tatsächlichen Politik amerikanischer Administrationen im Wahljahr

Administration	Wachstumsrate des realen Pro-Kopf-Bruttosozialprodukts	
	stimmenmaximierende Politik	tatsächliche Politik
Eisenhower (1. Amtsperiode)	17,5	1,9
Eisenhower (2. Amtsperiode)	18,5	2,3
Kennedy / Johnson	21,0	5,7
Johnson	9,6	4,7
Nixon (1. Amtsperiode)	23,8	6,6
Quelle: Fair (1976, S. 28).		

Fair zufolge wären derart hohe Wachstumsraten im Wahljahr durch eine stark restriktive Politik in der ersten Hälfte und eine demgegenüber expansive Politik in der zweiten Hälfte der Legislaturperiode realisierbar gewesen.

Auffallend ist der beträchtliche Unterschied zwischen der tatsächlichen und der optimalen Wachstumsrate des Pro-Kopf-Einkommens. Dies legt die Vermutung nahe, dass dieser Optimierungsansatz kein geeignetes Modell zur Erklärung der US-amerikanischen Wirtschaftspolitik darstellt.[175] Hierfür sprechen auch folgende Einwände:

- Weitere ökonomische Variablen haben (wie in Abschnitt 4.3 noch gezeigt wird) ebenfalls einen bedeutenden Einfluss auf den Wahlausgang.
- Die amerikanische Bundesregierung hat keine vollkommene Information über das ökonomische System.
- Es wird keine theoretische Begründung gegeben, weshalb die amerikanischen Präsidenten als einziges Ziel die Maximierung der Wiederwahlwahrscheinlichkeit anstreben sollten.[176]

Aufgrund dieser Einwände wird im Folgenden versucht, eine theoretische Ableitung der tatsächlichen Ziele der Entscheidungsträger vorzunehmen, um damit zu einer besseren Erklärung der Wirtschaftspolitik der Regierung zu gelangen.

Im Unterschied zu den gesamtwirtschaftlichen Optimierungsmodellen wird in **anderen politisch-ökonomischen Erklärungsmodellen** der Versuch unternommen, das Regierungsverhalten näher zu analysieren und zu erklären. Dabei wird von eigennützigem Handeln der Regierung ausgegangen. Es wird unterstellt, die Regierung maximiere ihren Nutzen, indem sie ihre eigenen (ideologischen) Ziele unter Nebenbedingungen zu erreichen suche.

Wie bereits erwähnt, beeinflusst die wirtschaftliche Lage, die in vereinfachter Form durch den Verlauf makroökonomischer Variablen erfasst wird, die Einstellung der Wähler gegenüber der Regierung: Eine Verschlechterung (Verbesserung) der wirtschaftlichen Lage wird im Wesentlichen der amtierenden Regierung angelastet (zugutegehalten). Außerdem wird be-

---

[175] Für dieses erstaunliche Resultat bietet Fair lediglich Ad-hoc-Erklärungen an: So verhindere der Kongress und die Zentralbank eine derartige Politik, oder aber die amerikanische Regierung verfolge andere Ziele.

[176] Aufgrund dieser und anderer Einwände gegen seinen Optimierungsansatz verwendete Fair in späteren Arbeiten, mit denen er mehrmals die Ergebnisse US-amerikanischer Präsidentenwahlen korrekt vorhersagen konnte, einen anderen Erklärungsansatz. Vgl. dazu Fair (2012).

rücksichtigt, dass die Wähler zurückliegende wirtschaftliche Zustände mehr und mehr vergessen, also die vergangene wirtschaftliche Entwicklung diskontieren.

Eine Regierung, die diese Zusammenhänge kennt, wird daher Umfragen, in denen sich die Einschätzung der Wählerschaft über sie selbst widerspiegelt (Popularitätsumfragen), als Indikator für den zukünftigen Wahlausgang verwenden. Bei einem Absinken ihrer Popularität wird sie bestrebt sein, durch Maßnahmen wie zum Beispiel Steuersenkungen und Erhöhungen der Transferzahlungen wieder einen Popularitätsgewinn zu erzielen. Dies gilt insbesondere dann, wenn die Wiederwahl keineswegs sicher erscheint und die Wahlen unmittelbar anstehen. Befindet sich die Regierung dagegen in einer sehr günstigen Situation und weisen die Popularitätsumfragen auf eine ziemlich sichere Wiederwahl hin, so kann die Regierung wirtschaftspolitische Maßnahmen vornehmen, die in sehr viel stärkerem Maße ihrer ideologischen Auffassung entsprechen. Das derart beschriebene Verhalten einer Regierung kann anhand des Einsatzes der ihr zur Verfügung stehenden Instrumente überprüft werden, denn es wird davon ausgegangen, dass die Regierung zum Beispiel im Falle der Wiederwahlgefährdung mit ihren Instrumenten so auf die Wirtschaftslage einwirkt, dass sich diese nach Einschätzung der Wählerschaft verbessert.

Das hier skizzierte politisch-ökonomische Gesamtmodell wurde in verschiedenen Versionen analytisch formuliert und anhand von Simulationen auf seine Eigenschaften untersucht.[177] Mithilfe der **Simulationsmodelle** wurde gezeigt, welche Auswirkungen die verschiedenen wirtschaftspolitischen Maßnahmen einer Regierung auf ihre Popularität haben. Ferner konnten Aussagen darüber gewonnen werden, welche wirtschaftspolitischen Maßnahmen eine Regierung einleitet, wenn ihre Popularität so stark gesunken ist, dass eines ihrer Ziele, möglichst lange an der Macht zu bleiben, gefährdet erscheint. Wie bei jedem Simulationsmodell ist allerdings auch bei politisch-ökonomischen Gesamtmodellen die Möglichkeit gegeben, jeden nur denkbaren Verlauf durch eine geeignete Parameterwahl nachzuvollziehen. Die Ergebnisse vermitteln daher lediglich einen ersten Einblick in die Interdependenz zwischen ökonomischem und politischem Sektor.

Aus diesem Grund erscheint es unumgänglich, einen theoretischen Ansatz der Interaktionsbeziehungen zu entwickeln und in einem zweiten Schritt empirisch zu überprüfen. Aus der bisherigen Darstellung politisch-ökonomischer Gesamtmodelle geht eindeutig hervor, dass die Popularität der Regierung (in Abhängigkeit von der wirtschaftlichen Situation) und der Einsatz ihr zur Verfügung stehender wirtschaftspolitischer Instrumente (in Abhängigkeit von der Popularität) die entscheidenden Determinanten für die Interaktion zwischen dem ökonomischen und politischen System darstellen. Aus diesem Grund wird jede dieser beiden Beziehungen ausführlich erörtert. Dies geschieht in Abschnitt 4.3 als theoretische und empirische Analyse der Popularitätsfunktion. Die Analyse des Regierungsverhaltens (dargestellt am Einsatz der fiskalpolitischen Instrumente) erfolgt dann in Abschnitt 4.4.

---

[177]   Einen Überblick über die bisher entwickelten Simulationsmodelle geben Frey und Schneider (1975, S. 353 ff.). Vgl. auch Schneider und Frey (1988).

4.3   Die Popularitätsfunktion

Die **Popularitätsfunktion** stellt in dem hier betrachteten Modell die einzige Bewertung über die vergangene Regierungsleistung durch die Wähler dar. Sie erlaubt gleichzeitig der Regierung bei Kenntnis ihrer Popularität, Entscheidungen zu treffen, mit denen sie entweder ihre Wiederwahlwahrscheinlichkeit erhöhen oder, wenn die Wiederwahl sicher scheint, ihre ideologischen Ziele verfolgen kann. Im Folgenden wird zuerst der theoretische Ansatz zur Ableitung der Popularitätsfunktion dargestellt; anschließend werden die gewonnenen Hypothesen hinsichtlich der Popularitätsfunktion für Länder mit repräsentativen Demokratien überprüft.

4.3.1   Theoretischer Ansatz zur Ableitung der Popularitätsfunktion

Ausgehend von der Bewertung der Parteien durch die Wähler wird zuerst mithilfe der Theorie von Downs[178] im Rahmen eines Zwei-Parteien-Systems untersucht, ob und wann es für ein Individuum rational ist, an einer Abstimmung teilzunehmen. Aus der Analyse dieses Ansatzes lässt sich folgern, dass es für die meisten Wähler nicht rational ist, zur Wahl zu gehen. Überdies kann eingewendet werden, dass es in sehr vielen kompetitiven Wahlsystemen mehr als zwei Parteien gibt und somit der Wähler vor einer anderen Entscheidungssituation steht.

Um diese beiden Einwände zu berücksichtigen, werden zum einen zwei mögliche Erweiterungen des Ansatzes von Downs dargestellt. Anhand der empirischen Ergebnisse dieser erweiterten Ansätze kann der erste Einwand entkräftet werden. Zum anderen erfolgt eine Verallgemeinerung der Theorie von Downs auf ein Wahlsystem mit mehr als zwei Parteien, um so dem allgemeineren Fall und damit auch strategischem Verhalten auf Seiten der Wähler Rechnung zu tragen. Hierunter wird im folgenden Modell ein bestimmtes Verhalten des Wählers verstanden, mit dem er beabsichtigt, der von ihm bevorzugten Koalition von Parteien zur Macht zu verhelfen.

Im Anschluss an den Nachweis, dass es für die meisten Wähler rational sein kann, zur Abstimmung zu gehen, erfolgt eine nähere Spezifizierung der Bewertungsfunktion über die vergangene Regierungsleistung. Hierbei wird zunächst auf die Frage eingegangen, nach welchen Kriterien die Wähler die Regierung im Zwei-Parteien-System und wie sie eine Regierungskoalition im Falle eines Mehrparteiensystems bewerten. Danach wird ein möglicher Maßstab – die laufende Popularität der Regierung – zur Bewertung der Regierungsleistung bestimmt. Weiterhin wird auf verschiedene wirtschaftliche und politische Indikatoren eingegangen, die auf diesen Maßstab Einfluss nehmen. Dabei sollen unterschiedliche Ansätze für die Bewertung dieser Indikatoren durch die Wähler über eine längere Zeitperiode theoretisch und empirisch berücksichtigt werden.

Die Entwicklung eines Modells der rationalen, das heißt den Nutzen des Wählers maximierenden Entscheidung über die Wahlbeteiligung und Stimmabgabe erfordert, dass der **Wähler** über eine **Bewertungsfunktion** der Leistungen der verschiedenen Parteien verfügt. Dazu

---

[178]   Downs (1957).

wird für jeden Wähler postuliert[179], dass er in einem n-dimensionalen Raum, in dem seine wirtschaftlichen und politischen Positionen abgebildet werden können, einen Vektor

$$x = (x_1, x_2, \ldots, x_n)$$

von optimalen Positionen hat, die seine Präferenzstruktur über jede einzelne Position widerspiegeln. Unter wirtschaftlichen oder politischen Positionen wird hier ein bestimmter Wert einer wirtschaftlichen oder politischen Variable (z. B. 5 % Inflation) verstanden, wobei sämtliche Positionen (oder möglichen Werte) dieser Variable für alle Wähler in der gleichen Dimension abgebildet werden können. Im Allgemeinen wird die Anzahl der optimalen Positionen nicht sehr groß sein, weil die Informationskosten zur Bestimmung zusätzlicher Positionen sehr schnell steigen. Daher wird sich der Wähler auf wenige wirtschaftliche und politische Variablen beschränken.

Sind die optimalen Positionen erreicht, so erlangt der Wähler seinen maximalen Nutzen. Hiermit ist nicht gesagt, dass sich der Wähler tatsächlich in diesen für ihn optimalen Positionen befindet, sondern lediglich, dass er für jede Dimension, in der er aufgrund der durchgeführten Regierungspolitik und anderer Faktoren eine bestimmte Position einnimmt, eine optimale Position zu bestimmen vermag. Es wird weiterhin unterstellt, dass die Präferenzordnung des Wählers für jede Dimension kontinuierlich und monoton ist, das heißt, je weiter seine tatsächliche von seiner optimalen Position entfernt ist, einen desto geringeren Nutzen zieht er daraus. Hierbei wird die implizite Annahme getroffen, dass die Nutzen aus den einzelnen Positionen voneinander unabhängig sind.

Die Parteien nehmen mit ihrer gegenwärtigen und vergangenen Tätigkeit, aber auch mit ihren Programmen und Absichtserklärungen ebenfalls bestimmte Positionen im n-dimensionalen wirtschaftlichen und politischen Raum ein. Diese können durch den Vektor für die j-te Partei

$$z'_j = (z'_{j1}, z'_{j2}, \ldots, z'_{jn})$$

abgebildet werden. Weiterhin wird davon ausgegangen, dass die Parteien in diesem Raum alle möglichen Positionen einnehmen können. Sie werden allerdings das Ziel haben, sich an die für die Mehrheit der Wähler optimalen Positionen möglichst gut anzunähern.

Jeder Wähler schätzt für jede Partei einen Vektor

$$z_j = (z_{j1}, z_{j2}, \ldots, z_{jn}),$$

welcher seiner Meinung nach die Positionen der j-ten Partei im wirtschaftlichen und politischen Raum widerspiegelt. Dabei müssen die beiden Vektoren z und z' nicht übereinstimmen. Der Wähler vergleicht nun seine optimalen Positionen mit den Positionen der einzelnen Parteien. Damit ein eindeutiger Vergleich durchgeführt werden kann, wird vorausgesetzt, dass die einzelnen Positionen des Vektors z auf den entsprechenden Dimensionen des Vektors x abgebildet werden können. Weiterhin muss z, ebenso wie dies für x gefordert wurde, kontinuierlich messbar sein. Wenn die optimalen Positionen x des Wählers mit den Positionen der Partei z_j nicht übereinstimmen, erleidet er eine Nutzeneinbuße.

---

[179]   Diese Theorie wurde von Davis, Hinich und Ordeshook (1970) entwickelt.

Er stellt dann für jede Partei $j = (1,2,\ldots,k)$ eine Verlustfunktion

$$L_j = \left| (x - z'_j) \right|$$

auf. L_j gibt den Nutzenverlust wieder, der dem Wähler aus der Differenz zwischen seinen optimalen Positionen und den Positionen z' der j-ten Partei entsteht. Der Nutzenverlust ist umso stärker, je größer die absolute Differenz zwischen x und z' ist. Jeder Wähler bevorzugt diejenige Partei, die für ihn den geringsten Nutzenverlust (größten Nutzengewinn) zur Folge hat. In einem Zwei-Parteien-System bevorzugt er demnach Partei 1, wenn

$$L_1(z'_1) < L_2(z'_2) \text{ oder } \left| (x - z'_1) \right| < \left| (x - z'_2) \right|.$$

Er ist zwischen beiden Parteien indifferent, wenn

$$L_1(z'_1) = L_2(z'_2).$$

Er bevorzugt Partei 2, wenn

$$L_1(z'_1) > L_2(z'_2).$$

Bei allen diesen Fällen ist über die absolute Größe des Nutzenverlustes L noch keine Aussage gemacht. Wenn beispielsweise L_1 und L_2 in einem Zwei-Parteien-System für den Wähler sehr groß sind, dann ist es wahrscheinlich, dass der Wähler eine indifferente Position einnimmt.

Gibt es mehr als zwei Parteien, so stellt der Wähler eine eindeutige Rangfolge über die zu erwartenden Verluste auf. Wenn der Wähler annehmen muss, dass die zukünftige Regierung mit großer Wahrscheinlichkeit aus einer Koalition von Parteien bestehen wird, so wird er eine eindeutige Rangfolge über mögliche Koalitionen aufstellen.

Anhand dieses Bewertungssystems zur Beurteilung der Leistungen von Parteien kann er bei einer bevorstehenden Wahl seine bevorzugte Partei (Parteienkoalition) eindeutig bestimmen. Allerdings muss der Wähler sich entscheiden, ob er überhaupt zur Wahl geht, das heißt, ob der erwartete Nutzen des Wahlgangs die Kosten des Wählens (den Nutzen des Nichtwählens) übersteigt. Diese Frage der **Wahlbeteiligung** wird im Folgenden diskutiert.

Betrachten wir zunächst einen Ansatz zur rationalen Wahlentscheidung in einem **Zwei-Parteien-System**. Einer der ersten Ansätze, eine rationale Entscheidung für ein Individuum bei einer anstehenden Wahl zu analysieren, stammt von **Downs**.[180] Dieser geht von folgender Gleichung aus:

$$R = P \cdot B - C \tag{4.5}$$

wobei:

$R =$ der erwartete Nettonutzen des Wählens,
$P =$ die Wahrscheinlichkeit, dass der Wähler mit seiner Stimme das Wahlergebnis zu seinen Gunsten beeinflusst,

---

[180] Downs (1957, Kapitel 1).

$B =$ der subjektive Nutzen, den der Wähler dadurch erhält, dass die von ihm bevorzugte Partei gewinnt; der Wähler schätzt die Größe B als Nutzendifferenz,
die er durch die Wahl der bevorzugten Partei, die er zuvor mittels der obigen
Bewertungsfunktion bestimmt hat, gegenüber der anderen erhält, d.h. es gilt
$B = L_1(z_1') - L_2(z_2')$,

$C =$ die subjektiven Kosten, die dem Individuum beim Wahlgang entstehen, wobei es
plausibel scheint, davon auszugehen, dass $C > 0$.

Mithilfe der Gleichung (4.5) kann bestimmt werden, ob der Wähler zur Abstimmung geht
und welche Partei er wählen wird: Er geht nur dann zur Wahl, wenn der erwartete Nutzen,
eine bestimmte Partei zu wählen, die Kosten des Wählens übersteigen, das heißt, wenn $R > 0$
oder $C < P \cdot B$.

Der Wähler geht nicht zur Abstimmung, wenn $R < 0$. In diesem Fall übersteigen die Kosten
des Wahlganges den erwarteten Nutzen, sodass es für den Wähler rational ist, der Abstimmung fernzubleiben. Hierbei gibt es zwei Möglichkeiten:

(1) $C > P \cdot B$, wobei $C > 0$ und $P \cdot B > 0$. Dies bedeutet, dass die Kosten des Wählens den
erwarteten Nutzen in jedem Fall übersteigen.

(2) $C > P \cdot B$, wobei $C > 0$ und $P \cdot B = 0$. Diese Möglichkeit ist dann gegeben, wenn der
Wähler zwischen den beiden Parteien indifferent ist, das heißt, wenn $L_1(z_1) = L_2(z_2)$ und
damit $B = 0$ ist.

Nach der Erörterung dieser Entscheidungsregeln für die Stimmbürger bei Abstimmungen
kommt Downs[181] zu dem Schluss, dass für die meisten Individuen – entgegen seiner anfäng-
lichen Meinung – Wählen ein nichtrationaler Akt sein muss, denn bei sehr vielen Wahlen ist
folgender Sachverhalt zu beobachten: Da der Wahlgang Kosten verursacht, die deutlich größer als Null sind, und da die Wahrscheinlichkeit, dass der Wähler mit seiner Stimme den
Wahlausgang zu seinen Gunsten beeinflussen kann, sehr klein ist, muss die Größe B sehr
groß sein, damit gilt:

$P \cdot B > C$.

Diesen Sachverhalt demonstriert Tullock[182] an folgendem Beispiel: Sind bei einer Wahl eine
Million Bürger stimmberechtigt, dann beträgt die Wahrscheinlichkeit, dass ein Bürger das
Wahlergebnis zu seinen Gunsten beeinflusst, 0,000001. Nimmt man weiterhin an, dass die
Kosten des Wählers eine entgangene Nutzeneinheit betragen, dann muss die Größe B größer
als 1 Million Einheiten sein, damit $P \cdot B > C$. Geht man davon aus, dass bei vielen Wahlen die
Größe B, welche als Nutzendifferenz definiert ist, kleiner als C/P sein wird, dann ist es nach
dem Modell von Downs für ein nutzenmaximierendes Individuum nicht rational, an einer
Abstimmung teilzunehmen.

Es lässt sich aber beobachten, dass zum Beispiel bei den amerikanischen Präsidentschaftswahlen seit 1948 durchschnittlich über 50 % der Wahlberechtigten an dieser Abstimmung

---

[181]   Downs (1957, S. 274 ff.).
[182]   Tullock (1967, S. 110).

teilgenommen haben, obwohl die Wahrscheinlichkeit, den Wahlausgang zu beeinflussen, äußerst gering ist.

Diese Beobachtung hat zu vielen Versuchen geführt, den Ansatz von Downs zu modifizieren. Im Vordergrund steht dabei das Bemühen, zu einem theoretischen Erklärungsansatz zu gelangen, demzufolge es für die meisten Individuen durchaus rational sein kann, zur Wahl zu gehen und einer bestimmten Partei ihre Stimme zu geben. Im Folgenden werden beispielhaft zwei dieser Ansätze, die auch empirisch getestet wurden, erörtert.

Die erste Modifikation des Ansatzes von Downs stammt von **Riker und Ordeshook**,[183] die obigen Ansatz um die Variable D erweitern:

$$R = P \cdot B - C + D \ , \tag{4.6}$$

wobei die Variable D ($D > 0$) denjenigen Nutzen erfassen soll, den ein Individuum – unabhängig vom Wahlausgang – erhält. Riker und Ordeshook geben verschiedene Gründe an, weshalb ein Individuum aus dem Wahlgang per se einen positiven Nutzen ziehen kann, so zum Beispiel aufgrund der Identifikation des Wählers mit der Demokratie, der Parteimitgliedschaft und der Befriedigung, einen bestimmten Kandidaten unterstützt zu haben.

Der Wähler geht immer zur Abstimmung, wenn für ihn

$$D > C - P \cdot B$$

gilt. Dieser Sachverhalt dürfte nur für einen geringen Teil der Wählerschaft zutreffen. Daher nehmen Riker und Ordeshook an, dass für die meisten Wähler $C > D > 0$ gilt, und dass sie dann ihre bevorzugte Partei wählen, wenn $P \cdot B > (C - D)$.

Mit der Einbeziehung der Größe D kommen Riker und Ordeshook zu der Schlussfolgerung, dass es für den größten Teil der Wählerschaft durchaus rational sein kann, wählen zu gehen, selbst wenn der Einfluss des Einzelnen auf das Wahlergebnis und der damit verbundene Nutzen gering ist. Für diese Schlussfolgerung sprechen auch die empirischen Ergebnisse ihres Ansatzes. Hierbei wurde die Höhe der Wahlbeteiligung als ein Maßstab für die Variable R (den erwarteten Nettonutzen der Stimmabgabe) verwendet. Weiterhin unterteilten sie die Wählerschaft hinsichtlich des Nutzens aus dem Wahlgang (die Größe D) in drei Klassen: hoher (D_1), mittlerer (D_2) und niedriger (D_3) Nutzen. Für die Bestimmung der Größe D gehen Riker und Ordeshook davon aus, dass diese Größe bereits um die Kosten des Wahlganges bereinigt ist.

Die Größe P approximieren die Autoren mittels der Wählereinschätzung, ob die Wähler einen knappen (P_1) oder eindeutigen Wahlausgang (P_2) erwarten. Die Größe B wird daran gemessen, ob das Interesse der Wähler am Wahlausgang stark (B_1) oder nur schwach ausgeprägt (B_2) ist. Hierbei unterstellen Riker und Ordeshook, dass, wenn der Wähler einen großen Nutzen aus dem Sieg des von ihm bevorzugten Kandidaten zieht, er ein starkes Interesse am Wahlausgang hat.

Durch die Aufspaltung von P in P_1 und P_2 und von B in B_1 und B_2 ergeben sich für die Wähler der Gruppen D_1 bis D_3 jeweils vier Unterklassen. Mittels einer Umfrage erhalten die Au-

---

183   Riker und Ordeshook (1968).

toren für die Wahlbeteiligung bei drei amerikanischen Präsidentschaftswahlen von 1952, 1956 und 1960 in den einzelnen Klassen folgende Werte:

Tabelle 4.3: Durchschnittliche prozentuale Wahlbeteiligung bei drei amerikanischen Präsidentschaftswahlen

Erwarteter Wahl-ausgang	Höhe des Nutzens aus dem Wahlgang					
	D_1		D_2		D_3	
	Hoher Nutzen		Mittlerer Nutzen		Niedriger Nutzen	
	B_1	B_2	B_1	B_2	B_1	B_2
P_1	91	83	85	71	63	44
P_2	86	74	77	71	62	39

Quelle: Berechnung anhand von Strom (1975, S. 908–913).

Diese Ergebnisse sprechen dafür, dass alle drei hier analysierten Faktoren einen Einfluss auf die Wahlbeteiligung (R) haben. Weiterhin wird ersichtlich, dass die Veränderung der Größe P den vergleichsweise geringsten Einfluss auf R hat. Barzel und Silberberg[184] kommen hingegen beim empirischen Test ihres Ansatzes zur Erklärung der Wahlbeteiligung, der aus dem Ansatz von Riker und Ordeshook entwickelt wurde, zu dem Ergebnis, dass die Zahl der Stimmbürger, die bei einer nationalen Wahl zur Abstimmung gehen, umso stärker zunimmt, je größer sie die Wahrscheinlichkeit einschätzen, dass sie den Wahlausgang mit ihrer Stimme beeinflussen.

Der relative Zuwachs der Wahlbeteiligung innerhalb der drei Klassen (D_1 bis D_3) beträgt im Durchschnitt lediglich 7 %, wenn von P_1 zu P_2 übergegangen wird; er liegt dagegen bei durchschnittlich 25 %, wenn von B_2 auf B_1 übergewechselt wird. Die überragende Bedeutung der Größe D zeigt sich darin, dass der relative Zuwachs der Wahlbeteiligung bei durchschnittlich 31 % liegt, wenn von D_3 auf D_2 und von D_2 auf D_1 übergegangen wird.

Barry[185] und Strom[186] erheben gegen den Einbezug der Größe D durch Riker und Ordeshook (Gleichung (4.6)) folgenden Einwand: Wenn der Wert von $P \cdot B$ sehr klein wird – und dies dürfte zum Beispiel bei nationalen Wahlen der Fall sein –, dann reduziert sich die Gleichung (4.6) auf

$$R = D - C.$$

Dies bedeutet, dass der erwartete Nutzen des Wählens von der vergangenen Politik der Parteien unabhängig ist. Damit hängt die Entscheidung des Individuums, ob es sich an der Abstimmung beteiligt, nicht mehr vom erwarteten Nutzen der bevorzugten Partei ab, sondern ist lediglich eine Funktion der Größen D und C, die bei Riker und Ordeshook als Konstanten betrachtet werden.

---

[184]   Barzel und Silberberg (1973, S. 51 ff.).

[185]   Barry (1970, S. 10).

[186]   Strom (1975, S. 909). Strom entwickelt aus der Kritik an Riker und Ordeshook einen eigenen Ansatz, indem er $P \cdot B$ auf verschiedene mögliche Wahlausgänge untersucht. Allerdings kann die von ihm geäußerte (berechtigte) Kritik auch seinem Ansatz entgegengehalten werden.

Diesem Einwand gegenüber Riker und Ordeshook versuchen **Ashenfelter und Kelley**[187] Rechnung zu tragen. Sie gehen davon aus, dass für die meisten Individuen die Größe $P \cdot B$ einen nur sehr kleinen (positiven) Wert aufweist, das heißt, dass diese Nutzenkomponente häufig keinen Einfluss darauf hat, ob der Stimmbürger zur Wahl geht. Hingegen können die Kosten des Wahlganges sowie der Nutzen, der mit der Teilnahme an der Wahl (unabhängig vom Wahlausgang) entsteht, von entscheidender Bedeutung sein. Aus diesem Grund und angeregt durch die Diskussion über die größere Wahlbeteiligung von Wählergruppen mit höherem Einkommen sehen Ashenfelter und Kelley C und D nicht als Konstanten für die gesamte Wählerschaft an. Vielmehr stellen sie die These auf, dass diese Größen von dem Einkommen, der Bildung und von anderen wählerschichtspezifischen Faktoren abhängig sind. Die Größe D wird beispielsweise in 16 verschiedene Komponenten gegliedert, wie Interesse an der Wahl, Mitgliedschaft bei einer Partei oder Wahlkampforganisation. Auch wird zwischen den unterschiedlichen Kosten des Wählers genau differenziert, so z. B. zwischen den Kosten des Registrationsverfahrens, der Wahlsteuer usw. Hiervon ausgehend stellen sie die Hypothese auf, dass die Wahrscheinlichkeit W (als ein Maß für R), dass ein Individuum zur Wahl geht, eine Funktion von P, B und den verschiedenen Komponenten von C und D ist.

Der empirische Test dieser Hypothese wird anhand der amerikanischen Präsidentenwahlen von 1960 und 1972 mithilfe der Probit-Analyse durchgeführt. Es wird untersucht, in welchem Ausmaß die Wahrscheinlichkeit, dass ein Stimmbürger zur Wahl geht, von den oben genannten Faktoren beeinflusst wird. Die Autoren stellen tatsächlich für die Größen P und B in den meisten Fällen keinen statistisch signifikanten und quantitativ bedeutenden Einfluss auf die Wahrscheinlichkeit fest, sich an diesen Wahlen zu beteiligen. Sie kommen zum Ergebnis, dass die wichtigsten Determinanten aus verschiedenen Nutzen- und Kostenkomponenten bestehen, die mit dem Wahlgang per se verknüpft sind. Diese Faktoren haben einen statistisch signifikanten und quantitativ bedeutenden Einfluss auf die Wahrscheinlichkeit, zur Wahl zu gehen. Beispielsweise reduziert die Wahlsteuer von drei Dollar, die bei den Präsidentschaftswahlen von 1960 in manchen Bundesstaaten erhoben wurde, die Wahrscheinlichkeit zu wählen um 21 %. Ebenso scheinen die meisten Komponenten der Größe D einen bedeutenden und signifikanten Einfluss auf W auszuüben. Wird beispielsweise von einer Wählergruppe, die die Bedeutung einer Präsidentschaftswahl als „mittelmäßig" einstuft, zu einer Wählergruppe gewechselt, für die die Bedeutung der Präsidentenwahl einen sehr großen Stellenwert hat, so steigt die Wahrscheinlichkeit, wählen zu gehen, um 38 %.

Mit diesen beiden Erweiterungen des Ansatzes von Downs wird der Versuch unternommen, einen theoretischen Erklärungsansatz zu geben, mit dem rationales Wählerverhalten in einem Zwei-Parteien-System beschrieben und auch empirisch getestet werden kann. Es kann weiterhin aus ihnen geschlossen werden, dass für einen Teil der Wählerschaft ein Wahlgang durchaus rational sein kann. Es ist allerdings kritisch anzumerken, dass beide Erklärungsversuche taxonomischen Messungen gefährlich nahe kommen, indem wichtige Entscheidungsgrößen nicht unabhängig, sondern anhand des beobachteten Verhaltens ermittelt werden. Eine unabhängige Bestimmung ist jedoch unerlässlich für den exakten empirischen Test gerade dieser Hypothesen.

---

[187] Ashenfelter und Kelley (1975).

Im Folgenden wird davon ausgegangen, dass sich **mehr als zwei Parteien** zur Wahl stellen und dass keine Partei die zur alleinigen Regierungsbildung erforderliche Mehrheit erreichen wird. Die Regierung kann dann nur durch eine **Koalition** aus mindestens zwei Parteien gebildet werden. Der Stimmbürger muss in diesem Fall bei seiner Wahlentscheidung die möglichen und unter diesen die für ihn wünschenswerten Koalitionen, die nach einer Wahl eintreten können, berücksichtigen. Dies bedeutet, dass seine bevorzugte Partei nicht mehr allein die Regierung stellt – vorausgesetzt, dass sie überhaupt an der Regierungsbildung beteiligt wird – und sie als Folge davon lediglich in gewissem Maße die künftige Politik bestimmt. Im Folgenden wird ein rationaler Entscheidungskalkül entwickelt, mit dessen Hilfe der Wähler unter den möglichen Regierungskoalitionen jene auswählen kann, die seinen erwarteten Nutzen maximiert.[188]

Der Wähler geht davon aus, dass die von ihm bevorzugte Partei i ($i = 1,\ldots, n$) in einer möglichen Koalition j ($j = 1,\ldots, k$) einen bestimmten Nutzen b_j in ihrer zukünftigen Politik durchsetzen kann. Der Anteil der Partei i an dem zukünftigen Gesamtnutzen durch die Politik der Koalition j, b_j, ist dabei ceteris paribus umso größer, je stärker der Einfluss der Partei i in der Koalition j ist. Die Stärke dieses Einflusses muss dabei keineswegs von der Anzahl der erreichten Stimmen bei der letzten Wahl abhängen.

Für den einzelnen Wähler ist $p_j \cdot b_j$ der subjektiv erwartete Nutzen aus der Koalition j, wobei p_j für die Wahrscheinlichkeit steht, dass der Wähler mit seiner Stimme den Ausschlag dafür gibt, dass die von ihm präferierte Koalition auch die Regierung stellt.

Wird für die weitere Entwicklung des Modells wieder auf den Ansatz von Riker und Ordeshook zurückgegriffen, so setzt sich für den einzelnen Wähler der erwartete Nutzen r_i aus der Wahl der in der Koalition j vertretenen Partei i aus folgenden Argumenten zusammen: $p_j \cdot b_j$. Insgesamt erhält man für den erwarteten Nutzen aufgrund der Wahl der Partei i:

$$r_i = \sum p_j b_j + d - k_g \, , \tag{4.7}$$

wobei die Summe über alle k Koalitionen genommen wird, in denen die Partei i vertreten sein kann. Dabei beinhaltet k_g die gesamten Kosten des Wahlvorganges und d steht wieder für den Nutzen, der dem Stimmbürger, unabhängig vom Wahlausgang, durch seine Teilnahme an der Wahl zukommt. Die Größe k_g setzt sich aus folgenden Komponenten zusammen:

$$k_g = k_{\text{inf}} + k_{\text{ent}} + k_{\text{wahl}}$$

Dabei sind:

k_{inf} die Informationskosten des Wählers; er benötigt zum einen Information zur Bewertung der einzelnen Parteien, zum anderen muss er wissen, welche Koalitionen wahrscheinlich sind;

k_{ent} die Entscheidungskosten, die durch die Abschätzung des erwarteten Nutzens aus verschiedenen möglichen Koalitionen entstehen,

k_{wahl} die Kosten, die durch die eigentliche Teilnahme an der Wahl zustande kommen.

---

[188]   Teile dieses Entscheidungskalküls finden sich bei Gillespie (1968, S. 141 ff.) und Trilling (1970, S. 109 ff.), so z. B. die detaillierte Betrachtung der Kosten des Wahlgangs. Hier wird allerdings versucht, ein integriertes Modell analog zur Behandlung des Zwei-Parteiensystems zu entwickeln.

Es ist offensichtlich, dass die Kosten des Wahlvorganges des einzelnen Wählers, um zur nutzenmaximierenden Entscheidung zu kommen, bei einem Mehrparteiensystem größer sind als im Fall des Zwei-Parteien-Systems. In letzterem bestehen die Informationskosten lediglich aus den Kosten der Informationsbeschaffung zur Bewertung der Parteien; die Entscheidungskosten erstrecken sich nur auf die Abschätzung, welche der beiden Parteien dem einzelnen den größeren Nutzen verspricht. Die Kosten, die durch die Teilnahme an der Wahl entstehen, bleiben in beiden Fällen gleich.

Um in einer bevorstehenden Wahl eine rationale, das heißt nutzenmaximierende Entscheidung treffen zu können, geht der Wähler in diesem Modell folgendermaßen vor: Mithilfe der Beziehung (4.7) bestimmt er für jede Partei, die k verschiedene Koalitionen eingehen kann, den maximal erwarteten Nutzen r^* dieser Partei für k verschiedene Koalitionsmöglichkeiten. Hat der Wähler dieses Verfahren auf alle Parteien angewendet, so erhält er für jede Partei i

$$r_i^* = P^* \cdot B_i^* + d - k_g, \quad i = 1, \ldots, n,$$

wobei

$$P^* = (p_1^*, p_2^*, \ldots, p_k^*),$$

$$B_i^* = (b_{i1}^*, b_{i2}^*, \ldots, b_{ik}^*)',$$

und die $b_{ij}, j = 1, \ldots, k$, sind die erwarteten Nutzen des Wählers infolge der Bildung der Koalition j mit Beteiligung der Partei i. Für alle Parteien $i = 1, \ldots, n$ erhält man damit den Vektor

$$R^* = (r_1^*, r_2^*, \ldots, r_n^*),$$

der das Ausmaß des jeweils maximal erwarteten Nutzens für die n Parteien wiedergibt. Nach Bestimmung des Vektors R^* entscheidet der Wähler im nächsten Schritt, ob er überhaupt zur Wahl geht, und wenn ja, welche Partei er wählt. Er geht nicht zur Wahl, wenn jedes Element des Vektors R^* negativ oder null ist ($r_i^* \leq 0$ für $i = 1, 2, \ldots, n$). Hierfür gibt es mehrere Möglichkeiten:

(i) $\quad k_g > P^* \cdot B_i^* + d$ für $i = 1, 2, \ldots, n$.

Dies bedeutet, dass die Kosten des Wahlganges in jedem Fall größer sind als der zu erwartende Nutzen bei der Wahl einer Partei in einer bestimmten Koalition.

(ii) $\quad k_g > P^* \cdot B_i^* + d$ (mit $P^* \cdot B_i^* = 0$ und $k_g > d > 0$ für $i = 1, 2, \ldots, n$).

Dieser Fall kann in folgenden Situationen eintreten:

(a) Der Wähler ist zwischen denjenigen Parteien, welche die denkbaren und sehr wahrscheinlichen Regierungskoalitionen bilden können, indifferent, das heißt, er erwartet den gleichen Nutzen aus allen in Frage kommenden Regierungskoalitionen.

(b) Der Wähler hat die von ihm präferierte Partei ermittelt, er weiß jedoch mit sehr hoher Wahrscheinlichkeit, dass keine der übrigen Parteien mit ihr eine Koalition eingehen wird.

(c) Der Wähler geht davon aus, dass die von ihm bevorzugte Partei mit großer Wahrscheinlichkeit in eine Koalition aufgenommen wird; er schätzt den erwarteten Nutzen aus dieser Koalition jedoch negativ ein.

Der Wähler geht dann zur Abstimmung, wenn in dem Vektor R^* mindestens ein Element einen positiven Wert aufweist. Er entscheidet sich für die Partei i^*, bei welcher der erwartete größtmögliche Nutzen r_i^* der sie enthaltenden Koalitionen mindestens das Ausmaß des Nutzens der übrigen möglichen Regierungskoalitionen übertrifft. Nur dann vermag der rational handelnde Wähler den Nutzen aus den möglichen Koalitionen zu maximieren. Er wählt somit indirekt diejenige Koalition j^* aus, in der jene Parteien vertreten sind, die ihn den größten Nutzengewinn erwarten lassen und bei der der Wähler die Wahrscheinlichkeit sehr hoch einschätzt, dass diese Koalition nach der Wahl zustande kommt.

In den meisten Fällen wird der Wähler der von ihm bevorzugten Partei i^* in der ermittelten Koalition j^* seine Stimme geben. Muss er jedoch befürchten, dass bei seiner Stimmabgabe für die Partei i^* sich die Wahrscheinlichkeit, dass die für ihn sehr wünschenswerte Koalition j^* zustande kommt, verringert, dann ist es für ihn durchaus rational, sich strategisch zu verhalten: Er wird beispielsweise den zukünftigen Koalitionspartner der Partei i^*[189] wählen, um damit die Wahrscheinlichkeit für das Zustandekommen der Koalition j^* zu erhöhen.[190] Unter strategischem Verhalten des Wählers wird somit verstanden, dass der Wähler eine bestimmte Strategie einschlägt wie zum Beispiel seine Stimmabgabe für eine andere als die von ihm bevorzugte Partei, um so einer bestimmten Koalition j^* zur Macht zu verhelfen.

Abschließend ist die Frage zu erörtern, ob es für den Wähler, bei Anwendung dieses Entscheidungskalküls auf ein System mit sehr vielen Parteien (z. B. Holland oder Belgien), überhaupt möglich ist, die von ihm bevorzugte Partei i^* in einer Koalition j^* zu bestimmen, oder ob die Kosten für die Durchführung dieses Verfahrens nicht so hoch werden, dass der Wähler sich der Stimme enthält.

Nun kann man davon ausgehen, dass dem Wähler in den meisten Fällen aufgrund der Absichtserklärungen der einzelnen Parteien vor dem Wahltermin bekannt ist, welche Parteien miteinander verbindliche Koalitionsabsprachen getroffen haben und erklärt haben, mit welchen Parteien sie nicht zu koalieren beabsichtigen. Weiterhin weiß der Wähler, dass eine Reihe von Koalitionsmöglichkeiten aufgrund der starken ideologischen Differenzen der Parteien zumindest für die nächste Wahl ausgeschlossen werden kann.[191] Aus diesen Gründen wird im Weiteren davon ausgegangen, dass sich die Anzahl der möglichen Koalitionen auf eine überschaubare Größe reduziert.[192] Der Wähler kann die von ihm bevorzugte Partei i^* in der Koalition j^* dann durchaus bestimmen, sodass sich nach Berücksichtigung der Kosten dieses Entscheidungsverfahrens ein positiver Nutzen aus der Wahl der von ihm bevorzugten Partei ergeben kann.

---

[189] Hierbei wird davon ausgegangen, dass zwischen den beiden Parteien eine verbindliche Koalitionsabsprache besteht.

[190] Ein Beispiel für strategisches Verhalten des Wählers zeigt Kaase (1973) anhand der siebenten deutschen Bundestagswahl im Jahre 1972: Ein Teil der SPD-Wähler gab ihre Zweitstimme der FDP, weil sie befürchteten, dass diese die 5 %-Marke nicht erreicht und somit der Fortbestand der SPD/FDP-Koalition gefährdet worden wäre.

[191] So zeigt auch Taylor (1971), dass in den meisten westeuropäischen Ländern die Regierungskoalitionen aus ideologisch nahe stehenden Parteien gebildet wurden.

[192] Wenn sich mehrere Parteien zu einem „Parteiblock" zusammenschließen, so bleibt nur eine Koalitionsmöglichkeit übrig. Eine solche Situation tritt z.B. oft in Schweden ein, wo sich die bürgerlichen Parteien als geschlossener Block zur Reichstagswahl stellen.

Bisher wurde gezeigt, dass es rational sein kann, zur Abstimmung zu gehen und der bevorzugten Partei seine Stimme zu geben. Im Folgenden wird eine nähere **Spezifizierung der Bewertungsfunktion des Wählers** vorgenommen. Wenn ein Wähler vor einer Wahl die von ihm bevorzugte Partei ermitteln will, so muss er die Position der Parteien abschätzen und diese mit den für ihn optimalen Positionen vergleichen.

In einem Zwei-Parteien-System beeinflusst die Regierungspartei durch ihre vergangene und gegenwärtige Politik die tatsächlichen politischen und wirtschaftlichen Positionen der Individuen maßgeblich. Aus diesem Grund kann jeder Wähler seine durch die Regierungspolitik bestimmten Positionen mit den für ihn optimalen vergleichen. Er bewertet die Regierungspartei umso besser, je kleiner die absolute Differenz aus den tatsächlichen und den für ihn optimalen Positionen ist. Dabei spielt die bisherige Wirtschaftspolitik der Regierung eine wichtige Rolle, weil der Wähler von deren Auswirkung (z. B. einer Änderung der Inflationsrate oder der Arbeitslosigkeit) direkt betroffen wird. Aus diesem Grund wird er die Wirtschaftspolitik der Regierung zu deren Bewertung heranziehen. Die Bewertung der Opposition ist für den Wähler dagegen schwieriger, da diese auf das politische und wirtschaftliche Geschehen häufig nur wenig Einfluss hat. Daher wird der Wähler die Position der Oppositionspartei anhand ihrer Programme und Absichtserklärungen abschätzen. Geht man im weiteren davon aus, dass sich alle Wähler auf diese Weise entscheiden,[193] dann bewertet die gesamte Wählerschaft die Regierungspartei anhand ihrer vergangenen und gegenwärtigen Wirtschaftspolitik, während die Bewertung der Oppositionspartei mithilfe anderer Kriterien (wie z. B. der Parteiprogramme) erfolgt.

Gelingt es der Regierungspartei, durch eine für sie optimale Wirtschaftspolitik den für die Mehrheit der Wähler optimalen Positionen näher zu kommen, so wird sie einen absoluten Stimmengewinn erzielen. Dieser kann zum einen von den zwischen beiden Parteien bisher indifferenten Wählern, zum anderen von den bisherigen Wählern der Oppositionspartei kommen. Verschlechtert sich dagegen die wirtschaftliche Lage, so verliert die Regierungspartei an Stimmen und die Opposition erhält einen Stimmenzuwachs. Auch in diesem Fall muss die Opposition nicht in dem Ausmaß an Stimmen gewinnen, in dem die Regierung Stimmen verliert, da sich ein Teil der Wählerschaft zunächst indifferent verhalten kann.

Betrachtet man den allgemeineren Fall, dass die Regierung aus einer Koalition von mindestens zwei Parteien besteht, so gibt es zwei Möglichkeiten, wie die Wähler die Koalitionsparteien einschätzen können:

(i)   Die Wähler bewerten eine durch die Regierungspolitik herbeigeführte Veränderung der Wirtschaftslage für alle Parteien gleich. Dies bedeutet, dass bei einer Verbesserung der Wirtschaftslage alle an der Regierung beteiligten Parteien gleichermaßen Stimmen gewinnen und dass die Oppositionspartei Stimmen verliert. Gibt es mehrere Oppositionsparteien, dann teilen sich die Stimmenverluste der Regierungsparteien gemäß den Präferenzen der Wähler auf die einzelnen Oppositionsparteien auf.

(ii)   Es ist durchaus möglich, dass ein Teil der Wähler eine oder mehrere der Koalitionsparteien für eine Veränderung der wirtschaftlichen Lage nicht oder nur in geringem Maße verantwortlich macht. In diesem Fall kann beispielsweise bei einer Ver-

---

[193]   Auf die Problematik der Aggregation einzelner Bewertungsfunktionen zu einer Bewertungsfunktion für die gesamte Wählerschaft kann hier nicht eingegangen werden. Vgl. dazu Kirchgässner (1976, S. 28 ff.).

schlechterung der Wirtschaftslage eine Koalitionspartei einen Teil der Stimmenverluste der dominanten Regierungspartei auffangen. Damit verliert die Regierungskoalition insgesamt weniger Stimmen als eine Regierung im Zwei-Parteien-System. Hierbei kann jener Teil der Wählerschaft, der zur anderen Koalitionspartei übergewechselt ist, die Absicht verfolgen, seine Unzufriedenheit mit der Politik der dominanten Regierungspartei auszudrücken, und gleichzeitig zu verstehen geben wollen, dass er jedoch an dem Fortbestand dieser Koalition interessiert ist. Dies bedeutet, dass der erwartete Nutzen, den diese Wähler aus der Regierungskoalition ziehen, immer noch größer ist als der erwartete Nutzen aus jeder anderen Regierungskoalition.[194]

Im Folgenden wird die Frage erörtert, wie die Leistung der Regierung innerhalb der zuvor diskutierten Bewertungsfunktion erfasst werden kann. Hierbei ist zunächst denkbar, von den Ergebnissen der alle vier oder fünf Jahre stattfindenden nationalen Wahlen auszugehen. Man kann dazu so genannte **Wahlfunktionen** bestimmen. Unter einer Wahlfunktion versteht man den funktionalen Zusammenhang zwischen politischen und ökonomischen Faktoren und den Wahlergebnissen für eine bestimmte Partei über einen längeren Zeitraum.[195] Auf die Erstellung dieser Wahlfunktionen wird hier aus folgenden Gründen nicht weiter eingegangen: Jede empirische Bestimmung dieser Wahlfunktionen stößt auf erhebliche Probleme, da die Anzahl der Beobachtungen in der Regel sehr klein ist oder aber keine Strukturkonstanz des politischen und wirtschaftlichen Systems über einen längeren Zeitraum gegeben ist. Es erstaunt daher nicht, dass die durchgeführten empirischen Untersuchungen (siehe Abschnitt 4.3.2) über Wahlfunktionen zu gegensätzlichen Resultaten über die Bedeutung des Einflusses der Wirtschaftslage eines Landes auf die Wahlen kommen.

Eine weitere Möglichkeit zur Bewertung der Regierungs- und Oppositionsparteien, die so genannte **Popularitätsfunktion**, basiert auf den Popularitätsumfragen für die einzelnen Parteien, die in vielen Ländern in regelmäßigen zeitlichen Abständen durchgeführt werden. Die durch Umfrage ermittelte Popularität (Zustimmungsgrad zur Politik der Regierungspartei) bietet sich als Bewertungsgrundlage für die Regierungspartei(en) an. Im Folgenden wird als Bewertung für die Leistung der einzelnen Parteien ihre Popularität verwendet, denn es ist im Rahmen des politisch-ökonomischen Gesamtmodells entscheidend, dass die Regierung die Bewertung ihrer vergangenen und gegenwärtigen Wirtschaftspolitik durch die Wählerschaft in regelmäßigen Zeitabständen erfährt. Es ist der Regierung weiterhin bekannt, dass die Ergebnisse der Popularitätsumfragen einen guten Indikator für das Ausmaß an Zustimmung zur Regierungspolitik darstellen. Damit ist die Regierung auch in der Lage, die Reaktion der Wähler auf verschiedene, kurzfristig wirksame wirtschaftspolitische Maßnahmen mithilfe von Popularitätsumfragen zu erfassen.

Nachdem die Popularität der Regierung als eine mögliche Bewertung ihrer Politik bestimmt wurde, ist noch die konkrete Gestalt der Popularitätsfunktion zu erörtern. Hierbei wird wieder davon ausgegangen, dass die Wähler bei einer Popularitätsumfrage die Leistung der

---

[194] Es ist jedoch anzunehmen, dass dieser Sachverhalt nur kurzfristig Geltung hat: Ändert sich mit einer solchen Stärkung des Koalitionspartners die Regierungspolitik nicht längerfristig wieder zugunsten dieses Teils der Wählerschaft, dann werden diese Wähler dazu übergehen, ihre Stimme der Opposition zu geben.

[195] Vgl. dazu Kramer (1971).

Regierung hauptsächlich am gegenwärtigen Zustand der Wirtschaft und damit an der vergangenen und gegenwärtigen Wirtschaftspolitik der Regierung beurteilen.[196] Ein mögliches Maß zur Beurteilung der Wirtschaftslage stellen Größen wie das Ausmaß an Arbeitslosigkeit, Inflation oder der Zuwachs des verfügbaren Einkommens dar. Die Popularität der Regierung kann somit als Funktion dieser Indikatoren und anderer nichtwirtschaftlicher Einflüsse betrachtet werden. Weiterhin wird davon ausgegangen, dass diese Indikatoren und ihre Veränderung der Wählerschaft unter geringen Informationskosten zur Verfügung stehen und dass die Wähler die von ihnen als wünschenswert angesehenen Werte dieser Indikatoren leicht bestimmen können. Die allgemeine Formulierung der Popularität der Regierung zum Zeitpunkt t ($POPR$) als Funktion der Wirtschaftslage lautet somit:

$$POPR_t = f((WI_{i,t} - WI^*_{i,t}), U_t) \text{ für } i = 1, 2, ..., n, \tag{4.8}$$

wobei

$WI_{i,t} = $ der i-te wirtschaftliche Indikator, z. B. die Inflationsrate in t,

$WI^*_{i,t} = $ die für die Wähler optimale Position des i-ten wirtschaftlichen Indikators in t,

$U_t = $ die übrigen nichtwirtschaftlichen Einflüsse auf $POPR$.

Eine Verschlechterung der wirtschaftlichen Lage, die sich – nach Einführung eines entsprechenden Gewichtungsfaktors (g_i) – in einer Verringerung des Produkts

$$g_i(WI_{i,t} - WI^*_{i,t}), \text{ für } i = 1, 2, ..., n$$

ausdrückt, führt zu einem Popularitätsverlust, eine Verbesserung der wirtschaftlichen Situation zu einem Zuwachs an Popularität. Es wird von den Entscheidungsträgern innerhalb der Regierung angenommen, dass sie den durch die Funktion (4.8) dargestellten Zusammenhang kennen und damit einen Anhaltspunkt haben, inwieweit die wirtschaftliche Lage, auf die sie mit ihrer Politik wieder Einfluss nehmen können, die Popularität der Regierung beeinflusst.

Bevor die hier entwickelte Popularitätsfunktion empirisch überprüft werden kann, ist allerdings noch zu erörtern, wie die für die Wähler optimalen Größenordnungen der wirtschaftlichen Indikatoren WI^* bestimmt werden können. Hierzu bieten sich drei Möglichkeiten an:

(a) $WI^*_t = k_i$, für $i = 1, 2, ..., n$,

wobei k_i eine Konstante darstellt. Hat k_i beispielsweise den Wert null, so bedeutet dies, dass die Wähler nach einer einmaligen Bestimmung ihrer optimalen Werte, hier 0 % Arbeitslosigkeit und 0 % Inflation, diese als Konstanten über einen längeren Zeitraum ansehen.

(b) $WI^*_{i,T} = d \cdot WI^*_{i,T-1} + (1-d) \cdot WI_{i,T-1}$, für $i = 1, 2, ..., n$ [197]

wobei T den Zeitraum bis zum Ende der laufenden Legislaturperiode angibt und d einen Faktor darstellt, der den Einfluss der allgemeinen wirtschaftlichen Lage auf die von den

---

[196]   Es wird hier die vereinfachende Annahme getroffen, dass die Wähler den vergangenen Zustand der Wirtschaft nicht in die Bewertung der Regierungsleistung mit einbeziehen. Zu den theoretischen und empirischen Problemen, die einer Berücksichtigung dieser Überlegung entgegenstehen, vgl. Kirchgässner (1976).

[197]   Eine solche Spezifizierung findet sich z. B. bei Nordhaus (1975).

Wählern als optimal erachteten Werte der wirtschaftlichen Indikatoren während der vergangenen Legislaturperiode beschreibt. Diese Beziehung sagt aus, dass die Wähler bei der Kalkulation ihrer optimalen Werte WI* für die laufende Periode sowohl ihre optimalen Positionen der letzten Legislaturperiode wie die vergangene wirtschaftliche Lage berücksichtigen. Dieser dynamischen Beziehung zufolge passen sich die Wähler über die Zeit adaptiv an die wirtschaftliche Entwicklung mit einer laufenden Korrektur ihrer wünschenswerten Positionen an.

(c) $WI_{i,T}^{*}$ = durch Wählerumfrage ermittelte optimale Position für den i-ten Indikator in T für i = 1, 2, ..., n. Als Näherungsgröße für WI* können beispielsweise die Erwartungen der Befragten über die zukünftige Entwicklung der Indikatoren Inflationsrate, Arbeitslosenquote und Lohnzuwachs verwendet werden.

Mit diesen drei Spezifikationen von WI* sind alle Faktoren in der Beziehung (4.8) festgelegt. Es ist somit möglich, im Folgenden zu überprüfen, inwieweit die aufgestellten Hypothesen empirisch bestätigt werden können.

4.3.2   Empirische Ergebnisse zu Popularitätsfunktionen

Die empirische Überprüfung der ökonomischen Theorie des Wählerverhaltens hat zu Beginn der 1970er Jahre nahezu gleichzeitig mit der **ökonometrischen Schätzung von Popularitätsfunktionen**[198] und **von Wahlfunktionen**[199] eingesetzt. Im Vordergrund steht die Frage, welchen Einfluss eine Veränderung der Wirtschaftslage auf die Popularität des amerikanischen Präsidenten (der britischen Regierung) oder auf das Ausmaß an Zustimmung bei Präsidentschafts- und Kongresswahlen hat. Dabei wird von folgender allgemeiner Funktion ausgegangen:

$$ZUST_t = F\left[a \cdot ZUST_{t-1}, (1-a) \cdot \sum_{i=1}^{n} (\ddot{o}konomische\,Variable)_t^j, (1-a) \cdot \sum_{i=1}^{m} (nicht - \ddot{o}konomische\,Variable)_t^j \right]$$

wobei für $ZUST_t$ zwei Indikatoren Verwendung finden: (1) die Ergebnisse von Popularitätsumfragen als Maß für die geäußerte gegenwärtige Zustimmung zur Regierung, (2) Wahlergebnisse, die das tatsächliche vergangene Verhalten der Wähler abbilden. Der Parameter a $(0 \leq a < 1)$ gibt an, in welchem Ausmaß die Wähler die zurückliegende Regierungsleistung in ihrem Kalkül berücksichtigen: Je weniger frühere Regierungsleistungen Beachtung finden, umso kleiner ist der Parameter a. a wird nahe beim Wert 1 liegen, wenn frühere Leistungen stark beachtet werden. Der Vergessensparameter a stellt somit ein Maß dar, wie kurzsichtig (myopisch) die Wähler bei der Beurteilung der Regierungsleistung sind. Mit den bereits erwähnten wirtschaftlichen und politischen Variablen wird überprüft, ob und wie stark eine Verschlechterung (Verbesserung) der Wirtschaftslage und der politischen Situation der Regierung schadet (nützt).

---

[198]   Für die Vereinigten Staaten Mueller (1970), für Großbritannien Goodhart und Bhansali (1970).
[199]   Für die Vereinigten Staaten Kramer (1971).

Die Ergebnisse der empirischen Untersuchungen von **Wahlfunktionen**[200] verdeutlichen, dass die Inflationsrate, die Arbeitslosenquote und die Wachstumsrate des realen (verfügbaren) Einkommens für sich genommen zwar einen signifikanten Einfluss auf den Wahlausgang haben. Keine dieser Variablen hat aber einen dominanten Einfluss. Dies gilt für die Vereinigten Staaten, für die Schätzungen über annähernd die gleiche Zeitspanne teilweise unterschiedliche Ergebnisse liefern. Ein Grund für die unterschiedlichen Ergebnisse für die Vereinigten Staaten dürfte in dem langen Zeitraum (seit 1896) bestehen, über den die Untersuchungen sich erstrecken; Strukturbrüche (z. B. die Weltwirtschaftskrise ab 1929) können leicht zu instabilen Schätzergebnissen führen.

Für Dänemark und Norwegen findet Madsen lediglich einen signifikanten Zusammenhang zwischen der Inflationsrate und dem Stimmenanteil der Regierungspartei. Für Schweden stellt er einen Einfluss der Arbeitslosenquote oder des verfügbaren Einkommens auf Zustimmung zur Regierungspartei fest.[201] Nur im Falle von Frankreich ergibt sich ein statistisch signifikanter Einfluss aller drei ökonomischen Variablen auf den Stimmenanteil der linken Oppositionsparteien; den stärksten Stimmengewinn erhalten diese bei einem Ansteigen der Inflation. Demgegenüber lässt sich für Großbritannien und für Japan in der Nachkriegszeit kein Einfluss der Wirtschaftslage auf den Wahlausgang nachweisen. Einen bedeutenden Einfluss der Wirtschaftslage auf die vier Weimarer Reichstagswahlen 1930–1933 stellen Frey und Weck[202] fest. Aus ihren Schätzergebnissen lässt sich vermuten, dass der Stimmenanteil der NSDAP ohne Wirtschaftskrise nicht über 23 % gestiegen wäre.

Ein Vergleich der Ergebnisse zwischen Ländern ist kaum möglich, da die Autoren zum einen unterschiedliche Spezifikationen für die einzelnen Variablen vornehmen. Zum anderen wäre ein solcher Vergleich auch wegen der fehlenden Strukturkonstanz gewagt. Die Ergebnisse für die einzelnen Länder sprechen jedoch dafür, dass insgesamt die Wirtschaftslage einen in der Richtung vorhersagbaren Einfluss auf den Wahlausgang ausübt; das Ausmaß dieses Einflusses lässt sich allerdings nur grob abschätzen.

Für die Regierung ist es wichtig, die Bewertung ihrer vergangenen und gegenwärtigen Politik durch die Wähler in regelmäßigen Zeitabständen zu erfahren. Hierzu steht ihr das Instrument der Umfrage zur Verfügung. Diese werden in vielen Ländern regelmäßig in Form von Popularitätsumfragen durchgeführt. Mit ihrer Hilfe können kurzfristige Änderungen im (Wechsel-)Wählerverhalten auf Veränderungen der politischen und wirtschaftlichen Situation erfasst werden. Verständlicherweise konzentrieren sich deshalb zahlreiche Autoren auf die Schätzung der **Popularitätsfunktion**. Es stellt sich allerdings die Frage, ob Popularitätsergebnisse anstelle von Wahldaten verwendet werden können. Die Entscheidungssituation ist für ein Individuum bei Meinungsumfragen anders als bei allgemeinen Wahlen. Zum einen ist sein Informationsstand bei nationalen Wahlen im allgemeinen höher; zum anderen hat er sich bei Umfragen rasch zu entscheiden, so dass der Einfluss aktueller ökonomischer und politischer Ereignisse bei der Einschätzung der Regierungsleistung möglicherweise stärker ist als in einer Entscheidungssituation bei allgemeinen Wahlen. Popularitätsumfragen können daher nicht in jedem Zeitpunkt (insbesondere nicht inmitten einer Legislaturperiode) als „Quasi-

---

[200] Vgl. dazu, mit zahlreichen weiteren Literaturhinweisen, die Übersicht von Nannestad und Paldam (1994).

[201] Vgl. Hibbs und Madsen (1981).

[202] Frey und Weck (1981).

wahlen" betrachtet werden. Für die Regierung stellen sie jedoch den einzigen und insofern den besten Indikator für die mutmaßlichen Wahlabsichten der Stimmbürger dar.

Gegenwärtig liegen weit über hundert Schätzungen von Popularitätsfunktionen vor, von denen sich die meisten wieder auf die Vereinigten Staaten beziehen. Es ist anzumerken, dass dabei nicht-ökonomische Einflüsse von vielen Autoren berücksichtigt wurden. Aus den Ergebnissen dieser Studien ist ersichtlich, dass fast immer die Variablen Inflationsrate und Arbeitslosenquote einen statistisch signifikanten und bedeutenden Einfluss auf die Popularität von Regierungen ausüben. Meist ist der marginale Einfluss der Arbeitslosenquote größer als jener der Inflationsrate, das heißt, die Wähler lasten der Regierung zunehmende Arbeitslosigkeit stärker an als eine Zunahme der Inflation. Allerdings sind die relativen Gewichte je nach Land verschieden: Während die deutschen Wähler auf eine Veränderung der Arbeitslosenquote und der Inflationsrate im Verhältnis 2:1 reagieren, das heißt, bei einer Zunahme der Arbeitslosenquote um einen Prozentpunkt verliert die Regierung ceteris paribus doppelt so viel an Popularität wie bei einem Anstieg der Inflationsrate um einen Prozentpunkt, fällt die gleiche Reaktion bei schwedischen Wählern wesentlich stärker aus; das entsprechende Verhältnis beträgt 7:1. In jenen Untersuchungen, in denen der Einfluss des realen verfügbaren Einkommens berücksichtigt wird, zeigt sich nur in einzelnen Fällen ein statistisch signifikanter Einfluss, der geringer ist als die Einflüsse von Arbeitslosigkeit und Inflation.

Nur in wenigen Studien wurden die staatlichen Einnahmen und Ausgaben sowie ihre Struktur berücksichtigt; wenn dies jedoch geschehen ist, so zeigt sich, dass diese Variablen von Bedeutung sind. Für Australien wurde darüber hinaus untersucht, welche Arten von Steuern und Ausgabenprogramme von den Wählern bevorzugt werden. Dabei zeigte sich, dass die Wähler eine Senkung der direkten Steuern deutlich einer Verminderung der indirekten Steuern vorziehen: Die australische Regierung gewinnt nahezu 2 Prozentpunkte Popularität bei einer Senkung des Anteils der direkten Steuern um 1 Prozentpunkt, bei einer Senkung des indirekten Steueranteils hingegen nur 0,2 Prozentpunkte[203]. Von den öffentlichen Ausgabenprogrammen präferieren die Wähler insbesondere Transferzahlungen an Personen und Ausgaben für Erziehung und das Gesundheitswesen. Die auf diese (indirekte) Weise ermittelten Präferenzen der Wähler für bestimmte Steuern und Ausgabenprogramme können mit jenen verglichen werden, die auf direkte Weise, nämlich durch Befragung (Morgan/Gallup-Polls), erfasst werden. Im Falle von Australien zeigte sich bei einem solchen Vergleich weitestgehende Übereinstimmung. Diese Ergebnisse weisen darauf hin, dass die öffentlichen Ausgabenprogramme und die Art und Weise ihrer Finanzierung in künftigen Untersuchungen stärker berücksichtigt werden sollten.

Über das Erinnerungsvermögen (retrospektiver Zeithorizont) der Wähler finden sich in den verschiedenen Studien die unterschiedlichsten Annahmen. Als ein Extremfall wird unterstellt, dass die Wähler lediglich die gegenwärtige Wirtschaftslage berücksichtigen; der andere Extremfall besteht in der Annahme, die Wähler würden die Leistung der Regierung während der gesamten Legislaturperiode berücksichtigen, wobei weit zurückliegende Ereignisse ein geringeres Gewicht erhalten als aktuelle. Die Größe der für die verschiedenen Länder geschätzten Koeffizienten für die verzögerte endogene Variable, die den Vergessensparameter misst, weist darauf hin, dass hauptsächlich die Ereignisse des laufenden Jahres von den

---

[203] Schneider und Pommerehne (1980).

Wählern zur Einschätzung der Regierungsleistung herangezogen werden. Weiter zurückliegende Ereignisse scheinen stark diskontiert zu werden.

Aufgrund der vorliegenden Evidenz lässt sich zusammenfassend festhalten, dass zwischen
der Wirtschaftslage eines Landes und der Regierungspopularität ein statistisch gut gesicherter und quantitativ bedeutender Zusammenhang besteht: Je besser die wirtschaftliche Situation vor Wahlen ceteris paribus eingeschätzt wird, desto stärker steigt die Regierung in der
Gunst der Wähler und damit verbessert sich ihre Chance, die nächsten Wahlen zu gewinnen.
Die Stärke dieses Zusammenhangs ist jedoch von Land zu Land verschieden und auch über
die Zeit nicht unverändert.

4.4   Das Verhalten der Regierung

Nach der Betrachtung der Popularitätsfunktion als Beziehung zwischen der Wählerschaft und
Regierung (unterer Teil der Abbildung 4.4) werden in diesem Abschnitt das Verhalten der
Regierung und der daraus folgende Einsatz der ihr zur Verfügung stehenden Instrumente
analysiert.

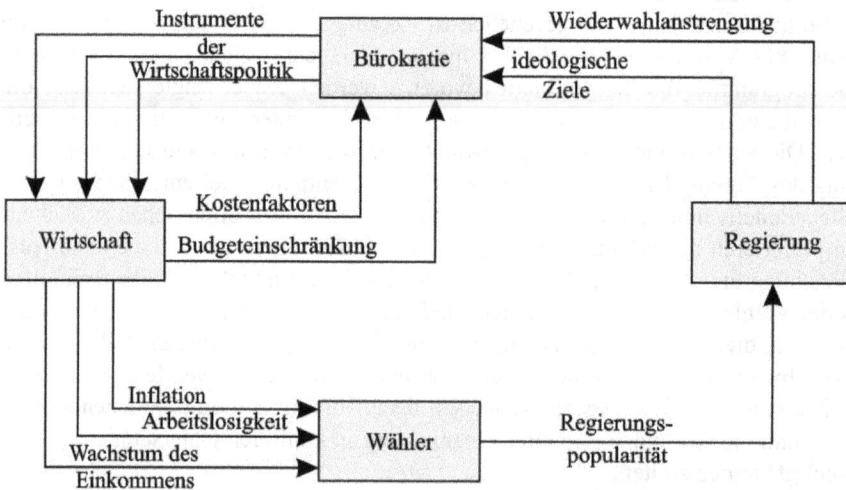

Abbildung 4.5: Politisch-ökonomisches Gesamtmodell

Mit der Entwicklung entsprechender Funktionen, welche den Einsatz der staatlichen Instrumente für bestimmte (wirtschaftspolitische) Ziele abbilden und allgemein die Verbindung zwischen dem Handeln der Regierung und der öffentlichen Verwaltung sowie dem Wirtschaftsablauf herstellen (siehe Abbildung 4.5), wird zunächst die Handlungsweise der Regierung mithilfe eines theoretischen Ansatzes erklärt (Abschnitt 4.4.1). Die hierbei gewonnenen Hypothesen
werden sodann für repräsentative Demokratien empirisch überprüft (Abschnitt 4.4.2).

4.4.1   Einsatz der wirtschaftspolitischen Instrumente: Theoretischer Ansatz

In diesem Abschnitt wird mithilfe theoretischer Überlegungen versucht, **tatsächliches**, das heißt beobachtetes **Regierungshandeln** in vereinfachter Weise abzubilden. Unter tatsächlichem Regierungshandeln wird dabei die beobachtbare Wirtschaftspolitik einer Regierung im Zeitablauf verstanden, wobei davon ausgegangen wird, dass sie bestimmte, im Folgenden noch näher zu definierende wirtschaftliche Ziele verfolgt. Zur Vereinfachung der Analyse werden hierbei nur jene wirtschaftspolitischen Instrumente betrachtet, die der direkten Kontrolle der Regierung unterstehen und die von der Regierung – mit gewissem Spielraum – jederzeit eingesetzt werden können.

Die Entwicklung eines theoretischen Ansatzes zur Erklärung des Regierungshandelns erfolgt in zwei Schritten: Es wird zunächst eine knappe Darstellung bisheriger Untersuchungen zu diesem Problemkreis gegeben. Aus der Kritik dieser Ansätze wird ein positives Modell des Regierungshandelns in der repräsentativen Demokratie entwickelt; aus diesem Modell können empirisch überprüfbare Hypothesen abgeleitet werden.

Die meisten Studien[204] über den Einsatz wirtschaftspolitischer Instrumente der Regierung gehen auf den Ansatz der Theorie der quantitativen Wirtschaftspolitik mit Maximierung einer wirtschaftspolitischen Zielfunktion, die als **gesellschaftliche Wohlfahrtsfunktion** interpretiert wird, zurück. Es wird bei diesen Studien davon ausgegangen, dass die Regierung diese gesellschaftliche Wohlfahrtsfunktion kennt und dass sie mithilfe einer optimalen Entscheidungsregel, welche den Einsatz der Instrumente festlegt, diese Wohlfahrtsfunktion unter bestimmten, durch das wirtschaftliche System vorgegebenen Nebenbedingungen zu maximieren trachtet.

Abgesehen von einer Reihe eher methodischer Probleme, die der Erstellung einer gesellschaftlichen Wohlfahrtsfunktion entgegenstehen können, bereitet auch die Ermittlung einer optimalen Entscheidungsregel für den Einsatz der wirtschaftspolitischen Instrumente erhebliche Schwierigkeiten. Die Regierung benötigt vollständige Information über das wirtschaftliche System. Da diese bei der tatsächlichen Ausführung der Wirtschaftspolitik nicht gegeben ist, sind die Aussagen über den optimalen Einsatz der Instrumente als positive Aussagen weitgehend inhaltsleer. Aus diesem Grund wurde in einem nächsten Schritt folgendes andere Verfahren angewandt: Anhand des Einsatzes der wirtschaftspolitischen Instrumente und anderer politischer Aktivitäten wird eine Präferenzordnung hinsichtlich der wirtschaftspolitischen Ziele der Entscheidungsträger abgeleitet. Hierbei wird angenommen, dass beispielsweise eine quadratische Verlustfunktion, die sich an den Abweichungen der optimalen von den tatsächlichen Werten orientiert, minimiert werden soll. Die dabei zu beachtenden Beschränkungen von Seiten des wirtschaftlichen Systems können durch ein makroökonomisches Modell abgebildet werden.

So gehen beispielsweise einige Arbeiten[205] davon aus, dass die Ziele der Politik der amerikanischen Präsidenten im Zeitablauf anhand der Maximierung einer quadratischen Nutzenfunktion (oder Minimierung einer entsprechenden Verlustfunktion) unter den oben angedeuteten

---

[204]   So z. B. Theil (1964), Chow (1974), Friedman (1975).

[205]   Friedlaender (1973), Fuerstenberg und Boughton (1973).

Nebenbedingungen dargestellt werden können. Die Argumente in der Nutzenfunktion bestehen aus der Differenz der gewünschten und tatsächlichen Werte der Zielvariablen. Der Einsatz der Instrumente zur Beeinflussung der Wirtschaftslage richtet sich nach Art und Stärke der Abweichung der Zielvariablen von ihrem gewünschten Wert. Jedes Instrument hängt damit von einer Linearkombination aller Zielvariablen ab.

Die amerikanische Regierung setzt den genannten Autoren zufolge ihre wirtschaftspolitischen Instrumente dann ein, wenn eine der Zielvariablen von ihrem optimalen Wert abweicht. Nachdem die optimalen Werte für die Zielvariablen aus den Äußerungen der amerikanischen Präsidenten bestimmt und/oder als plausibel erscheinende Werte vorgegeben werden, können für die Zeit von 1954 bis 1964 „Reaktionsfunktionen" abgeleitet und geschätzt werden. Die Ergebnisse von Friedlaender weisen darauf hin, dass sowohl in der Eisenhower-Ära als auch in jener von Kennedy/Johnson ein größeres Gewicht auf Preisstabilität und Außenhandelsgleichgewicht als auf Vollbeschäftigung gelegt wurde. Allerdings scheinen die Präsidenten Kennedy und Johnson der Vollbeschäftigung – im Vergleich zu Eisenhower – eine höhere Priorität zugeordnet zu haben. Die impliziten Gewichte zwischen Preissteigerungen und Arbeitslosigkeit in der Nutzenfunktion von Kennedy und Johnson unterscheiden sich in der Größenordnung nur noch marginal. Fuerstenberg und Boughton kommen zu dem ganz ähnlichen Ergebnis, dass die demokratischen Präsidenten der Vollbeschäftigung ein größeres Gewicht beimessen als die republikanischen Präsidenten und dass für die Zielvariable Preisstabilität der umgekehrte Fall gilt.

Bei beiden Ansätzen ist kritisch anzumerken, dass sie zum einen auf keinem theoretischen Ansatz basieren, der Aussagen darüber ermöglicht, weshalb und wann die Präsidenten die oben beschriebene Politik verfolgen. Zum anderen muss in beiden Fällen die Annahme getroffen werden, dass der Präsident, sofern er die gesellschaftliche Wohlfahrt zu maximieren trachtet, die Struktur der Wirtschaft genau kennt. Schließlich werden in beiden Studien die optimalen Werte für die Zielvariablen arbiträr festgelegt (z. B. 4 % Arbeitslosenquote), das heißt, es wird kein Nachweis geführt, dass die Gesellschaft bei ihrem Erreichen wirklich einen optimalen Zustand aufweist.[206]

Mosley[207] versucht, diese Einwände gegen die oben beschriebenen Ansätze dadurch zu berücksichtigen, dass er tatsächliches Regierungsverhalten mithilfe der „**Satisficing**"-Theorie zu erklären versucht. Hierbei wird nicht mehr von der Annahme ausgegangen, dass die Regierung die gesellschaftliche Nutzenfunktion unter Nebenbedingungen zu maximieren trachtet. Vielmehr geht Mosley in Anlehnung an in der Unternehmenstheorie entwickelte Ansätze[208] von davon aus, dass eine Regierung ihre wirtschaftspolitischen Instrument nur einsetzt, um ein „befriedigendes" Niveau wirtschaftlicher Zielgrößen zu erreichen. Weiterhin unterstellt er, dass sich die Regierung beim Einsatz der Instrumente auf ein ökonomisches Ziel – zum Beispiel die Verminderung der Arbeitslosigkeit – konzentriert und dass die Rangordnung der wirtschaftlichen Zielgrößen nicht festgelegt ist, sondern sich je nach Situation und Lage der Wirtschaft ändern kann.

---

[206]   Zu einer weiteren Kritik, die auf die zugrunde liegende Theorie dieser Ansätze eingeht, vgl. Makin (1976).

[207]   Mosley (1976).

[208]   Cyert und March (1992), Simon (1955).

Die Formulierung einer positiven Theorie der vergangenen Wirtschaftspolitik in Gestalt einer Reaktionsfunktion der Regierung wird von Mosley in folgenden Schritten vorgenommen:

1. Es werden die Zeitpunkte ermittelt, bei denen ein „massiver" Einsatz bestimmter wirtschaftspolitischer Instrumente (x_i für i = 1, 2, ..., n) erfolgte. Den Zeitpunkt für einen „massiven" Einsatz der wirtschaftspolitischen Instrumente bestimmt Mosley dadurch, dass gewisse Schwellenwerte unter- oder überschritten werden, so z. B. wenn die staatlichen Investitionen um mehr als 50 % vom langjährigen Durchschnitt abweichen.

2. Im darauf folgenden Schritt wird festgestellt, welches die Ursachen des Einsatzes der Instrumente waren, das heißt, welche ökonomischen Zielvariablen (y_i für i = 1, 2, ..., m) ein unbefriedigendes Niveau aufwiesen.

Diesen Überlegungen zufolge setzt die Regierung ihre Instrumente nur ein, um damit allzu starke Abweichungen von ihren Zielwerten zu vermeiden. Die darauf aufbauende Reaktionsfunktion der Regierung für das Instrument i lautet damit:

$$\Delta x_{i,t} = a + b(y_j - y_j^*)_{t-k} \text{, wenn } y_j < y_j^* \text{ und} \qquad (4.9)$$

$$\Delta x_{i,t} = 0 \text{ im Falle } y_j \geq y_j^*.$$

Hierbei gibt k die Zeitverzögerung an, bis das eingesetzte Instrument i auf das wirtschaftliche System einwirkt. y^* stellt den befriedigenden Wert der j-ten Zielgröße dar.

Um die Beziehung (4.9) empirisch testen zu können, muss y^* näher bestimmt werden. Hierbei geht Mosley folgendermaßen vor: Er bestimmt die Werte der Zielgrößen vor dem Einsatz der staatlichen Instrumente anhand der beobachteten Werte für die Zielgrößen zu diesem Zeitpunkt. Nach Festlegung mehrerer solcher Werte wird eine Trendfunktion für jede Zielgröße gebildet, mit deren Hilfe die Werte für die Zielvariablen in jeder Periode ermittelt werden können. Die empirische Überprüfung der so spezifizierten Reaktionsfunktionen wird anhand der öffentlichen Investitionen sowie der Veränderungen des Steueraufkommens mit jeweils einer der beiden Zielvariablen Arbeitslosigkeit und Außenhandelsgleichgewicht für Großbritannien von 1946 bis 1971 durchgeführt. Die Ergebnisse der OLS-Schätzungen für die vier Reaktionsfunktionen sprechen mit einer Ausnahme für seine Hypothese.

Gegenüber diesem Vorgehen ist allerdings folgendes einzuwenden: Mosley entwickelt keine Theorie für die Handlungen der englischen Regierung, aus der heraus der Einsatz der staatlichen Instrumente abgeleitet werden kann. Er kritisiert zu Recht, dass in den bisherigen Ansätzen ohne theoretische Ableitung optimale Zielwerte verwendet werden; eine entsprechende theoretische Fundierung der Bestimmung des befriedigenden Niveaus für die einzelnen wirtschaftlichen Zielvariablen wird jedoch auch bei ihm nicht gegeben.

Eine Studie, in der diese Einwände weitgehend berücksichtigt werden, findet sich bei Wright[209]. Dieser versucht, mithilfe einer **Querschnittanalyse** (Untersuchung unterschiedlicher Grundgesamtheiten zur gleichen Zeit) die Unterschiede in den finanziellen Zuschüssen

---

[209]   Wright (1974).

der Zentralregierung an die einzelnen amerikanischen Bundesstaaten für die Zeit der Weltwirtschaftskrise (1932–1936) zu erklären. Wright entwickelt dabei folgenden Ansatz:

Die Bedeutung jedes einzelnen Bundesstaates für die Bundesregierung – das heißt in diesem
Fall, für den amerikanischen Präsidenten und die Partei, der er angehört – hängt von dem bei
den letzten drei bis vier Wahlen durchschnittlich erreichten Stimmenanteil derjenigen Partei
ab, die den Präsidenten stellt (V_o). Weiterhin unterstellt er, dass mit zusätzlichen Ausgaben
das Pro-Kopf-Einkommen (y) erhöht und dadurch der Stimmenanteil für die Partei des Präsidenten (für den untersuchten Zeitraum die Demokratische Partei) gesteigert werden kann.
Damit ergibt sich für den Stimmenanteil der Demokratischen Partei bei der Wahl im Bundesstaat i folgende Funktion:

$$V_i = V_{oi} + by_i.$$ (4.10)

Für eine nutzenmaximierende Regierung lohnt es sich offenkundig nicht, jenen Bundesstaaten, in denen die Demokratische Partei mit hoher Wahrscheinlichkeit die nächste Wahl gewinnen wird, zusätzliche Transfers zu gewähren. Gleiches gilt für jene Bundesstaaten, in
denen die Demokratische Partei mit hoher Wahrscheinlichkeit verlieren wird. Wright kon-
struiert aufgrund dieser Überlegungen anhand der vergangenen Wahlergebnisse einen Priori-
tätsindex für zusätzliche Transfers des Bundes. Dieser Index hat bei jenen Bundesstaaten
(„pivotal states"), in denen der Stimmenanteil der Demokratischen Partei um die 50 %-
Grenze schwankt, den höchsten Wert; entsprechend weist er den niedrigsten Wert bei denjenigen Bundesstaaten auf, in denen die Demokratische Partei einen sehr hohen oder einen
sehr niedrigen Stimmenanteil erwartet. Die zentrale Hypothese lautet, dass der Präsident die
finanziellen Zuschüsse an die einzelnen Bundesstaaten maßgeblich nach diesem Prioritätsin-
dex festlegt, um so bei den anstehenden Präsidentschafts- und Kongresswahlen zusätzlich
Stimmen zu gewinnen.

Bei der empirischen Überprüfung dieser Hypothese zeigt sich bei den OLS-Schätzungen ein
statistisch hoch signifikanter und quantitativ bedeutender Einfluss dieses Prioritätsindexes
auf die Transfers der Bundesregierung. Damit ist zum ersten Mal anhand eines aus der Theorie deduzierten Ansatzes empirisch nachgewiesen worden, dass der Einsatz eines fiskalpolitischen Instrumentes zum überwiegenden Teil durch politische Faktoren (das Erreichen zusätzlicher Stimmen) erklärt werden kann.

Anhand der Darstellung und Kritik der bisherigen Studien wird ersichtlich, dass zur Erklärung der Handlungen einer Regierung über einen längeren Zeitraum weder ein zufrieden
stellender theoretischer Ansatz besteht noch dass einzelne Hypothesen exakt empirisch überprüft wurden. Aus diesem Grund wurde von **Bruno S. Frey** (geb. 1941) und **Friedrich
Schneider** versucht, einen **theoretischen Ansatz** zur Erklärung des tatsächlichen Regierungshandelns zu entwickeln[210].

Im Folgenden wird davon ausgegangen, dass eine gewählte **Regierung** durchaus **eigene
Ziele** haben kann und nicht etwa bestrebt ist, stets die gesellschaftliche Wohlfahrtsfunktion
zu maximieren. Weiterhin wird angenommen, dass die Entscheidungsträger in der Regierung
für die eingeschlagene Wirtschaftspolitik die Hauptverantwortung tragen und dass sie in der

---

[210]   Die grundlegende Idee zu diesem Ansatz ist in Frey und Schneider (1978, 1978a, 1979) entwickelt worden.

Lage sind, die wirtschaftspolitischen Instrumente in ihrem Sinne einzusetzen. Besteht die Regierung aus einer Koalition mehrerer Parteien, so wird davon ausgegangen, dass die wirtschaftspolitischen Instrumente so eingesetzt werden, dass insgesamt alle in der Regierung vertretenen Parteien hieraus einen Nutzen ziehen. Aus diesem Grunde wird die Regierung das Hauptziel ihrer Politik in der Durchsetzung ihrer eigenen Zielvorstellungen sehen, wobei diese nicht unbedingt der Mehrheit von Wählerwünschen entsprechen müssen.[211] Damit wird für die Regierung unterstellt, dass sie ihren Nutzen U zu maximieren suche; dieser schlägt sich in den (ideologischen) Vorstellungen (ID) über das Erreichen bestimmter wirtschaftlicher und politischer Ziele (z), ihrer **Ideologie**, nieder:

$$\max U^{reg} = f(ID^{reg}), \qquad\qquad (4.11)$$

mit $ID^{reg} = g(z_1, z_2, ..., z_n)$ und $\partial ID^{reg} / \partial z_i > 0$ ($i = 1, 2, ..., n$).

Die Regierung kann allerdings nur dann ihre eigenen Ziele verfolgen, wenn sie an der Macht bleibt, das heißt, sie darf bei den nächsten Wahlen nicht unterliegen. Befindet sie sich erst einmal in der Opposition, dann hat sie kaum noch Möglichkeiten, ihre ideologischen Vorstellungen in die Wirklichkeit umzusetzen. Eine und zugleich die wichtigste **Nebenbedingung** liegt daher im Erfordernis der **Wiederwahl**.

Die zweite Nebenbedingung besteht in der **Budgetrestriktion**: Die Regierung kann aufgrund gesetzlicher Bestimmungen die gesamten Staatsausgaben nicht beliebig über die Steuereinnahmen ausweiten. Sie kann zwar Kredite aufnehmen (oder unter Umständen die Geldmenge erhöhen), doch hängen die Möglichkeiten hierzu wieder vom Ausmaß des zu erwartenden Budgetdefizits ab.

Weitere Einschränkungen ergeben sich aus den Änderungen im Lohn- und Preisniveau. So werden beispielsweise viele staatliche Transferzahlungen an die privaten Haushalte infolge gesetzlicher Bestimmungen automatisch an das Preis- und Lohnniveau angepasst. Dies engt den finanziellen Spielraum der Regierung für zusätzliche Ausgaben ebenfalls ein.

Um ihre ideologischen Ziele unter den ausgeführten Einschränkungen zu erreichen, stehen der Regierung in dem hier entwickelten Modell folgende **Instrumente** zur Verfügung: Staatsausgaben für Güter und Dienstleistungen, Transferzahlungen an die privaten Haushalte und Steuereinnahmen.

Mit diesen Instrumenten übt die Regierung engen Einfluss auf die Wirtschaftslage aus. Diese wieder bestimmt, ob die Wiederwahlbedingung ceteris paribus erfüllt ist. Beim Einsatz ihrer Instrumente muss die Regierung darüber hinaus die staatliche **Bürokratie** (staatliche Verwaltung) in Betracht ziehen. Diese stellt das ausführende Organ der von der Regierung beschlossenen wirtschaftspolitischen Maßnahmen dar und hat aufgrund verschiedener Faktoren Einflussmöglichkeiten bei der Festlegung und dem tatsächlichen Einsatz der wirtschaftspolitischen Instrumente. Geht man davon aus, dass auch die staatliche Bürokratie eigene Zielvorstellungen hat, die nicht unbedingt mit denjenigen der Regierung übereinstimmen müssen,[212] so wird sie bei der Durchführung der zu ergreifenden Maßnahmen ihre eigenen Interessen zu

---

[211]   Erste Ansätze, in denen diese Aspekte formal gefasst wurden, finden sich bei Frey und Lau (1968), Lau und Frey (1971).

[212]   Vgl. hierzu Tullock (1965), Downs (1967).

wahren versuchen. Diese Interessen können beispielsweise darin bestehen, die öffentlichen Ausgaben auszuweiten.[213] Die Regierung hat demzufolge bei dem Einsatz ihrer Instrumente die Verhaltensweise der staatlichen Bürokratie als eine weitere Restriktion zu berücksichtigen.

Die Handlungsweise der Regierung lässt sich damit folgendermaßen zusammenfassen: Mit ihren wirtschaftspolitischen Instrumenten (*INST*) versucht die **Regierung**, unter den angeführten Nebenbedingungen (der Wiederwahl, des Budgetausgleichs und des Einflusses der staatlichen Bürokratie) ihren **Nutzen** zu **maximieren**:

$$\max U^{reg} \, ; \; U^{reg} = f(ID^{reg}, S_T) \, ; \; ID^{reg} = f(INST_j, TAX_i) \, ; \qquad (4.12)$$

$$S_T = f(INST_j, TAX_i) \; \text{mit } j = 1, 2, ..., m \text{ und } i = 1, 2, ..., n$$

unter den Nebenbedingungen

(i) $S_T \geq SM$

(ii) $\sum_{j=1}^{m} INST_j = GTAX + VS$

(iii) $INST_j = f(RI, WRL, B, ...)$ für $j = 1, 2, ..., m$

(iv) $TAX_i = f(B, ...)$ für $i = 1, 2, ..., n$

ST sind die zur Wiederwahl (*SM*) notwendigen Wählerstimmen für die Wahl *T*; *INST_j* stellt das *j*-te Instrument auf der Ausgabenseite dar, *GTAX* die gesamten (Steuer-)Einnahmen, *VS* die Verschuldung, *RI* (*WRL*) die Preisniveau-(Lohn-)wachstumsrate, *B* den Einfluss der staatlichen Bürokratie und TAX_i das *i*-te Instrument auf der Einnahmenseite dar, wobei $\sum_{i=1}^{n} TAX_i = GTAX$.

Eine formale Lösung dieses Maximierungsproblems unter Berücksichtigung mehrerer Restriktionen ist für die Regierung aus folgenden Gründen nicht bestimmbar:

– Die Regierung hat keine vollständige Information über die Struktur des wirtschaftlichen Systems.

– Sie verfügt auch nicht über ausreichende Informationen, in welchem Ausmaß die von ihr eingesetzten Instrumente auf das wirtschaftliche System wirken.

– Sie hat keine genaue Kenntnis über die Wählerpräferenzen und deren Intensität.

– Sie kennt in der Regel nur wenige politische und ökonomische Variablen, die für die Zustimmung oder Ablehnung der Regierungspolitik durch die Wähler von großer Bedeutung sind.

Soll mithilfe der politisch-ökonomischen Modelle tatsächliches und nicht optimales Regierungsverhalten analysiert werden, so liegt es aus den oben geschilderten Gründen nahe, einen Ansatz zu entwickeln, in dem die Regierung das Maximierungsproblem anhand bestimmter, für sie einsichtiger Verhaltensregeln zu lösen versucht. Ein Ansatz, der sich hierfür anbietet, ist jener des **Satisficing**.

---

[213]   Vgl. hierzu Niskanen (1971).

Bei diesem wird ebenfalls unterstellt, dass die Regierung bei der Verwirklichung ihrer eigenen Zielvorstellungen einer Reihe von Restriktionen unterliegt. Die wichtigste Einschränkung der Regierung liegt in der Sicherung der Wiederwahl, wobei ihre laufende Popularität als Indikator dient. Hierbei wird davon ausgegangen, dass die Regierung sowohl ihre Popularität kennt wie auch weiß, dass diese durch eine Veränderung der Arbeitslosenquote, der Inflationsrate und des verfügbaren Einkommens beeinflusst wird. Zur Vereinfachung wird ferner angenommen, dass die Regierung jeweils die nächste unmittelbar anstehende Wahl ins Auge fasst und keine Handlungen in Bezug auf weiter entfernte Wahlen unternimmt; der Zeithorizont der Regierung erstreckt sich mit anderen Worten auf eine Legislaturperiode.

Das komplexe Entscheidungsproblem, wenn die Wiederwahl gefährdet ist, wird vereinfacht dadurch gelöst, dass das Erreichen einer bestimmten Popularität *POP** zum Ziel gesetzt wird und dabei **zwei Zustände** unterschieden werden:

(i) $POP_t < POP^*$: Liegt die laufende Popularität aufgrund wirtschaftlicher oder politischer Fehlschläge unterhalb des Zielwertes, so muss die Regierung befürchten, die nächsten Wahlen zu verlieren. Um an der Macht zu bleiben, wird sie sich deshalb bemühen, ihre Instrumente so einzusetzen, dass sich die von den Wählern wahrgenommene Wirtschaftslage verbessert. Dies kann beispielsweise durch eine bewusst herbeigeführte Senkung der Arbeitslosenquote oder der Inflationsrate oder eine Steigerung des verfügbaren Einkommens erreicht werden. Je weniger Zeit hierbei bis zur nächsten Wahl zur Verfügung steht und je größer das „Popularitätsdefizit" ist, umso größer wird die Anstrengung der Regierung sein, über den geeigneten Einsatz ihrer wirtschaftspolitischen Instrumente eine Steigerung ihrer Popularität zu erlangen.

(ii) $POP_t \geq POP^*$: Erwartet die Regierung, die nächste Wahl zu gewinnen, so wird sie die wirtschaftspolitischen Instrumente zur Verfolgung ihrer ideologischen Ziele einsetzen. Je höher ihr „Popularitätsüberschuss" ist, desto intensiver kann sie eine eigenständige Politik verfolgen, die nicht unbedingt der Mehrheit der Wählerinteressen entsprechen muss.

In beiden Fällen kann die Regierung nur diejenigen wirtschaftlichen Maßnahmen ergreifen, die weitere Restriktionen (wie z. B. ein ausgeglichenes Budget) nicht verletzen. Eine Funktion, die das Verhalten der Regierung, in diesem Fall den Einsatz ihrer Instrumente, unter den angesprochenen Restriktionen beschreibt, eine **wirtschaftspolitische Reaktionsfunktion**, lässt sich dann wie folgt formulieren:

$$INST_{t+k}^i = f\left(BDS_t, D \cdot (POP^* - POP_t)^2, D \cdot ZW_t, (1-D) \cdot ID_t^{reg}\right) \qquad (4.13)$$

Hierbei ist $INST_{t+k}$ das *i*-te Instrument, das der Regierung zur Verfügung steht. *k* gibt die Zeitspanne zwischen der Entscheidung der Regierung, das *i*-te Instrument einzusetzen, und dessen tatsächlicher Wirkung auf das wirtschaftliche System an. *BDS* stellt den Budgetüberschuss dar. Mit dieser Variable wird der Einfluss der Budgetbeschränkung – verdeutlicht durch die Differenz zwischen den gesamten Steuereinnahmen und den gesamten Staatsausgaben – auf das *i*-te Instrument erfasst. Mit der Dummy-Variable (Scheinvariable) *D* werden die oben angeführten Zustände, die Sicherung der Wiederwahl ($POP_t < POP^*$, *D=1*) und die Verfolgung der ideologischen Ziele der Regierung ($POP_t \geq POP^*$, *D=0*), beschrieben. Mit

$(POP^* - POP_t)^2$ wird die Wirkung eines Popularitätsdefizits auf das i-te Instrument dargestellt. Dieser Ausdruck nimmt nur dann einen positiven Wert an, wenn $POP_t < POP^*$ und damit
$D = 1$ gilt. Um bei einem größer werdenden Popularitätsdefizit die wachsende Dringlichkeit
wirtschaftspolitischer Maßnahmen zu berücksichtigen, wird die Differenz zwischen POP^* und
POP_t quadriert.

Die Variable ZW gibt an, wie viel Zeit (Quartale) seit der letzten Wahl vergangen ist. Im
ersten Jahr nach dieser Wahl nimmt die Variable ZW (bei $D = 1$) den Wert eins an, danach
steigt der Wert linear bis zur nächsten Wahl an; damit soll ausgedrückt werden, dass die Regierung ceteris paribus umso größere Anstrengungen zur Sicherung ihrer Wiederwahl unternimmt, je näher die anstehenden Wahlen sind. ID^{reg} stellt eine Variable dar, die den Einfluss
der ideologischen Vorstellungen der Regierung auf das i-te Instrument wiedergibt, sofern die
Regierung erwartet, an der Macht zu bleiben ($POP_t \geq POP^*$ und damit $D = 0$). In diesem Fall
kann die Regierung ihre ideologischen Ziele verfolgen. Darüber hinaus wird angenommen,
dass diese Möglichkeit mit dem Quadrat des Popularitätsüberschusses zunimmt, denn die
Regierung fühlt sich mit steigendem Popularitätsüberschuss überproportional zunehmend
sicherer, wiedergewählt zu werden. Die Variable ID^{reg} gibt im Weiteren die ideologische
Ausrichtung der j-ten Regierung wieder. Sie ist damit als

$$ID_t^{reg} = ID_t^j (POP_t - POP^*)^2$$

definiert, wobei $ID^j = 1$, solange sich die j-te Regierung im Amt befindet, ansonsten nimmt
ID^j den Wert null an.

Neben der Regierung übt vor allem die staatliche **Bürokratie** großen Einfluss auf die wirtschaftspolitischen Instrumente aus, da sie die fiskalpolitischen Maßnahmen der Regierung
auszuführen hat.[214] Ihre Position beruht zum einen darauf, dass sie bei der Erstellung solcher
Leistungen, welche die Regierung nachfragt, eine Monopolstellung hat. Zum anderen hat sie
einen Informationsvorsprung gegenüber der Regierung: Sie kennt aufgrund der langjährigen
Erfahrung die Bereitschaft der Regierung, für eine gegebene Leistung ein bestimmtes Budget
zu bewilligen; sie ist es auch, die die tatsächlichen Kosten der Erstellung jener Leistungen
kennt, welche von staatlicher Seite nachgefragt werden. Die Regierung kann eine gewisse
Kontrolle über die staatliche Bürokratie ausüben; sie kann zum Beispiel drohen, ihre Hand-
lungsfreiheit durch neue Gesetze einzuschränken. Aus diesem Grund folgern verschiedene
Autoren[215], dass eine gegenseitige Abhängigkeit zwischen der Regierung und der staatlichen
Bürokratie besteht: Die Bürokratie führt zum Beispiel die von der Regierung beabsichtigte
Fiskalpolitik aus und erbringt der Regierung häufig zusätzliche Leistungen zur Sicherung
ihrer Wiederwahl, wie etwa in den USA das Ausstellen und die termingerechte Zustellung

---

[214] In diesem Buch wird nicht das Innenverhältnis (die innere Struktur) von Bürokratien behandelt, ein Aspekt,
der in der Bürokratietheorie, z.B. bei Tullock (1965), Downs (1967) und Niskanen (1968, 1971) ausführlich
behandelt wird. Diese gehen von der Hypothese des eigennutzorientierten Verhaltens der einzelnen Bürokraten
aus. Die gleiche Annahme wird auch bei der Analyse des Außenverhältnisses der staatlichen Bürokratie mit
den Entscheidungsträgern in der Regierung unterstellt.

[215] Beispielsweise Breton und Wintrobe (1982).

von Unterstützungszahlungen an 29 Millionen amerikanischer Bürger wenige Tage vor der Präsidentschaftswahl im Jahre 1972[216]. Um sich diese Leistungen der Bürokratie zu sichern, übt die Regierung eine oftmals nur schwache Kontrolle aus. Damit erhalten die bürokratischen Organisationen die Möglichkeit, zusätzliche finanzielle Mittel zur Ausweitung ihrer Tätigkeit und zur Vergrößerung ihres Einflusses zu erlangen.

Aufgrund dieser Überlegungen kann gefolgert werden, dass die staatliche Bürokratie ein stetiges und eigenständiges Element in den politischen Prozess – beispielsweise bei der Ausführung der Wirtschaftspolitik der Regierung – einbringt. Sie wird deshalb in den meisten Fällen gegen strukturelle Änderungen in den wirtschaftspolitischen Maßnahmen Widerstand leisten. Andererseits liegt eine ihrer Bestrebungen darin, die öffentlichen Ausgaben stets über den Stand des Vorjahres auszuweiten. Diese Hypothese wurde in mehreren Studien[217] empirisch bestätigt.

Das Verhalten der staatlichen Bürokratie wird im Folgenden dadurch berücksichtigt, dass sich die Regierung mit ihren beabsichtigten wirtschaftspolitischen Maßnahmen nicht vollständig gegen die Interessen der Bürokratie durchsetzen kann. Sie wird es daher insbesondere vermeiden, abrupte und größere Änderungen in ihrer Wirtschaftspolitik vorzunehmen. Die Regierung wird sich somit darauf beschränken, nur **inkrementelle** (geringfügige) **Änderungen** ihrer Instrumente vorzunehmen. Eine Beschreibung des Einsatzes der wirtschaftspolitischen Instrumente (*INSTi*, i = 1, 2, ..., n), die sowohl den Zielen der Bürokratie wie auch jenen der Regierung Rechnung trägt, lautet somit:

$$INST_{t+k}^i = f\left(INST_t^i, BDS_t, D \cdot (POP^* - POP_t)^2, D \cdot ZW_t, (1-D) \cdot ID_t^{reg}\right) \qquad (4.14)$$

oder

$$\Delta INST_{t+k}^i = f\left(BDS_t, D \cdot (POP^* - POP_t)^2, D \cdot ZW_t, (1-D) \cdot ID_t^{reg}\right) \qquad (4.15)$$

Mit den beiden Funktionen (4.14) und (4.15) ist ein theoretisches Modell über den Einsatz der fiskalpolitischen Instrumente der Regierung zur Verfolgung ihrer Ziele unter Nebenbedingungen entwickelt worden. Die hierbei deduzierten Hypothesen werden im folgenden Abschnitt 4.4.2 für repräsentative Demokratien empirisch getestet.

4.4.2   Empirische Ergebnisse

Im Unterschied zu den Optimierungsansätzen steht bei hier zu behandelnden Beiträgen die Analyse und **Erklärung des tatsächlichen Regierungsverhaltens** im Vordergrund. Für die Regierung wird wieder Nutzenmaximierung unterstellt, die sich nunmehr aber in der Verfolgung ideologische Ziele äußert. Weiterhin wird davon ausgegangen, dass die Regierung erst dann handelt, wenn ihre Zielvariablen (oder Restriktionen, wie die Gefährdung der Wiederwahl) von bestimmten, von ihr gesetzten Werten abweichen. Können derlei Abweichungen unter Einsatz ihrer wirtschaftspolitischen Instrumente „erfolgreich" korrigiert werden (so

---

[216]   Tufte (1978, S. 33 ff.).

[217]   Die theoretische Formulierung stammt von Davis, Dempster und Wildavsky (1966). Für weitere Entwicklungen siehe Wildavsky (1992).

dass die Wiederwahl z. B. nicht mehr gefährdet ist), so wird sie sich der Verfolgung anderer Ziele zuwenden. Es wird somit insgesamt die plausible Annahme gemacht, dass Regierungen keine für sie im strengen Sinne optimale, sondern eine „zufrieden stellende" (satisficing) Politik verfolgen.

Versuche, die wirtschaftspolitischen Aktivitäten über mehrere Legislaturperioden zu erklären, finden sich in verschiedenen Arbeiten.[218] In diesen wird unterstellt, dass Regierungen ihre ideologischen Zielvorstellungen umzusetzen versuchen; diese Vorstellungen brauchen sich nicht mit einer Mehrheit von Wählerpräferenzen zu decken, denn die gewählte Regierung besitzt aufgrund der nur alle drei bis fünf Jahre stattfindenden Wahlen eine monopolähnliche Position. Sie kann ihre eigenen Ziele aber nur dann verfolgen, wenn sie an der Macht bleibt. Verliert sie die nächsten Wahlen, so hat sie als Opposition nur wenige Chancen, ihre ideologischen Vorstellungen in die Wirklichkeit umzusetzen. Die wichtigste Nebenbedingung ist demzufolge die Sicherung der Wiederwahl. Die Regierung muss wissen, wann diese gefährdet ist. Hierfür zieht sie die laufenden Popularitätsumfragen zu. Um festzustellen, ob ihre Wiederwahl gefährdet ist, vergleicht sie das Ausmaß ihrer Popularität mit einem bestimmten Schwellenwert. Die Festlegung dieses Schwellenwerts richtet sich nach dem politischen System des untersuchten Landes. Für Großbritannien variiert er innerhalb einer Legislaturperiode: Zu Beginn kann die Popularität der Regierung einen wesentlich tieferen Wert annehmen als jene der Oppositionspartei, erst im Wahljahr sollte die Popularität der Regierung deutlich über jener der Oppositionsparteien liegen. Für die Bundesrepublik Deutschland wird für die ganze Legislaturperiode ein Schwellenwert von 52 % angenommen, da wegen der Landtagswahlen, die häufig als Test für Bundestagswahlen angesehen werden, relativ wenig Spielraum für die Regierung besteht.

Bei diesem Vergleich unterscheidet die Regierung zwei Zustände:

(i)   Liegt ihre Popularität für längere Zeit unterhalb des Schwellenwertes (Popularitätsdefizit) und stehen allgemeine Wahlen bevor, dann besteht die Gefahr für die Regierung, die nächsten Wahlen zu verlieren. Um im Amt zu bleiben, wird sich die Regierung bemühen, sämtliche wirtschaftspolitischen Instrumente so einzusetzen, dass sich die Wirtschaftslage – aus der Sicht der Wähler – verbessert. Je größer das Popularitätsdefizit ist und je weniger Zeit bis zur nächsten Wahl bleibt, desto größer werden ceteris paribus die Bemühungen der Regierung sein, mit den ihr zur Verfügung stehenden Instrumenten ihre Wiederwahlchance zu erhöhen.

(ii)   Bei anhaltendem Popularitätsüberschuss oder wenn die nächste Wahl erst in einigen Jahren ansteht, kann die Regierung ihre Instrumente zur Verfolgung ideologischer Ziele einsetzen, und zwar umso stärker, je weniger diese beiden Einschränkungen bindend sind.

Die Regierung hat allerdings noch weitere Restriktionen zu berücksichtigen. Eine erste zusätzliche Einschränkung ergibt sich aus dem Handeln der öffentlichen Verwaltung. Diese hat die von der Regierung beschlossenen wirtschaftspolitischen Maßnahmen durchzuführen; dabei hat sie einen erheblichen Spielraum hinsichtlich der konkreten Festlegung und des tatsächlichen Einsatzes der Instrumente. Die Regierung hat daher die Verhaltensweise der

---

[218]   Frey und Schneider für die Vereinigten Staaten (1978), Großbritannien (1978a), die Bundesrepublik Deutschland (1979); Schneider und Pommerehne (1980) für Australien.

öffentlichen Verwaltung, die durchaus eigene, von der Regierung abweichende Zielvorstellungen verfolgen kann, als Restriktion zu beachten. Weitere Restriktionen sind wirtschaftlicher Natur und können sich aus der ungünstigen Entwicklung der Zahlungsbilanz ergeben, oder beispielsweise aus dem ausgeschöpften Spielraum für öffentliche Neuverschuldung.

Die **empirischen Ergebnisse** zeigen, dass in allen genannten Staaten die Regierungen ihre fiskalpolitischen Instrumente einsetzten, um Popularitätsgewinne zu erzielen und ihre Wiederwahlwahrscheinlichkeit zu erhöhen. Damit wird natürlich nicht behauptet, dass Regierungen mit einer derartigen Politik auch stets die Wahlen gewonnen hätten. Die Ergebnisse weisen außerdem darauf hin, dass – wenn die Wiederwahl nicht gefährdet erscheint – lediglich im Falle der Bundesrepublik Deutschland ein systematischer Einsatz der fiskalpolitischen Instrumente zur Verfolgung ideologischer Ziele besteht: Von der CDU geführte Regierungen strebten ceteris paribus einen geringeren Zuwachs an öffentlichen Ausgaben an als von der SPD geführte Regierungen. Sie neigten auch eher zu Steuersenkungen mit dem Ziel, die staatliche Aktivität in Grenzen zu halten. Von der SPD geführte Regierungen strebten demgegenüber ceteris paribus ein stärkeres Ausgabenwachstum an. Für die weiteren Länder kann nur in Einzelfällen eine signifikante Beziehung festgestellt werden: Beispielsweise weiteten Labour-Regierungen in Großbritannien und Australien ceteris paribus die Staatsausgaben zusätzlich aus, während im Falle von Australien eine konservative Regierung Steuersenkungen durchführte. In den Vereinigten Staaten taten sich die Präsidenten Eisenhower, Nixon und Ford durch eine Einschränkung des Zuwachses der Staatsausgaben hervor. Ein möglicher Grund für die nur beschränkte Evidenz eines ideologisch motivierten Einsatzes der Fiskalpolitik kann im hohen Aggregationsgrad der Daten für die Instrumente liegen. Bei stärkerer Disaggregation zeigt sich für die Vereinigten Staaten[219] und für Australien[220], dass einzelne (funktionale) Ausgabenkategorien und – in noch stärkerem Maße – bestimmte Einnahmen zur Verfolgung ideologischer Ziele eingesetzt wurden.

Ein naheliegender **Test** zur empirischen Überprüfung der Güte politisch-ökonomischer Gesamtmodelle besteht darin, mit ihnen **Voraussagen** zu machen und diese Prognosen jenen, die auf anderen Ansätzen beruhen, gegenüberzustellen. Ein derartiger Vergleich ist für die Bundesrepublik Deutschland durchgeführt worden[221]. In ein von Krelle[222] entwickeltes makroökonometrisches Prognosemodell wurde ein politisch-ökonomisches Modell des Regierungshandelns integriert. In dem Krelle-Modell ist der Staatssektor zwar endogener Bestandteil, die Entwicklung der öffentlichen Ausgaben und Einnahmen wird aber mit einfachen Reaktionsfunktionen abgebildet. Mit dem um Popularitätsfunktion und Modell des Regierungsverhaltens erweiterten Modell ergeben sich für die einzelnen untersuchten Legislaturperioden (1958–1961, 1962–1965, 1966–1969 und 1970–1972) wesentlich bessere Ex-Post-Prognosen als mithilfe des ursprünglichen, rein ökonomischen Modells. Dies gilt nicht nur für die fiskalpolitischen Instrumente, sondern auch für zentrale makroökonomische Variablen wie zum Beispiel das Bruttosozialprodukt oder den privaten Konsum.

---

[219] Schneider (1978, Kap. 4).
[220] Pommerehne und Schneider (1983).
[221] Frey und Schneider (1979).
[222] Krelle (1974).

Insgesamt wurde damit gezeigt, dass der Einsatz fiskalpolitischer Instrumente mithilfe einfacher politisch-ökonomischer Modelle zum erheblichen Teil erklärt werden kann. Auf Grundlage dieser Modelle konnten empirisch testbare Hypothesen entwickelt werden. Die Gültigkeit dieser Hypothesen wurde an verschiedenen repräsentativen Demokratien überprüft und weitgehend bestätigt: Die Wähler scheinen die Leistungen der Regierung maßgeblich anhand der wirtschaftlichen Lage (und deren Entwicklung) zu beurteilen – ein Zusammenhang, der in den für zahlreiche Länder geschätzten Wahl- und Popularitätsfunktionen deutlich zum Ausdruck kommt. Regierungen wieder scheinen sich diese Zusammenhänge zu eigen zu machen, das heißt, sie betreiben nur auf die Wahlen hin eine „populäre" Politik; ansonsten verfolgen sie eine ihren eigenen ideologischen Vorstellungen nahe stehende Politik.

4.5 Die Integration von Interessengruppen in politisch-ökonomische Modelle

4.5.1 Theoretische Grundlagen über den Einfluss der Verbände auf politische Entscheidungen

In den meisten Studien über **Interessengruppen (Verbänden)** wird angenommen, dass diese auf politische Entscheidungen einen beträchtlichen Einfluss ausüben. Hier wird daher der Versuch unternommen, einige theoretische Grundlagen über den Einfluss von Verbänden und dessen Ursachen zu entwickeln. Dazu wird zunächst der ökonomische Ansatz der Gruppentheorie von **Mancur Olson** (1932–1998) und als Weiterentwicklung jener von Moe dargestellt, in dem sich aus dem eigennützigen Handeln der Verbände Gründe aufzeigen lassen, warum diese auf den politischen Prozess Einfluss zu nehmen versuchen. Nach der Diskussion bestehender Studien über den Einfluss von Verbänden und Kritik an diesen (Abschnitt 4.5.2) wird der mögliche Einfluss der Verbände auf politische Entscheidungen in einem politisch-ökonomischen Modell für die Schweiz dargestellt (Abschnitt 4.5.3). In diesem politisch-ökonomischen Modell werden neben den Interessengruppen auch die Stimmbürger und die schweizerische Regierung berücksichtigt, sodass aus den Interaktionsbeziehungen zwischen diesen drei Akteuren versucht werden kann, einen Teil des Einflusses der Verbände auf politische Entscheidungen empirisch zu bestimmen.

Der vom ökonomischen Standpunkt wohl überzeugendste Ansatz zur Gruppentheorie ist Mancur Olsons[223] klassische Studie zur **Logik des kollektiven Handelns**. Im Mittelpunkt der Theorie Olsons stehen das Eigeninteresse der Individuen und die Problematik des **Öffentlichen-Gut-Charakters** vieler Leistungen von Interessengruppen. Eigennützig handelnde Individuen treten nur dann in Interessengemeinschaften ein, wenn der positive Nutzen aus der Mitgliedschaft einer Gruppe die Kosten des Beitrittes und des Verbleibens übersteigt. Daher besteht in vielen Fällen wenig Anreiz, Verbänden beizutreten, die nur Kollektivgüter anbieten, von denen Individuen auch als Nicht-Mitglieder profitieren.

---

[223]   Olson (1965).

Individuelle und gemeinsame Interessen in einer Organisation legen – so Olson – die Analogie zum Wettbewerb im Markt nahe. Zwar haben alle Unternehmer ein gemeinsames Interesse an einem höheren Preis ihrer Produkte; geht man jedoch von einem gleichgewichtigen Angebot-Nachfrage-Modell aus, so liegen die Interessen hinsichtlich des Absatzes gerade entgegengesetzt. Würde nämlich jeder Unternehmer auf den gegebenenfalls über den Grenzkosten liegenden Preis mit einer Ausweitung der Produktion reagieren (und gerade dies wäre ja rational und im Eigeninteresse der Betriebes), so hätten alle am Schluss einen geringeren Gewinn als vorher. Genauso wie ein einzelner Unternehmer nicht rational handelt, wenn er seine Produktion verringert, um einen höheren Preis für das Produkt seiner Branche zu erzielen, handelt er ebenfalls nicht rational, wenn er Zeit und Geld für die Unterstützung einer Lobby anwendet, um für seine Branche staatliche Hilfe zu erreichen. Es liegt in beiden Fällen nicht im Interesse der einzelnen Unternehmer, sich mit irgendwelchen Kosten zu belasten. Der Grund dafür besteht nach Olson in der Erkenntnis, dass durch die Erreichung eines gemeinsamen Zieles oder die Befriedigung eines gemeinsamen Bedürfnisses ein Kollektivgut für die betreffende Gruppe bereitgestellt wird.

Das Argument des Kollektivguts erhält allerdings durch die **Gruppengröße** unterschiedliches Gewicht. Olson weist nach, dass in kleinen Gruppen solche Güter durchaus bereitgestellt werden können, solange nur ein Mitglied (bestenfalls alle) aus der Bereitstellung einen positiven Nutzensaldo erzielt. Eine solche Situation liegt nur dann vor, wenn der Vorteil der Gruppe aus dem Kollektivgut die Gesamtkosten um mehr übersteigt als der Vorteil eines oder mehrerer Individuen in der Gruppe. In einer sehr kleinen Gruppe, in der jedes Mitglied einen beachtlichen Bruchteil des Gesamtgewinns erhält, kann daher ein Kollektivgut oft durch freiwilliges, eigennütziges Handeln der Gruppenmitglieder bereitgestellt werden. Doch mit der Größe der Gruppe nimmt diese Wahrscheinlichkeit und damit die Versorgung der Gruppe mit Kollektivgütern ab.

Da nach Olson die Individuen innerhalb einer sehr großen Organisation keinen Anreiz haben, eine Lobby zu organisieren, muss es andere Ursachen dafür geben, dass dennoch derartige Gruppen existieren. Er folgert daraus, „das gemeinsame Merkmal, das alle großen wirtschaftlichen Gruppen mit bedeutenden Lobby-Organisationen kennzeichnet, ist, dass diese Gruppen auch für irgendeinen anderen Zweck organisiert sind."[224] Somit werden die Lobbyfunktionen der großen Gruppen bestenfalls zu Nebenprodukten ihrer wirtschaftlichen und politischen Tätigkeiten. Solange die Interessengruppen nicht über Zwangsmittel verfügen (z. B. das „closed shop", die zwangsweise Mitgliedschaft aller Betriebsangehörigen in der Gewerkschaft), um sich ihren Mitgliederbestand zu sichern, werden sie private Güter, die nur den Gruppenmitgliedern zur Verfügung stehen, produzieren und anbieten. Nur so kann der positive Nutzen aus der Mitgliedschaft einer Gruppe die Kosten überwiegen. Dass von vielen bedeutenden Interessengruppen weiterhin auch noch Kollektivgüter – meistens in Form des Lobbying – produziert werden, ist allerdings eine sehr häufig zu beobachtende Tatsache und kann mit dem Ansatz von Olson nur ungenügend erklärt werden.

Diese Schwäche des Ansatzes von Olson versucht Moe[225] zu überwinden, indem er das Konzept des **Politischen Unternehmers** in den Ansatz von Olson integriert.[226] Nach Moe steht

---

[224]   Olson (1965, S. 145).
[225]   Moe (1980).

der Führer eines Verbandes – der Politische Unternehmer – zwischen der Regierung oder anderen Verhandlungspartnern und den Mitgliedern seiner Gruppe, und er wird seine überlegene Stellung dazu nutzen, seine eigenen, von den Mitgliedern abweichenden Ziele zu verfolgen. Eine den Mitgliedern seines Verbandes überlegene Stellung hat der Politische Unternehmer nach Moe deshalb, weil er über wesentlich mehr Information und Mittel als seine Mitglieder verfügt. Im Gegensatz zum Politischen Unternehmer lohnt es sich für das einzelne Individuum nicht, sich über die Möglichkeiten des Lobbying zu informieren (und es zu betreiben), da es allein die Kosten trägt und alle ihm gleichgestellten auch davon profitieren. Der Politische Unternehmer hingegen kann durch erfolgreiches Lobbying seinem Verband zusätzliche Güter anbieten und dadurch seine Position festigen. Kritisch anzumerken ist hier, dass Moe die Information des Verbandsführers als exogene Größe behandelt. Auch jeder Verbandsführer hat das Problem, aus der Fülle an Information, die an ihn herangetragen wird, auszuwählen und Grenzkosten und Grenznutzen zusätzlicher Information abzuwägen.

Bei der Verfolgung seiner eigenen Ziele hat der Politische Unternehmer vor allem auf die Unterstützung der Mitglieder seines Verbandes zu achten. Ohne Verbleib der Mitglieder in der Gruppe verliert er einen maßgeblichen Teil seines Rückhalts, und es wird ihm dann nicht mehr ohne weiteres möglich sein, Lobbying zu betreiben und erfolgreich mit anderen Verbänden zu verhandeln – beides Aktivitäten, mit denen er seinen eigenen Nutzen (in Form von Einkommen, Macht und Ansehen) erhöhen kann. Um seine Stellung innerhalb des Verbandes gegen Rivalen zu behaupten und weiter auszubauen, wird er zum einen Anstrengungen unternehmen, durch ein vielfältiges privates Güterangebot neue Mitglieder zum Beitritt in seinen Verband zu bewegen. Zum anderen wird er versuchen, durch Lobbying im Parlament (und oftmals direkt bei der Regierung) den Mitgliedern seiner Gruppe Vorteile zu verschaffen (z. B. durch vermehrte Subventionen) und die Kosten auf möglichst viele Steuerzahler/Wähler abzuwälzen.[227] Hierbei hat der Politische Unternehmer darauf zu achten, dass die Regierung die dadurch entstandenen „Kosten" möglichst gleichmäßig und in nicht sehr merklicher Form auf die Steuerzahler „verteilt", sodass es sich für andere Politische Unternehmer nicht lohnt, dagegen etwas zu unternehmen.

Mit dieser Erweiterung des Ansatzes von Olson ist es Moe gelungen, ein Modell über das Verhalten von Verbänden zu entwickeln, in dem die Aktivitäten von Verbänden im Parlament und in anderen staatlichen Institutionen ein Mittel zur Erreichung ihrer Ziele darstellen. Daher wird im Folgenden der Ansatz von Moe als theoretische Grundlage verwendet, das Verhalten von Spitzenverbänden in der Schweiz zu erfassen. Demzufolge werden die Funktionäre, die Politischen Unternehmer, der Spitzenverbände bestrebt sein, (i) ihre eigennützigen Ziele möglichst weitgehend zu erreichen und (ii) die Unterstützung durch die Mitglieder in ihrem Verband zu erhalten und auszuweiten, indem sie ihnen zusätzliche Vorteile verschaffen. Eine Möglichkeit, diese beiden Ziele zu verfolgen, besteht darin, auf politische Entscheidungen so Einfluss zu nehmen, dass sowohl die Spitzenfunktionäre wie auch die Mitglieder der Verbände daraus direkten Nutzen ziehen können.

---

[226] Vgl. hierzu auch Wagner (1966) und Bernholz (1977), die schon wesentlich früher das Konzept des politischen Unternehmers zur Erklärung des Einflusses von Verbänden auf politische Entscheidungen verwendeten.

[227] Vgl. hierzu Wagner (1966). Dass Regierungen so handeln, wurde von Pommerehne und Schneider (1983) für die australische Bundesregierung empirisch gezeigt.

4.5.2   Bisherige Untersuchungen über den Einfluss der Verbände

Einige wesentliche Bereiche, in denen der Einfluss von Interessenverbänden auf wirtschaftspolitische Entscheidungen (im weitesten Sinne) untersucht wurde, werden im Folgenden
kurz vorgestellt. Dabei ist ihr Einfluss auf makropolitische Entscheidungen, so zum Beispiel
bei einer umfassenden Zollgesetzgebung, bei Änderungen von Steuergesetzen oder bei der
Einführung von Subventionen, schwierig empirisch zu erfassen, da beispielsweise die Aktivitäten der einzelnen Verbände oft nicht direkt quantifizierbar sind. Wesentlich mehr Ergebnisse liegen zum Einfluss der Gewerkschaften auf Lohnverhandlungen vor. Diese Untersuchungen, die die Lohndifferenzen zwischen gewerkschaftlich organisierten und nicht-
organisierten Arbeitnehmern zum Untersuchungsziel haben, machen daher auch den Großteil
der ökonomischen Literatur aus, die den Einfluss von Interessengruppen zu messen und
damit zu quantifizieren sucht.

Wie Olson bereits festgestellt hatte, besteht das Angebot vieler Verbände an ihre Mitglieder
unter anderem auch aus öffentlichen Gütern; dies trifft in zunehmendem Maße auch für die
Gewerkschaften bei Lohnverhandlungen zu. Denn seit die Gewerkschaften in verschiedenen Ländern Allgemeinverbindlichkeitsklauseln für ihre Tarifabschlüsse in den verschiedensten Bereichen ausgehandelt haben, profitiert auch der nicht gewerkschaftlich organisierte
Arbeitnehmer von den gewerkschaftlich erkämpften (vielleicht sogar erstreikten) Ergebnissen. Zumindest für England und für die USA lassen sich aber noch unterschiedliche Lohnab-
schlüsse für gewerkschaftlich organisierte oder nicht organisierte Arbeitnehmer feststellen.[228]
Dieses Ergebnis trifft jedoch nur für handwerklich tätige Mitarbeiter zu. Bei Angestellten
können die Autoren hingegen keinen signifikanten Unterschied in der Entlohnung finden,
und sie kommen zu der Schlussfolgerung, dass der Unterschied bei schlecht ausgebildeten
Arbeitnehmern besonders groß ist. Je besser die Ausbildung, desto schwächer macht sich der
Einfluss der Gewerkschaften auf ihr Lohnhöhe bemerkbar. Ein anderer Aspekt dieser Be-
obachtung zeigt, dass mit steigendem Einkommen und mit steigendem Bildungsgrad der
Organisationsgrad in Gewerkschaften abnimmt.[229] Außerdem sind die beobachteten Löhne in
nicht organisierten Sektoren grundsätzlich in höherem Ausmaß von der Ausbildung und von
regionalen Unterschieden abhängig als in gewerkschaftlich organisierten Bereichen. Die
Variationsbreite der festgestellten Unterschiede ist jedoch beachtlich und von Branche zu
Branche verschieden. Auffallend sind auch Ergebnisse, die einen starken Einfluss regionaler
Gewerkschaften auf die Lohnhöhe feststellen, während bei Tarifabschlüssen auf nationaler
Ebene keine signifikanten Unterschiede zwischen organisierten und nicht-organisierten Ar-
beitnehmern bestehen.

Das Verhalten von Gewerkschaften gegenüber Regierungen bezüglich ihrer **Lohnpolitik**
wurde von Manfred Gärtner[230] in einem politisch-ökonomischen Modell für die Bundesrepublik Deutschland (vor der Wiedervereinigung) analysiert. Er untersuchte, inwieweit die
Lohnentwicklung außer von den herkömmlichen wirtschaftlichen auch von politischen Einflussfaktoren abhängt. Bezüglich politischer Einflüsse wurden folgende Hypothesen entwi-

---

[228]   Z.B. Layard et al. (1978).

[229]   Ein sehr ähnliches Ergebnis erzielen Bloch und Kuskin (1978). Ihr Modell beschränkt sich allerdings auf
         weiße männliche Arbeitnehmer.

[230]   Gärtner (1981).

ckelt: (i) Jede Linksverschiebung der Regierungsideologie hat eine Erhöhung der Lohnsteigerungsrate zur Folge. Die sonstigen Forderungen der Gewerkschaften (wie z. B. nach mehr Mitbestimmung oder höheren Sozialleistungen) werden von einer sozialdemokratischen Regierung in der Tendenz bereits aufgegriffen; sie selbst können sich daher auf Tarifauseinandersetzungen konzentrieren. (ii) Lohnsteigerungsraten schwanken zyklisch mit dem Wahlrhythmus: Die Gewerkschaften werden im Falle einer ihnen eher wohl gesonnenen Regierung (Sozialdemokraten) im Wahljahr geringere Lohnforderungen erheben als bei Regierungen, die ihnen eher zurückhaltend gegenüberstehen. Beide Hypothesen wurden mit Vierteljahresdaten (für die Periode 1960 bis 1976) überprüft und eindeutig bestätigt.

In den Vereinigten Staaten und Kanada wurde in zahlreichen Studien der Einfluss von Interessengruppen auf die **Zollgesetzgebung** dieser Länder untersucht.[231] So versuchte Caves[232], mit drei unterschiedlichen Modellen die kanadische Zollstruktur zu erklären. Neben einem Ansatz, in dem die Regierung primär ihre Wiederwahl zu sichern trachtet, und einem weiteren, in dem sie allein die kollektiven Präferenzen der nationalen Industrie- und Arbeitnehmerorganisationen vertritt, arbeitete Caves mit einem Interessengruppenmodell, in dem er den Einsatz dieser Organisationen im Kampf um ihre Ziele direkt von ihren Kosten sowie dem erwarteten Nutzen abhängig machte. Bei der empirischen Überprüfung erzielte dabei das letzte Modell die überzeugendsten Ergebnisse. Dazu zählt auch die Bestätigung, dass der Einfluss der Interessenorganisationen mit ihrer Organisationseffizienz zunimmt. Ähnliche Untersuchungen hat Pincus[233] für die USA vorgelegt. Auch er unterstellte, dass die den Kongress passierenden Zollgesetze von den verschiedensten Lobbys mit beeinflusst wurden. Aufgezeigt wurde das Ergebnis am United States Tariff Act von 1824. Der größte Einfluss auf die Zollgesetze wird danach von Branchen mit geringer Kapitalstreuung sowie mit hohem Zentralisationsgrad und somit geringen Informations- und Kommunikationskosten ausgeübt.

Den Einfluss von Verbänden auf Kongressabgeordnete, für oder gegen **protektionistische Maßnahmen** zu stimmen, versuchten ökonometrische Studien[234] nachzuweisen. Baldwin kam dabei zum Ergebnis, dass (ceteris paribus) je höher der Anteil von Industriebereichen in einem Bundesstaat ist, die durch eine Liberalisierung des Handels einer stärkeren Konkurrenz ausgesetzt sind, desto wahrscheinlicher wird der entsprechende Kongressabgeordnete für protektionistische Maßnahmen stimmen. Magee zeigte, dass Verbände umso erfolgreicher protektionistische Maßnahmen im Kongress durchsetzen können, je höher die Arbeitslosenquote in den Vereinigten Staaten ist, während bei niedriger Arbeitslosenquote und hoher Inflationsrate eine Liberalisierung des Handels im Kongress eher Erfolgschancen hat.

Den Einfluss von Interessengruppen auf den **Umfang der Staatstätigkeit** untersuchten Mueller und Murrell[235]. Sie stellten die Hypothese auf, dass der Druck von Interessengruppen auf die staatlichen Organe den Umfang der Staatstätigkeit vergrößert. Anhand theoretischer Analysen über die Größe der Staatstätigkeit zeigten sie, dass es für Interessengruppen

---

[231]   Eine Übersicht über die verschiedenen Ansätze zu dieser Frage geben Frey und Schneider (1984).

[232]   Caves (1976).

[233]   Pincus (1975).

[234]   Magee (1987), Hillman (1989), Baldwin (1976).

[235]   Mueller und Murrell (1986).

aus zwei Gründen vorteilhaft sein kann, für höhere Staatsausgaben einzutreten: Erstens werden Verbände, die für ihre Mitglieder eine niedrigere Besteuerung erreichen, für höhere Staatsausgaben eintreten, da diese Ausgaben für ihre Mitglieder billiger sind. Zweitens werden Interessengruppen, die öffentliche Leistungen in für ihre Mitglieder vorteilhafte Kanäle lenken können, eine größere Staatstätigkeit begünstigen, weil damit einige der privaten Bedürfnisse ihrer Mitglieder von anderen Steuerzahlern finanziert werden. Empirisch überprüft wurde der Einfluss von Interessengruppen auf den Umfang der Staatstätigkeit anhand von Daten aus den OECD-Ländern für das Jahr 1970. Um den Ceteris-paribus-Bedingungen zu genügen, wurden neben der Anzahl der Interessengruppen in einem Land weitere unabhängige Variablen, wie Bevölkerungszahl, ethnische Gruppierungen, Prozentsatz der wahlberechtigten Bevölkerung, durchschnittliches Einkommen, Steuersatz und Anzahl der Parteien mit in die Schätzgleichung einbezogen. Mit diesen Faktoren konnten Mueller und Murrell bis zu 70 % der Varianz der abhängigen Variable (gesamte Ausgaben des Staates in Prozent des Bruttosozialproduktes) im statistischen Sinn erklären. Sie fanden einen hoch signifikanten positiven Einfluss der Zahl der Verbände auf die Staatstätigkeit. Quantitativ bedeutend war der Einfluss der Verbände nach den Schätzungen der Autoren allerdings nicht: Steigt die Zahl der Interessengruppen um 10 % und beträgt der Anteil der gesamten Staatstätigkeit am Bruttosozialprodukt 35 %, so nimmt dieser Anteil ceteris paribus um 0,7 Prozentpunkte zu.

Den Einfluss der Interessengruppen auf das **Wirtschaftswachstum** in Industriestaaten untersuchte Olson[236]. Er kam zum Schluss, dass je länger in einem Staat keine schwerwiegenden Veränderungen stattgefunden haben (z. B. ein verlorener Krieg), desto leichter können sich Interessengruppen bilden und desto effektiver können sie auf politische Entscheidungen Einfluss nehmen. Dies führt nach Olson zu geringeren Wachstumsraten des Bruttosozialproduktes, da innovative Veränderungen in solchen Staaten durch die Interessengruppen verhindert werden. Diese Hypothese von Olson ist allerdings von der (großteils politikwissenschaftlichen) Literatur zum Korporatismus stark modifiziert und relativiert worden.

Den bislang einzigen Versuch, den Einfluss der schweizerischen Verbände auf die Entscheidungen im konjunkturpolitischen Rahmen empirisch zu untersuchen, hat Birchler[237] unternommen. Seine These lautete, dass die Entwicklung der **Konjunkturpolitik** in der schweizerischen Volkswirtschaft während der Jahre 1950 bis 1975 wesentlich durch die Spitzenverbände beeinflusst wurde. Um seine These empirisch zu überprüfen, versuchte Birchler zuerst, den politischen Aufwand und die Maßnahmen zur Steuerung der konjunkturpolitischen Entwicklung der einzelnen Verbände zu erfassen. Danach analysierte er mithilfe einer Output-Analyse die tatsächlich durchgeführte Wirtschaftspolitik und verglich sie mit den Aktivitäten der Verbände. Dabei kam er zum Schluss, dass die Verbände insgesamt einen bedeutenden Einfluss auf die Konjunkturpolitik ausübten[238].

Aus den aufgeführten Studien geht eindeutig hervor, dass Verbände durch ihre Aktivitäten Einfluss auf wirtschaftspolitische Entscheidungen (z. B. die Zollgesetzgebung) und auf spezielle Marktprozesse (z. B. Lohnverhandlungen) ausüben. Allerdings wird in den meisten Studien zum einen versäumt, die Stärke des Einflusses quantitativ zu bestimmen, und zum

---

[236] Olson (1982).
[237] Birchler (1979).
[238] Birchler (1979, S. 334).

anderen wird kaum je untersucht, ob die Stärke des Einflusses im Zeitablauf konstant bleibt. Darüber hinaus beschäftigt sich die Mehrzahl der Untersuchungen mit der Analyse des Einflusses nur einer (bedeutenden) Interessengruppe, und daher können keine Aussagen über den relativen Einfluss einzelner Spitzenverbände gemacht werden. Im Folgenden wird der Versuch unternommen, diesen Einwänden Rechnung zu tragen: Im Rahmen eines politisch-ökonomischen Modells wird der Einfluss mehrerer Spitzenverbände auf politische Entscheidungen im Zeitablauf empirisch analysiert und quantitativ zu bestimmen versucht. Für die empirische Untersuchung wurde die Schweiz ausgewählt, da das politische System der Schweiz die Möglichkeit bietet, den Einfluss der Verbände auf Volksabstimmungen, die zwei- bis dreimal im Jahr abgehalten werden, und auf die Wirtschaftspolitik der schweizerischen Regierung (Bundesrat) zu untersuchen.

4.5.3   Ein politisch-ökonomisches Modell für die Schweiz unter besonderer Berücksichtigung der Einflüsse der Spitzenverbände

Bei der Entwicklung eines politisch-ökonomischen Modells[239] der **Schweiz** sind einige Besonderheiten zu beachten. Diese bestehen im Wesentlichen im Folgenden:

1. Die schweizerische **Regierung** (der Bundesrat) setzt sich aus Mitgliedern (Bundesräten) zusammen, die mit ganz wenigen Ausnahmen solange im Amt bleiben bzw. wiedergewählt werden, wie sie es wünschen. Da sich die Mitglieder des Bundesrates aus allen wichtigen im National- und Ständerat vertretenen Parteien rekrutieren, hat es wenig Sinn, zwischen Oppositions- und Regierungsparteien in den beiden Kammern zu unterscheiden. Ebenso wenig ist zu erwarten, dass der Bundesrat bei dieser politischen Zusammensetzung gezielt ideologische Ziele einzelner Parteien anstrebt, selbst wenn die ideologische Ausrichtung vieler im Nationalrat und Ständerat vertretenen Parteien recht deutlich ist.

2. Eine potentielle Opposition und ein Prüfstein für seine (wirtschafts-)politischen Entscheidungen bestehen für den Bundesrat in der Institution der **Volksabstimmung**. Bei Verfassungsänderungen und im Falle dringlicher Bundesbeschlüsse müssen obligatorische Referenden abgehalten werden. Referenden können von Parteien und Gruppen auch fakultativ gegen Gesetzänderungen und gegen allgemein verbindliche Bundesbeschlüsse ergriffen werden.

3. Weiterhin ist anzumerken, dass die verschiedenen **Interessengruppen** ihre Forderungen bezüglich der Politik des Bundesrates auf mehreren Wegen geltend machen können: Bei Gesetzes- und Verfassungsänderungen werden ihre Parlamentsvertreter als Mitglieder der entsprechenden Kommissionen des Bundesrates gehört, und sie können durch Eingaben an den Bundesrat und in den Expertenkommissionen sowie durch so genannte Motionen (parlamentarische Anträge auf Erarbeitung eines Gesetzes oder eines Beschlusses) und andere parlamentarische Vorstöße im Nationalrat ihre wirtschaftspolitischen Vorschläge einbringen und durchzusetzen versuchen.

---

[239]   Die Ausführungen in diesem Abschnitt beruhen auf Schneider (1985).

Mit der Formulierung eines **politisch-ökonomischen Modells für die Schweiz** wird versucht, die Interdependenzen zwischen den Interessengruppen, den Stimmbürgern und dem Bundesrat zu erfassen. Die grundlegenden Elemente eines politisch-ökonomischen Modells, das den schweizerischen Besonderheiten Rechnung trägt, sind in Abbildung 4.6 aufgeführt.

In der Mitte der Abbildung 4.6 wird gezeigt, dass die Spitzenverbände zum einen versuchen, die Stimmbürger durch die Abstimmungsempfehlungen (Parolen) zu beeinflussen. Zum anderen versuchen sie, durch Vorstöße im Parlament und durch die Arbeit in den Kommissionen auf die Wirtschaftspolitik der Exekutive ihren Einfluss bemerkbar zu machen. Im unteren Teil der Figur ist angedeutet, dass die Wirtschaftslage und die Parolen der Interessengruppen und der Parteien auf die Stimmbürger einwirken und ihr Verhalten bei Volksabstimmungen und Wahlen zum Nationalrat beeinflussen.

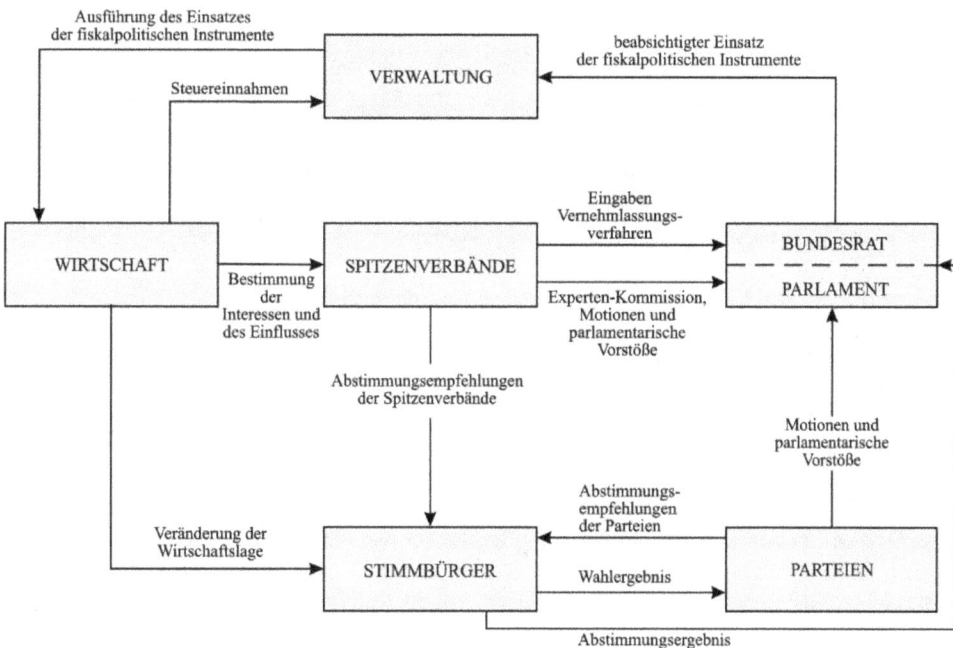

Abbildung 4.6: Politisch-ökonomisches Modell für die Schweiz

Die Entscheidung der Stimmbürger für oder gegen eine Abstimmungsvorlage beeinflusst die geplanten (wirtschafts-)politischen Maßnahmen des Bundesrates, auf die die Parteien und Interessengruppen ebenfalls versuchen, durch Motionen und parlamentarische Vorstöße Einfluss zu nehmen. Mithilfe des Einsatzes der fiskalpolitischen Instrumente (oberer Teil der Abbildung 4.6) versucht der Bundesrat, über eine Veränderung der Wirtschaftslage zukünftige Entscheidungen der Stimmbürger zu seinen Gunsten zu beeinflussen und zumindest teilweise auch die Forderungen der Interessengruppen (z. B. durch höhere Agrarsubventionen) und der Parteien zu erfüllen. Ausführendes Organ der beschlossenen Finanz- und Konjunkturpolitik ist die Bundesverwaltung, die dabei durchaus auch von ihren eigenen Interessen (z. B. Ausdehnung ihres Einflusses) geleitet wird. Entsprechend dem in Abschnitt 4.5.1 entwickelten Modell für Interessengruppen wird für ihr Verhalten (wie auch für die anderen Entscheidungsträger) Nutzenmaximierung unter Nebenbedingungen unterstellt. Der Nutzen besteht in der Verwirklichung bestimmter wirtschaftspolitischer Ziele, von denen zum einen die Mitglieder dieser Verbände direkt profitieren und die zum anderen die Position der Spitzenfunktionäre innerhalb der Verbände stärken. Die Einschränkungen bestehen in den Aktivitäten der anderen Interessengruppen, die wieder eigene, oft sogar entgegengesetzte Ziele verfolgen. Weiterhin sind die Interessenverbände von der Wirtschaftspolitik des Bundesrates und indirekt von der Zustimmung der Stimmbürger zu dessen Wirtschaftspolitik abhängig.

Um ihre wirtschaftspolitischen Vorstellungen möglichst weitgehend zu verwirklichen, werden die Verbände versuchen, durch ihre Abstimmungsempfehlungen die Unterstützung der Stimmbürger zu ihren wirtschaftspolitischen Vorhaben zu gewinnen und durch ihre Aktivitäten im Parlament und in anderen staatlichen Institutionen Druck auf die Exekutive auszuüben, damit auch diese eher ihren Vorstellungen entsprechen wird.

Die empirische Überprüfung, inwieweit die Interessengruppen ihre wirtschaftspolitischen Vorstellungen bei den Stimmbürgern und beim Bundesrat durchsetzen können, beschränkt sich auf die Untersuchung der **vier** bedeutenden **Spitzenverbände**,

- der Schweizerische Gewerbeverband (SGV),
- der Schweizerische Handels- und Industrie-Verein (Vorort),
- der Schweizerische Bauernverband (SBV) und
- der Schweizerische Gewerkschaftsbund (SGB),

deren wirtschaftspolitische Ziele im Folgenden kurz dargestellt werden.

(i) Der Schweizerische Gewerbeverband

Der Schweizerische Gewerbeverband vertritt die selbständigen Kleinbetriebe und das mittelständische Gewerbe. Deshalb stellt sich der Gewerbeverband nicht nur gegen die starke Konkurrenz von Seiten der Großindustrie, sondern auch gegen staatliche Einschränkungen jedweder Art. Einschränkungen ihrer Gewinnmöglichkeiten durch zu hohe Steuern und durch staatliche Regulierungen werden abgelehnt, da sich das Hauptinteresse der Mitglieder auf Umsatz- und Rentabilitätsüberlegungen richtet. Daher werden staatliche Maßnahmen, die die eigenen Gewinnmöglichkeiten schmälern können, durch die Aktivitäten dieses Verbandes zu verhindern gesucht. Konsequenterweise wendet sich der Gewerbeverband gegen eine Ausweitung der staatlichen Aktivität mit Ausnahme der Bereiche Infrastruktur und Verteidigung, beides Bereiche, deren Ausbau seinen Mitgliedern Vorteile bringen kann. Der Gewerbeverband verspricht sich durch eine Verringerung der staatlichen Aktivität, dass keine neuen steuerlichen Belastungen und staatlichen Regulierungen mehr anfallen und sich dadurch mehr Möglichkeiten für eine freie wirtschaftliche Entfaltung seiner Mitglieder ergeben.

(ii) Der Schweizerische Handels- und Industrie-Verein (Vorort)

Wie beim Gewerbeverband ist eines der wichtigsten Ziele des Handels- und Industrie-Vereins, die Ausweitung der staatlichen Aktivität einzuschränken. Dies geschieht vor allem aus der Zielsetzung heraus, die Abgaben und Steuern, welche im hohen Maße von den Unternehmen aufzubringen sind, möglichst gering zu halten; auf der anderen Seite soll aber auch die Verfügungsmacht des Staates über privatwirtschaftliche Entscheidungen minimiert werden. Der Vorort wendet sich gegen die administrative Belastung der einzelnen Unternehmungen als Folge einer Gesetzes- und Verordnungsflut. Da die Ausgaben des Staates nach Ansicht des Vororts viel zu stark steigen und damit der privatwirtschaftliche Finanzierungsspielraum zusehends eingeengt wird, übt der Vorort wiederholt Kritik an der ungenügenden Sparinitiativen bezüglich der Ausgabenbeschränkung des Bundes und der Kantone. Die einzigen beiden Bereiche, in denen der Vorort staatliche Aktivität befürwortet, sind wieder Ausgaben zur Infrastruktur und für militärische Zwecke, da er von staatlichen Aufträgen in diesen Bereichen, die sehr oft von den Unternehmungen der Mitglieder seines Verbandes ausgeführt werden, direkt profitiert.

(iii) Der Schweizerische Bauernverband

Der Bauernverband ist in erster Linie an zusätzlichen Subventionen im Agrarbereich interessiert, von denen seine Mitglieder direkt profitieren. Daneben tritt er auch für verstärkte staatliche Aktivität in anderen Bereichen (z. B. Ausbau des Verkehrswesens in ländlichen Gebieten, staatliche Maßnahmen zum Schutz vor ausländischer Konkurrenz) ein, da er die Kosten (z. B. garantierte Mindestpreise für Agrarprodukte) in den meisten Fällen auf die Konsumenten/Steuerzahler abwälzen kann.

(iv) Der Schweizerische Gewerkschaftsbund

Wie der Bauernverband befürwortet der Gewerkschaftsbund eine aktive Rolle des Staates und fordert staatliches Eingreifen als regulierenden und ausgleichenden Faktor in der Marktwirtschaft. Zwei Ziele stehen dabei im Vordergrund: Zum einen eine staatliche Umverteilung, um die einkommensschwächeren Teile der Bevölkerung besser zu stellen und einen Ausgleich für die ungleiche Vermögensverteilung zu schaffen. Zum anderen soll durch staatliches Eingreifen die Vollbeschäftigung erhalten bleiben. Der Gewerkschaftsbund wendet sich explizit gegen die Sparbeschlüsse des Bundesrates auf der Ausgabenseite und befürwortet stattdessen Steuererhöhungen.

Die wirtschaftspolitischen Ziele der vier Spitzenverbände spiegeln sich recht gut in den ausgegebenen Parolen bei Volksabstimmungen wider, mit denen die Verbände entsprechend ihren Zielen versuchen, die Stimmbürger zu beeinflussen. Dabei fällt unmittelbar der starke Gegensatz hinsichtlich der wirtschaftspolitischen Vorstellungen des Gewerbeverbandes und des Vororts auf der einen und des Bauernverbandes und des Gewerkschaftsbundes auf der anderen Seite auf. Bauernverband und Gewerkschaftsbund geben die Ja-Parole zu Abstimmungsvorlagen über eine Ausweitung der staatlichen Tätigkeit an und lehnen Abstimmungsvorlagen zur Einschränkung der Staatstätigkeit mit wenigen Ausnahmen ab. Gewerbeverband und Vorort empfehlen dagegen den Stimmbürgern in den meisten Fällen, zusätzliche staatliche Eingriffe abzulehnen und Abstimmungsvorlagen zur Beschränkung staatlicher Maßnahmen anzunehmen. Entsprechend durchgeführte t-Tests bestätigen, dass sich die Parolen des Gewerbeverbandes und des Vorortes von denen des Bauernverbandes und des Gewerkschaftsbundes signifikant über alle drei Arten von Abstimmungsvorlagen unterscheiden. Wie zu erwarten, besteht dagegen über alle drei Abstimmungsarten kein signifikanter Unterschied zwischen den Parolen des Gewerbeverbandes und jenen des Vorortes. Ebenso besteht kein signifikanter Unterschied zwischen den Parolen des Bauernverbandes und des Gewerkschaftsbundes.

Zunächst wurde untersucht, ob und in welchem Ausmaß die **Spitzenverbände** den **Ausgang von Volksabstimmungen** auf der eidgenössischen Ebene beeinflussen können. Zu diesem

Zweck wurde ein einfaches Modell des Stimmbürgerverhaltens entwickelt. Mithilfe dieses Modells konnte eine Abstimmungsfunktion hergeleitet werden, die es erlaubte, den Einfluss der Abstimmungsempfehlungen (Parolen) der Spitzenverbände auf den Ausgang von Referenden und Initiativen unter Ceteris-paribus-Bedingungen empirisch zu untersuchen. Hierbei zeigte sich, dass zwei von vier Verbänden einen quantitativ bedeutenden Einfluss haben. Geben der Bauernverband und der Gewerkschaftsbund die Ja-Parole zu einer Abstimmungsvorlage heraus, so erhöht sich je nach Art und Zeitpunkt der Abstimmungsvorlage ceteris paribus die Zustimmung um 7 bis 9 Prozentpunkte. Damit können diese beiden Verbände bei einem knappen erwarteten Abstimmungsausgang versuchen, diesen so zu beeinflussen, dass sie möglicherweise ihre Vorstellungen über zukünftige wirtschaftspolitische Maßnahmen erfolgreicher beim Bundesrat durchsetzen können.

Der quantitativ geringe Einfluss des Gewerbeverbandes und des Vorortes (= Arbeitgeberverband) auf den Ausgang von Volksabstimmungen sagt wenig darüber aus, dass diese beiden Verbände (wie auch die anderen Verbände) nicht versuchen werden, zuvor auf eine geplante Abstimmungsvorlage Einfluss zu nehmen. Abstimmungsvorlagen werden in vorparlamentarischen Expertenkommissionen vorbereitet und im Vernehmlassungsverfahren ausgearbeitet. In beiden Stadien bieten sich zahlreiche Möglichkeiten an, Änderungen durchzusetzen, insbesondere dann, wenn die Verbandsvertreter glaubhaft mit dem Ergreifen des Referendums drohen können. Gerade die hier untersuchten Spitzenverbände sind dazu in der Lage, diese Drohung auszusprechen, verfügen sie doch über ausreichend finanzielle Mittel und über eine genügend große Zahl an Mitgliedern. Die Studie von Schneider beschränkte sich jedoch aufgrund mangelnder Daten auf die Analyse des Einflusses der Spitzenverbände auf den Ausgang von Volksabstimmungen, so dass die Frage, ob ein Einfluss der Verbände auf die Vorbereitung von Volksabstimmungen besteht, unbeantwortet bleibt.

Den zweiten Schwerpunkt stellte die empirische Untersuchung dar, inwieweit die vier **Spitzenverbände** die jährliche **Budgetpolitik** des Bundesrates beeinflussen können. Dazu wurde ein theoretischer Ansatz entwickelt, mit dem die Aktivitäten der Spitzenverbände und des Bundesrates erfasst und in empirisch testbarer Form dargestellt werden können. Hierbei wird im Modell unterstellt, dass der Bundesrat bei der Verfolgung seiner eigenen Ziele auf die Unterstützung der Stimmbürger und der Spitzenverbände Rücksicht nehmen muss. Er wird sich daher beim Einsatz der fiskalpolitischen Instrumente zunächst auf die wichtigste Einschränkung (genügend hohe Zustimmung von Seiten der Stimmbürger zu seiner Politik) konzentrieren, wobei zwei Zustände unterschieden werden können: Im Falle eines Zustimmungsdefizits seitens der Stimmbürger (Zustand 1) unternimmt der Bundesrat eine restriktive Wirtschaftspolitik, um über eine Senkung der Inflationsrate und des Budgetdefizits wieder mehr Unterstützung vom Volk für seine beabsichtigte Wirtschaftspolitik zu erlangen. Im Falle eines Zustimmungsüberschusses (Zustand 2) wird dagegen eher eine expansive Wirtschaftspolitik zur Vermeidung von Konflikten mit denjenigen Interessengruppen unternommen, die an ihn zusätzliche Forderungen stellen. Daneben versuchen die hier untersuchten vier Spitzenverbände, durch ihre Aktivitäten direkt im Parlament und beim Bundesrat ihre wirtschaftspolitischen Vorstellungen über einen entsprechenden Einsatz der fiskalpolitischen Instrumente der Exekutive durchzusetzen. Der Gewerbeverband und der Vorort streben eine allgemeine Kürzung des Zuwachses der meisten Ausgabenarten an. Der Bauernverband und der Gewerkschaftsbund treten demgegenüber für eine zusätzliche Ausweitung der Ausgaben ein.

Die empirischen Ergebnisse über den Einsatz der fiskalpolitischen Instrumente für die Zeit zwischen 1951 und 1978 bestätigen die abgeleiteten Hypothesen für die überwiegende Zahl der Ausgabeninstrumente. So werden bei einem Zustimmungsdefizit zur Politik des Bundesrates die Ausgaben für Unterricht und Forschung, Kultur etc., Verkehrs- und Energiewirtschaft sowie soziale Wohlfahrt gegenüber dem langjährigen Trend ceteris paribus um 5 % gesenkt. Von den vier untersuchten Spitzenverbänden üben der Gewerbeverband und der Vorort den vergleichsweise stärksten Einfluss auf die jährliche Budgetpolitik des Bundesrates aus: Auf sechs (fünf) der neun Ausgabeninstrumente kann der Gewerbeverband (Vorort) Einfluss nehmen, während der Bauernverband und der Gewerkschaftsbund nur auf je vier Instrumente einen Einfluss ausüben. Die entgegengesetzten Zielvorstellungen der Spitzenverbände über die Entwicklung der meisten Ausgabenposten treten deutlich bei den empirischen Ergebnissen für die Ausgaben für Unterricht und Forschung, soziale Wohlfahrt und Landwirtschaft in Erscheinung: Bei den Ausgaben für Unterricht und Forschung kann sich der Gewerbeverband gegenüber dem Gewerkschaftsbund ceteris paribus mit einer Verringerung um etwa 0,6 Prozent durchsetzen, wenn beide Verbände ihre Aktivitäten um 5 % steigern. Umgekehrt erwirken der Bauernverband und der Gewerkschaftsbund mit ihren Vorstößen in Bern eine Steigerung der Landwirtschaftsausgaben um 2 %, wenn wieder alle vier Spitzenverbände in gleichem Umfang aktiv werden.

Die empirischen Ergebnisse über den Einfluss der vier Spitzenverbände auf wirtschaftspolitische Maßnahmen des Bundesrates verdeutlichen, dass ein Einfluss besteht, er jedoch von Verband zu Verband verschieden stark ausgeprägt ist und nicht in allen hier untersuchten Bereichen besteht. Außerdem heben sich die Einflüsse von Verbänden mit entgegengesetzten Zielen in ihrer Wirkung auf politische Maßnahmen nahezu auf. Diese Ergebnisse verdeutlichen, dass die vier untersuchten Spitzenverbände zwar einen Einfluss auf bestimmte Bereiche des wirtschaftspolitischen Geschehens ausüben, jedoch aus diesen Resultaten keineswegs die Schlussfolgerung gezogen werden kann, dass die Verbände die Schweiz regieren.

4.6   Einige wirtschaftspolitische Konsequenzen der Ökonomischen Theorie der Politik

In repräsentativen Demokratien verwenden Regierungen sehr oft eine **Ausweitung der Staatsausgaben** (insbesondere der Transferzahlungen) für ihre eigennützigen Zwecke. Gewählte Politiker können so handeln, da der institutionelle Rahmen in vielen repräsentativen Demokratien ihnen eine – wenn auch zeitlich begrenzte – monopolähnliche Stellung gibt. Diese erlaubt, entweder eine den eigenen (ideologisch geprägten) Zielvorstellungen folgende Wirtschaftspolitik zu betreiben oder, falls erforderlich, eine „populäre" Wirtschaftspolitik zur Sicherung der Wiederwahl zu verfolgen. In repräsentativen Demokratien befürworten die Wähler eine Ausweitung der staatlichen Programme, solange die zunehmende Steuerlast nicht sehr spürbar ist und in den Augen der Wähler mehr oder weniger gleichmäßig auf alle verteilt wird. Erst wenn die steigenden Staatsausgaben dazu führen, dass sie nicht mehr ohne weiteres durch zusätzliche Verschuldung finanziert werden können, beginnen die Wähler, die

steigende Steuerlast zu spüren. Beabsichtigt die Regierung in dieser Situation, die Ausgabenprogramme (insbesondere im Sozialbereich) zu kürzen, so sieht sie sich rasch dem „öffentlichen Gut-Dilemma" gegenüber: Die Kürzung von Ausgaben ruft den entschiedenen Widerstand der davon Betroffenen hervor, da diese allein die Kosten zu tragen haben. Hingegen
setzen sich die Nutznießer dieser Maßnahme der Regierung nicht stark für diese ein, da sie ja
allen in Form von entgangenen Steuererhöhungen zugutekommen und daher für den Einzelnen nur eine unwesentliche Verbesserung mit sich bringen würde.

Aus den Ausführungen über das Verhalten von Wählern und der Regierung in **repräsentativen Demokratien** lässt sich folgende Schlussfolgerung ziehen: Solange die Kosten der steti-
gen Ausweitung staatlicher Leistungen beim Wähler/Steuerzahler nicht besonders spürbar
sind, werden zusätzliche Leistungen vom Wähler befürwortet, und Regierungen können
durch diese Politik zusätzliche Wählerstimmen gewinnen. Ist die Regierung allerdings ge-
zwungen, aufgrund steigender Defizite und/oder ausgeschöpfter Finanzierungsmöglichkeiten
Kürzungen im Ausgabenbereich durchzuführen, dann wird sie einerseits von den Nutznie-
ßern (alle Wähler/Steuerzahler) keine besondere Unterstützung erhalten, andererseits bei den
direkt davon Betroffenen auf starken Widerstand stoßen und dadurch möglicherweise Wählerstimmen verlieren. Dies gilt besonders dann, wenn die Wähler/Steuerzahler keinen Einfluss darauf haben, welche Ausgabenprogramme gekürzt werden und auf welche Art die
Einsparungen verwendet werden sollen. In dieser Situation ist der Handlungsspielraum der
Regierung, durch eine Ausweitung der Staatsausgaben ihre Wiederwahl zu sichern, eingeschränkt, und sie wird daher mit anderen wirtschaftspolitischen Maßnahmen (z. B. durch die
Ankündigung von Steuersatzsenkungen im Wahljahr) versuchen, zusätzliche Wählerstimmen
zu gewinnen.

Im Gegensatz zu repräsentativen Demokratien können die Wähler in **direkten Demokratien**,
so zum Beispiel in der Schweiz, mittels Volksabstimmungen auf einzelne Änderungen in der
Politik Einfluss nehmen. Darüber hinaus können Gruppen von Wählern durch das Instrument
der Initiative versuchen, Änderungen, so zum Beispiel in der Sozialpolitik, durchzusetzen.
Eine empirische Untersuchung[240] von zwei Abstimmungsvorlagen über eine Ausweitung der
Alters- und Hinterbliebenen-Versorgung (AHV) in der Schweiz im Jahr 1972 verdeutlichte,
dass die Wähler sich bei dieser Entscheidung nicht nur von kurzfristigen Eigennutzüberle-
gungen leiten ließen, sondern dabei auch längerfristige Aspekte berücksichtigen.

Die interessante Frage stellt sich nun, welche weiteren Schlussfolgerungen aus diesen Ausführungen gezogen werden können, wenn der Ökonom die Aufgabe hat, Politiker zu beraten,
die „Reformen" in der Wirtschaftspolitik, das heißt in der heutigen Zeit sehr oft einschnei-
dende Kürzungen, durchführen wollen. Die Forderung nach mehr „fiskalischer Disziplin"
oder die Forderung, jede Ausweitung der Sozialausgaben mit Steuererhöhungen in gleicher
Höhe zu verbinden, kann als ein richtiger Schritt in die gewünschte Richtung angesehen
werden, jedoch fehlt noch eine Analyse, wie derartige Vorschläge in repräsentativen Demokratien realisiert werden können. Das Gleiche gilt für die Forderung, die Finanzierung von
Sozialprogrammen an bestimmte Steuerarten zu binden und die Programme immer nur für

---

[240] Pommerehne und Schneider (1985).

eine bestimmte Zeit gesetzlich zu verankern.[241] Darüber hinaus wird bei derartigen Reform-vorschlägen oft die Kreativität staatlicher Bürokratien und anderer Interessengruppen unter-schätzt, die beispielsweise mit den Bedürfnissen der Sozialhilfeempfänger argumentieren. Zieht man diese Schwierigkeiten in Betracht, im laufenden politischen Prozess einschnei-dende, in vielen Fällen beim Wähler nicht beliebte Änderungen in der Wirtschaftspolitik durchführen zu wollen, dann sollte man, versuchen, **institutionelle Änderungen** in zwei Richtungen zu erreichen:

1. Die Schaffung kleiner und übersichtlicher politischer Einheiten, die für den einzel-nen Bürger/Wähler/Steuerzahler leichter zu durchschauen sind und in denen der An-reiz größer ist, sich über politische Fragen zu informieren und dann möglicherweise an politischen Entscheidungen mitzuwirken.
2. Die Möglichkeit, bestimmte politische Entscheidungen in nationalen Abstimmun-gen direkt beim Wähler bestätigen zu lassen. Wie der Fall der Schweiz zeigt, sind die Wähler durchaus in der Lage, über komplizierte Fragen, wie die zukünftige Ge-staltung des Rentensystems, zu entscheiden. Möglicherweise ist ein derartig gefun-dener Konsens im politischen Prozess dann auch in anderen Fragen leichter zu er-reichen als im Fall der repräsentativen Demokratie.

Jedoch ist mit diesen Vorschlägen noch immer nicht die Frage beantwortet, wie man diese institutionellen Änderungen erreichen kann. Zur Beantwortung dieser Frage bedarf es der Entwicklung einer Theorie der Institutionen (und deren Änderung), die zurzeit erst in einfa-chen Ansätzen vorliegt. Ein erster Schritt dazu ist die Analyse bestehender Institutionen und im nächsten Schritt ein Vergleich von verschiedenen politischen Institutionen. Mit diesen Ergebnissen kann dann die Realisierungschance vorgeschlagener Änderungen in der Wirt-schaftspolitik genauer eingeschätzt werden.

Das eigennützige Verhalten von Regierungen in repräsentativen Demokratien hat mit dazu beigetragen, dass die Steuerbelastung für die meisten Wähler beträchtlich zugenommen hat. Diese steigende Steuerlast und die Entwicklung immer steigender staatlicher Vorschriften und Regulierungen, die oft für den einzelnen Staatsbürger nicht mehr einsichtig sind, führen dazu, dass immer mehr Individuen diesen beiden Phänomenen auszuweichen versuchen. Dieses Ausweichen geschieht zum einen in einer sehr verstärkten Do-It-Yourself-Bewegung und reflektiert sich zum anderen in dem Entstehen von **Schatten- oder Untergrundwirt-schaften**.[242]

Das verstärkte Auftreten der Schattenwirtschaft kann das Politikdilemma der „leeren Kas-sen" noch verschärfen, denn dadurch können zusätzliche Steuerausfälle und in noch stärke-rem Ausmaß Ausfälle bei den Einnahmen zur Sozialversicherung entstehen. Erhöht nun eine Regierung die Abgabenlasten der Bürger zusätzlich, so kann dies wieder zu einer noch stär-keren Abwanderung in diese Bereiche führen und sich insgesamt die Frage der Finanzierung von Staatsleistungen in noch stärkerem Ausmaß stellen. Schätzungen der Größe und Ent-wicklungen der Schattenwirtschaft in den OECD-Staaten ergaben eine beträchtliche Zunah-

---

[241] Vgl. hierzu Thompson (1983), der diese Vorschläge ausführlich diskutiert und in seinen Schlussfolgerungen sehr skeptisch ist, ob diese Maßnahmen allein zum gewünschten Erfolg führen.

[242] Vgl. hierzu unter anderem Schneider und Enste (1999, 2000).

me über die vergangenen Jahrzehnte. Wesentliche Ursachen für das Ansteigen der Schattenwirtschaft sind die rasche Zunahme der Abgabenbelastung, die vermehrten staatlichen Vorschriften und Eingriffe sowie die sich verschlechternde Steuermoral. Soll die Schattenwirtschaft eingedämmt werden, müssen Erfolg versprechende Maßnahmen an diesen Ursachen ansetzen. Ist hingegen die Finanzierung von bisher garantierten Staatsleistungen (z. B. die staatliche Altersfürsorge) einmal in Frage gestellt, so schwindet beim Bürger das Vertrauen in staatliche Institutionen, und dies kann wieder Anreize schaffen, durch verstärkte Arbeit in der Schattenwirtschaft zusätzliches Einkommen zu erzielen. Durch welche wirtschaftspolitischen Maßnahmen ein derartiger Kreislauf durchbrochen werden kann, ist schwierig zu beantworten, und die Forschung steht hier erst am Anfang.

In den auf der Neuen Politischen Ökonomie beruhenden Ansätzen wirtschaftspolitischer Eingriffe wird zwischen verschiedenen Ebenen kollektiver Entscheidungen und wirtschaftspolitischer Eingriffe und nach den konkreten institutionellen Bedingungen der jeweiligen Entscheidungsfindung unterschieden. Grundsätzlich lassen sich Entscheidungen, die auf die Festlegung der Regeln abzielen („choice among rules"), gegenüber solchen Entscheidungen, die unter gegebenen Regeln getroffen werden („choice within rules"), abgrenzen.[243] Die Spielregeln der Entscheidungsfindung werden auf der Ebene des so genannten **gesellschaftlichen Grundkonsenses** festgelegt. Dabei wird angenommen, dass in einem hypothetischen Zustand der Unsicherheit („Schleier des Nichtwissens") aller Individuen über ihre zukünftige Position einstimmig grundsätzliche Verfassungsregeln festgelegt werden. Die Betonung liegt hierbei auf der allokativen Effizienz, da Pareto-superiore Lösungen aufgrund der Einstimmigkeit der Entscheidungen gewährleistet sind und diese sich hinter dem „Schleier der Ungewissheit" auch als konsensfähig erweisen. Im **laufenden politischen Prozess** werden hingegen die Spielzüge unter Beachtung der gegebenen Spielregeln gewählt, das heißt die tatsächliche Wirtschaftspolitik wird (innerhalb der durch den gesellschaftlichen Grundkonsens festgelegten Verfassung) im Rahmen des Widerstreits konkreter Interessen betrieben. Da in diesem Fall die Interessen der einzelnen Entscheidungsträger festgelegt sind, kommen entsprechend verteilungspolitisch motivierte Interessenkonflikte stärker zum Tragen.

Zur Erklärung wirtschaftspolitischer Entscheidungen auf der Ebene des laufenden politischen Prozesses bedient sich die Neue Politische Ökonomie eines Marktmodells. Auf dem **politischen Markt** für staatliche Maßnahmen treffen Nachfrager und Anbieter wirtschaftspolitischer Eingriffe aufeinander und gestalten die institutionellen Bedingungen der Entscheidungsfindung.[244] Die Interaktion zwischen Angebot und Nachfrage kann auf unterschiedliche Weise modelliert werden:

1. Eine der Theorierichtungen konzentriert sich auf die **Nachfrageseite** politischer Märkte. Im Rahmen von Medianwähler-, Stimmenmaximierungs- und „rent-seeking"-Modellen wird das Abstimmungsverhalten der Wähler sowie die Organisierbarkeit von Interessen und die Einflussnahme von Lobbyisten untersucht. Für die Angebotsseite des politischen Marktes wird dabei im allgemeinen ein ideales System unterstellt, in dem die Wiederwahlrestriktion als bindend angenommen und damit impliziert wird, dass sich die Politi-

---

[243] Vgl. hierzu ausführlicher Buchanan und Tullock (1962), Brennan und Buchanan (1985) sowie Frey und Kirchgässner (2002).

[244] Für eine Übersicht über entsprechende politisch-ökonomische Ansätze vgl. u. a. Mueller (2003).

ker ausschließlich an den Wünschen der Wähler ausrichten. Die gut organisierten und zahlungskräftigen Interessengruppen können – aufgrund der rationalen Ignoranz der Wähler sowie positiver Partizipationskosten – ihre spezifischen Anliegen dennoch einbringen und gegen die Wünsche der Mehrheit der Stimmberechtigten durchsetzen. Den Anbietern politischer Maßnahmen verbleibt in diesem Szenario aufgrund des funktionierenden politischen Wettbewerbs kein diskretionärer Spielraum zur Verfolgung eigener Ziele.

2. In Modellen, die das andere Extrem abdecken, stehen die politischen **Anbieter** im Vordergrund, von denen angenommen wird, dass sie keiner Wiederwahlrestriktion unterliegen. Sie verfügen damit über einen Handlungsspielraum, der es ihnen erlaubt, ihre eigenen Interessen auf Kosten der Allgemeinheit und organisierter Interessengruppen durchzusetzen (Leviathan- und Bürokratiemodelle). Diesem diskretionären Spielraum sind jedoch je nach möglichen Abwanderungsoptionen der Bürger (u. a. in Freizeitaktivitäten, in die Schattenwirtschaft oder durch die Abwanderung in andere Gebietskörperschaften) endogene Schranken gesetzt.

3. Eine weitere Gruppe von Arbeiten geht von weniger extremen und somit realitätsnäheren Annahmen aus, indem sowohl eine mehr oder weniger bindende Wiederwahlrestriktion Berücksichtigung findet als auch explizit die Verbindung der Optionen Abwanderung („exit") und Widerspruch („voice") herausgearbeitet wird.

Die Ökonomische Theorie der Politik führt also zu Empfehlungen für die Wirtschaftspolitik, die gegenüber diskretionären Eingriffen, die Eingriffen im laufenden politischen Prozess entsprechen, wesentlich zurückhaltender und kritischer als die wohlfahrtsökonomische Theorie des Marktversagens und die keynesianische Theorie der makroökonomischen Stabilisierungspolitik und die auf dieser beruhenden Theorie der quantitativen Wirtschaftspolitik. Diese Zurückhaltung ist angesichts der zahlreichen Beispiele von Staats- oder Politikversagen durchaus gut begründet – im Gegensatz zur monetaristischen und neu-klassischen Theorie also nicht wegen der Wirkungslosigkeit solcher Eingriffe, sondern gerade weil sie wirksam sind, aber eben nicht immer in einer Weise, die – wie auch immer definierte – Ziele der Gesellschaft oder das Gemeinwohl befördern, sondern oft nur die eigenen Ziele der staatlichen Entscheidungsträger. Eine Begrenzung des Handlungsspielraums dieser Entscheidungsträger ist daher durchaus im Interesse einer gemeinwohlorientierten Wirtschaftspolitik und eine wesentliche Voraussetzung einer adäquaten und demokratischen Idealen entsprechenden Wirtschaftspolitik.

Literaturverzeichnis

Abele, H., Neck, R. (1989), Theoretische Grundlagen wirtschaftspolitischen Handelns. In: Abele, H. et al. (Hrsg.), *Handbuch der österreichischen Wirtschaftspolitik*, 3. Aufl., Wien, 13–42.

Acocella, N. (1998), *The Foundations of Economic Policy: Values and Techniques*. Cambridge.

Alesina, A., Fuchs-Schündeln, N. (2007), Good-Bye Lenin (or Not?): The Effect of Communism on People's Preferences. *American Economic Review* 97, 1507–1528.

Alesina, A., Roubini, N. (Mitarbeit: Cohen, G.) (1997), *Political Cycles and the Macroeconomy*. Cambridge, MA.

Altmann, J. (2007), *Wirtschaftspolitik: Eine praxisorientierte Einführung*. Stuttgart.

Acemoglu, D., Robinson, J.A. (2006), *Economic Origins of Dictatorship and Democracy*. Cambridge.

Akerlof, G. A. (1970), The Market for "Lemons": Quality Uncertainty and the Market Mechanism. *Quarterly Journal of Economics* 84, 488–500.

Albert, H. (1979), Theorie und Praxis: Max Weber und das Problem der Wertfreiheit und der Rationalität. In: Albert, H., Topitsch, E. (Hrsg.), *Werturteilsstreit*, 2. Aufl., Darmstadt.

Andersen, T.M., Schneider, F. (1986), Coordination of Fiscal and Monetary Policy under Different Institutional Arrangements. *European Journal of Political Economy* 2, 169–192.

von Arnim, H.H. (1998), *Volkswirtschaftspolitik*. 6. Aufl., Neuwied.

Arrow, K.J. (1951), *Social Choice and Individual Values*. 2. Aufl., New Haven-London.

Arrow, K.J. (1951a), An Extension of the Basic Theorems of Classical Welfare Economics. In: Neyman, J. (Hrsg.), *Proceedings of the Second Berkeley Symposium on Mathematical Statistics and Probability*, Berkeley, 507–532.

Arrow, K.J., Debreu, G. (1954), Existence of an Equilibrium for a Competitive Economy. *Econometrica* 22, 265–290.

Arrow, K.J., Hahn, F.H. (1971), *General Competitive Analysis*. San Francisco.

Ashenfelter, O., Kelley, S. (1975), Estimation the Causes of Political Participation. *Journal of Law and Economics* 18, 695–734.

Atkinson, A.B. (1970), On the Measurement of Inequality. *Journal of Economic Theory* 2, 244–263.

Baldwin, R.E. (1976), The Political Economy of Postwar U.S. Trade Policy. *Bulletin* 4, New York Graduate School of Business Administration, Center for the Study of Financial Institutions.

Barro, R.J. (1974), Are Government Bonds Net Wealth? *Journal of Political Economy* 82, 1095–1117.

Barro, R.J., Gordon, D.B. (1983), Rules, Discretion and Reputation in a Model of Monetary Policy. *Journal of Monetary Economics* 12, 101–121.

Barro, R.J., Grossman, H. (1976), *Money, Employment and Inflation*. Cambridge.

Barry, B. (1970), *Sociologists, Economists and Democracy*. London.

Barzel, Y., Silberberg, E. (1973), Is the Act of Voting Rational? *Public Choice* 16, 51–58.

Bator, F.M. (1957), The Simple Analytics of Welfare Maximization. *American Economic Review* 47, 22–59.

Baumol, W.J., Panzar, C.J., Willig, R.D. (1982), *Contestable Markets and the Theory of Industry Structure*. San Diego, CA.

Bellman, R. (2003), *Dynamic Programming*. Mineola, NY (1. Aufl. 1957).

Berg, H., Cassel, D., Hartwig, K.-H. (2007), Theorie der Wirtschaftspolitik. In: T. Apolte et al., *Vahlens Kompendium der Wirtschaftstheorie und Wirtschaftspolitik*, 9. Aufl., München, 243–368.

Bergson, A. (1938), A Reformulation of Certain Aspects of Welfare Economics. *Quarterly Journal of Economics* 52, 310–334.

Bernholz, P. (1977), Dominant Interest Groups and Powerless Parties. *Kyklos* 30, 411–420.

Bernholz, P., Breyer, F. (1993–94), *Grundlagen der politischen Ökonomie*. 3. Aufl., 2 Bde, Tübingen.

Birchler, U. (1979), *Die Konjunkturpolitik in der Schweiz von 1950–1975*. Diessenhofen.

Blaug, M. (1997), Economic Theory in Retrospect. 5. Aufl., Cambridge.

Bloch, F.E., Kuskin, M.S. (1978), Wage Determination in the Union and Nonunion Sectors. *Industrial Labor Relations Review* 31, 183–192.

Boettke, P.J. (Hrsg.) (2000), *Socialism and the Market: The Socialist Calculation Debate Revisited*. 9 Bde. London.

Borooah, V., van der Ploeg, F. (1983), *Political Aspects of the Economy*. Cambridge.

Braun, M. St. (1929), *Theorie der staatlichen Wirtschaftspolitik*. Leipzig.

Brennan, G., Buchanan, J.M. (1980), *The Power to Tax*. Cambridge.

Brennan, G., Buchanan, J.M. (1985), *The Reason of Rules: Constitutional Political Economy*. Cambridge.

Breton, A., Wintrobe, R. (1982), *The Logic of Bureaucratic Conduct*. Cambridge.

Breuss, F., Neck, R., Schebeck, F. (1993), Gesamtwirtschaftliche Auswirkungen finanzpolitischer Maßnahmen in einem keynesianischen ökonometrischen Modell der österreichischen Volkswirtschaft: Eine Simulationsanalyse. In: Holzmann, R., Neck, R. (Hrsg.), *Konjunktureffekte der österreichischen Budgetpolitik*, Wien, 177–247.

Breuss, F., Schebeck, F. (1989), *Die Vollendung des EG Binnenmarktes: Gesamtwirtschaftliche Auswirkungen für Österreich*. Wien.

Breuss, F., Schebeck, F. (1998), Kosten und Nutzen der EU-Osterweiterung für Österreich. *Monatsberichte des Österreichischen Instituts für Wirtschaftsforschung* 71, 741–750.

Breyer, F., Kolmar, M. (2010), *Grundlagen der Wirtschaftspolitik*. 3. Aufl., Tübingen.

Buchanan, J.M. (1977), *Freedom in Constitutional Contract*. College Station, TX.

Buchanan, J.M., Tullock, G. (1962), *The Calculus of Consent: Logical Foundations of Constitutional Democracy*. Ann Arbor, MI.

Caporale, G.M., Rault, C., Sova, R., Sova, A. (2009), On the Bilateral Trade Effects of Free Trade Agreements between the EU-15 and the CEEC-4 Countries. Review of World Economics/ *Weltwirtschaftliches Archiv* 145, 189–206.

Caves, R.E. (1976), Economic Models of Political Choice: Canada's Tariff Structure. *Canadian Journal of Economics* 9, 278–300.

Chow, G.C. (1974), Problems of Economic Policy from the Viewpoint of Optimal Control. *American Economic Review* 63, 825–837.

Chow, G.C. (1975), *Analysis and Control of Dynamic Economic Systems*. New York.

Chow, G.C. (1981), *Econometric Analysis by Control Methods*. New York.

Clower, R.W. (1965), The Keynesian Counter-Revolution: A Theoretical Appraisal. In: Hahn, F.H., Brechling, F. (Hrsg.), *The Theory of Interest Rates*, London, 103–125.

Coase, R.H. (1937), The Nature of the Firm. *Economica, N.S.* 4, 386–405.

Coase, R.H. (1960), The Problem of Social Cost. *Journal of Law and Economics* 3, 1–44.

de Condorcet (1785), *Essai sur l'application de l'analyse à la probabilité des décisions rendues à la pluralité des voix*. Paris.

Conn, D. (1978), Economic Theory and Comparative Economic Systems: A Partial Literature Survey. *Journal of Comparative Economics* 2, 355–381.

Cyert, R.M., March, J.G. (1992), A Behavioral Theory of the Firm. 2. Aufl., Malden, MA.

Davis, O.A., Dempster, M.A.H., Wildavsky, A. (1966), A Theory of the Budgetary Process. *American Political Science Review* 60, 529 – 547.

Davis, O.A., Hinich, M., Ordeshook, P.C. (1970), An Expository Development of a Mathematical Model of the Electoral Process. *American Political Science Review* 64, 426–448.

Debreu, G. (1959), *Theory of Value. An Axiomatic Analysis of Economic Equilibrium*. New Haven, CT.

Dobias, P. (1980), *Wirtschaftspolitik. Einführung in ihre Grundlagen und Hauptprobleme*. Paderborn.

Donges, J.B., Freytag, A. (2004), *Allgemeine Wirtschaftspolitik*. 2. Aufl., Stuttgart.

Dow, S. (1985), *Macroeconomic Thought: A Methodological Approach*. Oxford.

Downs, A. (1957), *An Economic Theory of Democracy*. New York, NY.

Downs, A. (1967), *Inside Bureaucracy*. Boston, MA.

Drazen, A. (2000), *Political Economy in Macroeconomics*. Princeton, NJ.

Emerson et al. (1988), *The Economics of 1992: The E.C. Commission's Assessment of the Economic Effects of Completing the Internal Market*. Oxford.

Eucken, W. (1952), *Grundsätze der Wirtschaftspolitik*. Tübingen.

Fair, R.C. (1976), The Effect of Economic Events on Votes for President. *Cowles Foundation Discussion Paper* 418, New Haven, CT. Revidierte Version in: *Review of Economics and Statistics* 60 (1978), 159–173.

Fair, R.C. (2012), *Predicting Presidential Elections and Other Things*. 2. Aufl., Stanford, CA.

Fischer, S. (1977), Long-Term Contracts, Rational Expectations, and the Optimal Money Supply Rule. *Journal of Political Economy* 85, 191–205.

Fox, K.A., Sengupta, J.K., Thorbecke, E. (1973), *The Theory of Quantitative Economic Policy with Applications to Economic Growth, Stabilization and Planning*. 2. Aufl., Amsterdam.

Friedman, L.S. (1986), Microeconomic Policy Analysis. 2. Aufl., New York

Frey, B.S. (1976), Theorie und Empirie Politischer Konjunkturzyklen. *Zeitschrift für Nationalökonomie* 36, 95–120.

B.S. Frey (1977), *Moderne Politische Ökonomie. Die Beziehungen zwischen Wirtschaft und Politik*. München.

Frey, B.S. (1984), *International Political Economics*. Oxford.

Frey, B.S. (1997), The Public Choice of International Organizations. In: Mueller, D.C. (Hrsg.), *Perspectives on Public Choice: A Handbook*, Cambridge, 106–123.

Frey, B.S., Kirchgässner, G. (2002), *Theorie demokratischer Wirtschaftspolitik*. 3. Aufl., München.

Frey, B.S., Lau, L. (1968), Towards a Mathematical Model of Government Behaviour. *Zeitschrift für Nationalökonomie* 28, 355–380.

Frey, B.S., Schneider, F. (1975), On the Modelling of Politico-Economic Interdependence, *European Journal of Political Research*, 3, 339–360.

Frey, B.S., Schneider, F. (1978), An Empirical Study of Politico-Economic Interaction in the U.S. *Review of Economics and Statistics* 60, 174–183.

Frey, B.S., Schneider, F. (1978a), A Politico-Economic Model of the United Kingdom. *Economic Journal* 88, 243–253.

Frey, B.S., Schneider, F. (1979), An Econometric Model with an Endogenous Government Sector. *Public Choice* 34, 29–43.

Frey, B.S., Schneider, F. (1981), Central Bank Behaviour: A Positive Empirical Analysis. *Journal of Monetary Economics* 7, 291–316.

Frey, B.S., Schneider, F. (1984), International Political Economy: A Rising Field. *Economia Internazionale* 37 (3–4), 3–42.

Frey, B.S., Schneider, F. (1986), Competing Models of International Lending Activity. *Journal of Development Economics* 20, 225–245.

Frey, B.S., Weck, H. (1981), Hat Arbeitslosigkeit den Aufstieg des Nationalsozialismus bewirkt? *Jahrbücher für Nationalökonomie und Statistik* 196, 1–31.

Friedlaender, A.F. (1973), Macro Policy Goals in the Postwar Period: A Study in Revealed Preference. *Quarterly Journal of Economics* 87, 25–43.

Friedman, B.M. (1975), *Economic Stabilization Policy: Methods in Stabilization*. Amsterdam.

Friedman, L.S. (1986), *Microeconomic Policy Analysis*. 2. Aufl., New York.

Friedman, M. (1956), The Quantity Theory of Money: A Restatement. In: Friedman, M. (Hrsg.), *Studies in the Quantity Theory of Money,* Chicago, 3–21.

Friedman, M. (1957), *A Theory of the Consumption Function*. Princeton, NJ.

Friedman, M. (1961), The Lag in Effect of Monetary Policy. *Journal of Political Economy* 69, 447–477.

Friedman, M. (1967), Value Judgments in Economics. In: Hook, S. (Hrsg.), *Human Values and Economic Policy: A Symposium*, New York, 85–93.

Friedman, M. (1968), The Role of Monetary Policy. *American Economic Review* 58, 1–17.

Friedman, M. (1974), A Theoretical Framework for Monetary Analysis. In: Gordon, R.J. (Hrsg.), *Milton Friedman's Monetary Framework: A Debate with His Critics*, 1–62.

Friedman, M., Meiselman, D. (1962), The Relative Stability of Monetary Velocity and the Investment Multiplier in the United States, 1897–1958. In: Brown, E.C. et al., *Stabilization Policies*, Englewood Cliffs, NJ, 165–268.

Fuerstenberg, G.M., Boughton, J.M., (1973), Stabilization Goals and the Appropriateness of Fiscal Policy during the Eisenhower and Kennedy-Johnson Administrations. *Public Finance Quarterly* 1, 5–28.

Gäfgen, G. (Hrsg.) (1966), Grundlagen der Wirtschaftspolitik. Köln.

Gäfgen, G. (1975), Theorie der Wirtschaftspolitik. In: Ehrlicher, W. et al. (Hrsg.), *Kompendium der Volkswirtschaftslehre*, Bd. 2, 4. Aufl., Göttingen, 1–94.

Galí, J. (2008), *Monetary Policy, Inflation, and the Business Cycle: An Introduction to the New Keynesian Framework*. Princeton, NJ.

Galler, H.P. (1976), *Optimale Wirtschaftspolitik mit nichtlinearen ökonometrischen Modellen*. Frankfurt/Main.

Gärtner, M. (1981), A Politicoeconomic Model of Wage Inflation, *De Economist* 129, 183–205.

Gibbard, A. (1973), Manipulation of Voting Schemes: A General Result. *Econometrica* 41, 587–602.

Giersch, H. (1961), *Allgemeine Wirtschaftspolitik*. Bd. 1, Wiesbaden.

Gillespie, J.V. (1968), *Formal Models of Voting in Mass Publics: Toward a Theory of Political Elections*. Dissertation, University of Minnesota.

Glastetter, W. (1992), *Allgemeine Wirtschaftspolitik*. Mannheim.

Goodhart, C.A.E., Bhansali, R.J. (1970), Political Economy. *Political Studies* 18, 43–106.

Greif, A. (2006), *Institutions and the Path to the Modern Economy: Lessons from Medieval Trade*. Cambridge.

Greiner, A., Fincke, B. (2009), *Public Debt and Economic Growth*. Berlin.

Grüner, H.P. (2007), *Wirtschaftspolitik: Allokationstheoretische Grundlagen und politisch-ökonomische Analyse*. 3. Aufl., Berlin.

Habermas, J. (1964), Verwissenschaftlichte Politik und öffentliche Meinung. In: Reich, R. (Hrsg.), *Humanität und politische Verantwortung*, Erlenbach, 54–73.

von Hagen, J., Fratianni, M. (1990), German Dominance in the EMS: Evidence from Interest Rates. *Journal of International Money and Finance* 10, 358–375; Korrektur, 10 (1991), 594.

Hamada, K. Kawai, M. (1997), International Economic Policy Coordination: Theory and Policy Implications. In: Fratianni, M. U., Salvatore, D., von Hagen, J. (Hrsg.), *Macroeconomic Policy in Open Economies*, Westport, CT, 87–147.

Hardin, G. (1968), The Tragedy of the Commons. *Science* 162, 1243–1248.

Harsanyi, J.C. (1977), Morality and Social Welfare. In: Harsanyi, J.C., *Rational Behavior and Bargaining Equilibrium in Games and Social Situations*, Cambridge, 48–83.

Hayek, F.A. (1940), Socialist Calculation: The Competitive "Solution". *Economica, N.S.* 7, 125–149.

Hayek, F.A. (1945), The Use of Knowledge in Society. *American Economic Review* 35, 519–530.

Heer, B., Maußner, A. (2009), *Dynamic General Equilibrium Modeling*. 2. Aufl., Berlin.

Herder-Dorneich, P., Groser, M. (1977), *Ökonomische Theorie des politischen Wettbewerbs*. Göttingen.

Hibbs, D.A., Madsen, H.J. (1981), The Impact of Economic Performance on Electoral Support in Sweden, 1967–1978. *Scandinavian Political Studies* 4 (1).

Hicks, J.R. (1937), Mr. Keynes and the "Classics": A Suggested Interpretation. *Econometrica* 5, 147–159.

Hicks, J.R. (1940), The Valuation of the Social Income. *Economica, N.S* 7, 105–124.

Hillman, A. L. (1989), *The Political Economy of Protectionism*. Chur.

Hochman, H.M., Rodgers, J.D. (1969), Pareto Optimal Redistribution. *American Economic Review* 59, 542–557.

Hotelling, H. (1929), Stability in Competition. *Economic Journal* 39, 41–57.

Hughes Hallett, A., Rees, H. (1983), *Quantitative Economic Policies and Interactive Planning: A Reconstruction of the Theory of Economic Policy*. Cambridge.

Jaenicke, J., Neck, R. (1996), Ist Österreich voll in die DM-Zone integriert? Eine ökonometrische Analyse. *Österreichische Zeitschrift für Statistik* 25 (2), 33–64.

Johansen, L. (1977–78), *Lectures on Macroeconomic Planning*. 2 Bde., Amsterdam.

Johnson, H.G. (1951), The Taxonomic Approach to Economic Policy. *Economic Journal* 61, 812–832.

Kaase, M. (1973), Die Bundestagswahl 1972: Probleme und Analysen. *Politische Vierteljahresschrift* 14, 145–189.

Kahn, A.E. (1979), Applications of Economics to an Imperfect World. *American Economic Review, Papers and Proceedings* 69, 1–13.

Kaldor, N. (1939), Welfare Propositions of Economics and Interpersonal Comparisons of Utility. *Economic Journal* 49, 549–551.

Kendrick, D. (1981), *Stochastic Control for Economic Models*. New York, NY.

Keynes, J.M. (1936), *The General Theory of Employment, Interest and Money*. London.

Keynes, J.M. (1937), The General Theory of Employment. *Quarterly Journal of Economics* 51, 209–223.

Keynes, J.M. (1939), Professor Tinbergen's Method. *Economic Journal* 49, 558–568.

Keynes, J.M. (1940), Comment. *Economic Journal* 50, 141–154.

Keynes, J. N. (1891), *The Scope and Method of Political Economy*. Cambridge.

Kirchgässner, G. (1976), *Rationales Wählerverhalten und optimales Regierungsverhalten*. Dissertation, Universität Konstanz.

Kirchgässner, G. (1984), *Optimale Wirtschaftspolitik und die Erzeugung politisch-ökonomischer Konjunkturzyklen*. Meisenheim.

Kirchgässner, G. (1984a), On the Theory of Optimal Government Behaviour. *Journal of Economic Dynamics and Control* 8, 167–195.

Kirchgässner, G. (1985), Rationality, Causality, and the Relation between Economic Conditions and the Popularity of Parties: An Empirical Investigation for the Federal Republic of Germany, 1971–1982. *European Economic Review* 28, 243–268.

Kirchgässner, G. (1986), Economic Conditions and the Popularity of West German Parties. *European Journal of Political Research* 14, 421–439.

Kirchgässner, G., Wolters, J. (1987), U.S.-European Interest Rate Linkage: A Time Series Analysis for West Germany, Switzerland, and the United States. *Review of Economics and Statistics* 69, 675–684.

Kirchgässner, G., Wolters, J. (1993), Does the DM Dominate the Euro Market? An Empirical Investigation. *Review of Economics and Statistics* 75, 773–778.

Kirchgässner, G., Wolters, J. (2006), *Einführung in die moderne Zeitreihenanalyse*. München.

Kirsch, G. (2004), *Neue Politische Ökonomie*. 5. Aufl., Stuttgart.

Klump, R. (2011), *Wirtschaftspolitik: Instrumente, Ziele und Institutionen*. 2. Aufl., München.

Koopmans, T.C. (1957), Allocation of Resources and the Price System. In: Koopmans, T.C., *Three Essays on the State of Economic Science*, New York, 1–126.

Körner, H. (1977), *Theoretische Grundlagen der Wirtschaftspolitik*. Köln.

Kramer, G.H. (1971), Short-Term Fluctuations in U.S. Voting Behavior. *American Political Science Review* 65, 131–143.

Krelle, W. (1974), *Erfahrungen mit einem ökonometrischen Prognosemodell für die BRD*. Meisenheim.

Kuhbier, P. (1981), *Grundlagen der quantitativen Wirtschaftspolitik*. Berlin.

Kuhn, T.S. (1996), *The Structure of Scientific Revolutions*. 3. Aufl., Chicago.

Külp, B., Berthold, N. (1992), *Grundlagen der Wirtschaftspolitik*. München.

Külp, B., Knappe, E., Roppel, U., Wolters, R. (1980), *Einführung in die Wirtschaftspolitik*. Freiburg.

von Kutschera, F. (1973), *Einführung in die Logik der Normen, Werte und Entscheidungen*. München.

Kydland, F.E., Prescott, E.C. (1977), Rules Rather than Discretion: The Inconsistency of Optimal Plans. *Journal of Political Economy* 85, 473–491.

Kydland, F.E., Prescott, E.C. (1982), Time to Build and Aggregate Fluctuations. *Econometrica* 50, 1345–1370.

Lange, O. (1936–1937), On the Economic Theory of Socialism. *Review of Economic Studies* 4, 53–71, 123–142.

Lau, L.J., Frey, B.S. (1971), Ideology, Public Approval and Government Behavior. *Public Choice* 10, 20–40.

Layard, R., Metcalf, D., Nickell, S.J. (1978), The Effect of Collective Bargaining on Relative and Absolute Wages. *British Journal of Industrial Relations* 16, 287–302.

Leibenstein, H. (1976), *Beyond Economic Man: A New Foundation for Microeconomics*. London.

Leijonhufvud, A. (1968), *On Keynesian Economics and the Economics of Keynes*. Oxford.

Lesourne, J. (1975), *Cost-Benefit Analysis and Economic Theory*. Amsterdam.

Lindbeck, A. (1975), Business Cycles, Politics, and International Economic Dependence. *Skandinaviska Enskilda Banken Quarterly Review* 2, 53–68.

Lipsey, R.G., Lancaster, K. (1956–1957), The General Theory of the Second Best. *Review of Economic Studies* 24, 11–32.

Lucas, R.E. (1975), An Equilibrium Model of the Business Cycle. *Journal of Political Economy* 83, 1113–1144.

Lucas, R.E. (1976), Econometric Policy Evaluation: A Critique. In: Brunner, K., Meltzer, A. H. (Hrsg.), *The Phillips-Curve and Labor Markets*, Amsterdam, 19–46.

Luckenbach, H. (1986), *Theoretische Grundlagen der Wirtschaftspolitik*. München. 2. Aufl. 2000.

MacRae, C.D. (1977), A Political Model of the Business Cycle. *Journal of Political Economy* 85, 239–263.

Magee, S. (1987), The Political Economy of U.S. Protectionism. In: Giersch, H. (Hrsg.), *Free Trade in the World Economy*, Tübingen, 368–402.

Makin, J.H. (1976), Constraints on Formulation of Models for Measuring Revealed Preferences of Policy Makers. *Kyklos* 29, 709–732.

Malinvaud, E. (1980), *Profitability and Unemployment*. Cambridge.

Malinvaud, E. (1984), *Mass Unemployment*. Oxford.

Malinvaud, E. (1985), *The Theory of Unemployment Reconsidered*. 2. Aufl., Oxford.

Markowitz, H.M. (1991), *Portfolio Selection: Efficient Diversification of Investments*. 2. Aufl., Oxford.

McKibbin, W.J. (1997), Empirical Evidence on International Economic Policy Coordination. In Fratianni, M. U., Salvatore, D., von Hagen, J. (Hrsg.), *Macroeconomic Policy in Open Economies*, Westport, CT, 148–176.

McKibbin, W.J., Neck, R., Haber, G. (1996), On the Gains from International Macroeconomic Policy Coordination. In: Kopacek, P. (Hrsg.), *Supplementary Ways for Improving International Stability*, Oxford, 53–59.

Mirrlees, J.A. (1986), The Theory of Optimal Taxation. In: Arrow, K.J., Intriligator, M.D. (Hrsg.), *Handbook of Mathematical Economics*, Bd. III, Amsterdam, 1197–1249.

von Mises, L. (1920), Die Wirtschaftsrechnung im sozialistischen Gemeinwesen. *Archiv für Sozialwissenschaften und Sozialpolitik* 47, 86–121.

Modigliani, F. (1944), Liquidity Preference and the Theory of Interest and Money. *Econometrica* 12, 45–88.

Modigliani, F. (1977), The Monetarist Controversy or, Should We Forsake Stabilization Policies? *American Economic Review* 67, 1–19.

Modigliani, F., Brumberg, R. (1954), Utility Analysis and the Consumption Function: An Interpretation of Cross-Section Data. In: Kurihara, K.K. (Hrsg.), *Post Keynesian Economics*, New Brunswick, NJ, 388–436.

Moe, T.M. (1980), *The Organization of Interests, Incentives and the Internal Dynamics of Political Interest Groups*. Chicago.

Mosley, P. (1976), Towards a "Satisficing" Theory of Economic Policy. Economic Journal 86, 59–72.

Mueller, D.C. (2003), Public Choice III. Cambridge.

Mueller, D.C., Murrell, P. (1986), Interest Groups and the Size of Government. *Public Choice* 48, 125–145.

Mueller, J.E. (1970), Presidential Popularity from Truman to Johnson. *American Political Science Review* 64, 18–23.

Musgrave, R.A. (1959), *The Theory of Public Finance: A Study in Public Economy*. New York, NY.

Mussel, G., Pätzold, J. (2012), *Grundfragen der Wirtschaftspolitik*. 8. Aufl.

Myrdal, G. (1933), Das Zweck-Mittel-Denken in der Nationalökonomie. *Zeitschrift für Nationalökonomie* 4, 305–329.

Nannestad, P., Paldam, M. (1994), The VP-function: A Survey of the Literature on Vote and Popularity Functions after 25 Years. *Public Choice* 79, 213–245.

Neck, R. (1993), Verschuldungsneutralität in Österreich. In: Holzmann, R., Neck, R. (Hrsg.), *Konjunktureffekte der österreichischen Budgetpolitik*, Wien, 25–57.

Neck, R. (1999), Dynamic Games of Fiscal and Monetary Policies for Austria. *Annals of Operations Research* 88, 233–249.

Neck, R. (2011), Ökonometrische Schätzung oder Kalibrierung? Zur empirischen Prüfung makroökonomischer Modelle. In: Gadenne, V., Neck, R. (Hrsg.), Philosophie und Wirtschaftswissenschaft, Tübingen, 65–78.

Neck, R. (2012), Macro-Economic Consequences of the Integration of the SEE Area into the Eurozone. In: Sternad, D., Döring, T. (Hrsg.), *Handbook of Doing Business in South East Europe*, Basingstoke, 189–206.

Neck, R., Haber, G. (1999), Zur Gestaltung der makroökonomischen Politik in der Europäischen Wirtschafts- und Währungsunion: Ein numerischer spieltheoretischer Ansatz. In: Neck, R., Holzmann, R. (Hrsg.), *Was wird aus Euroland? Makroökonomische Herausforderungen und wirtschaftspolitische Antworten*, Wien, 213–235.

Neck, R., Haber, G., McKibbin, W.J. (2000), Macroeconomic Impacts of European Union Membership of Central and Eastern European Economies. *Atlantic Economic Journal* 28, 71–82.

Neck, R., Karbuz, S. (1996), „Optimale" Wirtschaftspolitik für die neunziger Jahre: Eine quantitative Analyse. In: Neck, R. (Hrsg.), *Wirtschaftswissenschaftliche Forschung für die neunziger Jahre*, Heidelberg, 21–39.

Neck, R., Karbuz, S. (1999), Optimal Macroeconomic Policies with and without the Monetary Instrument. In: Leopold-Wildburger, U., et al. (Hrsg.), *Modelling and Decisions in Economics: Essays in Honor of Franz Ferschl*, Heidelberg, 255–268.

Neck, R., Karbuz, S. (1996a), Did Macroeconomic Policies Stabilize the Austrian Economy? An Optimum Control Approach. In: Vlacic, L., Nguyen, T., Cecez-Kecmanovic, D. (Hrsg.), *Modelling and Control of National and Regional Economies 1995*, Oxford, 295–302.

Neck, R., Karbuz, S. (1997), Towards Constructing an Objective Function for Austrian Fiscal Policy-Making: An Optimum Control Approach. In Tangian, A., Gruber, J. (Hrsg.), *Constructing Scalar-Valued Objective Functions*, Berlin, 227–252.

Neck, R., Schäfer, G. (1994), Gesamtwirtschaftliche Auswirkungen des europäischen Binnenmarkts auf Österreich im weltwirtschaftlichen Kontext. In: Haller, M., Schachner-Blazizek, P. (Hrsg.), *Europa – wohin? Wirtschaftliche Integration, soziale Gerechtigkeit und Demokratie*, Graz, 149–174.

Neck, R., Schneider, F., Weck-Hannemann, H. (2001), Theorie und Empirie der österreichischen Wirtschaftspolitik. In: Neck, R., Nowotny, E., Winckler, G. (Hrsg.), *Grundzüge der Wirtschaftspolitik Österreichs*, 3. Aufl., Wien, 45–88.

Neuberger, E., Duffy, W.J. (1976), *Comparative Economic Systems: A Decision-Making Approach*. Boston.

Niskanen, W.A. (1968), The Peculiar Economics of Bureaucracy. *American Economic Review, Papers and Proceedings* 58, 293–305.

Niskanen, W.A. (1971), *Bureaucracy and Representative Government*. Chicago.

Nordhaus, W.D. (1975), The Political Business Cycle. *Review of Economic Studies* 42, 169–190.

Olson (1965), *The Logic of Collective Action: Public Goods and the Theory of Groups*. Cambridge.

Olson, M. (1982), *The Rise and Decline of Nations: Economic Growth, Stagflation and Social Rigidities*. New Haven, CT.

Ostrom, E. (1990), *Governing the Commons: The Evolution of Institutions for Collective Action*. Cambridge.

Patinkin, D. (1965), *Money, Interest and Prices: An Integration of Monetary and Value Theory*. New York, NY.

Persson, T., Tabellini, G. (2000), *Political Economics: Explaining Economic Policy*. Cambridge, MA.

Petersen, H.-G., Müller, K. (1999), *Volkswirtschaftslehre im Überblick,* Bd. III*: Volkswirtschaftspolitik*. München.

Petit, M.L. (1990), *Control Theory and Dynamic Games in Economic Policy Analysis*. Cambridge 1990.

Pigou, A.C. (1933), *The Theory of Unemployment*. London.

Pincus, J.J. (1975), Pressure Groups and the Pattern of Tariffs. *Journal of Political Economy* 83, 757–778.

Phelps, E.S. (1967), Phillips curves, expectations of inflation and optimal unemployment over time. *Economica, N.S.* 34, 254–281.

Phillips, A.W. (1958), The Relation between Unemployment and the Rate of Change of Money Wage Rates in the United Kingdom, 1861 – 1957. *Economica, N.S.* 25, 283–299.

Pommerehne, W.W., Schneider, F. (1983), Does Government in a Representative Democracy follow a Majority of Voters' Preferences? An Empirical Examination. In: Hanusch, H. (Hrsg.), *Anatomy of Government Deficiencies*, Heidelberg, 61–84.

Pommerehne, W.W., Schneider, F. (1985), Politisch-ökonomische Überprüfung des Kaufkraftinzidenzkonzeptes: Eine Analyse der AHV-Abstimmungen von 1972 und 1978. In: Brugger, E., Frey, R.L. (Hrsg.), *Sektoralpolitik versus Regionalpolitik*, Diessenhofen, 75–100.

Pontryagin, L.S, Boltyanskii, V.G, Gamkrelidze, R. V, Mishchenko, E. F (1962), *The Mathematical Theory of Optimal Processes*. New York.

Popper, K.R. (1945), *The Open Society and Its Enemies*. 2 Bde. London.

Preston, A.J., Pagan, A.R. (1982), *The Theory of Economic Policy: Statics and Dynamics*. Cambridge.

Pütz, T. (1979), *Grundlagen der theoretischen Wirtschaftspolitik*. 4. Aufl., Stuttgart.

Rawls, J. (1971), *A Theory of Justice*. London.

Richter, R., Furubotn, E. (2010), *Neue Institutionenökonomik*. 4. Aufl., Tübingen.

Riese, H. (1975), *Wohlfahrt und Wirtschaftspolitik*. Reinbek.

Riker, W.H., Ordeshook, P.C. (1968), A Theory of the Calculus of Voting. *American Political Science Review* 62, 25–42.

Robinson, J. (1972), The Second Crisis of Economic Theory. *American Economic Review, Papers and Proceedings* 62, 1–10.

Rogoff, K. (1985), Can International Monetary Policy Cooperation Be Counterproductive? *Journal of International Economics* 18, 199–217.

Samuelson, P.A. (1948), *Economics: An Introductory Analysis*. New York, NY.

Samuelson, P.A. (1954), The Pure Theory of Public Expenditure. *Review of Economics and Statistics* 36, S. 387–389.

Samuelson, P.A., Solow, R.M. (1960), Analytical Aspects of Ant-Inflation Policy. *American Economic Review, Papers and Proceedings* 50, 177–194.

Sargent, T.J., Wallace, N. (1975), Rational Expectations, the Optimal Monetary Instrument, and the Optimal Money Supply Rule. *Journal of Political Economy* 82, 241–254.

Satterthwaite, M.A. (1975), Strategy-Proofness and Arrow's Conditions: Existence and Correspondence Theorems for Voting Procedures and Social Welfare Functions. *Journal of Economic Theory* 10, 187–217.

Schachtschabel, H.G. (1975), *Allgemeine Wirtschaftspolitik.* Stuttgart.

Schelbert-Syfrig, H., Halbherr, P., Harabi, N. (Hrsg.) (1985), *Makromodelle und Wirtschaftspolitik: Ergebnisse für die Schweiz.* Grüsch.

Schneider, F. (1974), Politisch-Ökonomische Konjunkturzyklen: Ein Simulationsmodell. *Schweizerische Zeitschrift für Volkswirtschaft und Statistik* 110, 519–550.

Schneider, F. (1978), *Politisch-ökonomische Modelle: Theoretische und empirische Ansätze.* Kronberg.

Schneider, F. (1979), Ein politisch-ökonomisches Modell des Zentralbankverhaltens bei endogenem Staat. In: von Weizsäcker, C.C. (Hrsg.), *Staat und Wirtschaft,* Berlin, 473–497.

Schneider, F. (1985), *Der Einfluss von Interessengruppen auf die Wirtschaftspolitik: Eine empirische Untersuchung für die Schweiz.* Bern.

Schneider, F., Enste, D. (1999), *Schattenwirtschaft und Schwarzarbeit: Umfang, Ursachen, Wirkungen und wirtschaftspolitische Empfehlungen.* München.

Schneider, F., Enste, D. (2000), Shadow Economies: Sizes, Causes, and Consequences. *Journal of Economic Literature* 38, 77–114.

Schneider, F., Frey, B.S. (1988), Politico-Economic Models of Macroeconomic Policy: A Review of the Empirical Evidence. In: Willet, T.D. (Hrsg.), *Political Business Cycles,* Durham, pp. 239–275.

Schneider, F., Pommerehne, W.W. (1980), Politico-Economic Interactions in Australia: Some Empirical Evidence. *Economic Record* 56, 113–131.

Schumpeter, J.A. (1950), *Capitalism, Socialism, and Democracy.* 3. Aufl., New York.

Schumpeter, J.A. (1954), *History of Economic Analysis.* London.

Schurz, G. (1997), *The Is-Ought Problem: An Investigation in Philosophical Logic.* Dordrecht.

Searle, J.R. (1964), How to Derive Ought from Is. *Philosophical Review* 73, 53–58.

Sen, A.K. (1970), Collective Choice and Social Welfare. San Francisco.

Sen, A.K. (1986), Social Choice Theory. In: K.J. Arrow, M.D. Intriligator (Hrsg.), *Handbook of Mathematical Economics,* Bd. III, Amsterdam, 1073–1181.

Seraphim H.-J. (1963), *Theorie der allgemeinen Volkswirtschaftspolitik.* 2. Aufl., Göttingen.

Simon, H.A. (1955), A Behavioral Model of Rational Choice. *Quarterly Journal of Economics* 69, 99–118.

Sims , C. (1980), Macroeconomics and Reality. *Econometrica* 48, 1–48.

Sohmen, E. (1992), *Allokationstheorie und Wirtschaftspolitik.* 2. Aufl., Tübingen.

Solow, R.M. (1956), A Contribution to the Theory of Economic Growth. *Quarterly Journal of Economics* 70, 65–94.

Stigler, G. (1973), General Economic Conditions and National Elections. *American Economic Review, Papers and Proceedings* 66, 160–167.

Streeten, P. (1970), Programme und Prognosen. In: Gäfgen, G. (Hrsg.), *Grundlagen der Wirtschaftspolitik*, 3. Aufl., Köln, 53–74.

Streit, M.E. (2005), *Theorie der Wirtschaftspolitik*. 6. Aufl., Stuttgart.

Strom, G.S. (1975), On the Apparent Paradox of Participation: A New Proposal. *American Political Science Review* 69, 908–913.

Taylor, J.B. (1980), Aggregate Dynamics and Staggered Contracts. *Journal of Political Economy* 88, 1–23.

Taylor, M. (1971), Review Article: Mathematical Political Theory. *British Journal of Political Science* 1, 339–382.

Teichmann, U. (2001), *Wirtschaftspolitik: Eine Einführung in Ziele, Träger und Instrumente der Wirtschaftspolitik*. 5. Aufl., München.

Theil, H. (1958), *Economic Forecasts and Policy*. Amsterdam 1958.

Theil, H. (1964), *Optimal Decision Rules for Government and Industry*. Amsterdam.

Thompson, L.H. (1983), The Social Security Reform Debate. *Journal of Economic Literature* 21, 1425–1465.

Tinbergen, J. (1937), *An Econometric Approach to Business Cycle Problems*. Paris.

Tinbergen, J. (1940), On a Method of Statistical Business-Cycle Research: A Reply. *Economic Journal* 50, 142–154.

Tinbergen, J. (1952), *On the Theory of Economic Policy*. Amsterdam.

Tinbergen, J. (1967), *Economic Policy: Principles and Design*. 4. Aufl., Amsterdam.

Tobin, J. (1969), A General Equilibrium Approach to Monetary Theory. *Journal of Money, Credit, and Banking* 1, 15–29.

Trilling, R.J. (1970), *Coalition Government, Political Parties and the Rational Voter*. Dissertation, Ann Arbor, MI.

Tuchtfeldt, E. (1983), *Bausteine zur Theorie der Wirtschaftspolitik*. Bern.

Tufte, E.R. (1978), *Political Control of the Economy*. Princeton, NJ.

Tullock, G. (1965), *The Politics of Bureaucracy*. Washington, DC.

Tullock, G. (1967), *Towards a Mathematics of Politics*. Ann Arbor, MI.

Wagener, H.J. (1979), *Zur Analyse von Wirtschaftssystemen: Eine Einführung*. Berlin.

Wagner, R.E. (1966), Pressure Groups and Political Entrepreneurs: A Review Article. *Public Choice* 1, 161–170.

Weber, M. (1922), Die „Objektivität" sozialwissenschaftlicher und sozialpolitischer Erkenntnis. In: Weber, M., *Gesammelte Aufsätze zur Wissenschaftslehre,* Tübingen, 146–214.

Weck-Hannemann, H. (1992), *Politische Ökonomie des Protektionismus: Eine institutionelle und empirische Untersuchung*. Frankfurt/Main.

Weck-Hannemann, H. (1996), Experimentelle Forschung zum Wahlbeteiligungsparadoxon. In: Neck, R., Schneider, F. (Hrsg.), *Politik und Wirtschaft in den neunziger Jahren: Empirische Untersuchungen zur Neuen Politischen Ökonomie*, Wien, 35–59.

Weck-Hannemann, H., Frey, B.S., Pommerehne, W.W. (1984), *Schattenwirtschaft*. München.

Weck-Hannemann, H., Schneider, F., Frey, B.S. (1978), Zur Politischen Ökonomie der internationalen Wirtschaftsbeziehungen: Der Fall der Direktinvestitionen. In: Boettcher, E., Herder-Dorneich, P., Schenk, K.E. (Hrsg.), *Jahrbuch für Politische Ökonomie*, Bd. 6, Tübingen, 243–268.

Weimann, J. (2009), *Wirtschaftspolitik: Allokation und kollektive Entscheidung*. 5. Aufl., Berlin.

Weisser, G. (1934), *Wirtschaftspolitik als Wissenschaft: Erkenntniskritische Grundlagen der praktischen Nationalökonomie*. Stuttgart.

Welfens, P.J.J. (2009), *Grundlagen der Wirtschaftspolitik: Institutionen – Makroökonomik – Politikkonzepte*. 4. Aufl., Berlin.

Weyerstraß, K., Neck, R. (2002), Towards an Objective Function for Slovenian Fiscal Policy-Making: A Heuristic Approach. In: Tangian, A.S., Gruber, J. (Hrsg.), *Constructing and Applying Objective Functions*, Berlin, 366–389.

Weyerstraß, K., Neck, R. (2008), Macroeconomic Effects of Slovenia's Integration in the Euro Area. *Empirica* 35, 391–403.

Wildavsky, A. (1992), *The New Politics of the Budgetary Process*. 2. Aufl., New York, NY.

van Winden, F. (1983), *On the Interaction between State and Private Sector*. Amsterdam.

Winker, P. (2010), *Empirische Wirtschaftsforschung und Ökonometrie*. 3. Aufl., Berlin.

Wright, G. (1974), The Political Economy of New Deal Spending: An Econometric Analysis. *Review of Economics and Statistics* 56, 30–38.

Woll, A. (1992), *Wirtschaftspolitik*. 2. Aufl., München.

Zinn, K.G. (1974), *Allgemeine Wirtschaftspolitik als Grundlegung einer kritischen Ökonomie*. 2. Aufl., Stuttgart.

Index